마음의 빛을 찾아서

심상 시치료의 이론과 실제

박정혜 저

학지사

머리말

〈코탱의 골목(Limpasse Cottin)〉

모리스 위트릴로(1883~1955), 1910년경, 파리국립현대미술관

코탱의 골목*

한입 밤을 베어 물고 산사나무가 꽃을 피웠어요
복면을 쓴 바람이 하얀 다리를 긁고 있네요
작고 좁은 골목에 낯선 공기가 중얼거려요
빈 술병에 별을 담아 들고 길을 나서요
모자 안에서 지푸라기 같은 머리칼이

파닥거리고 있어요 이때쯤 새로 태어나는
물들은 앞으로 불꽃이 될 운명이라고 해요
걸을 때마다 앞으로 쏠려요 고꾸라지는 것은
내가 아니라, 변장한 꿈
울긋불긋한 우울 목이 긴 슬픔
낡은 아코디언의 라, 음처럼
계단을 올라가요 경쾌하게 비틀거리면서
눈도 없이 입만 살아 있는 밤이
살짝 입꼬리를 말며 웃고 있네요
산사 꽃술마다 포도주 방울이 묻혀 있어요
밤의 푸른 계단 위에 올라가
제일 먼저 만나는 가로등을 껴안아 줄 거예요
제일 먼저 만나는 담벼락을 쓰다듬어 줄 거예요
제일 먼저 닫는 땅에 입맞춤을 하겠어요
그러니, 제 목 안에 걸린
밤의 가시 좀 빼 주세요
종일 울고도 아직 박혀 있는
가시를 꺼내서 열쇠를 만들어 주세요
계단 중턱에서 대롱거리고 있는 어머니
치열한, 어머니

* 코탱의 골목: 모리스 위트릴로(Maurice Utrillo, 1883~1955)의 그림

오래전부터 품고 있었던 화두가 있었습니다. '주어진 삶만큼 살아 나가자.' 이처럼 시답잖은 말이 화두냐고 핀잔받을 만합니다만, 제게는 절박한 화두였지요. 살아가는 것은 고역이었습니다. 삶은 늘 엄청난 십자가이고 과

제였습니다. 무엇이 너를 괴롭히더냐고 묻는다면, 딱히 한 줄로 줄일 엄두가 나지 않습니다. 저에게 삶은 그저 사는 것이 아니라 제 안의 어둠을 거슬러 올라가는 필사적인 것이었지요. 그래서 '살아 나가는 것'이었습니다. 그런 화두 안에서 보면 수명대로 세상을 살다가 순리대로 돌아가시는 모든 이가 제 스승인 셈이었습니다. 시건방지게도 열세 살부터 나는 이제 자라지 않고 늙어 갈 뿐이라고 생각했습니다. 스물두 살 때는 아주 오랫동안 신발을 벗고 가포 바닷가에 앉아 있었습니다. 여름의 절정일 무렵에는 상처를 입고 헤매는 재규어처럼 거리를 쏘다니곤 했습니다. 순수는 멸절되었으며, 모든 것을 잃었다고 생각했던 어느 날에는 강이 내려다보이는 곳에서 수개월을 묵은 적이 있었습니다. 폭풍우가 몰아치던 날에는 온몸으로 비를 맞으며 지나가는 자동차 바퀴에 튕겨 나오는 물을 뒤집어써 가면서 한없이 걷기도 했습니다. 이십 대의 삶은 돌이켜 보는 것조차 아리고 쓰라린 일이어서, 한때 나는 내 삶의 찬란한 순간은 단 한 번도 없었다고 여기곤 했습니다. 그런 아픈 순간들, 생채기 많던 시간은 고스란히 내게 거름이 되었습니다. 아무리 빛을 바꾸고 여러 표정을 지닌다고 하더라도 하늘은 늘 하늘이고 강은 늘 그대로 강이었습니다. 산은 늘 그 자리에 우뚝 서 있었고, 나무는 원망 한 번 없이 그 자리를 지키고 있었습니다. 다르게 말하자면, 어제의 하늘은 오늘의 하늘이 아니고, 강은 새로운 물로 끊임없이 교체하고 있고, 산은 조금씩 몸을 뒤틀고 있었으며, 어느 한 나무도 같은 나무가 아니었습니다. 이 변함과 바뀌지 않는 것들의 조화, 언뜻 보면 극단의 모순 속에서 삶이 이뤄지고 생애가 흘러가는 것이었지요. 매 순간이 새롭고 또 새롭게 태어나고 있었습니다. 그러면서 삶의 뿌리는 견고해서 이제 '살아 나가는 것'이라는 화두를 품는 것이 더 이상 낯설지 않게 되었습니다.

아마 숱한 나날을 아파 보지 않았더라면 저는 시를 쓸 수 없었을 것입니다. 무수한 상처들을 경험해 보지 않았더라면 누군가의 이야기를 귀 기울여 듣고 품지 못했을 것입니다. 가장 힘든 순간에 나를 이끌었던 문학이 없었다면 감히 치유를 꿈꾸지 못했을 것입니다. 암울과 좌절을 겪어 보지 못했다면 모든 힘이 감사와 용서를 아우르는 사랑에서 뻗어 나온다는 사실을 알지 못했을 것입니다. 곧고 평탄한 길 대신 자갈과 진흙과 곳곳에 함정과 가시가 박힌 길을 걷게 한 하나님께 감사 드립니다.

> 산사나무의 열매가 빨갛게 익기 전, 흰 꽃이 처연하게 피어 있는 밤의 골목을 걷고 있습니다. 홀로 압생트를 마시고 잠든 목마른 엄마가 씻을 물을 길어 오는 중입니다. 깜깜한 우물 속에 두레박을 던져 길어 오던 물을 자꾸 엎지릅니다. 한 걸음 걸을 때마다 철철철 물이 쏟아집니다. 무수한 계단을 오르면서 주문을 겁니다. 계단을 다 오른 뒤 가장 먼저 만나는 가로등에, 담벼락에, 땅에 입맞춤을 하겠다고. 어깨를 짓누르는 무거운 물지게가 가볍다고, 별것 아니라고 중얼거려 봅니다. 그런데도 입안 가득 뭔가 콱 막힌 듯해 숨 쉬기가 버겁습니다. 밤의 가시가 박힌 것이 틀림없습니다. 절묘한 순간이면 입안에서 몽글 솟아나는 가시. 제발 이 가시를 빼 주세요, 엄마. 엄마가 이 말을 들을 리 없습니다. 탁자 위에 엎드려 잠든 어린 엄마의 뺨에는 눈물 자국이 얼룩져 있지요. 얼른 가서 얼굴을 씻겨 줘야 하는데, 어쩌나…. 한 계단 올라갈 때마다 철철철, 물이 또 쏟아집니다.

〈코탱의 골목〉은 모리스 위트릴로(Maurice Utrillo)가 그린 그림입니다. 이 그림 속에서 나는 어린 엄마의 얼룩진 얼굴을 씻을 물을 담아 지게를 지고 올라가는 아이를 보았습니다. 그 아이의 목에 걸린 밤의 가시를 빼내어 주고 싶은 간절한 마음이 이 책을 쓰게 했습니다. 가시는 가시로만 머물러 있는 게 아니라, 빼내는 순간 열쇠가 된다는 사실을 깨닫게 되었습니다. 갇혀 버린 고뇌와 번민을 열어 흘려보내게 하는 열쇠, 암울과 좌절을 희망으로 바꾸게 하는 열쇠, 차가운 얼음을 녹이는 뜨거운 열쇠, 갈등과 분노를 평화로 이끄는 열쇠. 그 열쇠는 다른 곳에서 애타게 찾아야 하는 것이 아니라, 모든 문제 안에, 문제를 문제라고 받아들이는 내 안에 있음을 알게 되었습니다. 그리하여 가장 중심에 늘, 한결같이 찬연하게 발하고 있는 생명의 빛, 내면의 빛, 마음의 빛이 존재하고 있다는 사실을 자각하는 순간, 밤의 가시는 열쇠가 될 수 있음을 깨달았습니다. 이 소중한 사실을 알게 한 것은 가시 박힌 밤이었습니다. 밤을 낳은 우주였습니다. 우주를 낳은 신이었습니다. 그 신을 알아볼 수 있는 나였습니다.

모든 시작과 귀결점은 '나'입니다. 수많은 '나'가 모여 '우리'가 되고, '우리'는 더 큰 '나'입니다. '심상 시치료(Simsang-poetry-therapy)'는 '마음의 빛을 찾아가는' 방법입니다. 빛나는 나와 우리를 이루게 하는 길입니다. 화해와 용서를 향한 푸른 길로 가는 여정입니다.

심상 시치료의 그림 영역에 실릴 그림을 흔쾌하게 그려 준, 치유의 동반자인 샨티 윤과 라로, 선뜻 시를 건네주신 권기호 교수님, 오랜 벗 이순오, 치유로서의 시 정신을 이끌어 주신 삶의 북극성인 이문재 교수님, 제일 먼저 원고를 보고 아낌없는 지지와 격려로 용기를 불어넣어 주신 김춘경 교수님. 그리고 어머니.

살아 나갈수록 감사와 존경할 분이 많아지는 이 삶이 빛납니다. 바람조차 빛납니다. 나를 나답게 이끈 무수한 인연이 이 책을 쓰게 했습니다. 심상 시치료에 매진함으로써 은혜를 갚겠습니다.

2013년 여름
날마다 새롭고 빛나는 날에
박정혜

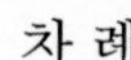

차 례

3부 심상 시치료의 임상 사례 및 활용

프롤로그

마음의 빛을 찾아서

〈두유마을의 교회(La Petite Communiante, Eglise de Deuil)〉
모리스 위트릴로(1883~1955), 1912년 作

푸르스름한 새벽입니다. 밤이 발목을 거두기 전부터 코탱의 골목을 걸었습니다. 어둑하고 좁은 길을 따라가다가 울컥, 숨 한 번으로 울음을 숨기는 달을 만납니다. 막다른 곳에서 위로 곧게 뻗은 계단이 있습니다. 계단 아래 참에 서서 한참 동안 위를 올려다보았습니다. 오랫동안 숙였던 고개를 쳐드는 순간, 내 목덜미를 움켜잡고 있던 어둠이 스르르 흘러내립니다. 총총, 층층 놓인 계단마다 밤이 얼굴을 문지르고 있습니다. 모든 문은 굳게 자물쇠가 걸려 있고, 우두커니 서 있는 가로등마저 눈을 감고 있습니다. 소란스러운 고요, 시끄러운 침묵 속에서 나는 걸음을 멈추고 층계를 올려다보고만 있습니다. 사위는 짙은 암흑이지만, 나는 텅 빈 눈동자 안에 하얀 색깔을 담아 둡니다. 어두울수록 내 목소리는 하얗게 기울어지고 있습니다. 그것은 막연한 어느 날의 너무나 뚜렷한 노랫소리 같습니다. 희미한 어느 한때의 선연한 음률과도 같습니다. 아무도 없는 공간, 돌볼 틈이 없는 발걸음, 만신창이가 된 신발 속 부르튼 발, 가래톳이 선 영혼에서 핏발이 툭툭 불거져 나오곤 했습니다. 내 발걸음이 어디로, 어느 곳으로 향해 있든 어둠이 나를 가만두지 않았습니다. 때를 노려 달아나다가 어느새 덜미가 잡혀 잘 차린 암흑을 한 상 받아서 어둠을 파먹어야 했습니다. 그런 어렴풋한 시간 속에서 문득 두유마을의 교회 종소리가 울려왔습니다. 종소리가 들려올 때마다 어김없이 숙였던 고개를 들어 하늘을 보곤 했습니다. 어쩌면 어둠 깊숙한 안쪽, 찬연한 본래의 하늘이 늘 그대로의 모습으로 있을 것 같아서였습니다. 하지만 그것도 잠시였고, 나는 익숙해진 어둠을 따라 살아왔습니다. 그러던 나날 속에 무엇이 나를 여기까지 오게 했을까요. 이제 달아날 곳도 벗어나고 싶은 마음도 없이, 마치 유일한 위로인 양 호주머니 안에 가득 들이찬 어둠을 만지작거리며 걷고 있을 뿐입니다. 이곳은 어둠이 잉태되고 동시에 소멸되는 곳. 모든 선택이 충실한 몫을 다하는 곳. 거추장스러운 옷을 벗고 알몸으로 호흡하는 곳.

걸음을 떼고 계단을 올라가기까지 아주 오랜 시간이 걸렸습니다. 골목 귀퉁이, 검은 담벼락에 등을 기댄 채 웅크리고 있었습니다. 스멀스멀 찬 기운이 뼈마디를 훑어갔습니다. 망설이던 내 걸음을 옮기게 한 것은 놀랍게도 어둠이었습니다. 나타나고 사라지는 모든 어둠이 내는 종소리. 이제껏 단 한 번도 어둠은 나를 낚아채지 않았음을 비로소 알게 되었습니다. 어둠이 나를 부른 게 아니라 내가 어둠을 불러들였다는 기막힌 사실을 알게 된 것입니다. 고인 물이 탁 터져 나가듯, 나는 계단 위로 한 걸음을 내디뎠습니다. 앞으로 살아갈 시간만큼, 딱 그만큼 놓인 계단은 열렬하지 않았습니다. 오히려 나를 약간 밀어내는 듯도 했습니다. 깨달음의 순간에 만나는 폭포수가 내 안을 울리고 있었지만, 계단을 내딛는 것은 여전히 용기가 필요했습니다. 이제까지 걸어왔던 평지 쪽으로 내려서는 게 맞지 않느냐고 굳은살이 밴 발이 의문을 터뜨리기도 했습니다. 계단을 하나하나 올라설 때마다 장딴지가 아파 오곤 했습니다. 계속 이 길을 가야만 하는 것이냐는 물음이 굳게 다문 입술을 달싹거리게 만들기도 했습니다. 그럴 즈음 잠시 걸음을 멈추고 계단 위를 올려다보았습니다. 이제는 확연하게 어둠이 가신 곳에서 계단의 끝은 하늘과 만나고 있었습니다. 맨 마지막 계단에서 아른거리는 것은 분명 푸른 침실의 문이었습니다. 구태여 설명하지 않아도 차오르는 화해의 기쁨이 물결처럼 내 안으로 흘러 들어오고 있었습니다.

아직 어슴푸레한 새벽입니다. 계단을 오를수록 걸음은 곡진해집니다. 차곡차곡 올라오는 동안 슬며시 가슴 안에 푸른 달이 떠오르고 있습니다. 억지로 삼키지 않아도 되는 울음을 토해 내면서 얼굴이 개운해집니다. 한 계단을 오르느라 걸음을 떼는 순간, 두유마을의 종소리가 이제 막 울려 퍼집니다. 일순, 시간은 하얀 옷으로 갈아입고 있습니다.

* * *

〈코탱의 골목(Limpasse Cottin)〉과 〈두유마을의 교회(La Petite Communiante, Eglise de Deuil)〉는 모리스 위트릴로(Maurice Utrillo, 1883. 12. 25~1955. 11. 5)의 그림 작품입니다. 그의 어머니인 화가 수잔 발라동(Marie-Clémentine Valadon, 1865. 9. 23~1938. 4. 19)은 18세의 나이에 그를 낳았지만 그녀조차 위트릴로의 아버지가 누구인지 몰랐다고 합니다. 위트릴로의 성장기는 몽마르트르의 잿빛 하늘처럼 스산했습니다. 14세 때부터 술에 찌들어 있던 그는 알코올중독으로 인해 수시로 정신병원을 들락거렸습니다. 한편 그의 어머니 발라동은 세탁부의 사생아로 태어나 어려서부터 누구의 도움도 없이 살아야 했습니다. 여급과 서커스 곡예사 등 여러 직업을 전전하다가 1880년대 초 피에르 퓌비 드 샤반(Puvis de Chavannes)과 앙리 드 툴루즈 로트레크(Henri de Toulouse-Lautrec), 피에르 오귀스트 르누아르(Pierre-Auguste Renoir) 같은 화가들의 모델 역할을 했습니다. 정식 미술 교육을 받지 않았지만, 이들 화가의 작품을 틈틈이 관찰하면서 배운 솜씨로 파스텔화를 그리기 시작했습니다. 1890년경 에드가 드가(Edgar De Gas)는 그녀의 그림을 높이 평가하여 작품을 직접 구입하기도 했으며 친구처럼 지내곤 했습니다. 그녀는 1892년경부터 본격적으로 그림을 그리기 시작했으며, 1894년경 이후에는 판화도 제작하는 등 명성을 얻어 갔습니다. 발라동은 정신병원에 입원해 있는 위트릴로의 면회를 가면서 틈틈이 그림을 가르쳐 주었고, 위트릴로는 타고난 재능을 발휘하면서 그림을 그리기 시작했습니다. 위트릴로는 정신병원에서 퇴원한 후에 몽마르트르의 어느 술집에서 술을 진탕 마시고 나서 술값 대신 그림을 그려 놓고 나오기 일쑤였습니다. 몇 번의 결혼에도 실패한 그는 화가로 점점 이름이 알려지면서도 손에서 술을 놓지 않았습니다. 위트릴로 그림의 전성기는 1908년부터 1914년까지 흰색을 주로 사용하던 시기로, 이때를 '백색시대'라고 일컫습니다. 위트릴로는 자신이 그린 작품 속에 어머니의 이름을 뜻하는 'V' 자를 자신의 이름과 함께 서명해 놓곤 했습니다. 그는 삶의 후반에 벨기에 출신의 신앙심 깊은 뤼시 발로르(Lucie Valor)와 결혼한 후, 일생 동안 그의 삶을 송두리째 뒤흔들었던 술로부터 자유롭게 되었습니다. 생애 말년에는 교회와 집을 오가면서 경건한 생활을 했다고 합니다.

삶이 온통 잿빛으로 뒤덮여 있다고 여기던 오래전 어느 날, 강이 있는 도시 한 귀퉁이 낡은 도서관에서 처음으로 위트릴로를 만났습니다. 우수에 찬 하늘이 오히려 가슴을 시원하게 적셔 오던 그때, 아주 오랫동안 그를 안 것 같았고, 그 역시 내 이름을 기억하고 있었던 것 같았습니다. 케케묵은 습관은 낯익은 집착과 끈끈한 올가미가 되어 삶을 옥죄기 마련입니다. 위트릴로가 느꼈을 성싶은 혼란이 고스란히 내 가슴 속에서 서걱거렸습니다. 위트릴로뿐만 아니었습니다. 그의 어머니 수잔 발라동은 독한 압생트 술잔을 기울인 채 희미하게 동터 오는 새벽빛을 웅크린 등으로 받아치며 혹독한 눈으로 나를 바라보곤 했습니다. 백 년을 훌쩍 뛰어넘어 그들을 만나 오던 나는 마치 운명이 던져 준 잔혹한 게임판을 들여다보듯 두 사람을 지켜보았습니다. 그러면서 궁금했던 것은 어떻게 해서 위트릴로는 수십 년 동안 그의 삶을 뭉개 오던 술을 끊게 되었을까 하는 것입니다. 중독으로부터 헤어 나오는 것은 큰 기적이기 때문입니다. 이 물음에 대한 답을 얻기 위해서는 왜 위트릴로가 하필이면 알코올중독으로 성장기를 보냈을까 하는 물음에서 시작할 수밖에 없었습니다.

삶의 뿌리, 근원을 모르는 상태에서 느낄 수밖에 없는 불안은 아마도 어린 위트릴로를 가만두지 않았으리라 여겨집니다. 더군다나 술을 자주 마시며 숱한 남자와 염문을 뿌리고 다녔던, 열여덟 살밖에 차이 나지 않던 젊은 어머니의 모습은 자연스럽게 어린 그에게 파고들었을 것입니다. 열정과 빛나는 재능을 지녔지만 불안정하고 위태로운 감성을 지닌 어머니의 성향이 그대로 위트릴로에게로 스며들었을 것이라 짐작합니다. 수잔 발라동은 어린 위트릴로의 손을 잡고 예배당을 찾아가곤 했습니다. 아무리 술에 절어 있더라도 어린 시절 어머니와 함께 가곤 하던 그 길을 위트릴로는 잊지 않았습니다. 스스로에게 가하는 징벌 같기만 한 음주벽이 심해 가던 1912년, 위트릴로는 〈두유마을의 교회〉라는 그림을 그립니다. 이 그림은 위트릴로의 대표작으로 알려지게 됩니다. 정체성의 불안과 위태로운 자의식과 날카로운 감성이 그를 술로 인도했다면, 술을 끊게 되는 분기점은 어디서부터 시작되었을까요?

위트릴로가 그림을 그릴 수 있도록 이끈 발라동은 그림뿐만 아니라 삶 속에서 늘 끈끈하게 위트릴로와 이어져 왔습니다. 그는 어머니를 사랑하지만,

동시에 너무나 증오했으리라 여겨집니다. 술은 그 혼돈스러운 감정을 망각하게 하는 유일한 수단이었지요. 수잔 발라동은 1896년 사업가인 폴 뮤지스(Paul Moussis)와 결혼하지만 13년 후 1909년에 이혼을 하고, 아들 위트릴로의 친구인 화가 지망생 앙드레 위터(Andre Utter, 1886~1948)와 연인으로 지내다가 1914년에 그와 결혼하게 됩니다. 1923년에는 그녀의 대표작 〈푸른 침실〉을 그립니다. 온통 푸른빛으로 둘러싸인 침실 한가운데 옆으로 비스듬히 누운 풍만한 모습의 그녀가 있습니다. 그녀의 시선은 화면 안에 있지 않습니다. 화면 밖, 어딘가 문이 있을 만한 곳을 응시하고 있는 그녀는 분명 누군가를 기다리고 있습니다. 익숙한 발소리가 들리고 문을 두드리는 소리가 들려오면 벌떡 일어날 태세입니다. 아마도 그를 만난다면, 그녀는 아무 말 없이 한참 동안 그를 안고 있을 것 같습니다. 오래 기다려 온 탓에 오래도록 포옹한 팔을 풀지 않을 것입니다. 푸른 침실 속에 자신을 그려 놓고, 아마도 수잔 발라동은 그의 아들 위트릴로를 이렇게 오랫동안 기다리고 있었다는 사실을 깨달았을 것입니다. 늘 넘어지고 다쳐서 여기저기 피가 맺히고 멍이 들면서도 어렵지만 한 걸음씩 내디뎌 가면서, 위트릴로는 푸른 침실로 가는 길을 걷고 있었다는 사실도 알게 되었습니다. 그것은 화해와 용서의 길이고, 잿빛 구름 너머에 늘 존재하고 있는 푸르른 하늘빛을 닮은 길이었습니다. 그것은 마음의 빛과 생명의 빛, 내면의 환한 빛으로 가는 길이었습니다. 모든 것이 고요한 때에, 어둠을 직면하게 되는 어느 한때에, 어둠과 싸우기를 그치고 다만 끌어안음으로써 어둠을 녹이게 되는 그 어느 때에 이르러서 위트릴로는 푸른 침실의 문을 두드리게 되었다는 것을 알게 되었습니다. 그것이 바로 위트릴로의 찬란한 분기점이었습니다.

푸른 침실로 가는 길에 대해 위트릴로에게서 배운 뒤, 저는 수시로 그를 불렀습니다. 이제는 두유마을의 교회 종소리가 웅장하게 울려오는 하늘에서 느긋하게 그림을 그리며 그의 어머니와 두런두런 이야기꽃을 피우고 있을 그에게 뭔가 꼭 물어보고 싶은 것이 있어서였습니다. 그럴 때마다 그는 미소를 머금고 마치 기도하듯, 노래를 부르듯 제게 일러 주었습니다. 세상을 가득 채우는 까닭에 오히려 이 세상에는 없는 이런 대화들을 '마음의 빛을 찾아서: 심상 시치료의 이론과 실제'라는 제목으로 이렇게 엮었습니다. 이 글들은 스스로를 향한 '치유'와 '사랑'이라는 종을 울리고 있습니다. 어둠이 하얀 옷으로 갈아입는 시간, 자연스럽고 은은한 종소리가 제게서 당신에게로 울려 퍼지면 좋겠습니다.

1부
심상 시치료의 이론

심상 시치료의 역사적 배경

심상 시치료의 흐름에 앞서 문학치료의 기원과 배경을 살펴보고자 한다. 문학치료의 기원은 심상 시치료의 정신과 방향을 담고 있기 때문이다. 문학치료의 기원을 일컫는 데는 여러 일설이 있다. 대개 문학치료의 역사에 관해 고대 원시사회의 제전에서 행하던 주술 행위를 예로 든다. 이때 주술과 더불어 시와 노래와 같은 행위들이 오늘날의 문학으로 정착되었다는 것인데, 엄밀히 말하자면 이는 예술의 기원과 맥락을 같이하고 있다는 점에서 특히 문학치료의 기원으로 보기에는 무리가 따른다. 하지만 인류학, 고고학, 고대 원시민족의 유품 등을 실제로 관찰해서 학설의 기초를 세운 헌(Hirn)과 그로세(Grosse), 맥켄지(Mackenzie)의 이론을 살펴볼 필요가 있다. 그들의 실증적 이론에 따르면, 원시제전의 현상은 심미성과 같은 유희로서 존재한 것이 아니라 노동력을 증진시키고 협동심을 고무시키기 위해서였으며, 이로써 예술이 필요했다는 것이다. 헌은 그의 저서 『예술의 기원(The origin of art)』에서 오스트레일리아 토인들이나 나일 강에서 활동한 뱃사공들의 노동요를 예로 들면서 그 밖의 원시 민족들 사이에 있어서 정보, 화해, 흥분, 마술 등의 공리적 동기를 예술의 기원이라고 지적했다(윤명구, 이건청 김재홍, 감태준, 2007). 애당초 문학 혹은 예술의 기원은 순수한 아름다움만을 추구했다기보다 위안과 격려, 집단정신의 고무와 활동성 증진이라는 측면에서 발생한 것이라고 볼 수 있다. 여기에서 원시제전이 심리적 안정과 위안과 지지라는 문학치료적인 성격이 묻어 있다는 점을 발견할 수 있다.

문학치료의 역사를 고대 그리스에서 육체적 · 정신적 건강과 관련하여 문학을 최초로 언급한 것에서 찾아볼 수 있다고 보는 설이 있다. 고대 그리스에서는 프시케(psyche)가 마음이나 영혼을 의미했고, 로고스(logos)는 말과 세계를 의미하였다. 그리스 신화에서는 오체아누스가 프로메테우스에게 "말은 병든 마음의 의사다."라고 하였다. 기원전 1세기 로마시대에 소라누스(Soranus)라는 의사가 처음으로 내담자에게 시와 드라마로 처방했다는 기록이 있다(변학수, 2005). 고대로 거슬러 올라가면, BC 1300년경 이집트 테베에 건립한 도서관을 '영혼을 치유하는 장소'라고 불렀다고 하고(정필모, 오동근, 1991), BC 300년경 그리스 도서관 입구에는 '영혼을 위한 약'이라는 현판이 새겨져 있었다고 한다(Tews, 1970). 또한 BC 300년경의 환자에 대한 치료법에는 '처음에는 말' '두 번째는 식물' '세 번째는 칼' 등의 순서로 기록되어 있다. 이러한 '말–식물–칼'의 점층적 상관관계는 환자를 치료하는 데 있어 언어가 제일 먼저이고, 그다음이 약제이며, 그래도 효과가 없으면 마지막으로 수술을 했다는 것이다(권성훈, 2010). 고대 그리스 철학자 플라톤(Platon)은 전체가 건강하지 않은 한 부분적으로는 건강할 수 없으며, 신체와 정신 중 정신부터 먼저 치료해야 하며 치료는 어떤 매력적인 것을 사용해야 하는데, 그것이 '아름다운 문자(words)'라고 하였다(김춘경, 2007). 이 모든 문학치료의 기원을 통합하고 통찰해서 한데 아우르는 탄생의 시점을 밝혀야 할 필요가 있다. 궁극적으로 문학의 힘은 인간 내면의 고유한 인성과 영성을 바탕으로 하기 때문이다. 문학치료의 기원은 인류의 탄생보다 훨씬 전, 세상의 탄생과 관련이 깊다. 요한복음 1장 1절에서 5절까지에 이런 구절이 있다. "태초에 말씀이 계시니라. 이 말씀이 하나님과 함께 계셨으니 이 말씀은 곧 하나님이시니라. 그가 태초에 하나님과 함께 계셨고 만물이 그로 말미암아 지은 바 되었으니 지은 것이 하나도 그가 없이는 된 것이 없느니라. 그 안에 생명이 있었으니 이 생명은 사람들의 빛이라. 빛이 어두움에 비추되 어두움이 깨닫지 못하더라"(대한성서공회, 2001).

성경 구절을 통해 살펴본 바로는 태초의 말씀이 하나님과 함께 존재했으며, 이 말씀이 곧 하나님이라는 사실이다. 또한 창조된 모든 것이 하나님으로 인해 이뤄졌으며, 그 안에 생명이 있고, 생명은 곧 사람들의 빛이라는 사실이다. 문헌상에 명시되어 있는 것을 토대로 해 볼 때, 요한복음 1장의 성경 구절은 문학치료의 기원을 밝히는 데 중요한 기점을 제시하고 있다. 즉, '태초에 말씀이 있었다.'는 것이다. 여기에서 말씀이란 로고스(logos)를 뜻한다. 로고스는 '말' '이성' '계획'을 뜻하는 그리스어로, 그리스 철학과 신학에서 우주에 내재하면서 우주를 다스리고, 우주에 형식과 의미를 부여하는 신(神)의 이성으로 이해되는 개념이다. 이 구절은 성경의 맨 처음인 창세기 1장 1절에서 5절까지의 다음 구절과도 일맥상통한다. "태초에 하나님이 천지를 창조하시니라. 땅이 혼돈하고 공허하며 흑암이 깊음 위에 있고 하나님의 신은 수면에 운행하시니라. 하나님이 가라사대 빛이 있으라 하시매 빛이 있었고 그 빛이 하나님이 보시기에 좋았더라. 하나님이 빛과 어두움을 나누사 빛을 낮이라 칭하시고 어두움을 밤이라 칭하시니라. 저녁이 되며 아침이 되니 이는 첫째 날이니라"(대한성서공회, 2001).

즉, 태초의 기원은 '빛이 있으라'는 말씀(logos)으로 인해 시작되었으며, 동시에 빛이 비추기 시작하였다는 것이다. 성경에서 밝히고 있는 세상의 기원은 문학치료의 다른 어떤 기원설보다 근원적으로 맥을 같이하고 있다. 문학(文學)은 언어를 예술적 표현의 제재로 삼아 새로운 의미를 창출하여 묘사하는 예술이며, 사상이나 감정을 언어로 표현한 예술이기 때문이다. 성경 속의 '말씀'은 '언어'이며, 상징적인 의미의 질서를 말한다. 이러한 맥락에서 볼 때, 문학치료의 근간은 세상의 시초와 더불어 시작하였다는 사실을 알 수 있다. 즉, 강력한 말의 힘이 혼돈을 질서로 바로잡고 빛과 어둠을 나누었다는 것이다. 다시 말하자면, 문학치료의 시작은 세상을 탄생시킨 신(하나님)에 의해서다. 따라서 문학치료의 역사는 태초부터 시작되었으며, 세상의 기원이 곧 한 개인의 기원과도 연관된다고 할 수 있다. 인간은 언어를 배우기 시작하고, 말로 의사를 표현하고, 관계를 맺고, 사회와 문화를 습득해 간다. 라캉(Lacan) 식으로 말하자면, 상상계에서 상징계로 나아가기 위해서는 바로 언어 습득이 기준이 되기 때문이다. 여기서 언어는 생각, 느낌 따위를 나타내거나 전달하는 데 쓰는 음성, 문자 따위의 수단 또는 사회 관습적인 체계라는 일반적인 정의에만 국한되어 있지 않다. 앞서 언급한 로고스의 의미를 뜻하고 있다. 즉, 언어를 매체로 하여 표현되는 이성 또는 그 이성의 자유를 포함하고 있는 것이다.

정리하자면, 문학치료 그리고 심상 시치료의 근간은 태초의 기원과 맥락이 통하며, 최초의 문학치료(심상 시치료)는 세상을 탄생시킨 신(하나님)에 의해서다. 또한 앞서 언급한 성경 구절과 연관해서 문학치료의 정의를 내릴 수 있다. 즉, 문학치료의 목적은 '빛이 비치는데도 깨닫지 못하는 어둠이 스스로 어둠임을 깨닫고 빛이 비치는 것을 깨닫게 하는 것이며, 동시에 어둠을 아우르고 다스리는 빛의 역할을 확대하는 것'이라고 볼 수 있다. 이로써 이미 존재하고 있는 생명의 빛을 각 개인에게서 찾아내어 내면의 힘을 길러내고 일궈 낸다는 점에서 문학치료란 궁극적으로 '마음의 빛을 찾는 과정'이라고 할 수 있을 것이다.

근대적 의미의 문학치료는 1751년 벤저민 프랭클린(Benjamin Franklin)이 미국 펜실베이니아 병원에 부수의학적인 분야를 도입해서, 참여자들이 책을 읽은 것과 쓴 것을 『일루미네이터(Illuminator)』 지에 기고한 것이 발단이 되었다. 또한 독서치료가 수용적이고 수동적인 것에 머무는 데 반해 문학치료는 적극적이고 구체적인 문학 활동까지 포함하고 있다(변학수, 2007).

한편 미국에서는 시를 통한 심리적 조력 활동을 '시치료'라는 명칭으로 사용하고 있다. 시치료는 1969년에 시치료협회(Association for Poetry Therapy: APT)가 창립됨으로써 공식적으로 알려졌다. 1981년에는 미국시치료협회(National Association for Poetry Therapy: NAPT)로 바뀌었고, 그때부터 매년 미국 전역을 돌면서 학회가 열렸다. 1980년대를 기점으로는 시치료가 심리치료의 한 방법으로 인정받는 일반화 단계까지 이르렀다. 미국에서는 실제로 종합병원, 소년원과 교도소, 학교 상담실 등에서 시치료가 시행되었고, 시치료에 관한 연구도 활발하게 진행되고 있다. 우리나라에서는 1986년 원광대학교 의대부속 제2병원에서 정신과 입원 환자들을 대상으로 시치료가 시도되었다(김종주, 이경수, 1986). 시치료에 대한 연구들을 살펴보면, 집단상담에서 시 활동을 적용한 시치료 집단이 전통적 지지집단보다 자아 탐색에 더 효과적이었으며, 집단 응집력도 높아졌다고 보고되었다. 약물중독과 정신분열증 또는 경계선 성격장애가 있는 내담자에게도 전통적 지지상담보다 시치료가 더 효과적이라는 연구 결과도 있다(Fuman, 2003; Hiroshi, 2001; Smith, 2000).

그리퍼(Griefer)는 '시치료'라는 명칭을 처음 사용한 사람으로 알려져 있다(Schloss, 1976). 그는 시인이자 변호사였고, 뉴욕의 크리드무어 주립병원(Creedmoor State Hospital)에서 자원봉사를 하는 약사였다. 쉴로스(Schloss)에 따르면, 그리퍼는 리디(Leedy)라는 심리학자를 만나서 함께 시치료 집단을 만들었다고 한다. 그들은 심리극의 창시자 모레노(J. L. Moreno)로부터 격려와 도움을 받았고, 미국 집단심리치료와 사이코드라마학회(American Society for Group Psychotherapy and Psychodrama: ASGPP)에서 발표할 수 있게 되었다. 모레노는 심리치료를 하면서 시를 사용하는 것에 관심이 있었고 '심리시학(psychopoetry)'이라는 명칭을 썼다고 한다. 이것은 나중에 쉴로스에 의해 발전되었다(김현희 외 공역, 2005).

아리스토텔레스(Aristoteles)는 비극이 개인의 마음을 정화시키는 데 탁월한 효능이 있다고 했으며, 『시학(On the art of poetry)』의 6장에서 "비극은 연민과 공포를 환기시키는 사건을 통하여 감정을 카타르시스(catharsis)시킨다." (천병희 역, 1991)라고 말한 바 있다. 비극을 보면서 관객들은 개인의 의지로는 어쩔 수 없는 이 절대적인 힘에 연민과 공포를 느끼게 된다는 것이다. 또한 스스로의 감정을 정화(catharsis)하게 되는데, 정화야말로 아리스토텔레스가 예술에서 발견한 가치였다. '카타르시스'라는 말은 원래 도덕적 의미로서의 순화(purificatio), 종교적 의미로서의 정화(iustratio) 또는 속죄(expiatio), 그리고 의학적 의미로서의 배설(purgatio)이라는 뜻을 가지고 있다. 아리스토텔레스는 비극이 인간의 격정을 자극하지만 동시에 감정을 완화시키고 조절하며 해소시킨다고 했다. 또한 헤닝거(Heninger, 1981)가 밝히는 시치료적 기능에는 환기와 정화(ventilation and catharsis), 치료적 탐구(exploration), 지지적인 정신치료(support), 활동적인 정서 조절(active mastery), 이해(understanding)와 안전막(safety), 즐거움(pleasure)이 있다. 궁극적으로 시치료는 갈등을 해결하고 정서적 안정과 성장을 도모한다고 할 수 있다.

문학치료는 사실상 독서치료(Bibliotherapy), 시/쓰기치료(Poetry Therapy), 이야기치료(Narrative Therapy), 드라마치료(Drama Therapy)를 포함하고 있다. 따라서 유럽이나 미국에서는 독서치료나 문학치료로 구분하지 않고 시치료(Poetry Therapy)라고 부르고 있다. 이런 통합적인 차원에서의 시치료의 정의에도 불구하고, 미국시치료협회(NAPT)의 것을 비롯해 현재까지 횡행하고 있는 시치료 방법은 상당히 제한되어 있다. 흔히 문학치료는 크게 독서치료와 시를 대표하는 글쓰기치료로 구분된다(권성훈, 2010). 즉, 통합적인 수단에도 불구하고 표현 방법으로는 '글쓰기 작업'으로 제한함으로써 시치료의 정의와 실제가 일치하지 않는 오류를 범하고 있다. 여러 통합적 차원의 접근법이 바람직하다고 하더라도, '쓰기'에만 국한해서는 통합의 뜻은 관념적으로만 치우칠 따름이다. 통합적 치료 방법이란 그 수단도 표현도 통합적이어야 한다. 이로써 총체적인 접근이 이뤄지고 완성될 수 있기 때문이다. 이 부분에 대한 해결점을 심상 시치료의 개념에서 좀 더 면밀하게 다루고자 한다.

심상 시치료의 이론적 배경

심상(心象)에 대한 국어사전의 정의는 '감각에 의하여 획득한 현상이 마음속에서 재생된 것' 또는 '이전에 경험한 것이 마음속에서 시각적으로 나타나는 상'이다. 심상(心相)은 마음의 바탕을 말하며, 마음속에 비친 객관적 사물의 영상 또는 그것을 인식하는 주관적 작용을 말한다. 또한 심상(心想)은 마음속의 생각과 객관적 대상에 대하여 그 일반성을 인식하는 정신 작용으로서의 생각을 일컫는다. 본 심상 시치료는 심상(心相)을 기본으로 하여 심상(心象)과 심상(心想)을 포괄적으로 담고 있다. 즉, 시를 통해 마음속에 재생하거나 맺히는 상과 더불어 객관적 대상에 대해 인식하는 주관적인 정신 작용이라는 의미를 함께 포함한다. 더 나아가 심상 시치료(Simsang-Poetry Therapy)에서 심상(Simsang)은 인간의 정신 활동뿐만 아니라 인간의 감각과 초감각, 지각의 차원까지 포괄한 광범위한 개념을 말한다(박정혜, 2011). 여기에서 심상(心相)의 성격은 융(Jung)의 자기(self)의 개념과도 잇닿아 있다. 자아가 의식의 중심이라면, 자기는 의식과 무의식을 포괄하는 전체 정신의 중심이다. 태어날 때부터 모든 사람의 무의식 속에는 전체 인격이 되려는 내적 충동이 두루 갖추어져 있다. 즉, 자기는 인격 전체이면서 동시에 원형이다. 융이 말하는 자기(self)의 개념은 누미노제〔Numinose, 독일의 신학자 루돌프 오토(Rudolf Otto)가 한 말로, 인간이 거룩한 존재 앞에 섰을 때 자신이 진실로 피조물임을 존재론적으로 통감하는 감정적 · 미학적 · 직관적 체험〕의 강력한 영향력을 간직하고 있는 원형이며, 변두리를 무한히 확대할 수 있는 미지의, 전체 정신의 중심으로서의 자기다(이부영, 2002). 따라서 심상 시치료에서 심상은 무의식의 핵심, 우주의 에너지와 소통하고 연결되며 개인의 삶과 사회적 관계를 지향해 나가는 과정으로서의 역할을 담당하고 있다고 할 수 있다. 이런 자기실현화 과정을 통해서 우리는 완전한 인간이 아닌 온전한 인간이 되는 것이다(이부영, 1999).

심상 시치료 안에 중요한 핵심 사상들은 기존의 심리치료와 연관성을 이루고 있다. 심상 시치료에서 사랑은 핵심 원리이자 개념이다. 사랑으로 형성된 인간은 사랑으로 생존하며, 생활의 큰 흐름 또한 사랑이 뒷받침되어 있어야 한다. 결국 인간은 사랑의 테두리 안에서 살아갈 수밖에 없으며, 사랑은 삶을 이루게 하고, 삶은 사랑 안에서 온전해진다. 앞서 언급한 자기실현화 과정 또한 이 원리 안에서 행해진다. 다시 말해, 융이 말하는 자기실현화란 자기 자신을 지극하고 온전하게 사랑하는 과정을 일컫는 것에 다름 아니다. 실존치료를 창시한 빅터 프랭클(Viktor Frankl)은 실존주의 철학자들과 작가들이 표현한 진리인 사랑이야말로 인간이 열망할 수 있는 최고의 목표이며, 우리의 구원은 사랑을 통해서 가능하다는 것을 개인적으로 체험하였다. 그리하여 인간의 본질이 의미와 목적 추구에 있으며, 우리는 사랑이나 일을 통한 성취 등의 가치를 경험하거나 고통받는 행동이나 행위를 통해서 이 의미를 발견할 수 있다고 하였다(조현춘 외 공역, 2010). 끊임없는 사랑의 봇물은 내면의 변화를 가져온다. 깊은 무의식의 핵심을 이루는 자기는 외부에 존재하는 것이 아니라 자신 안에 존재한다. 즉, 삶의 모든 문제와 갈등에 대한 해답 또한 이미 자기 자신이 가지고 있다. 칼 로저스(Carl Rogers)는 상담심리

사보다 내담자가 스스로의 변화에 더 중대한 영향을 미친다는 이론을 정립하여 인간중심치료를 창시하였다. 로저스의 이론은 비지시적 치료에 근거해서 자기 이해, 자기 탐색, 자기개념과 연관을 지니고 있다. 성공적인 치료의 핵심이 내담자와 상담심리사의 관계와 내담자 자원이라는 강력한 증거들을 발견하였다. 즉, 상담심리사는 내담자의 세계에 대한 공감적 이해와 비판단적인 자세로 내담자가 자신의 의사 표현을 온전히 할 수 있도록 하는 능력이 있어야 하고, 이것이 치료자의 기본임을 주창하였다.

심상 시치료에서 자기 인식은 중요한 개념을 이루고 있다. 처해 있는 상황과 환경, 자신의 행동반경과 역할, 반복적인 행동적 습관과 성향을 이루는 것은 항상성에 기초하고 있다. 원래 항상성(homeostasis)은 변하지 않는 성질로서, 생체가 여러 환경 변화에 대응하여 내부 상태를 일정하게 유지하는 현상이나 그 상태를 말한다. 신경과 호르몬의 분비가 원활할 때 항상성이 잘 이루어지며, 인체는 최적의 상태로 유지될 수 있다. 하지만 심리적으로 항상성이 원래의 조절 능력을 잃고 왜곡되고 변형되어 축적될 때, 여러 가지 조건이 바뀌어도 친숙한 대상은 항상 같게 지각되는 현상으로 말미암아 뒤틀리고 어그러진 채 되풀이되고 만다. 심리적으로 왜곡된 항상성의 작동이 반복되는 경우, 자기 인식의 기능은 중요하게 가동할 수 있다. 즉, 바람직한 자기 인식이란 어두운 곳에서 눅눅하고 축축하게 습기로 가득 차 있는 무의식을 의식 차원으로 끌어올려, 햇볕을 충분히 쬐여서 습기가 증발되어 보송보송해진 상태로 돌려놓는 것을 의미한다. 무의식의 습기와 곰팡이를 의식으로 끌어와서 햇볕을 통해 알아차리게 될 때, 퀴퀴한 냄새 대신 그윽한 향기를 내뿜으며 비로소 인격과 인성을 가꿔 나갈 수 있게 되는 것이다.

1940년대 프리츠 펄스(Fritz Perls)와 로라 펄스(Laura Perls)가 개발한 형태치료는 실존적 · 현상학적 접근을 기본 전제로 하고 있다. 즉, 사람은 자신의 현재 행동과 환경과의 관계를 이해하고 있어야 하며, 치료의 기본 목표는 내담자가 자신의 경험과 행동을 인식하게 하는 것이며, 이러한 인식을 통해서 변화는 저절로 일어난다는 것이다. 이 접근은 내담자의 현실 지각을 강조한다는 점에서 현상학적이며, 내담자가 자신을 창출 · 개선 · 재발견하는 과정에 있다고 보는 점에서 실존적이다. 여기서 나아가 현대 형태치료는 내담자와 상담심리사의 대화와 관계를 강조하여 치료에 많은 지지와 친절, 연민을 포함한다. 지지적이고 수용적이며 공감적이고 대화적이며 도전적인 면모를 포함시켜 내담자 관계의 질과 내담자의 지혜와 자원을 자극하는 동안 공감적 조율에 주안점을 두고 있다.

심상 시치료의 중요 개념은 심리에만 국한되어 있지 않고 신체와 감각을 함께 아우르고 있다. 흔히 동양의학은 전통적으로 피가 잘 흐르도록 돕는 데 초점을 맞추고 있다. 지압요법이나 기공이라 불리는 건강법이 바로 그것이다. 심호흡과 체조를 통해 체내의 기와 피의 흐름을 좋게 만드는 기공은 성인병 예방에 특히 효과적이다. 기공은 전신 이완법이라는 내향적인 방법을 통해 심신을 단련하는 방법이며, 자기 조절을 통해서 자연 본래의 상태를 회복하는 동양 특유의 운동이다. 그래서 기공을 오래 한 사람은 인간 본연의 상태, 즉 천인합일(天人合一)의 상태를 회복할 수 있다. 이것은 인체 내부의 잠재능력을 끌어내고 생명력의 근원을 강화시키는 데 지대한 역할을 담당한다. 이 같은 효과가 나타나는 이유를 의학적으로 해석하면 결국 기공이 뇌 내 모르핀을 그만큼 많이 분비시키는 역할을 하기 때문이라고 판단할 수 있다(반광식 역, 1996). 또한 건강한 삶이란, 사실 삶을 향유할 수 있는 능력을 가리키는 말이다. 레비나스(Levinas)에 따르면, 삶의 향유는 근원적인 생명에 대한 교감을 중시하는 존재론적인 삶의 방식이다. 인간의 신체는 자연과의 교감을 통해 생기 있는 에너지로 충전되며 본래적인 자연성을 성취해 나간다(윤대선, 2009). 또한 인간은 자신의 실존적인 구조를 떠나서 무한성에 대한 사유를 할 수 없다. 무한성에 대한 레비나스의 관념은 빛이다. 대상은 빛을 통해 의식으로 들어오게 되며, 주체의 타자성을 통해 주체를 개방시키는 기능을 하는 것은 감각 또는 감성에서 비롯된다.

레비나스의 타자 윤리는 인간 본성에 관한 정의를 새롭게 발전시키고 있다. 즉, '너'와 '나'의 구체적인 사회성과 유대 관계 속에 보편적인 윤리와 가치가 존재하며, 인간의 자기 본성은 바로 그런 관계의 가능성에 의해 정의될 수 있다고 본다. 그러므로 존재의 자기 정체성은 바로 타자성에서 논의된다고 본다. 심상 시치료의 윤리는 바로 레비나스의 타자 철학에서 맥을 짚을 수 있다. 사실상 레비나스의 윤리는 초월의 윤리학이다. 철학적이며 사유적인 초월의 경우 의식의 확실성, 인식의 근거 또는 상호 주관적인 토대를 마련함으로써 인간의 본래적인 주체성, 대상 세계의 선험적 인식, 생활 세계의 가능성 등을 성찰하게 되기 때문이다. 종교적 초월의 경우 내세관의 신앙적 확신을 통해 현세적 삶에 대한 영적인 차원의 이해를 가져오며, 윤리적 초월의 경우 인간 본성의 회복, 원래의 나를 발견하는 것으로 인해 삶의 가치를 재조명하게 되는 것이다(윤대선, 2009). 타인의 행복으로 인해 함께 기뻐한다는 단순한 도덕성의 차원을 초월하여 신의 마음으로 접근할 때 일상 속에서 신의 현현(epiphany)을 감지할 수 있으며, 더불어 누미노제를 체험하는 빛나는 순간이 될 수 있다.

한편 직관은 직접적이고 균형 잡힌 인식을 말한다. 직관은 몸, 감정, 마음, 영혼 등으로 나뉘어 있는 의식을 통합하는 데서 비롯된다. 직관은 지금 이 순간에 집중할 때, 긴장 없이 깨어 있을 때, 몸과 감정의 신호와 소통할 때, 의지만으로 밀어붙이지 않을 때, 순수하게 열려 있을 때 솟아난다. 직관은 본능적인 끌림 또는 거부감이다. 또는 오감 중의 한 형태이거나 복잡한 의미, 구조, 예지, 정보 패턴에 대한 번뜩이는 이해일 수도 있다. 페니 피어스(Penny Peirce)는 "직관은 당사자의 성장과 실현을 위한 촉매제다. 그것은 한 개인의 삶에 깊고 영속적인 변화를 일으키기 위해 등장하므로 진짜 사실이라기보다 사실처럼 보이는 주관적 체험에 불과하다."(김우종 역, 2010)라고 말했다. 심상 시치료에서 직관은 은유와 상징을 통해 보다 심층적으로 발휘된다. 그것은 느낌의 표현, 이미지로 인해 드러날 수 있으며 자발성과 창의성을 함께 지니고 있다는 점에서 무의식의 또 다른 표현이다. 직관의 작용은 현재 처해 있는 상황과 해결해야 할 점을 알아차리는 중추적이면서 핵심적인 역할을 담당하는 것이다. 사실상 이러한 직관의 활용은 현재의 문제 상황이나 갈등을 음미하는 수준에 머물러 있는 것이 아니다. 난관을 헤쳐 나갈 수 있는 건강한 자아로 거듭나게 하는 것이 목적인 것이다. 융은 심리치료의 첫 번째 목적이 환자를 있을 수 없는 지복(至福)의 상태로 돌려 보는 데 있는 것이 아니라, 고난에 직면하고도 끄떡없는 이성적인 인내를 지니도록 돕는 데 있다고 했다(최현 역, 1998). 또한 융은 무의식이 여러 층위를 지니며 가장 깊은 곳에 '자기'를 지니고 있다고 보았다. 그 자기를 의식과 통합해 완전한 인격을 이루는 것이 삶의 목표라고 했다. 심상 시치료의 목적과 의의도 이러한 개념 속에 맥이 닿아 있다.

심상 시치료의 개념

시에서 심상(心象, imagery)은 핵심적인 작용을 한다. 시의 구성 방법을 살펴보는 작업은 시의 심상을 가늠하는 시작인 동시에 마무리 작업이다. 시의 구성은 그 시의 심상을 가장 잘 드러낼 수 있는 방법으로 짜 놓은 것이다(윤충의, 2001). 또한 시에서 심상과 시적 주제 간의 호응과 어긋남의 문제는 시의 성공 여부와 직결됨과 아울러 시 전체가 드러내는 주제화의 방향을 가늠하는 결정적인 기준이 된다. 왜냐하면 심상화는 곧 형상화이며, 형상화의 결과는 곧 주제화로 등식화할 수 있기 때문이다(장도준, 2003). 또한 심상이란 시가 언어를 재료로 삼아 창조해 내는 존재론적 특성의 하나다. 심상은 흔히 시의 함축적 시니피에(signifié) 구성에서 부분적 장치로 이용되기도 한다. 이것이 심상의 보편적 개념이다(Preminger, 1974). 해즐릿(Hazlitt)의 시학에 따르면, 시는 상상과 감정의 언어이고 사람의 마음에 즉각적인 즐거움 또는 아픔을 주는 모든 것에 관련된다(이상섭, 1996). 시는 사람의 깊은 속마음과 관심사에 절실히 다가오는 것이고, 심상과 말을 우리의 감정에 완전하게 일치시킨 것이다. 또한 감정을 해소할 수 있는 유일한 방법이고, 우리의 마음속 생각에 즉각적인 만족을 주는 것이다. 사유는 심상에 대한 의식의 반응이며, 심상은 사유의 단서다. 사유와 심상은 별개의 것이 아니다. 어떠한 심상일지라도 결코 독립되어 있지 않으며, 반드시 전의식과 어떤 관계를 맺으며 드러난다. 그러므로 심상 없이는 사유가 성립되지 않는다(서석연 역, 2001). 시에 있어서 이미지(心象)라고 하는 것은 말하자면 언어가 그리는 그림 또는 영상이라고 할 수 있다. 이미지는 심상이라고도 하고, 영상(映像)이라고도 하며, 형상(形象)이라고도 한다. 간단히 말하면 언어가 그리는 꼴(형태)을 말한다. 언어에는 인간의 감성을 나타내는 정서적인 기능이 있는가 하면, 인간의 생각이나 관념 등을 나타내는 사상의 기능도 있다. 심상(心象)에는 고착 심상과 자유 심상이 있는데, 보통 언어가 가지고 있는 심상은 자유 심상이다. 루이스(Lewis)는 "이미지는 말로 만들어진 그림"이라고 정의하면서, 직유나 은유는 물론 형용사나 묘사적 어구나 구절로 이미지를 만들어 낼 수 있다고 하였다(황송문, 1993). 언어가 표상한다는 것은 그림처럼 표상의 대상을 직접적으로 보여 주는 것이 아니라, 그것이 기의를 통해 가리키는 것을 우리에게 상상하는 가운데 환기시키는 것이다. 즉, 언어의 표상성은 이른바 심상(image mentale)에 있다고 하겠다. 문학 비평에서 흔히 쓰는 용어인 문학적 이미지, 시적 이미지라는 것은 바로 심상이다. 그러므로 문학 작품을 읽는다는 것은 글자를 따라가며 상상 속에 심상을 계속 떠올리는 것이다(곽광수, 2008).

심상은 다만 문학 작품에만 작용하는 것이 아니다. 심상의 응용 분야는 광범위하며, 특히 심리적인 기전으로 널리 활용되고 있다. 단적인 예로 스포츠 분야에서 시행하고 있는 심상적인 접근을 들 수 있다. 심상은 다감각적인 경험으로 모든 감각적인 정보의 입력을 요구한다. 시각뿐 아니라 청각, 후각, 미각, 촉각까지 포함한다. 상상할 때 이용하는 감각이 많을수록 심상은 더욱 생생해지고, 심상이 생생할수록 훨씬 더 효과적으로 원하는 반응을 얻을 수 있다(현윤진, 2005). 또한 심상은 모든 감각을 동원하여 마음속으로 어떤 경험을 떠올리거나 새로 구성하는 심리 기술이라고 할 수 있으며, 선수는 직접 체험하지 않고도 시각적 심상이나 근육의 운동감각, 후각, 심지어 청각 감각까지 활용하여 체험할 수 있다(윤성원, 2002). 특히 태권도 교수법 중 심상 시연(imagery rehearsal)은 내현적 연습을 성취하기 위해 사용된다. 궁극적으로 자신감과 강인한 정신력, 문제해결 능력 등을 강화시키고 실전에 대한 정신적 준비를 시키는 것이다. 따라서 '상대가 없을 때 있는 것처럼'의 내적 심상 상태는 근운동감각을 더 쉽게 이끌고 움직임을 더 쉽게 느끼게 하며 실제 기술 접근에 용이하도록 하는 일반적인 심상 연습의 효과를 지니는 것으로 이해할 수 있다(태권도학과 교수, 2004). 일반적으로 스포츠 분야에서는 머릿속으로 그려지는 이미지가 선명할수록 동작이 정확해진다고 말한다. 마음속의 이미지가 실제와 거의 같을수록 심상의 효과는 높아지는 것이다. 가장 선명한 이미지를 만들기 위해서는 오감 전부를 이용해야 하며, 시각에 지나지 않던 감각을 청각, 후각, 운동감각, 나아가 자신의 감정과 사고까지도 그려 낼 수 있는 심상훈련을 해야 한다(홍준희, 2007). 심상훈련(imagery training)은 이완 기법의 일종으로 인지적(cognitive) · 정신적(mental) 조망으로 이완에 접근하는 방법이다. 심상훈련은 심리적 컨디션을 조절하여 운동 경기 장면에서 야기되는 심리적 긴장과 불안을 해소시키려는 방법이며, 효과적인 심상 기법으로는 최면심상훈련과 자율심상훈련 등이 있다(하남길, 2002).

인간의 정신과 신체가 밀접하게 연관되어 있다는 점을 볼 때, 심상의 작용은 정신과 신체에 확산해서 전반적인 영향을 미친다는 사실을 알 수 있다. 정신적인 성장의 측면에서도 심상은 중추적인 작용을 하고 있다. 정신적 성장을 제고한다는 것은, 첫째 심상을 세우고, 둘째 심상을 수용하고, 셋째 새로운 경험을 하고, 넷째 심상을 재형성하는 과정이다. 이는 일생 동안 반복되는 과정이지만 일정 기간 동안 계획적으로 이 과정을 단기간에 반복시켜 정신적 성장을 의도적으로 이루어 낼 수 있다(김화중, 2005). 상상을 통해 심리적 이미지를 경험하는 활동은 우리 뇌의 작용에도 직접적인 영향을 미친다(Grant, 1988; Marks, 1983). 따라서 심리적 이미지 치료에 관한 초기의 많은 연구들에서는 이미지를 떠올리는 작업만으로도 심신에 직접적인 변화가 일어나는 결과를 증명했다(Barber & Hahn, 1964; Brown & Schwartz, 1980; Schwartz, Brown, & Ahren, 1980). 실제로 행동은 행위적 사건만으로 대표되는 개념이 아니라 행위와 심상을 포괄하는 개념이다. 심상에는 감각적 작용을 통해서 묘사나 설명으로 감정이나 느낌, 분위기를 일컫는 감성적 심상, 가치판단의 기분이나 지식 또는 가치판단이 드러나는 관념적 심상, 심리적인 움직임이 드러나는 심리적 심상 등이 있다. 심리적 심상에는 무의식이나 잠재의식의 상태가 언어로 표현되어 불합리하거나 모순된 관계와 상황이 의식의 영역에 표상화된 것, 이와 연관이 있는 환각이나 공상 등도 포함된다(윤충의, 2001). 한편 상상력이란 '과거의 경험으로 얻어진 심상을 새로운 형태로 재구성하는 정신의 작용'을 말하며, 사물의 에너지를 만들어 내는 정신적인 에너지다(황송문, 1993). 또한 심상을 떠올려 보는 능력은 상상력의 가장 기본적이며 핵심적인 기능이라고 할 수 있다. 즉, 상상력이란 마음속에 하나의 심상을 그려 내는 능력을 말하며, 과거에 경험한 심상을 꺼내 보면서 그것들을 서로 결합하기도 한다. 상상력은 다양한 연상으로 이어지고, 의지로써 상상력을 잘 통제하면 기억 속에 없는 또 다른 생각을 창조해 낼 수도 있다. 이러한 창의적인 기능을 하는 상상력을 '생산적 상상력' 혹은 '창조적 상상력'이라고 부른다.

바슐라르(Bachelard)에 의하면, 상상력은 단지 이미지를 형성하는 능력이 아니라 지각 작용에 의해 받아들이게 된 이미지를 변형시키는 능력이자 애초의 이미지로부터 우리를 해방시키는 능력으로 간주되며, 그것은 우리를 과거와 현실로부터 떼어 내어 미래를 열게 만든다(최헌진, 2010). 또한 이미지는 우리 인간 모두의 삶의 본질을 이루고 있다(이재실 역, 1998). 따라서 심상의 속성이 시에 미치는 영향은 지대하다. 단적으로 말해, 시는 심상의 조화다. 머릿속에만 떠오르고 가슴에 울리지 않는 시는 더 이상 시가 아니다. 이는 루이스가 밝힌 심상의 구성 요소 때문이다. 심상은 그것이 어떠한 형태로 조성된 것이든 신성성(freshness), 강렬성(intensity), 환정성(evocative power)을 자아내는 기능을 지녀야 한다. 시에 있어서 이미지란 결국 감각적 체험을 재생시키며, 정서와 관련된 추상적이고 관념적인 시의 의미나 주제를 구체화해 주는 가장 중요한 수단이기 때문이다(김병택, 2004).

부가해서, 유약우(劉若愚)는 "심상의 효과란 오로지 그 독창성에 달려 있는 것은 아니다. 왜냐하면 독창적인 심상은 신기함 때문에 독자의 상상력을 자극할 수 있지만, 습관적인 심상은 그 친근성 때문에 더욱 쉽게 의욕적인 반응과 관련된 연상을 불러일으킬 수 있다. 만약 시인이 한 장의 일치되는 그림을 그려 내기 위하여 비슷한 연상을 지닌 심상을 사용한다든가, 그가 습관적인 심상을 사용하지만 그것이 한 줄의 새로운 문맥 속에서 묘하고도 청신한 의미를 부여한다든가, 혹은 그가 이러한 심상을 더욱 발전시키거나 혹은 그것을 그의 지금 목적에 부합시키기 위해서 수식한다면, 그 심상이 독창적인 것인가 아닌가 하는 것은 별 문제가 되지 않을 것이다."(이장우 역, 1994)라고 하였다. 이른바 독창적이고 상상력이 풍부한 심상이 아니더라도 심상은 효과를 가지고 있다는 것이며, 오히려 친근한 심상이 집단의 교류를 활성화할 수 있다는 것을 암시하고 있다. 핵심은 그 기본적인 심상을 바탕으로 각자의 심상 속에 재창조의 힘을 일으키는 것이다.

시인 얀 스카첼(Jan Skacel)은 "시인은 시를 창조하는 것이 아니다. 시는 저 뒤쪽 어디에 있는 것. 오래 오래전부터 그것은 거기에 있었고, 시인은 다만 그걸 찾아내는 것일 뿐"(권오룡 역, 2004)이라고 말했다. 오래전부터 있었던 그것은 원형(archetype)과도 연결된다. 원형은 문학과 사상 전반에 보편적인 개념이나 상황으로 여겨질 만큼 자주 되풀이하여 나타나는 근본적인 상징, 성격 및 유형을 가리키는 용어다. 융(Jung)의 이론에 따르면, 인간의 다양한 경험은 어떤 식으로든 유전 암호가 되어 다음 세대에게 전달된다. 논리 이전의 사고에 기원을 둔 이 원초적인 심상(心象) 유형과 상황은 독자와 저자에게 놀랄 만큼 비슷한 감정을 불러일으킨다. 그것은 심혼을 가로지르는 경험이다.

이부영은 진지한 자아의식의 자세로 심혼의 움직임을 관조할 때 그것이 창조적 예감과 거룩한 확신이 된다고 했다. 반면 경솔한 호기심, 삐뚤어진 의식으로 심혼을 대하면 그것은 상처를 입고 왜곡될 것이라고 했다. 그리하여 "시인은 심혼이 그리워 그를 노래한다. 그는 심혼에 관해 말하나 사실 그 자신이 심혼이 된다."(이부영, 2001)라고 했다. 심혼은 내적 태도이며, 깊은 무의식을 향한 성격의 특성을 말한다. 융은 외적 태도, 외적 성격의 특성을 페르소나(persona)라 하고 내적 태도를 아니마(anima), 즉 제엘레(Seele, 심혼)라고 했다. 또한 심혼의 존재란 이름이나 단지 지적인 개념이 아니라 우리 속에 살아 움직이는 것이며, 의식을 자극하는 무의식의 심리적 실체라고 했다. 심혼을 그리워하며 노래한 시는 그 시를 함께하는 독자 및 적극적인 수용층(시를 활용해 치료적 효과를 내는 수용층)의 심혼을 자극하게 된다. 심혼의 자극은 치유적 직관을 안겨 주는데, 마음챙김에 근거한 스트레스 완화 프로그램(Mindfulness-Based Stress Reduction: MBSR)의 창시자인 존 카밧진(Jon Kabat-Zinn)은 "심원한 치유의 직관은 당신이 정서적 통증을 일어나는 대로 깊게 바라볼 수 있을 때 생겨난다."(장현갑, 김교현, 장주영 공역, 2005)라고 말한 바 있다. 또한 정동(emotion) 뒤에 숨은 이미지의 의미를 깨달을 때 치유의 힘은 더욱더 활발해진다(김성민, 1998).

그리하여 '심상 시치료'를 행하는 이유는 바로 심혼의 자극과 더불어 심혼과의 연결과 소통을 이루기 위해서라고 요약할 수 있다. 사물의 현상과 무의식의 층위를 이루는 마음은 긴밀하게 연결되어 있는데, 이러한 관계를 자각하는 것에서 소통이 시작되기 때문이다. 수많은 내담자의 특징이 분열되고 혼동된 마음과 정신이라면, 소통으로 인해 기대할 수 있는 효과는 당연히 내면의 균형과 조화다. 이것은 융이 말한 정신치료의 목적과 잇닿아 있다. 융에 따르면, 인간은 삶에서 자신의 무의식 세계를 체험하는 것과 이를 직면하고 수용하는 것에 가치를 두어야 한다. 자신의 무의식 세계를 체험하는 것은 심오하고 이상적인 자신의 정신 활동의 확장을 의미하기 때문이다. 융은 "모든 인격의 궁극적인 목표는 자기다움(selfhood)과 자기실현의 상태를 달성하는 것이다."(최현 역, 1998)라고 단언한 바 있다. 이처럼 심혼을 자극하는 일은 치유와 연결될 수 있다. 약하고 여리며 왜곡되고 변형된 자아로 인해 파생된 여러 신체적 · 심리적 · 병리적 증상이 눈에 띄게 감소되거나 치유되기 때문이다. 이를 바탕으로 심상 시의 치료적 기능을 통해 무의식의 힘을 추출해 내어 궁극적으로 자기실현을 위한 토대를 마련할 수 있다.

"사랑은 행복과 다르지 않다. 사랑할 수 있는 사람은 행복하다."(임용호 역, 2003)라고 한 헤르만 헤세(Hermann Hesse)의 말은 부드럽지만 강렬하게 심혼을 자극한다. 분열된 정신을 가다듬고 자기 자신에 대한 사랑으로 가득 차게 되는 경험을 일궈 내는 것은 바로 심상 시치료의 몫이다. 심상 시치료는 심상(Simsang)의 연결과 소통에 의해서 대상자들에게 치유의 직관을 불러일으키는 일이라고 단언할 수 있다. 심상 시치료에서 심상(Simsang)은 이미지(image)로서 심상(心象)의 의미를 넘어서 존재한다. 즉, 심상(Simsang)은 융의 심혼(seele)의 개념과 일맥상통한다. 융은 적극적 심상법(Active Imagination)을 주창하였다. 즉, 심상을 통하여 개인이 추구해야 하는 이상적 자아실현의 획득에 가치와 비중을 두며, 각 개인이 진정한 인생의 인도자인 자연을 접촉하고 만나는 경험과 이를 통하여 각자 자기 인생의 본질적 의미를 자연적 흐름의 정신에서 발견하는 체험을 말한다. 심상 기법으로 융이 추구하고자 했던 자기실현화 과정을 이뤄 낼 수 있다는 것이 적극적 심상법의 핵심이다. 이런 방법이 가능한 이유는 무의식의 힘 때문이다. 그것은 무의식이 성적인 에너지의 분화구쯤으로 해석되는 프로이트(Freud)의 입장과는 변별되며, 무의식을 이루는 구체적인 힘의 원천은 바로 누미노제(Numinose) 때문이라고 볼 수 있다. 이는 레비나스(Levinas) 식으로 말하자면 신의 현현과도 연결된다.

시에서 심상 작용이 핵심을 이루고 있음에도 불구하고, 기존의 시치료는 시 창작과 더불어 감정 표현에만 치중되어 있어서 시의 고유한 아우라를 치료로 연결시키는 연구가 없었던 실정이다. 본 심상 시치료는 시를 창작하는 행위에서 '글쓰기'치료의 일환인 표현 위주의 접근이 아니라 심혼을 자극하는 시에서 심상을 일궈 내고 함께 심상을 공유하며 재창조하는 과정을 거친다. 결국 시의 핵심적인 요소인 '심상'을 통하지 않고서는 올바른 시치료를 기대하기 어렵기 때문이다. 동시에 시의 중추적인 의미로서 '심상'을 통해 정신과 마음의 성장을 이뤄 낼 수 있게 된다면 자아의 강화와 함께 내담자의 복합적인 증상이 눈에 띄게 완화될 것으로 예상하기 때문이다. 즉, 시의 치료적 기능을 이용하여 심상 치료적 접근을 통해 무의식의 힘을 이끌어 내어 궁극적으로 자기실현을 위한 토대를 마련하는 것이 심상 시치료의 목적이다. 앞서 말한 니시다 기타로(西田幾多郎)의 심상과 사유의 밀접한 연관성 외에도 심상은 인지와 정서 그리고 정신의 영역에서 광범위하게 작용하기 때문이다.

심상 시치료(Simsang-Poetry Therapy)에서 심상이라는 단어의 영문자 표기에 이미지(image)를 쓰지 않은 이유를 밝히고자 한다. 그 이유에는 무엇보다 심상 시치료에서 말하는 심상(Simsang)의 정의가 핵심적으로 작용한다. 즉, 심상 시치료에서 심상(Simsang)은 인간의 정신 활동뿐만 아니라 인간의 감각과 초감각, 지각의 차원까지 포괄한 광범위한 개념을 말한다. 또한 심상은 무의식의 핵심, 우주의 에너지와 소통하고 연결되며 개인의 삶과 사회적 관계를 지향해 나가는 과정으로서의 역할을 담당하고 있다고 할 수 있다. 이런 자기실현화 과정을 통해서 우리는 완전한 인간이 아닌 '온전한 인간'을 지향하며 자신의 삶을 완성해 나갈 수 있는 것이다. 앞서 열거했던 시에서의 심상(image)의 중요성은 분명 존재하지만, 심상 시치료에서는 그 이미저리(imagery)를 떠올리는 것에만 치료의 초점을 두지 않는다. 끊임없이 내면과 대화를 나누고, 갈등을 해결해 나가야 할 힘까지 내면의 무의식에게 물어보는 과정을 거치는 것이다. 일견 무의식의 작동이 주어진 환경의 영향으로 인해 불온한 흐름에 익숙해져 있다고 하더라도, 생존과 생활을 지탱할 수 있는 근원적인 힘의 원천은 바로 무의식에서 솟아나는 것을 부인할 수 없다. 이러한 관점의 기저에는 항상성 개념이 있다. 우주의 삼라만상에 존재하는 모든 생명체에는 스스로 정상 상태를 유지하려고 하는 자연 복구력이 있다. 이런 회복 능력을 과학적인 설명으로 '항상성'이라고 한다. 건강이란 이와 같은 항상성이 항상 정상을 유지하는 생활이며, 이것이 절도 있는 생활이다.

항상성(homeostasis)이란 용어는 헬라어 'homoios(same)'와 'stasis (standing)'의 합성어로, 건강한 사람에게서 나타나는 불변하면서도 활성화된 균형 잡힌 상태를 말한다. 다시 말하면, 환경에 나타나는 변화나 신체의 스트레스의 영향에도 불구하고 신체의 구성 조직이 스스로 균형을 유지하려고 하는 조절 기능을 말한다. 프랑스의 생리학자 클로드 베르나르(Claud Bernard, 1813~1878)는 세포의 환경에 대해 '내적 환경(milieu interne, internal environment)'이란 개념으로 항상성을 처음 소개하였다. 세포가 정상적인 기능을 하기 위해서는 변함없는 환경이 필요하다. 인체 세포의 환경, 곧 혈류를 통해 공급되는 체액(간질액)은 언제나 모든 세포를 감싸고 있으며 '인체의 내적 환경'이라고 불린다. 세포가 생명의 기본 구조와 기능 단위라는 것을 발견하게 된 이래로 생리학자들은 불변하는 내적 환경 유지의 중요성을 인식하게 되었다.

미국의 생리학자 월터 캐넌(Walter B. Cannon, 1871~1945)은 베르나르의 세포 환경 개념인 내적 환경을 보완하면서 항상성이란 용어를 사용하기 시작하였다. 항상성이란 인체 내의 균형 잡힌 상태, 인체 구조 내에서 불변하는 상태를 말하며, 외부의 환경 변화나 내부의 스트레스의 영향에도 불구하고 정상 범위를 유지하려고 하는 상태를 말한다. 항상성의 개념은 신체 내부의 기관과 자율신경에만 제한되어 있지 않다. 마음과 정신의 항상성 또한 존재한다. 심상 시치료에서 심상(Simsang)은 항상성을 조절할 수 있는 근원적인 힘을 우주의 에너지로부터 불러온다. 인간은 대자연의 축도이며 작은 우주라는 사실(한국도교사상연구회, 1998)을 상기해 보자. 작은 우주로서의 인간이 우주의 기운을 제대로 받지 못하면 여러 병리 현상에 매몰되고 만다. 우주의 기운이란 초월적이며 심령적인 차원에서 존재하는 것이 아니다. 무의식의 핵심에 존재하는 심혼이 제대로 발휘될 수 있도록 심혼을 자극하는 일이 바로 근원적인 우주의 힘을 일깨우고 거대한 우주의 에너지와 소통하는 길이다. 심혼을 끊임없이 자극하는 일은 곧 심상(Simsang)의 활성과 더불어 심리적 항상성을 불러일으킨다. 심상이 제대로 기능을 할 때 자연스러운 흐름과 소통이 일어나고, 여러 병리적 현상은 서서히 자취를 감추게 되는 것이다.

또한 심상 시치료에서 심상(Simsang)은 시치료의 21세기 식 방법론적인 접근을 함축하는 단어다. 흔히 문학치료는 독서치료(Bibliotherapy)와 글쓰기치료(Poesietherapy)로 구분된다(권성훈, 2010). 즉, 기존의 관점에서 문학치료는 문학, 즉 읽기와 쓰기를 통한 치료라고 말할 수 있다. 반면 여러 매체와 예술적인 장르를 원용하여 통합적인 문학치료를 꾀하는 현재의 흐름에 비추어 보아 문학치료의 수단과 방법, 과정과 결과는 비논리적이다. 통합적 방법과 기술을 이용해서 문학치료를 한다면 표현 방법에서도 통합적이어야 할 것이다. 문학치료의 영역을 독서와 글쓰기의 단 두 가지에만 국한한다면 여러 매체를 활용한다고 해서 통합적이라는 말을 붙일 수는 없다. 기법의 활용과 표현 방법의 양방향이 전부 통합될 때 통합이라는 말을 쓸 수 있을 것이다. 심상 시치료에서 심상(Simsang)은 통합적인 차원에서 인간을 활성화한다. 즉, 인간을 이루는 신체와 정신의 작용을 원활하게 하며, 이러한 총체성을 이루기 위한 방법에서 여러 매체와 다양한 장르의 예술과 학문적인 접근이 가능하다. 많은 매체를 열거하고 접근하는 식의 통합이 아니라, 총체적인 차원을 이루고 있는 인간의 고유 형질을 그대로 활용하는 방식이 바로 심상 시치료의 접근 방법이다.

따라서 심상 시치료는 기존 문학치료의 카테고리로는 도저히 설명할 수 없다. 굳이 설명하자면 이미 언급하고 있는 문학치료의 개념을 초월하여 보다 실질적이고 다차원적인 문학치료이며, 아리스토텔레스 식으로 말하자면 가능태(potentiality, dynamis)이자 현실태(actuality, energeia)로서의 문학치료를 말한다. 심상 시치료는 사물에 있어서 그것이 구현하고자 하는 형상(eidos)인 심상(Simsang)이 사물의 본질(essence)이 됨과 동시에 현실에서 실체로 이어지는 과정을 거치게 된다. 이러한 과정으로 문학이라는 질료가 심상과 결합하여 구체화를 완결 지은 현실태로 성장해서 개체가 일정한 기능을 발휘하게 되는 완성태(entelecheia)가 되는 것이다. 즉, 심상 시치료는 심상을 거쳐서 온전한 심상의 상태로 나아가는 것을 일컫는다.

정리하자면, 심상 시치료란 인간의 정신 활동과 고유한 오감(시각 · 청각 · 후각 · 미각 · 촉각)에 초감각, 지각을 아울러서 감성으로 내면의 힘을 일궈 내서 궁극적으로 온전한 마음과 영혼의 치료에 이르는 것을 말한다.

심상 시치료의 원리

심상 시치료(Simsang-Poetry Therapy)는 에너지, 자각, 사랑, 향유의 네 가지 원리로 운용된다. 각각의 원리를 자세히 들여다보자. 먼저 에너지 원리다. 본격적으로 에너지를 말하기 전에 치료라는 단어에 대해 알아볼 필요가 있다.

치료(therapy)는 그리스어 'therapeia'가 어원으로 병자에게 행해진 행위를 뜻하며, 치료(治療) 혹은 요법(療法)으로 번역할 수 있다. 치료 · 요법 · 처치 등으로 번역되는 'treatment' 역시 취급 · 대우 · 처치 등의 뜻을 지니고 있다. 심상 시치료에서 치료의 뜻은 병을 고치다의 'cure'와 'treatment'나 낫다, 깨끗이 하다의 'heal'이라는 차원을 초월한다. 심상 시치료에서 치료는 '아나스타시스(anastasis)'와 '소조(sozo)'의 의미를 담고 있다. 아나스타시스(anastasis)는 '부활'이라는 뜻의 헬라어로, 복합명사인 아나(ana, 부사적 접두사로서 '위를 향하여')와 스타시스(stasis, 누군가가 눕거나 앉았다가 일어나 '서는 것')가 결합한 글자다. 이는 '위로 일어서다'라는 의미를 지니며, 누워 있던 사람이 일어서는 상징적인 의미를 지닌 단어다. 소조(sozo)는 '치유'라는 뜻의 헬라어로 '구원한다'는 뜻도 있으며, 이 단어에서 영어의 건강(health), 온전함(wholeness), 구원(salvation)이 파생되었다. 구원은 영이나 혼을 비롯해 인간 존재로서의 모든 육체적인 부분까지 온전해지는 것을 의미한다.

현대인은 물질문명이 발달할수록 불가피하게 각종 문명병에 노출되고, 그 심각성 또한 급속하게 증가하고 있는 실정이다. 특히 급변하는 정보화의 물결로 인해 속도와 경쟁의 구도 속에서 살아가다 보니, 인간은 점점 자연스러움을 상실하게 되었다. 자연 속의 산물인 인간이 자연스러움을 상실하면 질병이 찾아든다. 이에 인간 개개인이 가진 생명의 고귀한 에너지를 되찾고, 활성화하고, 누리고, 나누는 것이 심상 시치료에서 치료의 개념이다. 웰빙(well-being)은 '몸과 마음의 편안함과 행복을 추구하는 태도나 행동'을 말한다. 힐링(healing)은 '치료의, 고치는, 회복 중인'을 뜻한다. 한편 에너지(energy)는 '일을 할 수 있는 힘이나 능력'을 말한다. 이제 21세기의 건강은 이 세 가지를 포함한 더 큰 개념으로 접근해야만 한다. 즉, 심상 시치료가 지향하는 건강의 개념은 영혼과 육체가 회복되고 치유되면서 몸과 마음의 편안함과 행복의 상태를 지니며, 더 나아가 일을 할 수 있는 힘이나 능력을 되찾는 것을 말하며, 또 이로써 삶의 기쁨을 온전히 즐기고 누리고 나누는 것을 말한다. 융(Jung)은 현대인에게 신경증이 증가하는 이유가 그들의 삶이 원활하지 못하기 때문이며, 신경증이란 결국 '의미를 발견하지 못한 영혼의 고통'이라고 말한 바 있다. 또한 융은 사람들이 근원적인 것으로부터 멀어질 때 정신에 병이 든다고 하였다. 근원적인 것이야말로 사람들의 삶에 의미를 부여해 주고 생명력을 북돋워 주기 때문이다. 현대사회에서 종교생활이 점점 쇠퇴해져 감에 따라 신경증 환자들이 더 늘어나고 있다고 하였다(김성민, 1998). 이러한 신경증은 인간 정신의 대극적인 요소들 사이에서 생긴 불균형으로 인해 불거진 내적인 분열이지만, 그 극심한 고통은 회복하려고 애쓰는 환자들의 노력이 가해질 때 자신의 삶과 자신을 반추해 보는 기회를 제공한다는 점에서 의미를 가질 수 있다. 정신의 상태에 켜지는 빨간불이 삶에서 해결해야 할 과제가 있음을 스스로에게 알려 주기 때문이다. 하지만 의지적이고 의도적인 노력이 대극의 통합을 가져오는 것은 아니다. 어떤 의미에서 종교적인 체험이라고 할 수 있는 통합의 경험은 체험자도 모르게 자연스럽게 일어나며, 구원의 이치와도 상통한다. 그것은 방법과 해결책을 가지려는 일련의 생각을 비울 때 비로소 생기는 것이며, 이때 누멘적인 특성 때문에 신적인 것이라고 말할 수밖에 없는 원형적인 이미지를 체험하게 된다. 그래서 종교 체험자들은 융이 언급한 것처럼 깊은 감동에 사로잡히는 것이다. 융은 이 순간 그의 내면에는 새로운 관심의 중심이 생겨난다고 하였다. 따라서 체험자들은 대극의 갈등으로부터 벗어날 수 있고, 그를 괴롭히던 말할 수 없는 근심으로부터 해방된다. 즉, 체험자들은 내면적인 대극과 화해하게 되고, 자신을 통합하여 더욱더 높은 수준으로 발달하게 되는 것이다. 이때 환자는 새로운 존재가 되며, 이 통합이 그를 변환시킨다(김성민, 1998). 융에 의하면, 이런 과정이 이루어지는 근본적인 이유는 치유력 때문이다. 환자의 내면 깊은 곳에는 치유력이 존재한다는 것인데, 치유력은 에너지라고 불러도 무관할 것이다. 생명의 왕성한 활동을 가능하게 하는 에너지는 생명의 탄생과 더불어 이미 주어져 있기 때문에, 살아 있음은 곧 에너지가 존재하고 있다는 증거다.

몸의 에너지 시스템(the body's energy system)은 몸에서 발생하는 전기라는 현상으로 파악할 수 있다. 두뇌의 전기적인 활동을 기록하는 뇌파계(EEG)와 심장에서 전기적인 활동을 기록하는 심장 전도계(EKG)로 에너지 현상을 가시적으로 확인할 수 있다. 살아 있는 한, 이런 에너지 흐름은 중단되지 않는다. 다만 약해지거나 부분적으로 막히거나 원활하거나 왕성할 뿐이다. 몸에 존재하는 전기에너지를 이용한 기계나 인체의 전반적인 에너지 흐름을 파악하는 첨단 기계가 발명되기 훨씬 이전인, 지금으로부터 약 5000년 전 중국에서는 우리의 몸을 통해서 에너지가 흐르는 복잡한 시스템을 발견했다. 이런 에너지 흐름 또는 경락이 동양의학의 중심이었으며 현대의 침술이나 다른 치료 기술의 기본을 형성했다. 에너지는 비단 육체에만 국한되어 있지 않다. 내면의 치유력이 존재하는 무의식의 깊은 핵심에 심리적 에너지의 원천이 존재하고 있다.

심상 시치료에서는 인간의 내면에 존재하는 에너지를 '마음의 빛'이라고 명명한다. 이 빛이 존재함으로써 생명이 유지되는 것이다. 사실 생명의 잉태와 동시에 존재하는 빛의 존재가 점점 소멸될 위기에 처해 있는 까닭은 빛이 스스로의 힘을 잃었기 때문이 아니다. 근원적인 힘은 그대로 존재하지만, 몇 겹의 두꺼운 천으로 가려지고 막혀 있어 빛이 보이지 않을 따름이다. 역설적이게도, 두꺼운 천으로 가리고 막는 행위의 주체는 바로 자신이다. 본질을 은폐하고 왜곡하는 방어에만 익숙해진 까닭에 몇 겹으로 가리고 있다는 사실조차 모르면서 빛을 가리는 행위를 계속하고 있는 것이다. 의식이 인식하기 이전에 행해지는 이러한 행위는 부자데(vu ja de)의 경험을 가져오게 만든다. 이전에 수백 번 경험한 것도 마치 첫 경험처럼 느끼고 행동하는 것이 부자데형 사고방식이다. '익숙한 것의 낯선 것'으로 칭할 수 있는 이러한 방식은 생명의 빛을 여러 겹 뒤덮어 놓은 것에만 만족하지 않는다. 끊임없이 똑같은 행위를 하면서도 스스로 왜곡하여 판단하는 것을 멈추지 않는 것에서 병리적인 현상이 돌출되는 것이다.

이 강박적인 심리 현상을 멈추게 하는 것은 가르침도 교육도 아니다. 인지적이며 행동적인 접근이 일시적으로 증상을 멈추게 할지는 모르나, 이미 가려져 있는 생명의 빛을 충분히 느끼기에는 역부족이다. 에너지의 원활한 흐름을 갈구하고자 하는 노력과 의지만으로도 멈춤의 효과는 일어난다. 더 나아가 스스로가 행했던 행위를 멈춤과 동시에 이미 몇 겹으로 둘러쳐져 있는 두꺼운 천을 벗겨 내는 작업은 '자각'으로 인해 일어날 수 있다.

심상 시치료의 두 번째 원리는 바로 '자각'이다. 자각(自覺)은 자신의 형편이나 처지, 본분 따위를 스스로 깨닫는 것을 말한다. 불교적인 용어로 해석해 보면, 자각은 스스로 깨달은 바를 통해 남을 일깨워 깨닫게 하는 각타(覺

他)와 스스로 깨닫고 또 타인을 깨닫게 하는 행위를 겸비한 부처나 보살의 행각행인 각행(覺行)과 더불어 삼각(三覺)의 하나를 말한다. 자각이란 각타와 각행의 원인 격이 되는 것을 말한다. 즉, 스스로 깨달아 증득(證得)해서 알지 못함이 없는 것이나 또는 중생(衆生)이 자신의 미망(迷妄)에서 벗어나 스스로 진리의 깨달음에 이르는 것을 말한다. 심리적인 면에서 자각은 자기 자신을 의식하는 상태를 말하며, 자신의 생각과 언행에 대하여 그것이 진리성과 성실성이 있는지 자신을 반성하는 일이라는 철학적인 뜻도 담겨 있다. 대승불교에서 이상적 인간형으로 삼는 보살(菩薩, bodhisattva)은 자각(覺, bodhi)한 생명(有情, sattva)을 말한다. 즉, 생명의 본질을 자각하고 우리 안에 진리가 있음을 깨달으며 남과 내가 다르지 않음을 알아 타인의 행복이 나의 행복에 닿는다는 것을 알아차린 이들을 말한다. 그리하여 중생(衆生, sattva)이 자각하면 보살이라고 가르친다. 깨어난 중생은 욕망의 노예가 되지도 않고 세상을 꿰뚫는 지혜를 갖게 되며 모두가 자신과 다를 바 없다는 연민의 마음을 갖게 된다. 이로써 세상에 대한 미움이 사라지고 긍휼과 자비심이 살아나는 것이다. 불교에서 말하는 자각의 개념은 융이 말하는 자각의 뜻과도 맥이 통한다. 융은 자기를 각성하는 일이 결코 쉬운 일이 아니라고 말한 바 있다. 자기는 숨겨져 있는 본성이기 때문에 그러하다는 것이다. 성서에 나오는 비유를 들자면, 자기는 이른바 '값진 보물'이나 '값진 진주'라고 할 수 있다. 그러므로 자기를 체험하려면 주의 깊게 관찰하고 신중하게 고려하는 태도를 가져야 한다. 이런 태도는 지혜 있는 이들만이 가질 수 있는 기다림의 태도다. 왜냐하면 신적인 능력이나 초월적인 능력은 고통 속에서 기다려 본 사람만이 체험할 수 있는 것이기 때문이다. 참으로 종교적인 사람들은 이런 태도를 가질 수 있다. 그들은 하나님이 이 세상에 있는 모든 이상스러운 일들과 이해하기 어려운 일들을 만드셨다는 사실을 알고 있다. 그래서 그들은 가장 모호한 길을 통해서 다른 사람들의 마음속 깊은 곳에 다다르려고 한다. 우리는 우리 내면을 주의 깊게 관찰하고 신중하게 고려하는 태도를 가지고 즐길 때 그 깊은 어둠 속에서 어떤 힘이 움직이는 것을 느낄 수 있다. 종교 체험이 이루어지는 순간은 바로 그러한 때다(김성민, 1998).

심상 시치료에서 치유의 근원적인 힘은 바로 에너지에서 나온다는 첫 번째 원리에 이어, 에너지의 은폐와 단절을 그만두게 하고 이미 가려져 있는 두꺼운 차단막을 치우고 걷어 내는 내면적인 행위는 바로 자각으로 인해 이루어진다. 자각(awakeness)은 한마디로 깨움을 가지는(awaken) 상태(ness)를 말한다. 성경의 마가복음 26장 38절에는 "너희가 나와 함께 한 시 동안도 이렇게 깨어 있을 수 없더냐. 시험에 들지 않게 깨어 있어 기도하라"는 예수님의 말씀이 기록되어 있다. 깨어 있다는 말은 한순간도 자지 말라는 말이 아니다. 스스로의 내면을 깨우치라는 자각의 말이며, 성경 곳곳에는 '깨어 있으라'는 자각의 말이 많이 등장한다. 그렇다면 무엇을 자각해야 하는가?

먼저 내면의 근원적인 치유의 힘이 있음을 자각해야 한다. 반대로 치유의 힘이 자신 안에 존재하지 않으며 본래부터 그럴 만한 힘이 존재하지 않는다고 믿게 되면 회복의 힘은 주어지지 않는다. 마음이 갖는 힘은 암시나 최면의 힘을 훨씬 뛰어넘으며, 마음의 기능은 운명까지도 초월하는 힘을 갖고 있다. 인생은 나쁜 이미지로 보면 그대로 나쁜 일이 일어나고, 좋은 이미지로 보면 그대로 좋은 일이 일어난다는 마음의 법칙이 있기 때문이다(이연구 외 공역, 1998). 치유의 힘이 자신 안에 존재한다고 믿을 때, 그 힘은 비로소 실체를 가지며 발휘할 수 있게 된다. 그러나 이미 존재하고 있는 것조차 없다고 믿을 때, 존재는 암흑의 상태에 머무르게 된다. 내면에 존재하는 치유의 힘을 자각했다면 치유를 향한 길이 열리는 것이다.

다음으로는 에너지가 원활히 흐를 수 있음을 자각해야 한다. 내면의 에너지는 인체 내부와 외부에서 함께 흐른다. 인체 내부에서 흐를 때는 자율신경계와 경혈의 원활한 흐름을 경험할 수 있다. 인체 외부와의 흐름은 바로 우주적 에너지와의 소통을 경험하는 것이다. 이것은 우리의 의식 차원에서 공명이 이루어지는 것을 말한다. 의식의 차원이 현재의 의식, 개인의 잠재의식, 집단적 잠재의식의 순으로 내려온다면, 의식의 기저층을 광범위하게 이루고 있는 것은 우주 의식이다. 프로이트(Freud)가 개인의 억압된 욕망이나 감정으로부터 잠재의식을 주창했다면, 융은 인류의 공통된 이미지로 전 인류에 공통된 보편적 무의식인 집단적 잠재의식이 있다는 사실을 주창했다. 또한 융은 잠재의식을 억압된 장이 아니라 영원히 샘솟는 아이디어의 샘이라고 했다. 즉, 모든 사람이 무의식의 네트워크를 지니고 있다고 했다. 누구를 막론하고 고대의 기억이 용솟음쳐 오르고 있으며, 마음 가운데 고대의 어진 사람을 갖고 있으며, 이런 무의식에 의하여 우주 전체와 이어지고 있다는 것이다. 인간은 뇌의 기능을 넘어서 우주 의식에 공명(共鳴)하여 우주로부터 무한한 정보를 얻을 수 있다. 자신의 우뇌를 매개체로 하여 우주로부터 정보를 얻게 될 때, 이런 정보는 직관(intuition) 또는 인스피레이션(inspiration)이라고 한다(이연구 외 공역, 1998). 우리의 뇌 중 좌뇌는 의식하는 기능을 담당하며 정보를 의식하지만, 4차원에서 이뤄지는 정보는 의식하지 못한다. 반면, 우뇌는 파동 정보를 무의식으로 감지하고 있으나, 대개 그것을 의식하여 좌뇌로 전달할 수가 없다. 하지만 변성의식(보통 의식과는 다른 의식 상태가 되었다고 느끼는 의식 상태. 예를 들면, 참선, 명상을 했을 때 드는 의식)에 들어가면 이 정보가 이미지로 번역되어 의식으로 전달된다.

심상 시치료에서는 반드시 명상이 등장한다. 명상은 대체로 눈을 뜨고 생각하고 활동하는 동안 나타나는 뇌파로 초당 14~21의 주파수를 가진 베타(β)파에서 초당 8~13의 주기인, 쾌적하고 마음이 편안해지는 안정 상태의 알파(α)파로 변하게 한다. 더 나아가 명상에 집중하면 초당 4~7의 느린 주기를 보이는 뇌파인 세타(θ)파를 경험하게 된다. 세타파는 각성과 수면 사이를 반영하며, 세타파가 우세할 때 깊은 통찰력을 경험하기도 하고 창의적인 생각이나 문제 해결력이 솟아나게 된다. 세타파는 유쾌하고 이완된 기분과 극단적인 각성과 관련이 있고 동시에 어떤 일을 수행하겠다는 의도성과도 관련이 있는 뇌파다. 오랫동안 명상을 수행한 사람은 명상을 하지 않는 평소에도 세타파를 쉽게 드러내며, 보통 사람들도 어떤 통찰이나 창의적인 생각이 일어나는 순간 세타파를 경험할 수 있다. 이처럼 심상 시치료에서 자각의 두 번째 몫은 우주의 에너지와 내면의 빛이 서로 소통하며 원활한 에너지 흐름을 이끌어 냄으로써 통찰과 해결을 가져온다는 원리에 기반을 두고 있다.

세 번째로 자각해야 할 것은 변화와 성장이다. 이미지는 병을 고치는 힘을 가지고 있으며, 미처 알지 못했던 높은 지식과 경험의 차원으로 이끌어 가는 힘이 있다. 이미지를 구사하는 것은 자신의 에너지, 집중력, 운동 능력, 기억 능력, 직관력, 창조력 등을 높여서 우리가 할 수 있는 능력의 반경을 최대한으로 성장시켜 준다. 현대는 이미지 심리학(image psychology) 시대로 접어들었으며, 이러한 변화의 열쇠는 암시와 이미지에 있다(이연구 외 공역, 1998). 이런 암시는 상징의 의미와도 연결된다. 상징(象徵)은 추상적인 사실이나 생각, 느낌 따위를 대표성을 띤 기호나 구체적인 사물로 나타내는 것이며, 구체적인 사물이나 심상을 통하여 암시하는 것을 뜻하기 때문이다. 융에 의하면, 상징은 인간의 정신을 구성하는 살아 있는 상이다. 그것이 포함하는 뜻은 언어로 남김없이 해석할 수 없다는 것이 융의 입장이다. 상징은 항상 언어를 넘어서 존재하며, 의미를 잉태하고 있고 또 의미를 잉태하는 한 살아 있으며, 만약 우리가 상징의 의미를 남김없이 해석했다면 그 상징은 생명을 잃는다고 하였다(이부영, 2008).

심상 시치료의 방식에서 주가 되는 시는 강한 상징과 은유의 암시를 지니고 있으며, 은유와 이미지로 이뤄진 강력한 자기암시는 곧 내면의 변화와 성장을 가져온다. 이러한 심상 시치료적 접근은 흔히 말하는 시 쓰기나 읽기 작업에만 한계 짓지 않는다. 보다 깊은 성찰과 통찰의 의미는 암시를 언어로 남김없이 표현하려고 할 때 오히려 상실되고 만다. 융의 적극적 명상법은 융이 무의식의 의식화를 위해서 꿈의 해석과 함께 도입한 방법으로 전문가의 지도를 필요로 하는 것이지만, 아니마의 객관화는 '자기의 기분을 기술하고 왜 그런 기분이 되는지를 객관적으로 생각해 보는 것'만으로도 큰 성과를 얻을 수 있으며, 기분의 묘사는 그림, 글, 춤 등 자기가 하고 싶은 방법을 쓰면 된다(이부영, 2008). 따라서 심상 시치료에서는 인간의 정신 활동과 고유한 오감(시각 · 청각 · 후각 · 미각 · 촉각)에 초감각, 지각을 아울러서 감성과 감수성을 포함한 치료 방법적 측면을 지님과 동시에, 그 표현과 운용의 방법에서도 오감과 초감각, 지각을 그대로 표현할 수 있도록 표현의 문을 열어 두고 있다. 그것은 말, 언어, 그림, 춤, 행동 및 비언어적 의사소통을 망라하며 표현에 제한을 두지 않는다. 다만 그 모든 표현 방식은 내담자의 의사에 의거하여 자연스럽게 이뤄져야 하며, 스스로 표현하고자 하는 내담자의 방향대로 흐를 수 있도록 한다.

심상 시치료의 세 번째 원리는 사랑이다. 사랑이라는 단어는 낯익어서 식상한 면이 없지 않지만, 사실 우리는 사랑이 무엇인지 확실히 정의 내리지 못한다. 사랑이 느낌일 뿐이라고 여기거나 희생이라고 도덕적인 잣대만을 들이대며 사랑의 한 면만을 볼 뿐이다. 오쇼 라즈니쉬(Osho Rajneesh)는 사랑에 관해서 이런 말을 남겼다. "신, 삶, 진리, 사랑은 바로 한 뿌리에서 나온 네 가지 이름일 뿐이다. 이들은 다르지 않다. 왜냐하면 거기에 어떤 의미도 갖지 않는 오직 한 가지만이 있을 수 있기 때문이다. 다른 모든 것은 사랑 때문에 의미를 갖는다"(이용주, 이성룡, 1991). 사랑은 신, 삶, 진리와 일맥상통하며 더욱이 신, 삶, 진리의 뿌리이기도 하다는 것인데, 먼저 사랑을 알아보기 전에 이들의 뜻과 의미를 좀 더 살펴볼 필요가 있다.

국어사전에서 그 뜻을 살펴보면, 신은 우주 만물과 인류를 창조하고 구원하는 존재이기도 하고, 철학적인 의미에서는 세계의 근원이나 원인이라고 보는 실체를 말한다. 신은 사실상 에너지의 근원이며, 외따로 존재하는 것이 아니라 개개인의 안에 존재하고 있는 것이다. 인도, 네팔, 티벳 등지에서 나누는 인사말 중에 산스크리트어에서 나온 '나마스테(namaste)'라는 것이 있다. 나마스테는 나마스(namas)와 테(te)로 나눌 수 있다. 나마스(namas)는 경의, 복종과 귀의(歸依)의 의미가 담겨 있으며, '나무아미타불'의 '나무'가

'나마스'에서 왔다. 테(te)는 '당신에게'라는 의미다. 그래서 나마스테는 '당신 안에 있는 세계(신)에 경배를 드린다'는 의미를 지닌다. 우리는 흔히 어떤 일에 열성과 재미가 있어 몹시 좋은 기분과 흥이 일어나는 상태를 '신이 난다'고 표현한다. 신 나는 것은 내 안의 에너지가 활성화되고 활발해지는 것이다. 더불어 내 안에 존재하고 있는 에너지(혹은 신)가 바깥 세계에 존재하고 있는 우주(혹은 에너지)와 원활하게 소통하고 있는 것을 표현하는 것이다. 신이 나는 것은 삶 속에서 어우러져 발현되는 것이다. 삶을 떠나서는 신이 날 수 없다. 삶은 살아 나가는 것이다. 다만 사는 것과 살아 나가는 것은 확연하게 차이가 난다. 그것은 삶의 주체의 인식 때문이다. 주어진 삶을 사는 것은 수용적이고 순종적인 의미가 담겨 있긴 하지만 다분히 수동적이다. '삶을 산다'는 표현에는 운명이나 숙명을 고스란히 받아들일 뿐이라는 고개 숙인 의미가 포함되어 있다. 반면 살아 나간다는 표현에는 개척자적이고 진취적인 의미가 담겨 있다. 주어진 상황에 그 어떠한 난관이 있더라도 극복하겠다는 투철한 의지가 풍겨 오는 표현이다. '살아 나간다'는 표현에는 선험적 정신이 담겨 있다. 선험적 주관(先驗的 主觀)은 칸트가 주창한 용어로, 경험적 주관을 초월하는 주관, 스스로는 외부의 규정에 전혀 제한받지 않으면서 모든 사고의 주체가 되는 주관을 말한다.

논리적 차원에서 현대 물리학의 언어는 경험적 관찰 언어를 넘어선 일종의 선험적 논리 언어를 요구하고 있다. 논리적인 언어를 구성하는 우리의 정신은 결코 경험적 방법에 의해 검증될 수 있는 대상이 아니다. 우리가 인식하는 주관적 정신은 객관적 실체로만 파악할 수 없으며, 인식 주관을 대상화하려 해도 그때마다 주체로서의 인식 주관은 이미 선재해 있어야 하며, 인식 주관 없는 어떠한 대상 인식도 생각할 수 없는 것이다(동국대학교출판부, 2009). 이처럼 '살아 나간다'는 말에서는 강한 주체성과 주관성을 볼 수 있다. 그것은 내 안의 신(혹은 에너지)이 발현되는 것이며, 삶을 적극적으로 헤쳐 나가는 숭고한 자세를 형성하는 것이다. 난관에 대한 극복의 의지는 이미 주어져 있으며, 니체(Nietzsche)는 이런 초인적인 극복의 의지를 '위버멘쉬(Übermensch)'라고 하면서 "삶은 힘에의 의지다."(채희철, 2005)라고 하였다. 여기서 의지를 생산해 내는 것은 바로 힘이며 에너지라는 사실에 초점을 맞출 필요가 있다. 앞서 기술한 대로, 에너지가 수반되지 않는 삶은 삶이 아니기 때문이다. 우리는 '살아도 사는 것이 아니다.'라는 말을 알고 있다. 이는 삶 속에서 에너지를 느끼지 못하고, 사람과 사람 사이에서 에너지를 공유하지 못하며, 더 넓게는 우주의 에너지와 소통하지 못할 때 나오는 말이다. 즉, 흥을 잃고 의미를 상실했을 때를 가리키는 말이다.

궁극적으로 삶은 무엇을 지향하는가에 대해 의문을 제기할 수 있을 것이다. 저마다 삶의 목적과 목표와 의미가 다르겠지만, 보편화되고 모든 이가 상통하는 궁극의 핵심이 있을 것이다. 성경의 요한복음 8장 32절에 이런 말씀이 있다. "진리를 알지니 진리가 너희를 자유케 하리라" 진리가 곧 진정한 자유를 일으킨다는 말이다. 자유는 남에게 구속을 받거나 무엇에 얽매이지 않고 자기 뜻에 따라 행동하는 것을 말한다. 철학적인 의미에서 들여다보면, 소극적으로는 외부의 모든 구속으로부터 벗어나는 것을 뜻하고, 적극적으로는 자기의 본성을 좇아서 목적을 실현할 수 있는 가능성을 뜻하는 말이다. '본성을 좇아간다'는 말은 앞서 말한 선험적 주관과 연결되며, 실현과 가능성은 또한 에너지의 소통과 연결된다. 즉, 진리는 곧 자유를 이룬다는 논리에 근거하여 보건대, 삶의 지향점은 자유를 일으키기 위한 진리인 것이다. 개개인의 삶이 본연의 힘을 발휘할 수 있는 자유를 이루도록 하기 위해서는 진리가 필요하다는 말인데, 그렇다면 진리란 도대체 무엇인가?

진리는 참된 이치 또는 우주의 근원적 원리를 일컫는다. 무엇이 우주의 근원인가? 오쇼 라즈니쉬는 진리 또한 신, 삶과 함께 사랑으로 인해 의미를 가진다고 말하고 있다. 그렇다면 근원은 바로 '사랑'이다. 사랑은 감정과 느낌이 아니다. 사랑은 에너지이고, 극복을 향한 초인적인 힘이며, 그 힘의 올바른 발휘를 위한 자유다. 사랑은 나, 나와 너, 우리로 확산되어 나가며, 그 구심력은 '나'에서 시작한다. 나에 대한 사랑은 바로 '자중자애(自重自愛)'라는 말로 축약할 수 있다. 자중자애는 스스로를 소중히 여기고 아끼기에 말이나 행동과 몸가짐을 삼가 신중하게 하는 것을 말한다. 자중자애하면, 삶을 항해하는 여로 속에서 만나는 바람과 폭풍우 속에서도 좌절과 낙담을 극복하려는 의지가 발현된다. 나를 아끼고 소중하게 여기는 행위는 그대로 타인에게로 이어지고, 그런 행위들이 이어져서 우리를 형성하게 된다. 그리하여 사랑은 에너지를 불러오며, 삶의 궁극적인 지향점은 사랑인 것이다. 이 사랑은 나라는 존재가 세상에 온 후로 만나는 여러 인연에 대한 핵심적인 과제이기도 하다. 우리는 사랑하기 위해, 사랑을 제대로 알고 실천하기 위해 이 세상에 태어난 것이다. 게오르그 뷔흐너(Georg Buchner)는 "인간은 사랑하기 위해 존재한다. 인간이 사랑하지 않으면 이미 살아 있다고 말할 수 없다."(김정훈, 2002)라고 하였다. 사랑은 사랑하고 싶은 대상, 내가 좋아하는 내 모습만 사랑하는 것을 뜻하지 않는다. 사랑이 신과 삶과 진리의 의미를 포괄하고 있다는 사실을 염두에 두고 살펴보자.

융은 무의식의 자기 조절 기능(fonction regulatrice)을 명명하면서, 인간 정신의 대극적인 구조 가운데 어떤 한쪽이 일방적으로 발달할 때 그 반대편에 에너지가 쌓이고, 쌓였던 에너지는 어느 순간 반대편을 향해서 나아가 전체적인 균형을 잡고자 하는 에난치오드로미(enantiodromie) 작용이 생긴다고 하였다. 억압된 내용이 가지고 있던 에너지가 억압하는 내용과 합쳐져, 억압하는 내용은 상당히 그럴듯하게 여겨진다. 이런 에너지의 증가가 많아질수록 억압하는 태도는 더욱 열광적으로 변질되며, 결국 그 반대편으로 쏟아질 때까지 계속된다는 것이다(김성민, 1998). 에난치오드로미는 반대 극을 향한 역전을 말하며, "모든 것이 언젠가는 그 역의 부분으로 들어간다."라는 헤라이클레이토스(Herakleitos)의 개념에서 그 근원적인 원리를 찾을 수 있다. 즉, 정신이나 삶은 대극의 구조를 가지고 있으며, 대극의 두 극 사이에는 부단한 긴장이 지배하고 있을 뿐 아니라 끊임없이 교환이 생겨난다는 것이다. 이것은 정신이 지닌 자기 조절의 본질적인 측면이다. 즉, 의식의 경화된 일방성이 극도에 달하면 무의식의 대상적 경향은 그 반대 극을 달리게 되어 급기야는 의식의 태도와는 판이한 다른 극단적인 경향이 의식을 지배하게 된다는 것이다. 이러한 대극의 반전은 대극의 합일(Gegensatzvereinigung)을 이루게 된다. 대극의 융합, 합일의 상징은 바로 자기다. 융에 의하면, 자기는 원형이며, 만들어지는 것이 아니라 태어날 때 이미 갖추어진 인간 본연의 원초적 조건이다. 의식의 삶뿐만 아니라 무의식의 삶을 인식하고 실현하여 통합된 전체 인격이 되도록 하는 선험적 조건이다(이부영, 2008). 대극의 합일을 이루기 위한 조건은 바로 사랑이다. 융이 말하는 자기화 과정의 첫걸음은 자신의 그림자부터 사랑하는 것이다. 그림자는 자신의 부정적인 어두운 면을 총칭하는 상징어다. 마치 햇볕으로 품어 얼음을 녹이는 것이 바로 얼음을 없애는 가장 좋은 방법이듯, 자신 안에 있는 부정적인 면을 거부하지 않고 있는 그대로를 사랑할 때 비로소 그림자를 극복할 수 있는 것이다. 그리하여 사랑은 삶의 에너지를 불러일으키고, 자신 안에 존재하는 신(에너지 혹은 원형으로서의 자기)을 세우게 하며, 자신에 대한 사랑으로 인해 타인과 사회로 에너지를 흘려보내게 한다. 한마디로 사랑은 삶을 살아 나가게 한다. 심상 시치료는 이처럼 삶을 살아 나가게 하는 사랑을 제대로 발휘하게 한다. 사랑이 없으면 심상 시치료는 이뤄지지 않는다. 심상 시치료의 과정과 구체적인 기술은 사랑의 힘에 근거하고 있기 때문이다.

심상 시치료의 네 번째 원리는 '향유'다. 향유(享有)는 자신의 것으로 소유하여 누리는 것을 말한다. 의미를 잘 따라가 보면 자신의 것으로 녹아서 내 것이 된 후에 그것을 충분히 누리는 상태를 말한다. 향유의 정신은 물질에 있는 것이 아니다. 사르트르(Sartre)는 "문학이 그 본질을 향유할 수 있게 되면 계급, 문단, 살롱, 과분한 명예나 불명예도 없게 될 것이며, 작가는 세계 한복판과 사람들 사이에 내던져질 것이며, 그때에는 성직(聖職)이라는 개념 자체가 사라질 것이다."(정명환 역, 1998)라고 하였다. 이처럼 향유의 근원성은 '자유'에 있다. 향유는 세속적인 의미를 초월하여 존재한다. 사실 물질에 대한 즐거움은 한순간에 불과하다. 물질의 소유는 더한 욕망을 불러오며, 라캉 식으로 말하면 인간이 흔히 타자의 욕망을 욕망하는 습성을 가지고 있기 때문이다. 심상 시치료에서 추구하는 향유는 정신적인 차원에 있다. 융은 직관이 우리의 유한한 의식보다 더 높이 있는 정신으로부터 오는 것이며, 사람들은 자기 마음대로 직관할 수 있는 것이 아니며, 직관이란 당신을 향해서 오는 것이라고 하였다(김성민, 1998).

또한 융은 정신치료의 첫 번째 단계는 내면에 있는 정신적인 요소들 가운데서 바깥에 있는 대상에게 투사한 것들을 거두어들이고 무의식적인 요소들을 분화시키는 것이라고 강조하였다. 즉, 자신의 부정적인 그림자를 녹여 안게 되는 행위가 바로 정신치료의 가장 기초적이고 기본적인 단계인 것이다. 융은 "인격이란 살아 있는 특별한 존재가 타고난 특성을 최고도로 실현시키는 것"(김성민, 1998)이라고 하였다. 존재의 의미와 궁극적인 목표인 사랑을 지향하면서 살아 나가는 인간의 삶은 빛나게 마련이며, 이러한 삶을 '향유를 누리는 삶'이라고 말할 수 있다.

성경의 데살로니가전서 5장 16-18절에 이런 말씀이 있다. "항상 기뻐하라. 쉬지 말고 기도하라. 범사에 감사하라. 이것이 그리스도 예수 안에서 너희를 향하신 하나님의 뜻이니라" 또한 오쇼 라즈니쉬는 명상에 관해 설명하면서, "항상 육체의 안쪽에 있는 '그자'를 기억하라. 걷고 있든 앉아 있든 식사를 하고 있든 또 다른 무엇을 하고 있든, 걷지도 앉지도 먹지도 않는 '그자'를 기억하라."(박종규 역, 1999)라고 했다. 쉬지 말라는 말은 우리 안에 있는 우주의 근원과 소통하는 힘을 말하며, 융 식으로 말하자면 누멘적 원형으로서의 자기(Self)를 가리킨다. 이런 개개인의 내면에 있는 근원적인 에너지를 자각하기 이전에 먼저 '기뻐하라'라는 말은 바로 향유의 의미다. 기쁨은 삶에 대한, 생명에 대한 순수한 기쁨을 말한다. 따라서 이상과 이성의 차원을 초월하여 쾌락의 일반 원칙을 넘어서서 존재하며 초자아적인 쾌락의 작동인 라캉(Lacan)의 주이상스(jouissance)와는 변별된다. 향유의 진정한 의미는 사실 나눔에 있다. 그것은 앞서 열거한 심상 시치료의 원리를 연결하는 하나의 큰 카테고리를 형성하고 있기 때문이다. 즉, 생명으로 탄생된 순간부터 이미 존재하고 있는 내면의 빛, 즉 에너지는 우주의 에너지와 소통할 수 있으며, 그렇게 할 수 있는 이치는 사랑이 존재하기 때문이다. 그리고 사랑을 담은 삶을 향유하는 것은 곧 에너지를 원활하게 소통하는 행위를 말하며, 소통은 결코 혼자서 일어날 수 없다. 개체와 개체 사이에 오가는 것이 바로 소통이다. 원활한 소통이 일어날 때 개인의 내면은 왕성한 에너지로 충만해지고, 또한 이 에너지는 우주의 에너지와도 연결되어 온전한 사랑을 향하게 되며, 결국 삶을 풍성하게 누리고 향유하게 되는 것이다. 이러한 네 가지 원리는 꼬리에 꼬리를 물고 일어나고, 원리를 깨닫고 활용하게 되는 순간 내면의 성장과 변화를 이룰 수 있다.

따라서 심상 시치료의 원리인 에너지, 자각, 사랑, 향유는 연속선상에서 일어나며 또 동시적으로 일어날 수 있다. 심상 시치료는 이들 네 가지 원리에 기초하여 형성되었으며, 또한 네 가지 원리를 풍성하게 하고 활성화해 나가는 중추적인 역할을 하고 있다. 심상 시치료의 이 네 가지 원리는 심상 시치료를 이루는 주춧돌이면서 동시에 네 기둥으로, 영혼의 성장과 변화를 이루는 과정으로서의 역할을 하고 있다.

2부

심상 시치료의 실제

심상 시치료의 개관

심상 시치료(Simsang-Poetry Therapy)에서 치료는 인간의 발달과 윤리에 관한 다음과 같은 견해를 지니고 있다. 먼저 인간은 생명의 원리에 의해 잉태되는 순간부터 존중과 존엄을 받을 권리를 지니고 있으며 동시에 생명의 빛을 지니고 있다는 사실이다. 내면 깊숙한 핵심에 자리하는 생명의 빛은 누구에게나 공평하게 주어져 있으며, 이 빛을 발견하고 자각할 때 비로소 생명을 부여한 근원적인 에너지원인 우주와 소통할 수 있다. 우주의 에너지와 제대로 소통할 수 있을 때 병리적인 여러 현상은 소멸될 수 있고, 심신의 건강은 증진될 수 있다. 생명의 빛은 살아 있게 하고 또 살아 나가게 하는 선험적인 원리를 지니고 있지만, 그 빛을 자각하는 일은 쉽지 않다. 대부분 그러한 빛이 아예 없다고 생각하거나, 사라졌다고 믿거나, 존재하는지조차 관심을 두지 않기 때문이다. 혹은 '생명의 빛'이라는 말 자체가 추상적이고 관념적인 말이라고 치부해 버리기도 한다. 물리적인 여러 상황과 상관없이 생명의 빛은 늘, 언제나 그곳에 존재해 왔으며 또 늘, 언제나 그곳에 존재할 것이다. 우리가 해야 할 일은 지금이라도 당장 이 생명의 빛이 자신의 내면에 있음을 알아차리는 것이다. 그 순간 삶의 질적인 변화가 시작된다.

생명의 빛(혹은 내면의 빛)을 자각하는 일은 대개 다음과 같은 수순을 거친다. 생명의 빛이 존재하고 있다는 사실을 선명하게 알아차리는 순간은 태어나면서부터 시작하여 대부분 6세 이전까지의 시기다. 이때 아이들은 신기하고 흥미로운 눈으로 세상을 바라보며 세상을 향해 손을 뻗는다. 이 시기는 주로 우뇌가 활발하게 작동하는 시기이며, 우뇌의 핵심은 무의식적인 이미지다. 무한한 잠재 능력과 무수한 이미지를 담은 우뇌가 표출되는 시기인 것이다. 일반적으로 아이들은 궁금해하며, 호기심으로 세상의 온갖 일에 접근하며, 날마다 새로운 일들로 늘 신선한 바람 같은 기운을 느끼며 산다. 아이들에게 지루함이라는 단어는 존재하지 않는다. 지루함을 견디는 것보다 그 상황을 피해 다른 호기심 어린 것에 눈을 돌리거나 그 자리를 벗어나 버린다. 지루함을 통제하지 않는 아이들의 의식은 순수하다. 지극히 자연스럽고 편안하게 의식과 행동은 이동하고 활동한다. 일반적으로 이 연령의 아이들은 비관과 좌절과 암울에 바탕을 둔 극단적인 방법, 예컨대 자살 같은 것을 떠올리지 않는다. 굳이 '생명의 빛'이라는 말을 쓰지 않더라도, 이 시기에 사람은 일생 중 생명의 빛을 가장 많이 느끼며 살아가는 셈이다. 조금씩 개개인의 차이가 나기는 하지만, 보편적으로 이 시기를 지나면서 우뇌의 기능은 압도적인 쓰임새로 활성화되도록 자극받는 좌뇌의 영향을 받아 그 활동 양상이 위축된다. 좌뇌는 언어 · 계산 · 논리 · 분석의 일을 맡고 있다. 이로써 감정이나 사람의 표정을 읽는 능력, 직감적으로 전체를 읽어 내는 능력, 이미지와 창조하는 능력을 가진 우뇌의 활동이 주춤하게 된다. 기존의 질서에 편승하기 위해 받는 여러 교육과 법칙이 이러한 메커니즘이 이뤄지도록 작용한다. 학교 교육의 교과목 대부분이 논리적인 언어 생활과 수리 능력을 토대로 형성되기 때문이다. 비단 학교 교육뿐만 아니라 학령기와 그 외 성인기 전 기간 동안 좌뇌의 부지런한 활동이 성장과 발달의 수치를 가늠하게 한다. 좌절과 낙담의 순간이 오면, 인간은 삶의 의욕도 가치도 상실하기 마련이다.

극단적인 원인과 결과에 의하자면, 이러한 좌절과 낙담의 일들이 개개인이 견뎌야 할 한계를 넘어설 때는 삶을 포기할 수밖에 없다. 예기치 못한 여러 변수와 우연한 일이 즐비하게 일어나는 일생을 통해 숱한 좌절과 암울의 순간이 올 수 있다. 극단적인 인과론에 의거해 보자면, 극한의 고난일 때 논리적인 결과는 자살로 생을 마감하는 것이다. 하지만 누구나 자살하지는 않는다. 자살을 떠올리다가도 그 어떤 설명할 수 없는 계기로 다시 마음을 다잡게 되며 극복해 나가곤 한다. 경우에 따라서는 자살을 기도하다가 실패하는 과정을 거친다 할지라도 다시 살아 나갈 힘을 찾으며, 암울한 현실을 이겨 나가게 된다.

또한 그 반대로 자살을 선택하고 생을 끝내는 경우도 있다. 그 어느 쪽이든 사실상 선택의 결과다. 하지만 일반적인 원인과 결과론으로 보자면, 극단적인 고난의 상황으로 치달을 때 논리적인 귀결점은 사실상 자살일 것이다. 그러한 극단적인 귀결점으로 가지 않는 경우, 즉 자살하지 않으면서 궁극적으로 고난을 극복하게 되는 것은 바로 생명의 빛을 자각함으로써 가능하다. 극단적인 스트레스 상황에서 본 세 가지 갈림길을 정리해 보면 다음과 같다.

표 1 극단적인 스트레스 상황 1

극단적인 스트레스 상황 → 좌절과 암울의 정서적 경험 → 삶의 의미 상실 → 극단적인 방법 선택

표 2 극단적인 스트레스 상황 2

극단적인 스트레스 상황 → 좌절과 암울의 정서적 경험 → 삶의 의미 상실 → 삶의 방식 추락 → 의미를 잃은 삶으로 어쩔 수 없이 살아가게 됨(방관자적인 삶)

표 3 극단적인 스트레스 상황 3

극단적인 스트레스 상황 → 좌절과 암울의 정서적 경험 → 삶의 의미 상실 → 삶의 의미 재해석 → 삶의 방식 재창조 → 새로운 삶 추구 → 극복(생명의 빛 자각)

원인과 결과의 논리성에만 초점을 둔다면, 개개인의 여러 체질과 성향에 따라 환경과 내면의 적응 능력은 제각각 다르며, 저마다의 한계 정도도 다르다. 극단적인 스트레스 상황이란 개인이 견뎌 내거나 버텨 내지 못하는 상황까지 이른 상황으로, 그 상황에서 일반적으로 지니게 되는 정서적인 감정은 거의 동일하다. 즉, 좌절과 암울을 경험하게 되는 것이다. 이럴 때 삶의 의미는 상실되고 만다. 이런 논리적인 상황은 대개 원인과 결과론적인 해석으로 설명된다. 그리고 〈표 1〉에서 보듯이 그러한 상황일 때 극단적인 선택, 즉 자살은 논리적인 상황으로 전개해 보건대 예상할 수 있는 귀결점이다. 마음에 품은 것을 행동으로 옮기지 않는 또 하나의 방식이 있다. 추락과 추락을 거듭하는 상황에서도 극단적인 선택을 차마 하지 못하고 살아가는 삶이 있다. 이러한 삶은 의미를 상실한 채 겨우 목숨만 지탱해 가며 살아가는 삶을 말한다. 다른 말로 풀이하자면, 삶의 주체의식을 잃어버린 채 자신의 삶을 그저 방관하며 맹목적으로 목숨이 붙어 있으니까 살아간다는 식이다. 허파는 숨을 쉬고 심장은 뛰고 있지만 이미 내면은 눈을 감은 상태다. 죽지는 않았지만 사는 것도 아닌 삶, 어정쩡한 자세로 숨이 붙어 있으니까 살아가는 삶을 말한다. 수동적이고 위축되어 있으며 처참한 삶의 여정 속에 내던져진 채 바닥을 질질 끌며 겨우겨우 앞으로 나아가는 삶의 형태다. 하지만 극단적인 선택을 하지 않는 이상 가능성은 있다. 인간이 육체를 입고 있는 한 영혼이 성장할 기회는 항상 주어지기 때문이다. 육체를 벗어났을 때, 더 이상 영혼이 성장할 기회는 없는 것이다.

〈표 2〉에서처럼 처량하고 처연하게 살아가는 삶을 방관자적인 삶이라고

명명할 수 있다. 한편 극단적인 상황에서 좌절과 암울을 경험하고 삶의 의미를 상실하는 보편적인 원인을 거침에도 불구하고 전혀 다른 대처 방식으로 살아 나가는 삶이 존재한다. 이제껏 지녀 왔던 삶의 의미가 상실되었지만, 일정한 시간이 경과하면서 자신을 되돌아보고 추스르면서 서서히 삶의 의미를 스스로 재해석해 보는 계기로 삼고 그렇게 실천하는 경우가 있다. 즉, 이제까지 살아왔던 삶을 정리하고 의미를 재해석하면서 이제껏 살아왔던 삶의 방식 중에서 받아들여야 할 것과 개선하고 변화시켜야 할 것들을 스스로 선별하여 재창조하는 과정을 거치는 것이다. 이러한 재창조의 과정은 헤지고 더러워진 옷을 빨고, 뜯어진 솔기를 깁고, 깨끗이 다림질하며, 수선하여 가지런히 가다듬어 마치 새 옷처럼 깔끔하게 변신하는 것과 같다. 새 옷으로 산뜻하게 갈아입고 새 마음과 새로운 의지를 가지고 살아 나가는 것은 새로운 삶을 추구하는 것이고, 그것이 실천적인 삶으로 행동화되는 것을 바로 '극복'이라고 부를 수 있다.

〈표 3〉에서처럼, 극단적인 스트레스 상황에서 극단적인 삶의 종결 방식을 이룬다는 다분히 논리적인 상황을 반전시키는 힘은 어디에서 오는가? 그것은 바로 '생명의 빛'을 자각하기 때문이다. 좌절이 좌절로 마감되지 않는 상황, 좌절이 극복으로 전환되는 인과론의 원론적인 거부 현상은 엔트로피 법칙에 의해 소멸되는 에너지에 반엔트로피 법칙으로 대처하는 상황이며, 에너지의 활성이 일어나는 상황인 것이다. 극악의 상태에서 경험하는 극복은 치유의 힘을 지니고 있다. 이러한 극복은 마지못해 살아가는 숱한 삶의 방관자들을 다독여 일으켜 세우게 한다. 목숨을 지탱하는 한 영혼의 성장을 위한 일말의 단서가 있는 것이어서, 삶의 방관적 입장은 극복의 경험을 나누고 받아들이는 과정을 통해 가능성 쪽으로 열리게 되는 것이다. 에너지 소멸에서 에너지 재생산과 창조와 활성을 이루는 상황으로 진입하는 것은 바로 '생명의 빛'을 자각하는 일련의 과정이다.

선험적으로 주어진 생명의 빛이 활성화되던 영 · 유아기를 지난 이후에는 생명의 빛을 자각하기가 힘들기 마련이며, 이러한 연유에는 환경적 질서 체계가 크게 한몫을 한다. 하지만 극단적인 스트레스 상황에도 불구하고 그것을 극복할 때, 생명의 빛은 개개인의 내면에서 활성화되기 시작하여 삶이 신기하고 신비해 보일 뿐만 아니라 매 순간이 감사로 충만한 삶을 살아 나가게 된다. 이렇게 생명의 빛을 자각하는 시기는 극도의 고난과 역경의 순간에 제대로 된 극복을 할 때 일어난다. 또한 이러한 시기에 경험하는 생명의 빛은 영 · 유아기에 경험하는 생명의 빛보다 훨씬 더 강렬하고 핵심적인 작용으로 생명의 꽃을 피워서 인격과 인성의 그윽한 향기를 내게 한다. 다시 말하자면, 선험적으로 주어진 우뇌의 활성화 시기에 자각하는 생명의 빛의 시기가 대개 0~6세라면, 그 이후에 고난과 역경의 극복으로 생명의 빛을 자각하는 시기는 개인적 체험을 넘어서서 큰 반향을 일으킨다. 좌뇌와 우뇌의 통합적인 활성화 기능으로 사고가 확장되고, 에너지가 폭넓게 파장을 이루며, 역경을 극복하는 순간에 경험하는 내면의 빛은 자연스럽게 널리 퍼져 나가 수많은 삶의 방관자의 물러 터진 발을 가다듬고 세우는 진취적인 역할을 하는 것이다.

심상 시치료에서 인간의 발달 과정을 이러한 상황에 두는 이유는 다음과 같은 삶에 대한 인식에 기초해서다. 즉, 삶은 고정불변한 것이 아니라 유동적이고 예기치 못하며, 우연적이면서 동시성을 가진 비정형적인 형태로 존재한다는 것이다. 원인과 결과가 뚜렷하게 이어지는 경우가 있는 반면, 더 많은 경우에는 원인과 결과를 무시하고 불현듯 일어나는 숱한 일들이 삶 속에 끼어든다. 삶의 형태가 이러하므로, 삶을 살아 나가는 사람의 존재 방식 또한 가지각색의 다채로운 경우를 가질 수밖에 없다. 하지만 이러한 수많은 상황에 따른 여러 경험과 방식에도 불구하고 존재 양식은 뚜렷하게 구별된다. '생명의 빛'을 자각하며 극복을 이뤄 내는 것, 이도 저도 못하고 보류하고 방관하는 것 그리고 '생명의 빛'이 존재한다는 사실조차 잊은 채 포기로만 치닫는 것의 세 가지 부류다. 앞서 말한 대로, 생명의 빛(내면의 빛 혹은 마음의 빛)은 어느 누구에게나 공평하게 주어져 있으며, 영 · 유아기를 거쳐 오면서 빛은 점점 없어지는 것이 아니라 몇 겹의 천으로 가려지고 감춰질 따름이다. 세상의 질서에 편승하기 위해 받는 여러 교육과 공식적이면서 비공식적인 여러 언행에 관한 주의 사항들이 빛을 가리는 역할을 하기도 한다. 또한 스스로가 경험하는 갖가지 쓰라린 경험—좌절, 실망, 실패, 두려움, 거부감, 위축된 내면, 거짓말, 소외감, 내면의 상처, 무시, 조롱, 욕설, 비난 등—이 그러한 두꺼운 천을 드리우게 만든다. 이미 존재하고 있는 내면의 빛은 스스로가 덮어씌운 천들의 무게와 부피로 인해 겉으로 봐서는 마치 빛이 사라진 것처럼 느낄 뿐이다.

이렇게 여러 겹으로 덮어씌운 천을 벗길 수 있는 유일한 존재는 바로 자기 자신이다. 충고와 교육과 상담의 과정이 천을 벗길 수 있는 것은 아니다. 더군다나 심상 시치료사가 대신해서 천을 벗겨 줄 수도 없다. 다만 심상 시치료사가 하는 일은 생명이 잉태된 순간부터 생명의 빛이 내면 깊숙이 자리하고 있다는 사실과 그 어떠한 환경적인 경험과 절차들이 있었음에도 불구하고 생명의 빛은 단 한 번도 빛을 발하지 않은 적이 없었다는 사실을 스스로 알게 하는 일이다. 또한 그 빛을 몇 겹의 두꺼운 천으로 둘러쳐서 생명의 빛을 아예 보이지 않도록 해 놓은 주인공이 바로 자기 자신이라는 사실과 그 천을 벗겨 낼 수 있는 힘 또한 그 어느 누구도 아닌 바로 자기 자신이 지니고 있다는 사실을 가리킬 뿐이다. 심상 시치료사는 바로 이러한 사실을 끊임없이 자극해 주며, 스스로 깨닫도록 내면을 가리킬 뿐이다. 가려진 두터운 천들의 겹 수가 많을수록 사실상 심상 시치료의 과정은 길고 힘들 수 있겠지만, 반드시 그런 것만은 아니다. 일단 둘러친 천의 수에 상관없이 스스로 천을 걷어 내겠다는 인식이 들기 시작하면 천을 걷어 낼 수 있는 힘이 준비된 것이다. 그 힘을 자연스럽게 표출시키면 천을 벗겨 낼 수 있게 되며, 한 번 벗겨진 천은 급속도로 가속이 붙어 순식간에 천을 벗겨 낼 수 있다. 그리하여 내면의 빛을 환하게 경험하는 자각의 순간이 돌출하게 된다.

문제는 그러한 생명의 빛과 스스로 덧씌운 두꺼운 천과 천을 걷어 낼 힘을 인식할 수 있느냐다. 대개의 경우는 방어적으로 익숙하게 살아온 삶의 방식을 고수하게 되어 생명의 빛이 있다는 사실조차 인식하지 못하며, 더군다나 천을 덮어씌운 것은 자신이 아닌 어떠한 대상이나 상황 때문인 것으로 전가해 버리곤 한다. 자기 자신에 대한 삶의 책임을 떠맡을 필요가 없을 때는 책임질 상황을 피할 수 있게 된다. 그래서 결국 방관적인 태도에 젖어든 모습 그대로 살아가는 것이 마음이 편하며, 오래된 삶의 방식에 머물러서 살아가게 되는 것이다. 그저 목숨을 부지하는 삶은 남루하기 그지없다. 외부로 드러난 모습, 부와 재산과 명예와 학식 같은 물질적인 풍요만이 가득 찬 삶이 보여 주는 한계는 극명하다. 빈 깡통이 요란한 것처럼, 내면의 의미를 상실한 삶은 스스로를 돌이켜 보는 시간에 스스로가 두려워서 견딜 수 없다. 불안과 걱정, 근심과 초조가 늘 자리하게 되는 것이다. 이런 삶을 반복하다가 홀연히 생명이 다하여 자연스럽게 육체가 소멸될 때, 그제서야 아주 짧은 순간 비로소 강렬하게 빛의 존재를 체험하게 된다. 귀하고 소중하고 빛나는 생명의 빛이 자신이 아닌 다른 어딘가에 존재하고 있었던 것이 아니라, 바로 자신의 내면 깊숙이 존재하고 있었음을 비로소 알게 되는 것이다. 하지만 여러 겹의 천이 스스로의 의지와 상관없이 걷어짐과 동시에 알게 되는 생명의 빛에 대한 자각의 순간은 너무나 짧으며, 이미 영혼은 성장과 변화의 유일한 단서인 육체를 벗어나고 만다. 심상 시치료는 생명의 빛을 자각함과 동시에 덧씌운 두꺼운 천의 존재를 알고 그 천을 벗겨 내어 생명의 빛을 향하는 단계로 진행한다.

심상 시치료의 윤리는 생명 존중과 사랑, 영혼의 성장과 변화, 치유의 에너지라는 세 가지 측면을 지니고 있다. '생명 존중과 사랑'으로서의 심상 시치료는 근원적인 '생명의 빛'에 의해 이루어진다. 생명을 지닌 모든 것에는 섭리와 의미가 존재한다. 편협한 인간의 시각에 가두어서 그 가치를 판가름할 수는 없다. 성경의 창세기 1장 28절에 다음과 같은 말씀이 있다.

"생육하고 번성하여 땅에 충만하라. 땅을 정복하라. 바다의 고기와 공중의 새와 땅에 움직이는 모든 생물을 다스리라 하시니라"

인간으로 하여금 생육하고 번성하며 땅에 가득 차고, 더군다나 땅을 정복하라는 하나님의 말씀이다. 또한 바다와 공중에 사는 모든 생물을 다스리라고 명령하고 있다. 문화와 문명과는 거리가 먼 시대에 인간은 생태적인 조건상 생육하고 번성할 만한 상태가 아니었으므로, 사실상 '정복'과 '다스림'은 어울리지 않는 단어라고 할 수 있다. 나약하고 부족한 인간의 신체적인 특징으로는 거대하고 위협적인 동물들의 습격을 피하거나 숨는 방책 말고는 딱히 다른 대책 없이 지낼 수밖에 없었다. 하지만 그 모든 객관적인 불리한 상황에도 불구하고 인간은 하나님의 말씀 그대로 생육하고 번성하고 땅에 충만하게 되었다. 무엇보다 땅의 힘을 잘 알고 땅이 주는 축복을 받아 농경을 할 수 있게 되면서 다른 동물들과 변별을 이뤄 냈다. '땅을 정복하라'는 말에서 '정복'의 진정한 의미는 '어려운 일을 해내어 뜻이나 목적을 이루는 것'이다. 그리고 생물을 '다스리라'에서 '다스림'은 '보살펴 이끌거나 관리하다' '일정한 목적에 따라 다루거나 돌보다'는 의미를 지니고 있다. 따라서 모든 생물을 무분별하게 갖다 쓰고 욕망에 따라 마음껏 이용하라는 말이 결코 아니다. 성경의 이 구절을 인간에게 풍족하게 누리고 함부로 짓밟는 무력적인 의미의 정복을 허용하는 하나님의 말씀이라고 잘못 해석하고 함부로 자연을 다루는 일들이 자행되어 왔다. 성경의 구절에 나오는 정복과 다스림 속에는 '책임'이 담겨 있다. 하나님을 닮은 인간은 그 근본부터 신(혹은 에너지)과 소통이 가능한 존재다. 특별한 존재론적인 입장에서의 실존적인 책임이 부여된 것이다. 이 책임의식에 의하자면, 인간은 생명을 가진 모든 존재에게 하나님이 베풀고 있는 사랑처럼 생명을 존중할 우주적 책임이 있다. 인간은 살아 있는 모든 것, 인간을 살아가게 하는 모든 존재를 존중하고 보살펴야 할 책임이 있다. 생명 유지를 위해 그 존재를 이용할 수는 있되, 오로지 감사의 마음으로 임해야 할 것이다. 흔히 절에서는 식사를 할 때 '공양게송'이라고 하여 다음과 같은 구절을 낭송한다.

이 음식이 어디서 왔는가
내 덕행으로 받기 부끄럽네
마음의 온갖 욕심 버리고
몸을 치료하는 약으로 알아
보리를 이루고자 공양을 받습니다.

이러한 감사의 마음을 지니면 생명을 함부로 하지 못한다. 감사를 올바로 느낄 때 그 대상을 소중하고 귀히 여길 수 있기 때문이다. 심상 시치료 윤리의 가장 기본이자 처음은 바로 이러한 생명 존중과 사랑의 정신이다. 모든 살아 있는 존재는 그 존재의 목적과 뜻이 있는 것이며, 타고난 존재론적 의미는 존엄과도 연결된다. 존엄의 뜻은 '함부로 범할 수 없이 높고 엄숙하다'는 것이다. 따라서 대상을 돌보고 아껴야 하는 책임까지 포함한 의미가 바로 다스림과 정복의 올바른 의미다. 인간의 존재는 이러한 범생명적인 존중과 사랑을 바탕으로 한 광활한 범위의 폭넓은 시각의 가치관 안에서 제대로 파악할 수 있다. 즉, 인간은 외따로 특별히 존재하는 것이 아니라 생명의 질서와 조화에 포함되어 뭇 생명과 공존 · 공생하는 존재라는 사실을 바르게 아는 것에서부터 존재론적 사랑이 바로 뿌리 내릴 수 있다.

심상 시치료의 두 번째 윤리관은 바로 '인간 영혼의 성장과 변화'다. 모든 인간은 육체라는 가시적인 옷을 입고 있는 동안에 영혼이 성장할 수 있는 기회가 주어진다. 다시 말하자면, 영혼의 성장은 영혼이 육체 안에 있을 때만 가능하다. 무수한 장면과 장면, 사건과 사건, 겪어야 하는 여러 과정과 상황 속에서 영혼이 성장할 숱한 기회가 주어진다. 성장할 기회가 주어졌다는 말은 쇠락하고 퇴락할 기회 또한 있다는 말이다. 위기가 닥쳤을 때 그것을 위기로만 받아들이며 위기에 내동댕이쳐질 상황 속에 매몰될 수도 있지만,

위기를 또 다른 기회로 재해석하고 극복해 나갈 수 있다는 말이다.

불경인 『잡아함』 47권 1246경의 '주금자경(鑄金者經)'에서는 도를 수행하는 것을 금을 제련하는 과정으로 설명하고 있다. 부처님이 라자가하의 야장이들이 모여 사는 마을에 계실 때, 어느 날 제자들에게 다음과 같이 설법했다고 한다.

"야장이들이 금을 제련하는 것을 보면 이렇게 한다. 먼저 흙과 모래를 통에 넣고 물에 일면 큰 불순물과 흙이 떨어져 나간다. 다시 물을 부어 흔들면 굵은 모래도 떨어져 나가고 금이 붙은 돌이 드러난다. 그래도 금이 붙은 돌에 불순물이 붙어 있으면 다시 물로 일어 금덩이만 남긴다. 다음에는 용광로에 넣어 금을 녹여낸다. 그리고 다시 한 번 풀무질을 하여 금을 녹이면 그때서야 가볍고 부드러운 생금이 만들어진다. 이렇게 만들어진 생금은 광택이 나고 굽히거나 펴도 끊어지지 않는다. 사람들은 그것으로 비녀와 귀걸이와 팔찌 같은 장식품을 만든다. 이와 마찬가지로 깨끗한 마음으로 나가려는 수행자는 번뇌의 결박과 그릇된 소견을 먼저 끊어야 한다. 다음으로는 굵은 때나 다름없는 탐진치 삼독(탐욕, 노여움, 어리석음)을 버려야 한다. 이어서 문벌과 고향과 훌륭한 종성이라는 교만한 생각마저 내버려야 한다. 그런 다음에는 마음을 풀무질해서 깨끗하게 만들어야 한다. 마지막으로는 바른 삼매를 얻고 바른 행을 가져야 한다. 이렇게 하면 완전히 제련된 생금과 같이 광채가 난다. 수행의 과정도 저 야장이들이 금을 제련하는 것과 같다. 수행자가 여러 단계를 거쳐 바른 삼매를 얻으면 생금으로 무엇이든지 만들듯이 모든 경계에서 자유롭게 되느니라."

금의 입장에서 보면, 흙과 모래와 물이 뒤섞여 흔들리는 과정부터가 시련일 터다. 더군다나 용광로의 불길에서 더 큰 시련과 고통을 당하는 것이다. 이러한 강하고 고된 과정을 거쳐서 비로소 탄생한 금은 그 어떠한 경우에도 견고하게 이겨 나가는 금이 된다. 이러한 금을 제련하는 과정은 영혼의 성장 과정과도 흡사하다. 고되고 강한 시련은 바로 성장을 위한 절호의 기회인 것이다. 시련과 고비가 없다면 영혼이 성장할 기회가 없다는 말과도 통한다. 이런 이치에서 볼 때, 생명이 있는 한 영혼의 성장과 변화의 가능성은 늘 주어져 있다. 살아가는 과정에서 험난한 시련과 어려움이 많았다면, 영혼의 성장과 변화의 기회가 그만큼 많았던 셈이다. 반면 살아오면서 어려움과 힘든 과정이 없고 평탄한 삶이 계속되었다면, 그 자체를 기뻐할 것이 아니라 오히려 영혼 성장의 기회가 별로 주어지지 않은 것에 대해 아쉬워해야 한다. 단 한 번도 실패를 경험하지 않은 것은 부끄러운 일이다. 성경의 마태복음 5장 3절에는 "심령이 가난한 자는 복이 있으니 천국이 저희 것임이요"라는 말씀이 있다. 가난한 심령일 때 낮아지고 겸손해진 마음으로 자신을 돌아보게 된다. 그럴 때 이 세상에서 누렸던 육체적인 즐거움 때문에 등한시했던 영혼을 바라보게 되는 것이다. 시끌벅적한 상황에서는 자신을 고요하게 들여다볼 수 없다. 주위의 모든 사물에 관심이 집중되어 있는 동안에는 자신을 주시할 시간이 없으며, 앞만 보고 내달리는 경우에도 그러하다.

좌절과 패배의 쓰라린 경험은 자신을 직시하고 직면하게 만든다. 모든 거품이 빠져나간 고요한 순간에 비로소 가난한 심령이 된 자신을 바라보게 되는 것이다. 그 가난은 스스로를 돌아볼 수 있는 가난이며, 부족한 영혼을 채우고 싶은 간절한 마음을 지니게 되는 가난이다. 그동안 영혼 속에 채워져 있던 거품이 빠져나간 상태에서 올바르게 자신을 직면할 수 있는 순간이야말로 값진 것이다. 심상 시치료는 근원적인 부분을 차치하고, 겉모습만 화려하게 꾸미는 화장 같은 것이 아니다. 심상 시치료의 초기 진행 과정에서는 처절하고 적나라한 자신을 보게 되면서 오히려 아플 수도 있고 힘들 수도 있다. 마치 심리적인 명현 현상(瞑眩現象)이 나타날 수 있는 것이다. 명현 현상이란 한의학에서 '호전 반응'이라고도 하며, 자연의학계에서는 '치유의 위기(crisis for healing)'라고도 불린다. 의학에서 일시적인 호전의 역효과로 병명에 따라 일정 기간 동안 증상이 심해지는 경우를 말하며, 허약하거나 질병으로 인해 균형을 잃었던 몸이 정상화되는 과정에서 일시적으로 증상이 악화되거나 엉뚱한 반응이 나타나는 것을 말한다. 즉, 심상 시치료에서 명현 현상이란 치유 과정에서 중단하게 될지도 모르는 위기의 순간을 말하는 것으로, 실제로 이 위기를 잘 견뎌야 질병으로부터 치유될 수 있다. 다르게 말하자면, 명현 현상이 나타나는 것은 현재의 치료법이 잘 듣고 있으며 그만큼 민감하게 잘 반응하고 있다는 뜻이다. 다시 말하자면, 영혼의 성장 과정은 고통과 시련의 과정이 필연적으로 등장하며, 그러한 과정이 없다면 올바른 영혼의 성장이 일어나지 않는다. 하지만 명현 현상이 지나가고 나면 몸이 가벼워지고 정신이 맑아져 스스로도 건강해졌음을 느낄 수 있듯이, 고난을 극복하게 되는 순간에는 큰 깨달음과 기쁨의 순간과 함께 자신의 영혼이 성장하였음을 여실히 느낄 수 있다. 심상 시치료에서는 근원적인 힘을 알아차리는 과정을 거치지만, 근원의 힘을 바라보기 위해서는 자기 자신의 내면을 스스로 직면해야 하는 까닭에 고달프고 쓰라린 과정을 거칠 수밖에 없다. 하지만 그러한 아픔은 치유에 이르는 성장과 변화를 위한 필연적인 과정이며, 마치 금을 제련하듯 일련의 과정을 통해 견고하고 흔들리지 않는 내면의 중심을 찾게 된다. 따라서 삶의 모든 순간마다 영혼이 성장할 기회가 주어져 있으며, 변화는 어느 순간에 오고 그치는 것이 아니라 생애 전 과정을 통해 지속적으로 주어지는 것이다.

심상 시치료의 세 번째 윤리관은 '치유의 에너지'다. 생명을 존중하고 사랑하는 마음은 스스로를 존중하고 살아 있음을 감사한 상태로 이끌며, 그 어떠한 고난의 순간도 포기하지 않는 극복의 힘을 찾도록 방향을 설정해 준다. 즉, 생명의 존중과 사랑에 대한 마음은 고난의 순간이 영혼의 성장과 변화를 위한 필연적인 과정이라는 사실을 받아들이게 한다. 고요하게 내면의 수면을 들여다보는 기회를 갖게 되고, 그러한 자신을 주시할 수 있는 자극은 심상 시치료의 핵심을 이루고 있다. 외부적인 조건과 환경에 고난을 타계할 힘이 있는 것이 아니라, 바로 스스로의 내면에 그 위대한 힘이 존재하고 있다는 사실을 아는 것이야말로 치유의 시작이다. 생명의 빛(내면의 빛)을 자각할 때 우주와 소통할 수 있다. 여기서 말하는 우주는 신과 에너지와 맥락을 같이한다. 이러한 근원적인 힘이 내 안에 자리할 때, 여러 병리적인 증상에 의한 고통이 사라지고 회복되며 치유에 이르는 것이다. 한편 긍정적인 것뿐만 아니라 흔히 부정적으로 치부되는 것에도 회복과 치유의 힘이 존재한다. 기쁨 · 즐거움 · 희망 · 용서 · 은혜 · 축복 · 감사 등의 단어가 우리에게 '힘'을 부여해 주는 것처럼, 슬픔 · 좌절 · 실패 · 이별 · 탈락 · 낙담 · 분노 · 절망 등의 단어에도 '힘'을 불어넣을 수 있다. 슬픔은 슬픔을 주는 상황에서 일어나는 상실과 외로움을 견뎌 낼 수 있는 힘을 함께 지니고 있다. 좌절은 괴로움과 자기 패배 의식을 이겨 내 눈부신 순간으로 거듭 날 수 있는 힘을 지니고 있다. 실패 속에는 성공에 대한 빛나는 예감이, 탈락 속에는 당선의 확신이, 낙담 속에는 기대에 부합하는 찬란한 순간이, 분노에는 폭풍이 지나가고 난 뒤의 고요하고 평온한 순간이, 그리고 절망 속에는 따뜻한 햇살 같은 희망에 부풀어 오르는 순간이 녹아 있는 것이다. 모든 부정적인 것은 바닥으로 가라앉게 하지만, 동시에 바닥에 '탁' 떨어져 있는 것이 아니라 바닥을 '탕' 치고 차고 오르는 반전의 순간을 품고 있다.

그 어떠한 부정적인 단어 속에서도 그 글자와 함께 '힘'을 불어넣을 수 있다면, 극복의 에너지는 이미 자신에게서 발사되고 있는 것이다. 간단하지만 이러한 생각 속에 엄청난 에너지가 숨겨져 있으며, 지극히 간단한 것처럼 보이지만 이러한 반전의 생각 속에 바로 치유의 에너지가 작동하고 있다. 문제를 문제 상황 속에 매몰시키지 않고 문제 속에서 힘을 발견해 내는 것이야말로 위기를 기회로 돌리게 되는 것이며, 이미 내면에 숨어 있는 극복의 에너지를 알아차리게 되는 것이다. 심상 시치료는 우주의 에너지와 더불어 숱한 생명을 존중하고 사랑하는 확장된 시각에서 시작하며, 그와 연결된 한 개인의 영혼의 성장과 변화를 추구하는 보다 핵심적인 관점으로 진행한다. 그리하여 내면의 가장 깊은 곳에 존재하는 근원적인 생명의 힘을 자각하고 그것을 통해 우주의 에너지와 연결하여 치유적 에너지를 불러일으킨다는 윤리적인 측면을 지니고 있다. 이로써 심상 시치료의 원리인 에너지, 자각, 사랑, 향유가 서로 맞물려 굴러가듯이, 또 한 축으로서 심상 시치료의 윤리인 생명 존중과 사랑, 영혼의 성장과 변화, 치유의 에너지 또한 서로 맞물려 잘 굴러갈 수 있도록 마련되어 있다. 심상 시치료의 원리와 윤리를 구성하고 있는 각각의 요소들은 다른 요소들과 불가분의 관계로 엮여 있으며 유기체적인 성질을 지니고 있다. 즉, 심상 시치료의 원리와 윤리는 궁극적으로 나와 우주의 합일의 과정인 것이다.

심상 시치료의 심상(Simsang)은 인간의 정신 활동뿐만 아니라 인간의 감각과 초감각, 지각의 차원까지 포함하는 광범위한 개념을 말한다. 심상 시치료는 인간의 정신 활동과 고유한 오감(시각 · 청각 · 후각 · 미각 · 촉각)과 더불어 초감각을 아울러서 감성으로 내면의 힘을 일궈 내서 궁극적으로 온전한 마음과 영혼의 치료에 이르는 것이다(박정혜, 2011).

이에 따라 심상 시치료의 목적은 광범위한 목적과 구체적인 목적으로 나눌 수 있다. 광범위하고 포괄적인 목적은 앞서 기술한 심상 시치료의 기본 원리와 윤리에 부합되는 것을 목적으로 하고 있다. 즉, 에너지, 자각, 사랑, 향유의 원리와 생명 존중과 사랑, 영혼의 성장과 변화, 치유의 에너지라는 윤리성에 부합되도록 내담자를 자극시키고 교감을 이뤄 내면서 심상 시치료사와 함께 이들 원리와 윤리를 향해 나아가는 과정을 말한다. 구체적인 목적은 내담자 개개인의 특성과 특수성을 고려하여 치유의 초점을 맞춘 후, 특정한 상황에 맞도록 상세하고 특수하게 접근하나 근본적으로 앞서 말한 이러한 원리성과 윤리에 부합해야 한다. 이에 따라 임상에 이르러서 심상 시치료의 목표는 장기 목표와 단기 목표로 나눌 수 있다. 이들 목표는 개개인의 특수한 상황에 의거하여 설정하되, 심상 시치료의 정의와 원리, 윤리성을 기본적인 근거로 두고 설정할 수 있어야 한다.

심상 시치료는 내담자의 구성에 따라 개인과 집단으로 운용할 수 있다. 개인의 경우는 심상 시치료의 구성이 긴밀하고, 내면적인 갈등과 문제 상황을 깊숙이 도출해 낼 수 있다는 점에서 이점이 있다. 집단의 경우는 집단 내의 역동이 작용하며, 내면의 갈등 상황에 침전하기보다 확산되고 확충적인 시각으로 환기될 수 있으며, 동시에 타인의 이야기 속에서 자신을 발견해 내는 심리적인 유추와 정화가 활발하게 일어난다는 이점이 있다. 개인의 경우는 한 개인의 내면에 집중적인 조명이 이루어져서 보다 핵심적이고 잠재되어 있는 부분까지 심층적으로 침투하여 치유로 이끌어 내면서, 특히 심상 시치료사의 유도된 작업이 개인의 집중도에 의해 잘 작동하게 되는 면이 있다. 반면 집단의 경우는 개개인의 집중도 차이와 집중 강도의 변별성으로 인해 통일된 조화를 이루어 내는 것이 난점이 될 수 있으므로, 집단치료의 경우 구성원은 10명 내외, 가능하면 7~8명 정도로 제한할 것을 권장하고 있다.

반면 수십 명 혹은 수백 명의 청중을 대상으로 심상 시치료를 강의할 경우, 보다 핵심적인 치유적 작용을 기대하기는 힘들지만 해당하는 몇 가지 기법에 의거하여 심상 시치료를 선보일 수 있다. 즉, 영화나 음악을 주로 활용할 수 있으며, 그 외 감성과 감수성을 자극하는 방법으로 접근할 수 있을 것이다.

심상 시치료의 치료 과정

먼저 심상 시치료의 영역을 살펴보고자 한다. 심상 시치료의 영역은 매체 활용적인 면, 활동성의 면, 표현 방법의 면이라는 세 가지 영역으로 구분할 수 있다.

심상 시치료는 매체 활용적인 면에서 그림, 음악, 영화, 시, 기타 활동의 다섯 가지 영역으로 나눌 수 있다. 활용적인 면이란 심상 시치료를 행함에 있어서 매개하는 매체의 수단을 활용하는 것을 말한다. 예컨대, 그림 활용은 그림을 통해 심상 시치료를 행하는 것을 말하며, 음악은 음악을 통해 심상 시치료를 행하는 것이다. 기타 활동의 영역이란 대표적인 매개 수단인 그림, 음악, 영화, 시 이외의 활용 수단을 말하는데, 여기에는 연극, 춤, 웃음, 침묵과 비언어적 활동 등이 포함되어 있다. 매체 활용적인 면에서 구분한 이 다섯 영역 중에서 '시'는 심상 시치료에서 보편적으로 많이 쓰이는 분야다. 즉, 시는 치료를 위한 주 매개체로 심상 시치료에서 빠질 수 없는 역할을 하고 있다. 그것은 시가 부여하는 특별한 아우라를 내담자와 치료자가 공유함으로써 특별한 공감과 교감을 일으킬 수 있기 때문이다. 시가 주는 은유와 이미지와 분위기를 체험하는 것은 인간의 상상력과 창의성을 자극함으로써 결국 심혼을 자극한다는 점에서 다른 매체와 변별을 이룬다.

심상 시치료는 활동성에 따라서 정적 심상 시치료와 동적 심상 시치료로 나눌 수 있다. 정적 심상 시치료란 앉은 자리에서 앉은 채 행하는 치료 방법이며, 동적 심상 시치료란 자리에서 가만히 머물러 있지 않고 치료사가 인도하는 대로 몰입해서 적극적인 활동을 하면서 행하는 치료 방법이다.

심상 시치료는 표현 방법에 따라서 언어적 측면과 비언어적 측면으로 나눌 수 있다. 심상 시치료를 실시한 이후 피드백에 관한 내담자의 표현은 글쓰기나 말하기 등의 언어적 측면으로 표현될 수 있으며, 그림 그리기와 동작(몸짓, 눈짓, 발짓)과 특정한 언어가 아닌 소리로 표현될 수도 있다. 주로 언어적 측면의 표현 방법을 많이 사용하지만, 치료 분위기와 내담자의 상황이나 무의식의 측면을 두드리기 위한 목적으로 비언어적 측면을 권장할 수 있다.

한편 심상 시치료의 치료 과정은 매개체에 따른 과정과 심상 시치료의 치료 효과에 따른 과정으로 구분된다. 매개체(媒介體)란, 어떤 일이나 작용 따위를 양쪽의 중간에서 맺어 주는 것을 말하며, 심상 시치료에서 매개체는 심상과 치료를 연결해 주는 역할을 담당하는 개체를 말한다. 심상 시치료는 매개체에 따른 과정으로 볼 때 표면화 과정, 내면화 과정, 심상 시치료 과정이라는 세 단계를 거친다.

표면화 과정이란 앞에서 기술한 매체 활용적인 면으로 나눈 다섯 부류인 그림, 음악, 영화, 시, 기타 활동의 영역 중 그 어떤 경우에도 매체가 가진 고유한 특성에 따른 느낌을 감성으로 먼저 받아들이는 단계를 말한다. 매체란 무엇을 한쪽에서 다른 쪽으로 전달하거나 퍼뜨리는 의사소통이나 예술 표현의 도구를 말하며, 심상 시치료에서 매체란 심상 시치료의 효과를 극대화할 수 있도록 심상 시치료사에 의해 고안된 특별한 치료적 매체를 말한다. 매체 자체를 느껴지는 그대로 받아들이면서 감성을 표현할 때는 언어적 측면과 비언어적 측면을 모두 사용할 수 있다. 다만 충분하고 풍성하게 느낌을 나누는 것이 중요하며, 이러한 표면화 과정은 그다음 단계로 들어서기 위한 윤활유 역할을 한다.

표면화 과정을 거친 후에는 내면화 과정을 거치게 된다. 표면화 과정이 매체로 인해 느끼는 그대로를 표현하는 과정이라면, 내면화 과정은 심상 시치료 과정의 핵심을 이루는 사고와 느낌을 유추해 나가는 과정으로서 바로 다음 과정인 심상 시치료 과정을 향해 길을 내는 단계다. 즉, 자유롭게 자신이 느끼는 그대로를 표현하는 것이 표면화 과정이라면, 치료적 의미에 맞게 심상 시치료사가 인도하는 대로 핵심과 초점을 맞추어서 느끼고 공감하며 감정이입을 하는 단계를 말한다. 표면화 과정에서처럼 감성을 표현할 때는 언어적 측면과 비언어적 측면을 모두 사용할 수 있다. 이런 표현 방법상의 운용은 내담자 개인의 의사를 존중하되, 대개 심상 시치료사가 인도하는 대로 행할 수 있는 내담자의 협조가 필요하다.

심상 시치료 과정은 각 매체와 연관 지어 심상 시치료사가 특별히 치료적 의미와 내면의 힘을 자극할 수 있도록 개발한 방법에 따라 심상으로 유도해 나가는 과정을 말한다. 내면화 과정은 매체의 주요한 핵심을 포착하여 그것의 고유한 특성은 살리되, 사고와 지각의 반경이 확대되고 확장된 상태다. 심상 시치료 과정은 도입 단계에서 눈을 감고 명상에 돌입하여 진행하는 방법과 눈을 감지 않고 심상 시치료사의 인도대로 행하는 방법의 두 가지가 있다. 활동성에 따라 구분되는 심상 시치료의 영역에서 전자가 정적 방법에 속한다면, 후자는 동적 방법에 속한다. 심상 시치료 과정을 하는 이유는 내담자의 문제 상황을 해결하는 힘이 바로 내담자의 내면에 있음을 인식하는 계기를 마련해 주며, 보다 핵심적으로는 생명의 빛을 자각할 수 있도록 하기 위함이다. 내면의 빛(마음의 빛)이 존재하고 있다는 사실 하나만으로도 내담자의 마음에는 지각 변동이 일어날 수 있으며, 제대로 된 심상 시치료가 이루어진다면 문제 상황을 직면하고 수용하며 극복할 수 있는 에너지가 발생할 것이다. 심상 시치료 과정은 표면화, 내면화 과정 다음으로 순차적으로 일어나는 과정이며, 심상 시치료에서 치료적인 의미가 풍성하게 담긴 핵심적인 과정이라고 할 수 있다.

심상 시치료의 이 세 가지 과정은 마음을 이어 가는 다음의 네 단계와도 긴밀하게 연관된다. 마음을 이어 가는 단계는 심상 시치료의 치료 효과에 대한 과정과도 연결된다. 마음을 이어 가는 단계는 동감, 공감, 감정이입, 교감으로 이루어진다.

'동감(同感)'은 어떤 견해나 의견과 생각이 같은 것을 말한다. 생각과 느낌을 같게 한다는 것은 바로 마음에 빛깔이 있다면 그 빛깔을 맞추는 것을 말한다. 마음은 상황이나 상태에 따라 제각각 다른 빛깔을 낸다. 검고 암울한 빛깔을 낼 수 있지만, 환하고 밝은 빛깔을 낼 수도 있다. 빛깔을 품고 또 뿜어내는 것은 바로 자신의 선택에 의한 것이다. 의식적이든 무의식적이든, 자기 자신의 선택에 의해 빛깔을 내는 것이다. 한 개인이 낼 수 있는 빛깔은 마음의 상태에 따라 다양하고 다채롭다. 암울한 빛깔을 지닌 사람이 다음 순간에는 눈부신 빛깔을 낼 수도 있고, 그 반대의 경우도 존재할 수 있다. 하지만 항상성의 원리에 따라 개인의 선택은 늘 하던 대로 같은 방향으로만 치우치는 경향이 있어서, 어떤 유사한 환경과 상태가 되면 비슷한 감정 상태가 되어 마음이 예전에 경험했던 익숙한 빛깔을 드러내게 되는 것이다. 게다가 개인마다 주로 간직하는 빛깔이 존재한다. 즉, 주로 품게 되고 주로 간직했던 대로 개개인의 고유 빛깔이 존재하는 셈인데, 성향이나 성격에 따라 고유한 빛깔을 지닌다.

어떤 상황이나 상태에서 검고 암울한 빛깔을 지니고 있는 내담자를 상대할 때, 치료사는 주의를 기울여야 한다. 치료사가 밝고 환한 빛깔을 지니고 있더라도, 치료사가 지닌 고유의 빛깔 그대로 내담자의 빛깔에 다가가면 반감과 강한 저항에 부딪힌다. 비록 겉으로 봐서 내담자가 치료사의 말에 잘 부응하고 있고 원활하게 라포(rapport)가 형성되는 것 같아 보인다 하더라도, 실상 내담자의 마음 깊은 곳에서는 거부 작용이 일어날 수 있다. 마음의 빛깔은 그 빛깔을 없애기 위해 강압적이고 강제적인 위력을 가할 경우 오히려 그 빛깔에 고착해 버리는 특징이 있다. 그리고 비슷한 빛깔에는 동화될 수 있으나, 전혀 다른 빛깔을 지닐 경우 친화력이 급격히 떨어진다. 그것은 행복해 보이는 사람 앞에서 불행이 커지며, 행복한 자가 행복을 전염시키고 싶어 하지만 이미 불행 속으로 가라앉은 이에게는 그러한 교훈들이 잘 와 닿지 않는 것과도 같은 이치다. 불행 안에 웅크리고 있는 자에게 제일 먼저 해야 할 일은 혼자만 불행하다고 여기며 불행 안에 갇혀 있게 만든, 스스로 굳게 닫은 문을 슬며시 열게 만드는 것이다. 치료사는 환하고 밝은 고유의 빛깔을 지니고 있더라도 잠시 그 빛깔을 감추고 내담자의 빛깔에 근접한 빛깔의 옷으로 갈아입고 접근해야 한다. 문을 여는 것이 스스로 가둬 놓은 어둠을 상하게 하지 않을 것이라는 사실만으로 내담자는 어느 틈엔가 슬그머니 마음의 문을 열게 된다. 내면의 어둠이 의미하고 있는 것은 외로움이며, 내담자는 철저한 고립을 스스로 가함으로써 외로움을 부각하는 행위를 하고 있는 것이다. 즉, 내담자는 외부와의 연결을 차단함으로써 외로움을 드러내고, 그 어둠 속에 빠져들어 있다는 것을 정신적 건강의 위험 신호로 보내오고 있는 것이다. 그렇더라도 섣불리 어둠을 파기하려고 하는 것은 어리석은 일이다. 내담자가 스스로 선택해서 둘러친 장벽에 대한 이해와 포용이 먼저 이루어져야 한다. 어쩔 수 없이 둘러친 장벽을 무너뜨리라고 일방적으로 지시하거나 무시하지 않고, 그렇게밖에 할 수 없었던 심리적 과정을 어루만지는 행위가 먼저 일어나야 한다는 말이다. 치료에 대한 자각과 의지가 강한 사람이라고 하더라도 마음의 문을 열지 않을 수 있다. 무의식은 겉으로 드러난 모습과 달리 전개된다. 감출 수밖에 없는 무의식의 내용을 지닌 채 깊숙이 웅크리며, 들킬까 봐 전전긍긍한 채 문을 걸어 잠그고 있는 것이다. 의식으로는 스스로 그러한 자신의 모습을 전혀 상상조차 하지 못한 채이나, 무의식적으로는 늘 간직했던 그대로의 빛깔에 고착되어 그 빛깔을 고수하려는 작용을 하는 것이다. 치료사가 스스로 지닌 고유한 마음의 빛깔을 사라지게 하라는 것이 아니다. 다만 교묘하게 감춘 채 내담자의 적이 아닌 친구로 접근해야 한다는 것이다. 신이면서 인간의 육체로 세상에 와서 오직 구원에만 초점을 맞췄던 예수님처럼, 치료사는 내담자의 빛깔과 동일시를 이루면서 내담자의 문을 열게 만들어야 한다. 다만 치료사의 고유 빛깔이 검고 암울해서는 곤란하다. 치료사의 고착된 빛깔이 과거에 암울하고 검고 탁한 빛깔이었다고 하더라도, 치료사가 된 현재에는 그의 고유 빛깔이 환하고 밝아야 한다. 만약 그러한 빛깔을 경험하지 못했다면, 밝고 환한 빛깔을 마음에 담을 수 있도록 치료사의 길을 유보하고 빛깔을 다듬을 수 있는 기회를 가져야 할 것이다.

단언하건대, 치료사가 지녀야 할 최고의 덕목은 환하고 밝은 고유의 빛깔을 지니는 것이다. 물론 늘 그렇게 환하고 밝은 빛깔을 지닐 수야 없겠지만, 최소한 그런 빛깔을 지니는 경험을 자주 하고, 잦은 경험으로 인해 특유의 빛깔로 간직하게 되는 빛깔이 그러해야 한다는 말이다. 만약 오랜 기간 동안 자신이 지닌 고유한 빛깔이 환하고 밝을 수 없다면, 혹은 암울한 빛깔에서 밝고 환한 빛깔로 돌아오는 환원력과 탄력성이 더 이상 작용하지 않거나 아주 더디게 돌아온다면, 치료사는 충분한 휴식을 취해야 할 필요가 있다. 치료 효과는 치료사의 빛깔 상태에 따라서 크게 작용하기 때문이다. 치료사가 지니는 고유한 빛깔을 숨기고 내담자의 빛깔에 맞춰서 접근하지만, 언제까지나 그렇게 자신의 빛깔을 숨기고 내담자의 빛깔에만 맞춰진 상태에 머물러 있어서는 곤란하다. 내담자의 마음의 문이 열리는 시점을 계기로, 치료사는 자신의 빛깔을 원래의 빛깔 쪽으로 조금씩 변화를 주어야 할 필요가 있다. 그런 과정은 치료사 혼자서 하는 것이 아니라 내담자와 함께 이루어져야 한다. '마음 잇기'의 다음 단계들에서 빛깔의 변환은 자연스럽게 이뤄질 것이다.

빛깔을 통해 마음을 이어 갔다면, 다음은 공감의 단계다. '공감(共感)'은 상대의 감정과 의견이나 주장 따위에 대하여 자기도 그렇다고 느끼는 것을 말하며, 한마디로 '마음 나누기'를 말한다. 내담자의 문제 상황으로 인해 불거진 정서와 감정을 치료사가 도외시하는 것이 아니라 오히려 보살피고 안타깝게 여긴다는 마음을 전하는 것이 바로 마음을 나누는 것이다. 마음 나누기는 마음의 빛깔과 융화되어, 내담자가 마음의 문을 조금이라도 열었을 때 마음을 나눌 수 있는 공감의 단계로 자연스럽게 진입할 수 있다. 마음을 나눈다는 것은 상대의 말과 표정과 행동에 고개를 끄덕이며 받아들이는 것을 말한다. 마음을 나누는 핵심적인 작용은 이해와 수용이다. 올바른 이해와 수용이 작용한다면 마음은 나누어지고, 서로의 마음으로 자연스럽게 들락날락할 수 있게 된다. 그로 인해 그다음 마음 잇기 단계인 감정이입 단계에 들어서게 되는 것이다.

'감정이입(感情移入)'은 다른 사람의 입장에서 생각하거나 다른 사람의 감정 · 욕구 · 사고 · 행위 등을 이해하는 능력을 말한다. 감정이입의 차원은 특히 심미적 경험과 관련하여 사용된다. 배우나 가수가 자신이 연기하고 있는 역할을 진짜 자기처럼 느끼며, 예술 작품의 경우에는 관객이 일종의 내면 투사 작용에 의해 감상하거나 바라보는 대상 속에 자신이 들어가 있는 듯 느끼는 것을 말한다. 즉, 주체와 객체가 따로 존재하는 것이 아닌 하나가 되는 상태다. 정신분석학에서 말하는 전이(transference)와 역전이(counter-transference) 현상과는 다르다. 정신분석학에서 전이는 '옮겨 놓는 것'을 의미하며, 과거의 A에 대한 감정을 B에게 옮겨 놓는다는 말이다. 이때 전이를 일으키는 자는 A와 B를 혼동하고 B와 전혀 관계없는 감정을 B 때문이라고 착각하며 B에게 그 감정의 원인과 결과를 전치(displacement)시킨다. 또한 역전이란 분석가가 자신의 인생 초기에 경험했던 태도나 감정을 내담자에게 무의식적으로 전치시키는 것을 말한다. 전이와 역전이라는 단어의 의미와 감정이입이 상치하는 이유는 마음을 잇는 흐름의 작용에 대한 일치감의 차이 때문이다. 여기서 말하는 감정이입은 내담자와 마음의 빛깔을 맞추고 마음을 나누고 난 이후에 내담자가 겪은 갈등과 아픔의 상황을 마치 치료사가 겪은 것처럼 느낄 수 있는 것을 말한다. 또한 내담자는 경험했던 문제 상황에 머물러 있지 않고, 그 상황을 주시하면서 결국 헤쳐 나오려는 힘을 북돋워 주고, 치료의 힘으로 인도하려는 치료사의 마음으로 스며드는 것을 말한다. 이로써 마음과 마음은 교류가 일어난다. 이러한 감정이입은 '마음 합하기'라고 명명할 수 있다. 내담자의 입장에서 치료사가 마음을 맞추어 주고, 치료사의 입장으로 내담자의 마음이 흘러갈 때 치료의 힘에 대한 실마리가 잡히고 치료의 분위기는 무르익어 갈 수 있다.

마음 잇기의 다음 단계는 교감이다. '교감(交感)'은 서로 접촉하여 따라 움직이는 느낌을 말하며, 최면술을 쓰는 사람이 상대편에게 최면을 걸어 의식을 지배하는 관계를 일컫는 말이기도 하다. 심상 시치료는 결코 최면이 아니지만, 최면으로서의 교감의 의미와 맥이 통하는 점이 있다. 치료사가 자신의 고유 빛깔인 밝고 환한 빛을 교묘하게 숨기고 전략적으로 내담자의 빛깔에 맞춰서 접근하는 것이 마음 잇기 단계의 시작이라면, 교감은 마음 잇기 단계의 완성으로서 치료사의 원래 빛깔로 내담자를 이끄는 것을 말한다. 다만 의식을 강압적으로 지배하는 것이 아니라, 마음 잇기의 각 단계인 동감, 즉 '마음의 빛깔 나누기'와 공감, 즉 '마음 나누기'와 교감, 즉 '마음 합하기'로 이어진 이후에 겪게 되는 자연스러운 과정으로서 마음을 이끄는 단계다. 다시 말해서, 교감이란 처음 내담자의 마음 빛깔인 암울한 빛깔에서 치료사의 고유한 빛깔 쪽으로 에너지를 이끌어 내는 것을 말하며, 따라서 교감은 '마음 이끌기'라고 말할 수 있다. 조금 더 깊숙이 들어가자면, 마음의 빛깔을 전환시키는 주요인은 외부나 치료사에 의한 것이 아니며, 내담자가 자기 자신에게 이미 밝고 환한 마음의 빛깔이 존재한다는 사실을 스스로 발견하는 것에서 시작한다. 심상 시치료사가 하는 일은 내담자의 내부에 그 빛깔이 존재하고 있다는 사실을 자극해서 스스로 통찰할 수 있도록 인도하는 것이 전부다. 처음부터 내담자의 내면에 그러한 빛깔이 있다는 사실을 가르쳐 주거나 설명해 주어서는 내담자가 그 빛깔을 발견해 낼 수 없다. 손으로 움켜쥐려 해서는 결코 흘러가는 물을 손 안에 담을 수 없는 이치와도 같다. 역설적이게도, 손에 물을 담으려 할 때는 다만 소중하게 담기리라는 마음을 담아서 마치 아무것도 원하지 않는 것처럼 손바닥을 벌린 채 움켜쥐려는 마음을 놓아 버릴 때 손바닥에 물이 가득 고이게 된다. 심상 시치료의 원리도 이와 같다. 무엇인가를 획득하고 꾀하고 노리며 전략과 전술로 접근하려 들어서는 치료의 효과를 거둘 수 없다. 치료의 기술과 방법과 목적과 목표는 지니고 있고 치료 현장에서 그것을 염두에 두기는 하겠지만, 내담자의 내면이 변화하고 성장해야 한다는 고정관념에서 벗어나야 한다. 매 회기에 내담자가 통찰하고 변화하고 자각하는 기적적인 성장이 이뤄져야 한다는 목표의식을 놓아 버릴 때, 치료는 오히려 성공을 거두게 되는 것이다.

그것은 마음 잇기의 각 단계인 마음의 빛깔 맞추기, 마음 나누기, 마음 합하기, 마음 이끌기의 단계가 억지스럽지 않고 자연스럽게 흘러가는 것과 같은 맥락이다. 이성과 의지는 억지가 작동될 수 있지만, 마음은 그렇지 않다. 억지를 부릴수록 마음은 더 자유를 갈망하게 되고, 팽팽한 긴장감이 있는 한 의도한 대로 잘 이루어질 수 없다. 자연스럽고 편안한 흐름이 유지될 때 마음이 놓이게 되고, 육체적 · 정신적 긴장이 이완된 상태일 때 비로소 심상 시치료가 제대로 이루어질 수 있기 때문이다. 심상 시치료사는 매 회기에 내담자와 더불어 유희를 일으키고 즐길 뿐이다. 사실상 고통마저 즐길 때, 고통은 자신의 역할이 더 이상 고통답지 못하다는 사실을 알고 고통 주기를 그치게 된다. 그럴 때 고통의 힘이 작동한다. 부정적인 의미를 뜻하는 단어에 '힘'을 불어넣을 수 있다면, 신비롭고 신기하게도 그 부정적인 것은 더 이상 부정의 에너지를 지니지 않는다. 부정은 스스로가 부정임을 그만두고 극복을 향해 방향을 틀게 된다. 그것은 하나의 극단에 치우칠 때 다른 극단으로 옮겨 가려는 원리가 적용되기 때문이다. 또 부정적인 의미에 가해지는 '힘'의 에너지는 바닥을 차고 날아오르는 것과 같아서, 마치 비행기가 있는 힘을 다 내어 이륙하듯이 내면의 활개가 펴지고 또 회복하고자 하는 힘이 증폭된다. 따라서 고통과 갈등의 힘은 고통과 갈등의 상황을 멈추게 할 뿐 아니라 급반전을 이루며 치유의 상황으로 전개된다.

심상 시치료의 치료 효과에 따른 과정은 '치료에 대한 과정'과 '기법에 대한 과정'의 두 가지로 나눌 수 있다. 이 두 가지 과정은 각각 주어진 절차가 있으며, 이들 절차에서 중요한 것은 심상 시치료를 진행하기 전에 내담자와 충분한 치료적 관계를 형성해야 한다는 점이다. 또한 진행의 마무리에서는 심상 시치료를 행했던 내용에 관해서 내담자와 충분히 나누어야 한다. 심상 시치료를 행하는 것만큼 나누는 마무리 과정이 중요하며, 나누는 과정에서 더욱 심도 있는 치료적 접근과 내면의 갈등, 해결의 실마리, 첨가하거나 부연해야 할 점 등을 심상 시치료사가 알아차릴 수 있기 때문이다. 따라서 나누기를 할 때는 충분한 시간을 배정해서 진행하는 것이 바람직하다.

먼저 치료에 대한 과정은 마음 잇기 단계, 내면 진입 단계, 깊은 내면 단계, 마음의 빛 단계, 마음의 빛 확산 단계의 다섯 단계를 거친다.

마음 잇기 단계는 앞서 기술한 대로 마음 잇기의 각 단계인 마음의 빛깔 나누기(동감), 마음 나누기(공감), 마음 합하기(감정이입), 마음 이끌기(교감) 단계를 포함하고 있다. 무엇보다 내담자와 치료사의 마음을 잇는 과정을 말하며, 일반적으로 총 12회기를 기준으로 했을 때, 초기 2회기를 일컫는다.

내면 진입 단계는 내담자의 마음으로 들어서는 단계를 말하며, 심상 시치료를 위한 매개체 활용과 기법이 활발하게 이뤄지는 단계다. 총 12회기를 기준으로 했을 때 3~5회기를 말한다. 이 시기 동안 내담자는 마음의 문을 열고 스스로 내면을 자각하며, 자신 속으로 걸어 들어가는 체험을 하게 된다. 이 단계는 그다음 단계를 위한 핵심 역할을 한다.

깊은 내면 단계는 내담자의 마음 깊은 곳까지 도달하는 단계를 말한다. 총 12회기를 기준으로 했을 때 6~8회기를 말한다. 심리적인 역동과 저항이 함께 일어날 수 있으며, 끈기 있게 치료에 임했을 때 마음의 빛(생명의 빛)을 자각할 수 있는 발판이 된다. 이 단계에서 내담자는 이제까지 고수해 오던 생활 방식이나 고착된 지각에 변화를 가져올 수 있다. 주위 사물이 새롭게 보이고 매 순간이 새롭고 신기하게 느껴지는가 하면, 한편으로는 정립되지 않은 채 헝클어진 마음과 감정의 변화를 경험함으로써 심리적인 혼동을 느낄 수 있다. 그러한 혼동이나 혼란이 일어나는 것이 정상적인 반응일 수 있으므로, 내담자의 변화 양상을 스스로가 주시하며 관찰할 필요가 있다. 여기에서 주시와 관찰은 스스로를 객관화해서 관조하는 상태를 말하며, 이러한 상태에서 에너지 흐름을 감지할 수 있는 것이다.

마음의 빛 단계는 내면 깊숙이 존재하는 생명의 빛을 자각하고 발현하는 단계다. 마음의 빛은 보다 실체적이고 직접적으로 느껴질 수 있다. 생명의 빛을 알아차리는 순간은 큰 희열이 일어나는 순간이고, 온몸과 마음에 감사의 에너지가 충만해지는 특별한 체험의 순간이다. 마음의 빛이 잉태의 순간부터 지금까지 늘 자신 안에 존재해 왔다는 사실을 알아차리면서, 동시에 문제와 갈등 상황을 통찰할 수 있는 능력을 함께 발견하게 된다.

마음의 빛 확산 단계는 본디부터 지니고 있었던 마음의 빛(생명의 빛)을 자각할 때 우주와 소통한다는 원리로 인해 일어난다. 즉, 우주의 무한한 에너지와 연결되어 있는 자기 자신을 깨닫고, 우주의 에너지가 자신 안에서 마음의 빛과 교류를 이룬다는 사실을 알아차리면서, 우주와 자신이 하나가 되는 일체감을 경험하게 되는 시기다. 에너지의 교류가 원활하게 이루어지며, 갈등과 문제 상황의 매듭이 풀어지는 것을 스스로 체험하게 된다.

만약 심상 시치료의 횟수가 12회기를 넘어서거나 모자란다고 해도 이러한 수순은 그대로 적용하며, 단지 단계를 적용하는 회기들의 차이가 날 것이다. 특히 23회기를 넘어설 때는 마음 잇기 단계를 제외하고, 내면 진입 단계, 깊은 내면 단계, 마음의 빛 단계, 마음의 빛 확산 단계를 일정한 간격으로 제각각 반복해서 시행하도록 한다. 이들 절차를 반복하는 것은 마음의 빛을 다지고 강화하는 데 효과가 크다고 할 수 있다. 바람직한 회기는 개인마다 차이가 나지만, 일반적으로 개인 단기치료일 경우는 12~22회기가 적당하며,

개인 장기치료일 경우는 23~44회기 혹은 23~55회기가 적당하다. 그리고 집단 단기치료일 경우는 12회기 정도가 적당하며, 집단 장기치료일 경우는 13~22회기가 적당하다. 치료 회기를 결정하기 위해서는 내담자의 변화 양상을 잘 파악하거나 내담자와 긴밀한 논의를 통해야 한다.

'내면의 빛'을 자각하고 체험하는 과정은 사실상 평생에 걸쳐 진행되어야 하는 과정이다. 일생 전부가 내면의 빛을 향해 가는 과정일 수 있다면 삶은 빛날 수밖에 없다. 일생을 통틀어 꾸준하게 접근해 가는 과정이라 하더라도, 당장 아무런 실행과 체험 없이 그러한 과정에 이를 수는 없다. 잦은 시도와 실행만이 그 길을 향해 나아갈 수 있는 유일한 방법이다.

처음에는 마치 수박 겉을 핥는 것처럼 옅은 느낌마저 들 수도 있다. 내면의 빛을 자각하고 그것을 체험하며, 생활 속에서 체현하는 것이 이러한 형식적인 치료 회기로는 무리라는 생각이 들 수도 있다. 삶 속에서 부딪히면서 헤쳐 나가는 일련의 경험은 스스로 내면에서 저절로 우러나오는 것일 수밖에 없기 때문이다. 사실상 심상 시치료 회기 동안 이뤄지는 과정은 일생을 통해 반복되는 삶 자체에 대한 축약이다. 그 어떠한 만남과 인연 속에서도 심상 시치료에서 일컫는 이러한 절차는 존재한다. 그것은 긍정적이든 혹은 부정적이든 모든 인연에서 존재하는 이치다. 예를 들어, 좋은 만남을 가지게 될 때는 서로의 마음을 잇는 것부터 시작한다. 그런 후에 내면으로 진입하게 되며, 좀 더 서로의 내면 깊은 곳으로 진입하면서 서로를 알아가게 된다. 그리하여 깊은 의미를 지니게 되면서 내면에 있는 빛을 느끼고, 그 빛이 넓게 퍼져 나가는 기쁜 체험을 하게 된다. 또한 문제와 갈등 상황에 부딪혔을 때는 그 상황을 회피하고 무시할수록 어려움에 매몰될 수밖에 없다. 문제와 갈등을 해결할 수 있는 가장 좋은 방법은 직면하는 것이다. 피하고 싶고 도망가고 싶거나 무작정 덮어 두고 싶은 마음을 이겨 내며, 문제 상황과 마음을 잇는 것이 가장 처음의 단계다. 그 문제 상황을 그대로 느끼면서, 아픔과 갈등과 스트레스까지 안은 채 그대로 자신의 내면으로 들어선다. 좀 더 깊은 진입이 이뤄지면 바로 자신의 내면에 존재하는 마음의 빛을 느끼게 된다. 그 빛을 확산하며 나갈 때, 문제와 갈등을 싸워서 부숴 버리는 것이 아니라 품고 안아서 녹이게 된다.

모든 심리적인 갈등과 문제 상황은 '얼음'과도 같다. 얼음을 없애는 방법으로 무기를 들고 무력으로 때려 부수는 방법은 어리석다. 우리가 진정으로 해야 할 일은 직면하고 품으면서 녹아 흐르게 하는 것이다. 심리적인 문제와 갈등은 강압적인 방법으로는 위축되고 억압될 뿐이기 때문이다. 억압은 가만히 있는 용수철을 납작하게 누르는 것과 같다. 압박하는 행위를 그만두었을 때, 용수철은 튀어 오른다. 용수철은 가만두지 않고 압박했을 때 외관상 움츠러들지만, 불가피하게 압박의 손을 놓는 다음 순간에는 어디로 튈지 모른다. 압박과 강압은 결코 바람직한 방법이 될 수 없다. 마음의 빛을 알아차리고 그것을 확산함으로써 문제 상황은 극복될 수밖에 없다. 문제에 집중하지 않으면서 문제를 극복해 나가는 작용을 하는 것이다. 그것은 면역성을 길러 질병을 퇴치하는 것과도 같다. 마음의 빛을 강하게 느낄수록 문제 상황은 더 이상 문제가 될 수 없다. 따라서 마음 잇기 단계, 내면 진입 단계, 깊은 내면 단계, 마음의 빛 단계, 마음의 빛 확산 단계는 긍정성이나 그에 역행하는 부정적인 측면 모두에 적용되는 보편적이며 일반적인 현상이라 할 수 있다.

다시 말해, 긍정성이 강화될 때 마음의 빛의 확산이 이루어진다면 부정적인 측면이 심화될수록 마음의 빛이 가려지는 암흑의 단계가 펼쳐지는 것이다. 이런 순리와 역행의 현상으로 볼 때 치료의 목적을 '마음의 빛' 쪽으로 향하면서 '어떻게 하면 마음의 빛을 충분히 발휘할 수 있는가' 하는 방법과 적용의 차이가 올바른 치유의 차이를 만드는 것이다. 모든 치료는 없는 것을 창조해 내고 없는 기능을 만들어 내는 것이 아니다. 이미 주어져 있는 기능을 활성화하거나 이미 존재하고 있는 상태를 최대한 찾아내어 최고치로 끌어올리는 것이다. 심상 시치료를 통해서 올바른 방향이 제시되고 또 제시된 방향 쪽으로 걸음을 내딛기 시작할 때, 변화는 일어나기 시작한다. 일정한 시기를 거쳐 과정에 대한 통찰과 주시가 가능해진다면 '내면의 빛'을 향한 평생의 과정이 원만하게 이뤄질 수 있다. 그러므로 정해진 심상 시치료 회기를 마친 후에도 적어도 6개월에 한 번 정도는 심상 시치료를 하는 것이 좋다. 자기 내면의 힘을 떠올리고 자각하면서 우주의 근원과 소통하는 일련의 과정은 일생을 두고 결국 혼자서 해 나가야 하지만, 그러한 과정이 일상생활 속에서 보편화되기 전에는 자극을 받고 자각하는 쉼 없는 반복이 중요하기 때문이다. 본래의 마음을 향한 지속적인 지향은 결국 올바른 방향을 담은 항상성을 지니도록 한다. 또한 심상 시치료는 메마른 감성을 자극하고 감수성을 길어 올려 '내면의 빛'을 찾도록 이끌어서 삶의 의미가 생활 속에 골고루 배도록 하는 핵심 역할을 한다.

심상 시치료는 무엇보다 감수성을 원력으로 한다. 감수성을 말하기 전에 감성과 감정부터 잠시 알아보자. '감성(感性)'은 자극이나 자극의 변화를 느끼는 성질을 말한다. 감성은 시각 · 청각 · 후각 · 미각 · 촉각으로 자극을 받아들여 내면의 변화를 감지하는 것을 뜻한다. 이러한 오감각의 자극에도 불구하고 내면의 변화가 잘 일어나지 않을 때 감성이 무디다고 표현한다. 반면 자극에 예민하게 잘 반응할 때 감성이 섬세하다고 하며, 특히 오감으로 자극된 외부의 현상이 내면에 들어와서 우뇌를 자극해 재창조와 창의성을 드러낼 때 감성이 뛰어나다는 표현을 할 수 있다. 감성은 '마음으로 보는 것'이다. 인간의 눈은 '육체의 눈'과 '마음의 눈'으로 구분된다. 육체의 눈으로만 보지 않고 마음의 눈으로 볼 때, 사물은 새로워지고 자신 안에서 세상은 새로운 의미를 지니게 된다. 마음의 눈으로 보게 될 때, 일상이 매너리즘에 빠지거나 권태롭다는 느낌이 들지 않는다. 감수성이 둔한 사람은 마음의 눈이 없는 것이 아니다. 다만 여러 가지 상황이나 이유로 인해서 마음의 눈이 감겨 있을 뿐이다. 감겨 있는 마음의 눈을 뜰 때, 세상은 신비롭고 감격스럽다. 한순간도 새롭지 않은 때가 없다. 매 순간이 감사와 감격으로 이어지는 것이다. 마음의 눈은 우리를 살아 있게 하고, 살아 있다는 사실이 축복이라는 것을 알려 준다.

'감정(感情)'은 어떤 현상이나 일에 대하여 일어나는 마음이나 느끼는 기분을 말한다. 감정의 상태는 주어진 상황과 여건에 따라 달라질 수 있다. 복잡하게 엉켜 있고 고민되는 상황일수록 마음은 갈피를 잡지 못하고 흔들리기 마련이다. 우울하거나 슬플 때의 마음과 기쁘고 즐겁고 축하받을 때의 마음은 판이하게 다르다. 살아오면서 개개인이 처했던 여러 상황과 처지가 모두 다를 수밖에 없으며, 상황마다 대처하는 방식 또한 각자 다르다. 좌절의 상황에서 오래도록 머물러 있었던 경우와 험난한 고비들이 있었지만 그때마다 이겨 나갔던 극복의 경험이 많은 경우에도 마음의 상태는 차이가 난다. 마음에 빛깔이 있다면, 숱한 경험과 선택의 상황들이 제각각 어우러져서 마음의 빛깔을 만들어 낸다. 그것은 성향이나 성격이라는 이름으로 부를 수도 있을 것이다. 감정은 '마음의 빛깔을 내는 것'이라고 풀이할 수 있다. 좌절과 낙담의 상황 속에서도 헤쳐 나갈 수 있는 힘이 발휘되어 마침내 극복으로 전환된다면, 그러한 성공의 체험이 이어져서 마음의 빛깔은 큰 에너지를 담게 되고 환하고 빛나는 아름다운 빛깔을 만들어 낸다. 사실상 성공이란 돈이나 명예와 학식 같은 가시적인 것이 아니다. 성공이란 고난의 극복을 말하는 것이다. 어렵고 벅찬 고난일수록 그것을 극복할 때 주어지는 힘은 스스로를 금처럼 단련시킨다. 고난을 극복할 때 스스로 내면 깊숙이 경험하는 힘은 그 무엇과도 바꿀 수 없는 충만한 기쁨을 선사한다. 암울하고 어두운 빛깔을 오래도록 가지고 있는 사람은 우울한 감정을 지녔다고 말할 수 있다. 반면 환하고 싱그러운 빛깔을 지닌 사람은 생기발랄한 감정을 지니고 있다고 표현할 수 있다. 마음의 빛깔은 다만 외부 상황에 의해서만 좌지우지되지 않는다. 내면의 선택과 결정에 의해서 빛깔이 담겨질 뿐이다. 그 어떠한 불리한 환경이나 자극에도 불구하고, 마음가짐이나 가치관, 성향에 따라 마음의 빛깔은 달라지는 것이다. 내면의 힘으로 뻗친 뿌리 깊은 마음에서 나오는 빛깔은 환하고 밝을 수밖에 없다.

'감수성(感受性)'은 외부 세계의 자극을 받아들이고 느끼는 성질을 말한다. 외부 세계의 자극은 오감각적인 차원과 어떤 현상이나 일을 포함하는 차원에서의 자극을 말한다. 감성이 '마음으로 보는 것'이라면, 감정은 '마음의 빛깔을 내는 것'이며, 감수성은 '마음의 빛과 향기를 내는 것'이다. 독특한 개성을 지닌 마음의 눈으로 보면 마음의 빛깔 역시 특유성을 지닌다. 그러한 빛깔이 빛깔뿐만 아니라 향기를 낼 때 감수성이 작용하는 것이다. 흔히 인격은 인간의 향기를 뜻한다고 한다. 인격(人格)은 사람의 됨됨이를 말하며, 한 개인이 자신을 지속적이며 통합적인 자아로 의식하는 작용을 말한다. 제대로 된 인격에서 뿜어내는 향기는 그윽하다. 그윽한 향기는 마치 연꽃이 피면 연못의 시궁창 냄새는 사라지고 향기가 연못에 가득하다는 의미의 계향충만(戒香充滿)과도 맥이 통한다. 한 사람의 인간애가 사회를 훈훈하게 만들기도 한다. 고결한 인격은 그윽한 향기를 내고 주변 분위기를 정화시킨다. 감수성의 원래 의미는 이러한 마음의 빛과 향기를 조화롭게 뿜어내는 것을 말한다. 마음으로 보고(감성), 마음의 빛깔을 내며(감정), 마음의 빛과 향기를 내는(감수성) 것을 심상(Simsang)으로 연결하여 심상을 일궈 내는 작업이 바로 심상 시치료다. 심상은 마음의 빛과 향기로 영혼을 울리는 것을 말한다. 따라서 심상 시치료는 이러한 감수성의 힘으로 감성을 자극하여 치료의 효과를 끌어내는 것이다.

심상 시치료 기법은 다음 다섯 단계로 이루어진다. 첫 번째 단계인 '감각(感覺)의 단계'는 신체 기관을 통하여 안팎의 자극을 느끼거나 알아차리는 것을 말하며, 후각 · 청각 · 시각 · 미각 · 촉각을 일컫는다. 이 오감은 신체로 지각하는 것이지만, 내면의 지각을 통해 알아차릴 수 있다. 더 나아가 신체에 자극된 감각만이 아니라 머릿속에 떠오르는 감각의 차원까지 아울러서 느낄 수 있는 것을 말한다. 이러한 영상의 차원에서 체험되는 오감은 전적으로 우뇌에서 떠오르는 영역이다. 이미저리(imagery)를 통해 내면의 영역까지 감각이 체험될 수 있다. 따라서 심상 시치료에서 감각이란 육체와 정신의 차원까지 포함한다.

두 번째 단계는 '감성(感性)의 단계'다. 감성이란 자극에 대하여 느낌이 일어나는 능력을 말한다. 감각이 다만 느끼는 것이라면, 그 느낌을 충분히 풍성하게 직접적으로 체현하는 것이 감성의 단계다. 이 감성의 단계로 이끌기 위해서 심상 시치료사는 치료 효과를 낼 수 있는 적절한 질문과 피드백과 더불어 상황에 알맞은 분위기를 유도해 나갈 것이다. 숙련된 심상 시치료사는 내담자의 감성을 풍성하게 이끌 수 있다. 감성이 제대로 작동된다면 그다음 절차로 원활하게 진입할 수 있다.

세번째 단계는 '감수성(感受性)의 단계'다. 감수성은 자극을 받아들여 느끼는 성질이나 성향을 말한다. 앞서 기술한 대로, 감성은 '마음으로 보는 것'이며, 감수성은 '마음의 빛깔과 향기를 내는 것'이다. 어떤 빛깔과 향기를 낼 수 있는가 하는 것은 바로 '내면의 빛(생명의 빛)'을 자각하고 근원적인 우주의 빛과 얼마나 잘 소통하는가에 달려 있다. 소통이 잘 이뤄질 때 에너지는 원활하게 움직일 수 있으며, 정화의 기운과 더불어 그윽하고 아름다운 향기를 낼 수밖에 없다.

네 번째 단계는 '심상(Simsang)의 단계'다. 심상은 '마음의 빛과 향기로 영혼을 울리는 것'을 말한다. 정적 심상의 단계에서는 명상(meditation)이 반드시 포함된다. 명상은 외부로 향해 있는 눈을 내면으로 돌리게 만든다. 내면의 깊은 핵심에 존재하고 있는 내면의 빛을 향하도록 만드는 것이 바로 명상의 역할이다. 그러한 방법을 통해 영혼을 울리고, 한 번 울린 영혼의 울림은 자기 자신뿐만 아니라 주위에 울려 퍼지게 된다. 제대로 된 공명은 끊이지 않고 연이어 공명을 불러온다. 공명이 오랫동안 울려 퍼질 때 삶은 큰 변화의 반응을 불러일으키며, 고여 있는 삶을 자연스럽고 원활하게 흘러가게 한다.

심상 시치료에서는 명상이 내면으로 진입하기 위한 통로로 운용되며, 명상 자체만으로 회기를 행하지 않는다. 심상 시치료에서 명상의 순서는 다음과 같다. 처음에 자세를 바르게 한다. 척추를 바로 세우는 것은 인체의 에너지를 원활하게 흐르도록 한다. 의자나 바닥이나 상관없이 앉은 자리에서 척추를 바로 세운다. 다음으로 눈을 살며시 감게 한다. 호흡을 하되 비교적 천천히 들이쉬고 내쉬도록 한다. 이때 내쉬는 호흡(날숨)에 초점을 맞춰서 입으로 '후~' 하며 뱉어 낼 수 있도록 한다. 배꼽 주위에 양손을 모으고, 들이쉴 때 배가 부풀어 오르고 내쉴 때는 배가 꺼지는 것을 느껴 보도록 유도한다. 충분히 숨을 내뱉을 때 숨을 들이쉴 수 있다는 사실을 언급한다. 복식호흡이 충분히 느껴질 때까지 길게는 5분 정도 호흡에만 집중하도록 한다. 배가 부풀어 오르고 꺼지는 기본적인 방법으로 호흡이 유지된다면 배에서 손을 떼고 무릎 위에 편안하게 손을 놓도록 한다. 들숨과 날숨을 고르고 깊게 하면서 온몸의 긴장이 풀어지며 이완되는 느낌을 느껴 보도록 한다. 눈을 그대로 감은 채 호흡에 초점을 맞추면서 온몸이 이완되는 상태에서 머무르도록 한다. 이때 주위의 잡음이나 소음 등으로 방해받지 않아야 한다. 호흡을 충분히 깊고 길고 편안하게 했을 때 명상에서 심상의 단계로 진행할 수 있다. 또한 심상의 단계에서 치료사의 유도에 따라 장면을 펼칠 때, 눈은 그대로 감도록 한다. 눈을 감을 때 내면의 눈을 뜰 수 있는데, 눈을 떴을 때는 외부의 지각에 초점이 맞추어져서 심상의 진행이 방해를 받기 때문이다.

심상 시치료에서는 특별한 명상법을 따르지 않는다. 한 회기 전부를 명상만을 위한 시간으로 운용하지 않는다. 명상은 심상으로 가기 위한 방편일 뿐이므로, 마음과 육체의 상태를 심상 쪽으로 이끌기 위해 명상을 행한다. 따라서 심상 시치료에서 명상의 단계란 척추를 곧게 하고, 복식호흡을 유지하며, 눈은 감은 채 온몸을 이완하는 자세를 유지하는 것까지를 말한다. 대부분 명상이나 기 수련을 통해 자신의 뇌파를 스스로 조절할 수 있다. 평상시에 깨어 있을 때는 14~21Hz의 베타파가 주를 이룬다. 이 베타파는 일상적인 활동에 집중하고 있을 때 주로 나타난다. 고요한 평정 상태를 유지하면서도 고도의 각성 상태에 있는 경우는 8~13Hz의 알파파가 나타난다. 또 창조성이 극도로 활성화되거나 깊은 명상 상태에 있는 경우와 잠잘 때는 4~7Hz의 세타파가 나타난다. 깊은 수면, 삼매경에 이르는 명상 또는 의식불명 상태가 되면 0.5~3Hz의 델타파가 나타난다. 느린 뇌파일수록 이완되고 느긋한 만족감을 느끼며 마음이 평화로워진다. 심상 시치료에서는 주로 고도의 각성 상태인 알파파가 진행되도록 하기 위해 명상을 이끈다. 심상 시치료는 명상이 주가 되는 치료가 아니라 심상이 주가 되는 치료이기 때문이다.

다섯 번째 단계는 '자유의 단계'다. 자유(自由)란 무엇에 얽매이지 않고 자기 뜻에 따라 마음대로 할 수 있는 상태를 말한다. 마음대로 한다는 말은 삶의 주체성을 회복하고 가치관대로 움직이는 것을 말한다. 어떠한 관념이나 사상이나 습관에 얽매여서 예전에 행했던 실패를 거듭하는 상태를 벗어나는 것이다. 자유의 또 다른 말은 '꿈'이다. 꿈은 부질없고 소용없는 것을 일컫는 말이 아니다. 꿈은 가능성과 에너지를 담아서 삶을 빛나게 하고 귀하게 끌어올리는 원동력이다. 진정한 자유의 의미는 꿈을 담고 있다. 꿈이 없는 자유는 허황되며, 자유 없는 꿈은 거짓이다. 꿈을 꾼다는 것은 자유를 품는 것을 말하며, 꿈을 이룬다는 것은 자유를 누리는 것을 말한다. 진정한 자유는 진리 속에 존재하기 때문이다. 우주의 진리는 에너지를 활발하게 움직이게 하는 것이다. 자유는 '꿈'을 날아오르게 하는 원천이다. 누구나 꿈을 꿀 수 있고, 꿈을 품을 수 있으며, 꿈을 실천할 수 있다. 꿈을 잃어버린다면 삶의 의미를 잃어버리는 것이며, 꿈을 간직하고 실천해 나가는 것은 올바른 삶의 방향을 찾아서 나아가는 것이다. 자유는 우주의 에너지와 원활하게 소통하는 것으로 꿈이라는 단어와 대치될 수 있다. 즉, 삶의 의미와 에너지를 강하게 지니기 위해서는 꿈을 가지고 실현할 수 있어야 하며, 그럴 때 삶은 자유를 얻게 된다. 이러한 꿈과 자유는 물리적인 나이와 상관없이 적용할 수 있으며, 나이가 많을수록 그 중요성은 오히려 더 커진다. 성취와 달성이 아니라 에너지와 삶의 의미를 자각하는 것이 초점이기 때문이다.

심상 시치료 기법

심상 시치료 기법은 심상 시치료 과정 중 매개체에 따른 과정을 중심으로 살펴볼 수 있다. 매개체(媒介體)란 어떤 일이나 작용 따위를 양쪽의 중간에서 맺어 주는 것을 말하며, 심상 시치료에서 매개체는 심상과 치료를 연결해 주는 역할을 담당하는 개체를 말한다. 앞에서 기술한 내용을 그대로 따와서 설명하자면, 심상 시치료의 매개체에 따른 과정은 표면화 과정, 내면화 과정, 심상 시치료 과정이라는 세 과정으로 구분할 수 있다. 표면화 과정이란 앞서 기술한 매체 활용적인 면으로 나눈 다섯 부류인 그림, 음악, 영화, 시, 기타 활동 영역 중 그 어떤 경우에도 매체가 가진 고유한 특성에 따른 느낌을 감각과 감성으로 받아들이는 단계를 말한다.

매체란 무엇인가를 한쪽에서 다른 쪽으로 전달하거나 퍼뜨리는 의사소통이나 예술 표현 도구를 말하며, 심상 시치료에서 매체란 심상 시치료 효과를 극대화할 수 있도록 심상 시치료에 맞게 고안된 특별한 치료적 매체를 말한다. 매체 자체를 느껴지는 그대로 받아들이면서 감성을 표현할 때는 언어적 측면과 비언어적 측면을 모두 사용할 수 있다. 다만 그다음 단계로 들어가기 위한 윤활유 역할을 하도록 충분하고 풍성하게 느낌을 나눌 수 있어야 한다. 그런 의미에서 먼저 살펴봐야 할 것은 표면화 과정에 개입할 수 있는 흐름을 부여하는 것이다. 다음에서 그림, 음악, 영화, 시, 기타 활동 영역을 중심으로 심상 시치료를 실시할 수 있는 구체적인 기법의 예를 기술하고자 한다. '심상 시치료'에서 '시'는 포괄적인 개념으로 쓰인다. 시는 감수성과 감성을 불러일으키는 역할을 하며, 인간이 경험하고 체험하는 다채롭고 다양한 분야를 포함하고 있다. 즉, 심상 시치료에서 시는 감수성과 감성을 체득할 수 있는 모든 영역을 담아내는 것을 뜻한다. 한마디로 '시는 삶'이다. 편의상 그림, 음악, 영화, 시, 기타 활동이라는 다섯 가지 대표적인 영역으로 구분해서 기술했지만, 그림 속에는 사진이, 음악 속에는 감상뿐만 아니라 연주가가, 그리고 영화 속에는 심상 시치료에 적합한 여러 동영상이 포함될 수 있다.

특히 시 영역에서는 인용한 시뿐만 아니라 수많은 시를 활용할 수 있다. 시뿐만 아니라 소설과 수필, 짧은 아포리즘 또한 심상 시치료에 훌륭하게 활용할 수 있다. 이들 매체를 활용할 때는 매체가 주는 고유한 아우라와 함께 대상자의 여러 특수성과 치료의 목표점을 잘 파악해서 숙련된 심상 시치료사의 치료적 안목으로 접근해야 한다. 실제로 심상 시치료를 행할 때는 각각 진행하는 방식에 따라 글을 쓰거나, 말로 표현해 보거나, 동작이나 표정으로 표현할 수 있다.

단, 내면화나 심상 시치료 과정에 이르러서는 감수성을 우려내면서 심상에 대한 준비로서 심상 시치료사가 제시하는 대로 표현하도록 하며, 대개의 경우 글쓰기나 말하기, 그리기 등으로 표현하도록 한다. 이어 심상 시치료에서는 심상과 함께 자유를 느끼고 향유하는 보다 깊은 정신적 작용이 일어난다. 심상 시치료를 행하고 나서는 전체적인 느낌을 충분히 나눔으로써 효과적인 심상 시치료를 이룰 수 있다.

1. 그 림

그림은 크게 구상과 추상으로 나누어 진행할 수 있다. 구상 그림은 주제 그림이 크게 부각되어 있어 한눈에 감지할 수 있으며, 간단한 구조와 간결한 색채의 그림이 바람직하다. 먼저 그림에 대한 느낌을 자연스럽게 표현하도록 한다. 말, 표정, 몸짓 등 그 어떠한 표현 방법을 동원해서 표현해도 된다. 표면적인 표현 접근은 간단하고 간결하게 이뤄지도록 하며, 표현 시간도 되도록 짧게 제한한다. 내면적인 접근에서는 주어진 그림의 아우라를 감지할 수 있을 정도로 표현하게 한다. 감수성에 적절한 자극이 될 수 있는 말을 나누도록 하며, 경우에 따라 글로 표현하게 한다. 내면적 접근에서는 감수성이 충분히 발휘될 수 있도록 하는 것이 중요하며, 진행 시간을 여유 있게 한다. 이어 본격적인 심상 시치료적 접근을 할 때는 첫 순서로 눈을 감은 채 명상을 하도록 한다. 명상은 천천히 들숨과 날숨을 쉬는 것부터 시작한다. 깊숙하고 편안하게 호흡을 유지하며 몸 전체를 이완하도록 한다. 내담자의 뇌파가 알파파 상태에 이를 수 있을 만큼 유도하며, 명상의 최대 시간은 5~10분 내로 제한한다. 명상 이후 '심상 시치료'를 시행하며, 다음에 기술한 대로 접근한다. 심상 시치료사는 유도된 문구대로 그저 불러 주는 정도가 아니라 내담자와 함께 그 상황 속으로 빠져 들어가듯 공감의 분위기를 느끼면서 여유 있게 접근해야 한다.

구상 그림은 그림이 주는 아우라와 분위기에 따라 자연스럽게 심상 시치료로 연결해서 진행한다. 다음에서 원형적인 접근이 가능한 소재를 다룬 11가지를 기본적으로 소개하고자 한다. 이 11가지 소재는 새, 집, 나무, 그릇, 항아리, 해, 달, 비, 별, 배, 구름이며, 이것들을 순서대로 이어서 진행할 수도 있고 각각 따로 진행할 수도 있다. 이 11가지를 순서대로 진행할 때, 내담자의 과거와 현재 그리고 미래에 관해 순차적으로 심도 있게 접근할 수 있다는 이점이 있다. 유도된 질문과 질문 사이에는 잠시 '뜸들이기' 시간을 주어야 한다. '뜸들이기'는 영상으로 떠올리는 두뇌의 활동을 활성화하기 위해 필요한 시간이다. 숙련된 심상 시치료사의 판단에 따라 뜸들이기 시간이 정해지며, 대개는 10~20초 정도의 뜸들이기 시간이 필요하다. 다음 기술 내용에서는 뜸들이기를 '…' 기호로 표시하고자 한다. 또한 심상 시치료사가 인도하는 내용 중 "상상해 보세요."라는 말은 부적합하다는 점을 유의해야 한다. '상상'이라는 말을 함으로써 실체감이 증발하고 의도적이며 부자연스러워지기 때문이다. 따라서 그 대신 "떠올려 보세요."라고 하거나 직접적인 체험 속으로 뛰어들 수 있도록 "지금 ……을 하고 있는 것을 느껴 보세요." "지금 ……을 하고 있습니다."라는 직접적인 표현으로 인도해야만 심상에서 이루어지는 올바른 진행을 할 수 있다.

부연하건대, 사진이 아닌 그림으로 진행하는 이유는 피사체에 관한 직접적이고 사실적인 사진이 대상에 대한 명확한 제시로 인해 심상과 상상력이 파고들기에는 힘들 수밖에 없기 때문이다. 반면 그림의 경우 상징과 은유적인 면이 강하게 작용하여 보다 면밀하고 효과적으로 심상 시치료에 접근할 수 있다.

1) 구상 그림

(1) 새

화면의 오른쪽에서 왼쪽으로 시선을 두고 있는 새 그림을 제시한다.

♥ 심상 시치료 1

그림을 가만히 들여다보세요. 이 새는 특별합니다. 내 마음과 과거의 감정을 누구보다 더 잘 알고 어루만져 주는 새입니다. … 이 새의 이름을 지어 보

세요. 이렇게 이름을 정한 이유를 말해 봅시다.

(이어 눈을 감게 하고 명상 상태에서 심상 시치료 2를 진행한다.)

♥ 심상 시치료 2

이 새가 내 과거의 한 곳으로 날아갑니다. 내 과거의 언제로 날아갔습니까? 어느 곳으로, 무엇을 할 때, 어떤 순간, 어떤 장면으로 날아갔나요? … 과거의 어느 순간, 어떤 장면 속에서 나를 찾아보시기 바랍니다. 이 새는 지금 내 과거의 어느 한순간에 있습니다. 이 새가 과거의 나를 어루만져 주고 있습니다. … 이 새는 내게 어떤 말을 건네고 있습니다. 어떤 말을 하고 있나요? 새가 하는 말을 가만히 들어 봅니다. … 이 말을 듣고, 과거의 나는 뭐라고 대답을 합니다. 내가 하는 답변을 떠올려 보세요. … 자연스럽게 새와 나는 대화를 나눕니다. 뭐라고 말하는지 들어 보시기 바랍니다. … 자, 이제 대화를 마무리하고 있습니다. 셋을 세면 대화를 마무리하고 눈을 뜨면 됩니다. 하나, 둘, 셋.

눈을 뜨고, 과거의 어느 순간, 어떤 장면으로 새가 날아갔는지, 그 장면 속에서 새가 들려주는 말과 내가 한 대답들을 그대로 옮겨 적어 봅니다.

치료적 의미

새는 날개를 가지고 자유롭게 날 수 있는 상징적인 의미를 지니고 있다. 자연스럽게 연상되는 과거의 기억 속으로 날아가서 상처를 어루만져 주고, 정서를 지지해 주며, 힘을 북돋워 주는 역할을 하는 새를 통해 건강한 자아 정체성을 형성하도록 이끈다.

(2) 집

화면 가득 간단하고 단순한 집 모양의 그림을 제시한다.

심상 시치료

(명상에 이르게 한 후 진행한다.) 이 집에 누가 살고 있을까요? 혼자인가요, 아니면 여러 명인가요? … 이 집에 살고 있는 사람은 누구누구인가요? … 어떤 분위기인가요? … 이제 이 집의 문을 두드려 보세요. 누군가가 나와서 문을 열어 줍니다. 누구인지 살펴보시기 바랍니다. 그 사람은 어떤 표정을 짓고 있으며, 또 나는 어떤 표정을 짓고 있나요? … 나는 상대방에게 어떤 말

을 하고 있습니다. 나는 어떤 말을 하고 있나요? … 내가 하고 싶은 말을 듣고, 문을 열어 준 사람이 답을 합니다. 뭐라고 말하는지 들어 보시기 바랍니다. … 자연스럽게 상대방과 나는 대화를 나눕니다. 어떤 말들이 오가고 있습니까? … 자, 이제 대화를 마무리하고 있습니다. 셋을 세면 대화를 마무리하고 눈을 뜨면 됩니다. 하나, 둘, 셋.

눈을 뜨고, 집에 누가 살고 있는지, 어떤 분위기의 집인지, 누가 나와서 문을 열어 주었는지, 그리고 어떤 표정을 짓고 어떤 말을 하는지, 그 말을 들은 상대방은 뭐라고 하는지, 서로 오간 말들을 그대로 옮겨 적어 봅니다.

치료적 의미

집이라는 장소는 두 가지 의미를 지닌다. 첫 번째는 태생적인 의미로서 태어나고 자란 곳의 개념이며, 두 번째는 본래적인 의미로서 나고 죽는 삶의 개념이다. 태생적인 의미에는 가족과 의미 있는 구성원들이 포함되어 있으며, 본래적 의미에는 현재의 삶을 영위해 나가는 자기 자신과 영혼이 거하고 있는 몸이라는 개체의 상징으로서의 자기 자신이 포함되어 있다. 만약 집 안에 아무도 없다면, 현재 자신이 느끼는 삶의 공간이 극도의 외로움과 지지세력이 없는 공허한 가운데 처해 있다는 것을 보여 줌과 동시에 영혼과 몸의 부조화를 의미한다.

집이 지니는 분위기는 사실상 현재의 직접적인 상황보다 원하는 상황이나 과거의 행복한 상황을 떠올리는 경우가 많다. 그 이유는 태생적 의미가 함께 작용하면서 갈망하는 쪽으로 마음이 향하기 때문이다. 하지만 현재 내담자가 가족 간에 극도의 갈등상태에 처해 있거나 혹은 문제 상황이 급성으로 진행된 경우 현재 마음에 담고 있는 갈등 상황이 그대로 이어져서 떠오를 수 있다. 이러한 집이라는 상징적 개념을 이용하여 내담자의 갈등상태와 함께 현재 심리적으로 주요한 사람이 누구인지를 파악할 수 있으며, 정서를 지지받는 체험을 통해 안정감을 되찾을 수 있다.

(3) 나 무

화면을 가득 채우는 간단하고 안정감 있는 구도의 나무 그림을 제시한다.

심상 시치료

(명상에 이르게 한 후 진행한다.) 언덕 위에 나무가 있습니다. 나무에게는 아무도 알지 못하고 아무에게도 말하지 못하는 아픔이 있습니다. 겉으로는 태연한 척, 아무렇지도 않은 척 살아가고 있지만 속으로 운 적이 한두 번이 아닙니다. 남들은 이 나무가 풍성한 잎사귀를 피우며 무럭무럭 잘 자라고 있는 줄로만 생각합니다. 혹은 괜히 한 번씩 일부러 아픈 척을 한다고 생각합니다. 때로는 무관심합니다. 아주 가까운 사람, 심지어 가족까지 그렇게 생각할 뿐입니다. 이 나무의 아픔과 괴로움은 바로 당신만 알고 있습니다. 이 나무는 왜 이렇게 아플까요? … 어디가 아프고, 왜 이렇게 아닌 척하는 걸까요? 그 이유를 떠올려 보시기 바랍니다. … 이 나무를 위로해 줄 수 있는 대상은 바로 당신입니다. 이 나무에게 위로와 희망을 주고, 아픔을 어루만져 줄 말들을 건네 봅시다. … 이 말을 들은 나무가 뭔가 대답을 하고 있습니다. 나무의 말

을 귀 기울여 들어 보시기 바랍니다. … 자연스럽게 나무와 나는 대화를 나눕니다. 뭐라고 말하는지 들어 보시기 바랍니다. … 자, 이제 대화를 마무리하고 있습니다. 셋을 세면 대화를 마무리하고 눈을 뜨면 됩니다. 하나, 둘, 셋.

눈을 뜨고, 이 나무가 왜 아픈지, 어디가 아프고, 왜 이렇게 아닌 척하는지, 그리고 내가 건넨 위로의 말과 나무의 답변들을 차례로 적어 봅니다.

치료적 의미

나무는 성장 · 발달에 대한 의미를 담고 있으며, 정체성에 관한 상징적인 의미를 담고 있다. 나무는 현재의 내 모습, 내가 처한 환경과 내가 겪고 있는 심리적인 상황과 상태를 의미한다. 나무가 지닌 모습과 상태에 따라 개인의 상황을 파악할 수 있다. 지금 소개하고 있는 그림을 활용한 심상 시치료에서는 나무의 그림을 먼저 제시해 놓고 시작한다. 따라서 개인의 심리적 상황을 파악하기 위한 목적이 아니라, 현재까지 살아온 삶 속에서 겉으로 드러나지 않은 채 무의식 속에 잠재되어 있는 내면의 상처와 굴곡을 떠올리게 하기 위한 목적이 있다. 인도해 가는 질문에서 '눈치를 채지 못하게 아픈 나무'라고 접근해서, 내면의 상처를 끌어올려 스스로 위무하는 장치를 설정해 놓는 것이다.

(4) 그 릇

가로로 길고 안정감 있는 그릇 그림을 제시한다.

심상 시치료

(명상에 이르게 한 후 진행한다.) 당신이 바라보고 있는 이 그릇은 깨끗하게 비워진 빈 그릇입니다. 깔끔하고 정갈하게 닦인 그릇에 손을 갖다 대어 보세요. 그릇의 감촉을 충분히 느껴 보시기 바랍니다. … 이 정갈한 그릇에 당신이 담고 싶은 세 가지를 담을 수 있습니다. 어떤 것을 담고 싶은가요? … 이

제 원하는 세 가지를 담기 시작합니다. 이 세 가지를 담을 때, 그릇은 어떤 표정을 지니게 됩니다. 천천히 한 가지씩 담으며 그릇이 짓는 표정을 떠올려 보시기 바랍니다. … 그릇은 어떤 표정을 짓고 있습니까? … 세 가지 모두를 차례대로 담아 보시기 바랍니다.

눈을 뜨고, 세 가지를 담을 때 차례대로 그릇이 짓는 표정을 기억하고 적어 봅니다.

치료적 의미

그릇은 내면의 상태를 상징한다. 빈 그릇을 제시함으로써 평상시 품고 있는 소망과 염원을 그대로 드러내게 하며, 그러한 소망과 염원을 간직하고 있는 것이 바람직한가에 관해 스스로 파악할 수 있도록 그릇의 표정을 읽도록 한다. 주로 물질적인 것들을 담을 경우, 내담자가 현재의 삶에서 조급하고 초조해하는 성향을 지니고 있다고 볼 수 있다. 물질(돈과 연관된)에만 치우쳐 있을 경우, 현재 내담자의 정신적인 면이 고갈 상태임을 반영하는 단서가 될 수 있다. 물질에 관한 욕망은 가속도가 붙게 되어 더 큰 욕망을 추구하게 되며, 지속적인 욕망을 불러오기에 정신적인 여유가 없다. 물질에 치중되는 경우, 향후 치료 계획에서 정신적이고 여유로운 삶의 태도를 가지도록 유도하는 것이 바람직하다.

(5) 항아리

소박하고 단순한 형태의 항아리에 무언가가 가득 차서 넘치는 모양의 그림을 제시한다.

심상 시치료

(명상에 이르게 한 후 진행한다.) 소박하게 담고 있기를 원하는 항아리가 있습니다. 그 바람과 달리, 항아리에는 지금 너무나 많은 것이 가득 담겨서 넘쳐흐르고 있습니다. 도대체 무엇이 담겨 있기에 이렇듯 무거운 걸까요? 그 이유를 그대로 떠올려 보시기 바랍니다. … 넘쳐흐르고 있는 이 상태에서 어떻게 하면 좋을까요? 좋은 방법을 떠올려 보시기 바랍니다. … 그렇게 하고 나서는 어떤 일이 일어날까요?

눈을 뜨고, 항아리 속에 무엇이 담겨 있는지, 이 상태에서 어떻게 하면 좋을지 생각한 것을 그대로 옮겨 적어 봅니다.

치료적 의미

항아리는 내밀한 소망을 품는 의미가 있다. 본 심상 시치료에서는 의도적으로 차고 넘치는 상황을 유도하여, 소망의 과잉 현상을 자각하게 한다. 적당한 부피의 소망은 긍정적인 힘을 내게 하나, 소망에 대한 강렬한 갈망은 오히려 내면을 병들게 하는 요인이 되기 때문이다. 내면의 평안을 이루기 위해 심상을 자극하며, 스스로 의욕과 성취에 대한 과잉 반응을 추스르는 역할을 하도록 인도할 수 있다.

(6) 해

강렬한 빛깔과 원형의 해 그림을 제시한다.

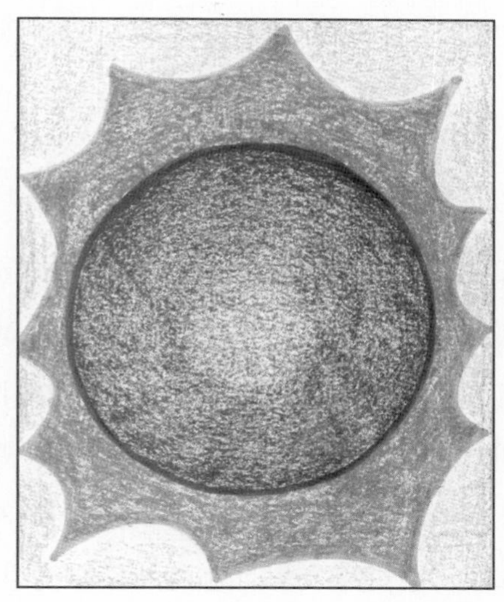

심상 시치료

(명상에 이르게 한 후 진행한다.) 드높은 하늘에 해가 있습니다. 해는 높이 떠서 빛을 내뿜고 있습니다. 골고루 빛을 뿌리고 있지만, 유독 햇빛이 강하게 비치는 곳도 있고 햇빛이 들지 않는 곳도 있습니다. 햇빛을 강하게 받는 곳

은 어디인지, 햇빛이 잘 들지 않는 곳은 어디인지 잘 느낄 수 있습니다. 햇빛을 강하게 받는 곳과 햇빛이 잘 들지 않는 곳을 떠올려 보시기 바랍니다. … 햇빛은 언제나 햇빛을 뿜어내고 있습니다. 다만 구름에 가려서 잘 보이지 않거나, 건물에 가려 햇빛이 들지 않게 되었을 뿐입니다. 사실 햇빛은 온전하게 빛을 품고 비추고 있을 뿐입니다. … 골고루 빛을 뿜어내고 있는 햇빛에게 말을 한다면 어떤 말을 하고 싶은지 떠올려 봅니다. … 내가 하고 싶은 말을 해가 듣고, 이제는 해가 답을 합니다. 어떤 답을 하는지 떠올려 보시기 바랍니다. … 자연스럽게 햇빛과 나는 대화를 하고 있습니다. 어떤 말들이 오가는지 들어 보시기 바랍니다. … 자, 이제 대화를 마무리하고 있습니다. 셋을 세면 대화를 마무리하고 눈을 뜨면 됩니다. 하나, 둘, 셋.

눈을 뜨고, 햇빛이 강하게 비치는 곳은 어디인지, 햇빛이 잘 들지 않는 곳은 어디인지, 그리고 내가 해에게 건넨 말과 해의 답변을 차례대로 적어 봅니다.

치료적 의미

해는 양적 에너지를 지니고 있으며, 발산과 상승에 대한 상징성을 지니고 있다. 일반적으로 해는 부성을 상징하며, 그 외에도 소망과 성취를 의미하기도 한다. 본 심상 시치료에서 소개하는 해의 의미는 부성 혹은 내면의 양적인 기운에 한하여 진행한다. 아버지의 존재와 그 의미를 통해 내담자의 내면에 존재하는 아버지 상을 파악하며, 만약 내담자의 아버지 상이 부정적이라면 긍정적인 상으로 재구성하여 바람직한 정체성을 형성하는 데 치료 목적이 있다.

(7) 달

화면 가득 환하고 부드러운 달이 있는 그림을 제시한다.

심상 시치료

(명상에 이르게 한 후 진행한다.) 달이 떠 있습니다. 이 달은 그동안 나를 한 순간도 놓치지 않고 지켜보고 있었으므로 나를 잘 아는 달입니다. 과거의 순간들 중에서 부끄럽고 숨기고 싶고 부인하고 싶은 시간 속으로 달이 찾아갑니다. 어떤 순간, 무엇을 하고 있는 순간으로 달이 찾아가고 있습니까? … 구체적으로 어떤 시간, 장소, 어떤 장면인지 떠올려 보시기 바랍니다. … 그 장면 속에서 나는 무엇을 하고 있는지를 떠올려 봅니다. 달은 부끄럽고 숨기고 싶고 부인하고 싶은 내 과거의 순간으로 가서 말없이 내 모습을 비추고 있습니다. 과거의 나는 과거의 그 상황 속에서도 부드럽게 온몸을 적시는 달빛을 고스란히 받고 있습니다. 그런 달빛을 온몸 가득 받고 있는 나를 충분히 느껴 보시기 바랍니다. … 이제 달이 내게 뭔가를 말해 주고 있습니다. 그 말을 귀담아들어 봅니다. … 달이 내게 전해 주는 말을 내가 잘 듣고, 나도 달에게 뭔가를 말하고 있습니다. … 자연스럽게 달과 나는 대화를 나눕니다. 뭐라고 말하고 있는지 들어 보시기 바랍니다. … 자, 이제 대화를 마무리하고 있습니다. 셋을 세면 대화를 마무리하고 눈을 뜨면 됩니다. 하나, 둘, 셋.

눈을 뜨고, 떠올린 과거의 시간, 장소, 장면과 그 장면 속에서 달이 전해 주는 말과 내가 답변하는 말을 그대로 옮겨 적어 봅니다.

치료적 의미

해가 양적인 에너지라면, 달은 우주적인 여성적 에너지의 표상이다. 여기서 소개하고 있는 달은 부드러움과 너그러움을 상징하며, 부끄러운 상황을 감싸 안는, 위로와 위무를 통해 근원적인 힘을 자각할 수 있는 치료적 의미를 지니고 있다.

(8) 비

화면 가득 세차게 내리는 비가 그려진 그림을 제시한다.

심상 시치료

(명상에 이르게 한 후 진행한다.) 비가 내리고 있습니다. 온 사방을 적시고, 퍼부으며 흘러내리고 있습니다. 거침없이 내리는 비 한가운데 서 있는 나를 떠올려 보시기 바랍니다. … 나는 이 비를 고스란히 맞으며 어디론가 나가지도, 비를 피하지도 못하고 그저 비를 맞은 채 서 있습니다. 이렇게 비를 맞고

있는 나를 떠올려 보시기 바랍니다. … 어쩔 수 없이, 그저 비를 맞을 수밖에 없는 나에게 뭔가 말을 건넨다면 어떤 말을 해 주고 싶은가요? … 나에게 건네주는 말을 내가 잘 알아듣고, 그다음 비를 맞고 있는 내가 대답을 합니다. … 비를 맞고 있는 내게 한 말과 그 말에 대해서 내가 어떤 말로 대답을 하는지 떠올려 보시기 바랍니다. … 비를 맞고 서 있는 나는 걸음을 옮겨 골목 귀퉁이를 돌아갑니다. 사라지는 내 뒷모습을 그대로 지켜보시기 바랍니다. … 이제 나는 아주 크고 튼튼한 우산과 편리한 장화를 가지고 있습니다. 빗속을 당당하게 걸어 내가 가야 할 길을 걷고 있습니다. 안전하게 우산을 들고 장화를 신고 걸어가는 나를 떠올려 보시기 바랍니다. … 우산과 장화를 갖추고 걸어가고 있는 내가 골목 귀퉁이를 돌아가서 비를 맞은 채 서 있는 나에게 다가가 어떤 말을 건네고 있습니다. 나는 어떤 말을 하고 있습니까? 그 말에 대해 비를 맞고 있는 나는 어떤 답을 하고 있습니까? 자연스럽게 비를 맞고 있는 나와 안전하게 장비를 갖춘 나는 대화를 나누고 있습니다. 뭐라고 말하고 있는지 들어 보시기 바랍니다. … 자, 이제 대화를 마무리하고 있습니다. 셋을 세면 대화를 마무리하고 눈을 뜨면서, 안전한 장비를 갖추고 비를 맞고 있는 지금의 내 모습을 그대로 간직합니다. 하나, 둘, 셋.

눈을 뜨고, 처음 속수무책으로 비를 맞고 있는 내게 건넨 말과 내가 답한 말 그리고 우산과 장화를 갖추고 걸어가는 내가 비를 맞고 있는 나에게 하는 말과 그에 대한 답변을 차례대로 옮겨 적어 봅니다.

치료적 의미

비는 수직으로 내려와 땅에 꽂혀서 흘러가는 특성을 지니고 있다. 비를 맞는다는 행위는 외부의 강한 자극을 체험하는 것을 말한다. 세차게 내리는 비는 강한 스트레스를 의미하며, 무방비 상태로 비를 맞는다는 것은 내면에 그러한 스트레스를 이겨 낼 만한 안전한 심리적인 장치가 없음을 의미한다. 인도하는 내용은 이러한 무방비 상태로 가만히 서서 비를 맞는 것과 장비를 갖추고 빗속을 당당하게 걸어가는 것의 단계로 이어져 있다. 이러한 설정으로 스트레스를 받거나 과거의 아픈 경험을 드러낼 수 있으며, 동시에 고난을 극복하고 이겨 낼 수 있는 건강한 상태까지 암시하고 있다.

(9) 별

화면의 하단에 고요하고 잔잔한 바다와 그 한가운데 작은 배가 떠 있으며, 화면의 대부분을 차지하는 까만 밤하늘에는 찬란하게 송송 맺힌 별들이 떠 있는 그림을 제시한다.

♥ 심상 시치료

(명상에 이르게 한 후 진행한다.) 드넓은 바다가 있습니다. 잔잔하게 물결이 이는 고요한 밤바다에 한 척의 배가 있고, 그 배에 올라타고 있는 나를 떠올려 봅니다. … 나는 지금 배 위에 안전하게 누워서 밤하늘을 올려다봅니다. 하늘에 총총 맺힌 별들을 보고 있습니다. … 이 별들 중에서 단 하나의 별이 내 눈 속에 가득 들어오는 것을 느껴 보세요. 단 하나의 또렷한 별이 점점 내게 다가옵니다. 점점 더 별이 커집니다. 지금 내 가슴에 안겨 들어오고 있습

니다. … 별이 내 가슴에 안기는 순간, 별의 향기와 촉감을 느껴 보시기 바랍니다. 어떤 향기가 나나요? 어떤 촉감이 느껴지십니까? … 별이 내 이름을 가만가만히 세 번을 부르고 있습니다. 별이 부르는 음성에 귀 기울여 보시기 바랍니다. … 나는 별을 안고 뭐라고 대답하고 있습니다. 나는 뭐라고 말하고 있나요? … 자연스럽게 별과 나는 대화를 나눕니다. 뭐라고 말하고 있는지 들어 보시기 바랍니다. … 자, 이제 대화를 마무리하고 있습니다. 셋을 세면 대화를 마무리하고 눈을 뜨면 됩니다. 하나, 둘, 셋.

눈을 뜨고, 별의 향기와 촉감, 내 이름을 부를 때의 느낌 그리고 내가 별에게 하는 말을 그대로 옮겨 적어 봅니다.

치료적 의미

별은 꿈을 의미한다. 별빛은 꿈이 발하는 빛을 말한다. 별을 간직한다는 것은 꿈을 소망하고 실천하고자 하는 진취적인 의지를 말한다. 보다 직접적으로 오감을 동원하여 별을 느끼고, 별이 자신의 이름을 불러 줌으로써 삶에 대한 소명의식과 삶을 대하는 긍정적인 태도를 가지고자 한다.

(10) 배

푸른 물결이 일렁이고 있고, 오른쪽 한쪽 면에 산이 있는 배경으로, 산 쪽을 향해 가는 배 그림을 제시한다. 전반적으로 밝고 환한 분위기의 그림이다.

심상 시치료

(명상에 이르게 한 후 진행한다.) 드넓은 바다가 시원하게 펼쳐져 있습니다. 먼 곳에 푸르른 산이 보입니다. 바다를 항해하는 배가 있습니다. 산이 있는 쪽으로 배가 가고 있습니다. 배 위에 있는 자신을 떠올려 보시기 바랍니다. … 배 위에서 주위의 풍경을 바라보시기 바랍니다. 어떤 느낌이 드는지 충분히 느껴 보시기 바랍니다. … 나는 이렇게 배를 탄 채 아주 오랫동안 항해를 해

왔습니다. 지금 바다와 바람은 잔잔하고 평안하지만 거친 파도와 폭풍우 속을 헤맸던 적이 한두 번이 아니었습니다. 굉장한 폭풍우가 휘몰아쳐서 자칫하면 배가 가라앉아 죽을 고비를 넘겼던 적도 한두 번이 아니었습니다. 지금 나는 잔잔하고 부드러운 바다를 바라보고 있습니다. 항해를 하고 있는 나에게 가만히 다가가 말을 걸어 봅니다. 어떤 말을 해 주고 있나요? … 이제 이 말에 답변하는 나를 떠올려 보시기 바랍니다. 나는 어떻게 대답하고 있습니까? … 자연스럽게 항해하고 있는 나와 대화를 나눕니다. 뭐라고 말하고 있는지 들어 보시기 바랍니다. … 자, 이제 대화를 마무리하고 있습니다. 셋을 세면 대화를 마무리하고 눈을 뜨면 됩니다. 하나, 둘, 셋.

눈을 뜨고, 항해를 하고 있는 나에게 건네는 말과 그에 답변하는 말을 그대로 옮겨 적어 봅니다.

치료적 의미

배는 담고 흐르는 의미를 지니고 있다. 일반적으로 배가 항해하는 것은 인생의 행로를 의미한다. 그림에서 '산'이라는 항해의 종착지를 드러냄으로써 삶의 종결을 암시한다. 죽음의 의미를 제대로 받아들일 때 참다운 삶의 의미를 생성해 낼 수 있다. 현재의 시점에서 배의 항해는 순조롭지만, 고난과 역경의 상황을 헤쳐 나왔음을 암시하여 현재 내면의 힘을 발휘하도록 설정하고 있다.

(11) 구 름

맑고 푸르른 하늘에 구름이 뭉실뭉실 떠 있는 그림을 제시한다.

♥ 심상 시치료

(명상에 이르게 한 후 진행한다.) 푸르른 풀밭을 떠올려 보시기 바랍니다. 나는 풀밭 한가운데를 걷고 있습니다. 상큼한 풀 향기를 맡아 보시기 바랍니다. 풀밭의 싱그러운 기운을 느껴 보시기 바랍니다. 상쾌한 공기를 깊숙이 들이마셔 보시기 바랍니다. … 이제 풀밭 위에서 몸을 뱅그르르 돌려 보시기 바랍니다. 신 나게 춤을 추듯이 뱅그르르 돌리다가 그 자리에서 멈추고 풀밭 위로 몸을 눕혀 봅니다. 이제 누운 채 하늘을 올려다봅니다. … 아주 푸르고 맑은 하늘이 펼쳐져 있고, 솜처럼 부드럽고 폭신폭신한 구름이 떠 있습니다. 구름이 어디선가 흘러와서 어디론가 흘러가고 있습니다. 흰 구름을 가만

히 올려다보시기 바랍니다. … 구름이 흘러가면서 풀밭 위에 누워 있는 나를 내려다보고 말을 건넵니다. 구름이 들려주는 말에 귀를 기울여 보기 바랍니다. … 구름의 말에 내가 답을 하고 있습니다. 어떤 답을 하고 있습니까? … 자연스럽게 구름과 나는 대화를 나눕니다. 뭐라고 말하고 있는지 들어 보시기 바랍니다. … 자, 이제 대화를 마무리하고 있습니다. 셋을 세면 대화를 마무리하고 눈을 뜨면 됩니다. 하나, 둘, 셋.

눈을 뜨고, 구름의 말과 내가 한 말을 그대로 옮겨 적어 봅니다.

치료적 의미

구름은 흩어지고 흘러가는 상징적인 의미로 인생의 흐름을 표상한다. 불안하고 초조한 삶이 아니라 관조적이고 여유로운 삶의 의미를 지니면서 마음의 여유와 안락함을 함께 누리고자 하는 치료적 의미를 지니고 있다. 즉, 갈등과 문제의 상황을 객관화하고 관조하여 그 상황 속에서도 흡사 즐기듯 흘러가는 여유를 체험하여 내면의 힘을 고양시키는 치료적 의미를 지닌다.

2) 추상 그림

추상 그림의 경우, 제시한 그림을 보고 심상 시치료를 행하는 방법과 내담자가 추상적 그림을 직접 그리는 방법의 두 가지로 나눌 수 있다. 추상 그림이란 언뜻 보아서 형태와 의미를 명확히 파악할 수 없는 그림 형식을 말한다. 추상 그림을 운용하는 것은 심리 저변에 있는 무의식의 층을 자극해서 자유연상을 하도록 하여 무의식을 의식으로 끌어올리는 의미가 있다. 추상 그림 또한 여러 경우와 색조를 운용할 수 있으며, 색깔, 구성, 추상 기법에 따라 독특한 심상 시치료를 진행할 수 있다. 여기서 기술하는 세 가지 대표적인 예를 통해 색조에 따른 어두움, 밝음, 중간의 세 가지 경우에서 치료적 의미를 유추하고, 심상 시치료 기법을 동원하고자 한다.

(1) 제시한 그림을 보고 행하기

① 어둡고 탁한 그림

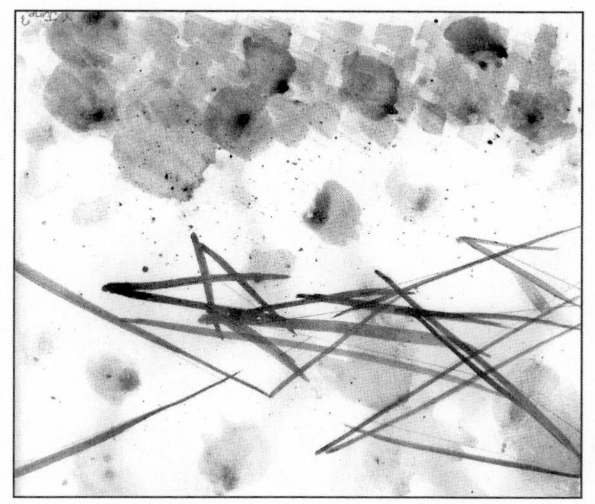

♥ 심상 시치료

그림 속의 한 부분에 초점을 맞춰 봅니다. 그 부분에 중점적으로 시선을 맞춰서 그림 안으로 파고들듯이 집중해서 응시합니다. (3분 정도 응시하도록 한 후, 심상 시치료를 위한 명상을 행한다.) 이제 그림 속에서 내가 응시한 곳으로 들어갑니다. 그림의 한 지점 속으로 빠져들어 갑니다. 서서히, 깊숙이, 점점 더 깊이 내가 응시한 곳으로 들어가고 있습니다. … 자, 이제 그림의 어느 한 곳에 도착했습니다. 이곳은 어떤 곳입니까? 코로 스며드는 향기를 느껴 보세요. 주변을 만져 보고 감촉을 느껴 보세요. 주위를 둘러보고 무엇이 보이는지 그대로 지켜보세요. 어떤 소리가 들려오는지 귀 기울여 보시기 바랍니다. 문득 혀끝에 맺히는 맛이 느껴집니다. 어떤 맛인지 그대로 느껴 보시기 바랍니다. … 지금 나는 어떤 분위기를 느끼고 있습니다. 어떤 분위기와 감정이 떠오릅니까? … 문득 누군가 나를 부르는 소리가 들려옵니다. 내 이름을 부르고 있습니다. 그 소리가 나는 데로 시선을 돌려 보시기 바랍니다. 내 이름을 부르는 자가 나를 향해 걸어오고 있습니다. 그는 내 앞에 다가와서 자상하고 친절하고 정감 있는 눈빛으로 나를 봅니다. 무척 따뜻하고 포근한 기운이 느껴집니다. 이제 그가 내게 뭐라고 말을 건넵니다. 뭐라고 말을 하는지 들어 보시기 바랍니다. … 그 말에 나는 답을 합니다. 내가 뭐라고 답을 하고 있습니까? … 자연스럽고 편안하게 그 사람과 나는 대화를 나누고 있습니다. 나누는 대화를 그대로 들어 보시기 바랍니다. … 이제 대화를 마무리하고 있습니다. 셋을 세면 대화를 마무리하고 눈을 뜨시기 바랍니다. 하나, 둘, 셋.

눈을 뜨고, 그림의 어느 한 곳을 응시했고, 어느 곳으로 도착했는지 가리켜 봅시다. 그곳에서 느껴지는 냄새와 촉감과 소리와 맛을 적어 봅니다. 나를 부르면서 그윽하게 쳐다본 그의 말과 그에 답한 내 말을 그대로 옮겨 적어 봅니다.

치료적 의미

어둡고 탁한 느낌의 그림은 두 가지 의미를 지닌다. 즉, 내면 깊숙이 잠재되어 있는 무의식의 깊은 곳으로 잠겨 들게 하거나, 현재 지니고 있는 문제와 갈등 상황을 직시하게 해 준다. 만약 내담자의 정서 상태가 우울한 경우, 그림과 동화된 채 내면의 심리를 끌어낼 수 있다. 즉, 외부로 표출하지 못하고 웅크린 채 존재하고 있는 마음의 실체까지 끌어내어 통찰할 수 있는 치료적 의미를 지닌다.

앞에서 기술한 심상 시치료 방법에 따른 치료적 접근으로 내면의 깊은 곳에 대한 오감적 체험과 더불어 내면에 존재하는 '생명의 힘'을 통찰하는 것이다. 특징적으로 우주의 음적인 기운에 골고루 스며들어 있는 양적인 기운을 파악함으로써 음양의 조화를 내면에 담아내는 기회를 갖고자 한다.

② 밝고 환한 그림

♥ 심상 시치료

그림 속의 한 부분에 초점을 맞춰 봅니다. 그 부분에 중점적으로 시선을 맞춰서 그림 안으로 파고들듯이 집중해서 응시합니다. (3분 정도 응시하도록 한 후, 심상 시치료를 위한 명상을 행한다.) 나는 지금 그림 한가운데 들어서 있습니다. 그림 속에서 그림을 느끼면서 서 있습니다. 이제 천천히 걸어 보겠습니다. 천천히 걸음을 옮겨 봅니다. 어떤 향기와 함께 혀끝에 감도는 맛이 느껴집니다. 어떤 향기가 납니까? 어떤 맛이 나나요? 주위를 손으로 만져 보시기 바랍니다. 어떤 감촉이 느껴집니까? 주위를 둘러보시기 바랍니다. 무엇이 보입니까? 점점 앞으로 걸어갑니다. 자연스럽게 걸음을 옮겨 봅니다. 폭신폭신한 잔디가 있는 곳에 도착해서 몸을 누입니다. 온몸을 편안하게 이완한 후 그 상태에서 눈을 감아 봅니다. 지금 누워 있는 땅, 대지가 내게 뭐라고 말을 하고 있습니다. 대지가 하는 말에 귀 기울여 봅니다. … 땅이 들려주는 말을 듣고, 나도 무언가를 대답하고 있습니다. 어떤 답을 하고 있습니까? … 자연스럽고 편안하게 땅과 나는 대화를 나누고 있습니다. 그 대화를 그대로 들어 보시기 바랍니다. … 이제 대화를 마무리하고 있습니다. 셋을 세면 대화를 마무리하고 눈을 뜨시기 바랍니다. 하나, 둘, 셋.

눈을 뜨고, 그림 한가운데 들어서서 느낀 향기와 맛, 감촉 그리고 땅이 들려주는 말과 내가 답하는 말을 그대로 옮겨 적어 봅니다.

치료적 의미

밝은 톤은 발산과 확산, 양적인 기운을 느끼게 한다. 보는 순간 화사하고 맑은 느낌이 들 수 있지만, 내담자가 암울하고 우울한 정서를 가지고 있다면 이 그림을 보는 순간 자신도 모르게 방어적인 태도를 취할 수 있다. 현재 지니고 있는 정서 상태와 명확하게 차이가 나는 톤의 그림이기 때문이다. 하지만 어두운 방 안의 두꺼운 천을 걷어 올리고 창문을 열어 환한 빛이 들어오게 하듯, 밝고 환한 그림은 내면의 창문을 열고 정서를 환기시키는 치료적 의미를 지닌다.

앞에서 기술한 심상 시치료의 치료적 접근으로 환하고 밝은 우주의 양적인 기운 안에 골고루 스며들어 있는 음적인 기운(대지)을 느껴 음양의 조화를 이루고자 한다.

③ 중간 색조의 그림

심상 시치료

그림 속의 한 부분에 초점을 맞춰 봅니다. 그 부분에 중점적으로 시선을 맞춰서 그림 안으로 파고들듯이 집중해서 응시합니다. (3분 정도 응시하도록

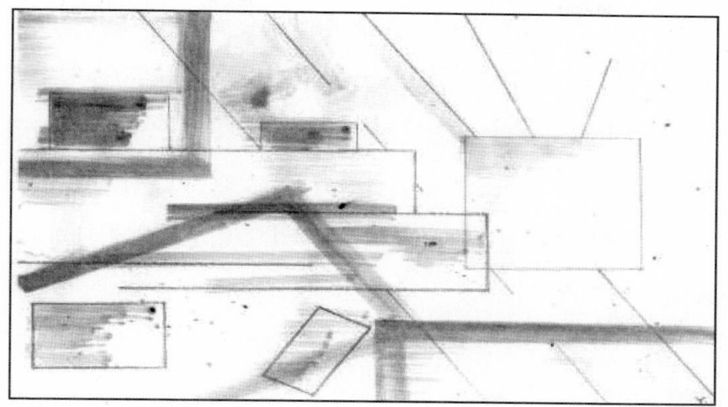

한 후, 심상 시치료를 위한 명상을 행한다.) 그림의 한가운데로 들어섭니다. 나는 지금 그림의 정중앙에 서 있습니다. 어떤 기분이 드는지 충분히 느껴 보시기 바랍니다. 이 느낌을 한 단어로 표현한다면 어떤 단어가 떠오르시나요? … 이제 그림의 왼쪽을 향해 걸어 봅니다. 천천히 걸어가면서 왼쪽 끝까지 걸어 보시기 바랍니다. 걸을 때마다 어떤 단어 하나가 떠오릅니다. 어떤 단어가 떠오르나요? … 왼쪽 끝까지 도달한 곳에서 멈춰서 이제까지 걸어온 길을 바라봅니다. 기분이 어떠신가요? 이제 천천히 오른쪽 끝까지 걸어가 봅니다. 천천히 부드럽게 걸음을 옮겨서 오른쪽 끝까지 가 보시기 바랍니다. 걸어가면서 어떤 단어가 떠오릅니다. 어떤 단어가 떠오르나요? … 오른쪽 끝까지 도착한 곳에서 멈춰 서서 이제까지 걸어온 길을 바라봅니다. 기분이 어떠신가요? … 이제 다시 그림의 한가운데로 걸음을 옮깁니다. 나는 다시 그림의 한가운데에 서 있습니다. 다시 서 있는 내게 어떤 목소리가 들려옵니다. 누구의 목소리인지 나는 알 수 있습니다. 그 목소리가 뭐라고 내게 말하고 있는지 들어 보시기 바랍니다. … 그 말에 대해 나는 뭐라고 답을 하고 있습니다. 나는 뭐라고 답하고 있습니까? 자연스럽고 편안하게 상대방과 나는 대화를 나누고 있습니다. 그 대화를 그대로 들어 보시기 바랍니다. … 이제 대화를 마무리하고 있습니다. 셋을 세면 대화를 마무리하고 눈을 뜨시기 바랍니다. 하나, 둘, 셋.

눈을 뜨고, 그림의 정중앙에 서서 느낀 단어와 왼쪽으로 걸어가면서 떠오른 단어와 왼쪽에 도착해서 느낀 감정, 그림의 오른쪽으로 걸어가면서 떠오른 단어와 오른쪽에 도착해서 느낀 감정 그리고 다시 그림 한가운데서 들린 목소리의 주인공이 누구인지, 어떤 말을 들었으며, 그 말에 대해 나는 뭐라고 답하고 있는지 대화 내용을 차례대로 적어 봅니다.

치료적 의미

중간 색조의 그림은 일반적으로 접근하기에 무난하다. 별 다른 저항 없이 바라볼 수 있으며, 비교적 강렬한 감정의 동요 없이 바라볼 수 있다. 내면의 깊은 곳을 자극하기에는 다소 톤이 약하며 강렬하지 않지만, 편안하고 자연스럽게 접근하여 내면을 부드럽게 어루만지는 치료 효과를 가져올 수 있다.

앞에서 기술한 심상 시치료는 왼쪽으로 대변되는 과거의 행로와 오른쪽으로 대변되는 미래의 행로를 함께 지닌 채 현재를 아우르며, 지금, 현재, 이 순간을 강화할 수 있도록 고안된 방법이다.

(2) 직접 그림을 그리며 행하기

내담자가 그림을 그리며 행하는 방법은 먼저 내담자가 눈을 감고 심상 시치료를 위한 명상에 돌입한 후, 심상 시치료사가 인도하는 대로 심상 시치료를 진행한다. 그다음 눈을 뜨고 현재의 느낌을 그대로 그림으로 표현하도록 한다.

심상 시치료 – 그림 그리기 1

(명상에 이르게 한 후 진행한다.) 끝없이 길고 긴 사막이 펼쳐져 있습니다. 끝없이 펼쳐진 광활한 사막입니다. 사막에서 나는 홀로 걷고 있습니다. 이제까지 먼 길을 걸어왔고, 앞으로 또 먼 길을 걸어가야 합니다. 태양이 뜨겁게

내리쬐고 있고, 태양빛을 피할 수 없습니다. 그저 터벅터벅 걸어갈 뿐입니다. 언제쯤, 어디까지 걸어가야 할지 알 수 없습니다. 다만 멈추지 않고 걸어갈 뿐입니다. 고단하고 입술이 타 들어가고, 힘들어서 쉬고 싶지만 그렇게 할 수 없습니다. 아무도 없이, 혼자서 이 고통스러운 길을 걸어가고 있습니다. 그런데 문득 내 손을 잡는 어떤 존재가 있습니다. 이 존재가 누구인지 느껴 보시기 바랍니다. … 이제 나는 혼자가 아닙니다. 그 존재와 끝없는 이 길을 함께 걸어가고 있습니다. 신기하게도, 갈증이 나고 입안이 타 들어가고 입술이 부르트고 고단했는데, 이 존재가 나와 함께 걸음을 같이하고 있는 순간부터 더 이상 피곤하지 않습니다. 힘들지만 헤쳐 나갈 수 있는 힘이 솟아오르는 것을 느낍니다. 끝없이 펼쳐진 사막의 길을 걷고 있는 지금, 이 존재를 함께 느껴 보시기 바랍니다.

눈을 뜨고, 존재에 대한 느낌을 그대로 그림으로 옮겨 보시기 바랍니다.

치료적 의미

삶의 고단한 행로 가운데서 내면의 깊은 곳에 존재하는 '자기'를 체험하고, 내면의 힘을 자각하며, 그 힘의 영향력을 받아들이도록 하는 치료적 의미를 지닌다.

심상 시치료 – 그림 그리기 2

(명상에 이르게 한 후 진행한다.) 지금 내 발밑에는 계단이 펼쳐져 있습니다. 계단은 내가 서 있는 곳부터 아래로 쭉 펼쳐져 있습니다. 나는 계단을 내려서기로 결심합니다. 이제 한 발자국을 내딛어 봅니다. 한 계단, 한 계단씩 천천히 아래로 아래로 내려갑니다. … 계단을 내려설 때마다 조금씩 조금씩 어두워지고 있습니다. 한 걸음씩, 한 계단씩 내려설 때마다 점점 어두워지는 분위기를 느껴 보시기 바랍니다…. 자, 이제 마지막 계단을 내딛습니다. 완벽하게 어두워졌습니다. 어둠밖에 아무것도 보이지 않습니다. 잠시 어둠 속에

머물러 보시기 바랍니다. … 어둠 한가운데 아주 조그만 불빛이 있는 것을 봅니다. 아주 작은 빛이 선명하게 빛을 발하고 있습니다. 그곳으로 다가가 봅니다. 환한 빛 속으로 다가갈수록 빛이 더욱 커지는 것을 느껴 보시기 바랍니다. … 이제 빛 가까이에 다가갔습니다. 크고 찬란한 빛 앞으로 가 있습니다. 빛은 크고 환하고 아름다운 빛을 뿜어내고 있습니다. 어떤 기분이 드나요? 충분히 느껴 보시기 바랍니다.

눈을 뜨고, 빛에 대한 느낌을 그대로 그림으로 옮겨 보시기 바랍니다.

치료적 의미

'계단'이라는 심리적 장치를 통해서 내면의 심층으로 들어갈 수 있도록 하였다. 심층 안에 핵심을 이루며 존재하고 있는 '내면의 빛(생명의 빛, 마음의 빛)'을 체험함으로써 관념적인 존재로서의 빛이 아니라 실질적이고 구체적으로 존재하는 빛을 인식함으로써 내면의 힘을 강화시키는 효과를 가져올 수 있다.

심상 시치료 – 그림 그리기 3

(명상에 이르게 한 후 진행한다.) 지금 나는 아주 길고 긴 터널을 걸어가고 있습니다. 터널은 아주 길고 길어서 끝이 보이지 않습니다. 걸어갈수록 어둠과 어둠뿐입니다. 앞이 보이지 않고 캄캄할 뿐입니다. 사방에 짙은 어둠이 펼쳐져 있습니다. 어둠 속을 한 걸음 한 걸음씩 헤쳐 나가고 있습니다. 걸음을 멈추지 않고 그대로 나아갑니다. … 어둠 속에서도 멈추지 않고 앞으로 나아가고 있습니다. 아주 길고 긴 터널입니다. 저 멀리에서 아주 조그마한 빛이 보이기 시작합니다. 그 빛은 조금씩, 아주 조금씩 커져 갑니다. 한 걸음 걸을 때마다 조금씩 빛의 윤곽이 뚜렷하게 보입니다. … 이제 빛은 동전만 한 크기로 커져 있습니다. 계속 멈추지 않고 걸어갑니다. 걸을 때마다 빛이 커지는 것을 느낍니다. 이제 빛은 내 얼굴만 한 크기로 비칩니다. … 계속 걸

어 나갑니다. 순식간에 빛은 내 온몸을 뒤덮을 만큼 커졌습니다. 빛을 온몸으로 받는다고 느끼는 순간, 나는 빛을 향해 성큼 걸어 나왔습니다. 이제 드디어 터널을 통과했습니다. 환하게 빛나는 빛을 온몸으로 느껴 보시기 바랍니다. 빛의 느낌을 그대로 간직해 보시기 바랍니다.

눈을 뜨고, 지금 이 느낌을 그대로 그림으로 옮겨 보시기 바랍니다.

치료적 의미

고난과 고통이 뒤따르는 삶의 행보에서 멈추지 않고 걸어 나감으로써 만나는 '빛'의 존재를 통해 내면의 힘을 받아들이고 온몸으로 체험하는 진귀한 경험을 느낄 수 있다. 이로써 그동안 살아온 삶에 대한 위로와 위무를 받는 동시에, 고난을 헤쳐 나온 까닭에 획득한 빛의 존재를 통해 긍정적인 자아상을 회복하는 데 그 의의가 있다.

2. 음 악

음악을 통한 심상 시치료는 우선 사전에 아무런 설명 없이 음악을 먼저 듣게 한다. 곡의 이해를 위한 객관적인 설명 없이 순수하게 음악을 듣고 선율의 흐름을 충분히 느끼도록 한다. 그러고 나서 느낌에 관한 소감을 간단하게 나눈다. 음악을 들을 때는 자연스럽게 눈을 감아도 좋고, 눈을 뜰 수도 있다. 감상은 그림이나 말이나 몸짓으로 나눌 수 있다. 그다음에는 음악의 배경에 대해 구체적인 설명을 한다. 작곡가 혹은 작사가의 이력과 음악이 탄생되기까지의 배경지식을 설명한다. 자세한 설명을 한 후, 다시 음악을 듣고 느끼도록 한다. 이때는 눈을 감고 음악에 빠져들 듯이 들을 수 있도록 분위기를 조성한다. 눈을 감는 이유는 음악을 좀 더 깊은 내면의 상태로 이끌기 위해서다. 설명과 이해를 한 후 곡에 대한 감상을 다시 나눈다. 이때는 언어(글이나 말)로 표현하도록 한다. 이렇게 하는 이유는 처음에는 순수하게 곡이 주는 특유의 느낌을 체험하면서 아우라를 경험하도록 하며, 두 번째로는 곡의 탄생과 배경지식을 습득한 이후 곡을 들으면서 이해와 감상이 함께 어우러져 총체적인 감상으로 온전하게 이끌기 위해서다.

곡에 대한 두 번째 감상을 마친 후, 적절하게 느낌과 상징적인 의미를 나눈다. 그 후 심상 시치료를 행한다. 눈을 감고 간단한 명상 상태에 이르게 한 후, 심상 시치료사의 인도에 따라 진행한다. 실제로 심상 시치료를 행할 때 '음악에 대한 배경 이야기' 부분을 활용하면 도움이 될 것이다. 곡의 성격에 따라 각 곡마다 중점적으로 부각되어야 할 부분이 다르다. 예를 들어, 〈솔베이지의 노래〉의 경우에는 극의 줄거리를, 〈모모〉에서는 음악의 밑바탕이 되는 소설 『모모』에 대해 충분히 나누어야 한다. 〈언제나 몇 번이라도〉에서는 애니메이션 〈센과 치히로의 행방불명〉의 줄거리와 맥락에서 나오는 심층적인 의미를 알아야 하고, 〈나는 당신이 춤추길 바라요〉와 〈렛 잇 비〉에서는 가사의 진정성과 메시지에 중점을 두고 진행해야 한다. 각 음악에서 중점적으로 부각해야 하는 측면에 따라 '음악에 대한 배경 이야기'의 비중을 달리하여 기술하고자 한다.

1) 솔베이지의 노래

음악에 대한 배경 이야기

에드바르드 하게루프 그리그(Edvard Hagerup Grieg, 1843. 6. 15~1907. 9. 4)는 노르웨이 출생의 작곡가 겸 피아니스트다. 음악 양식은 독일적 영향이 강했다. 나치 치하에서 독일식 음악과 함께 민족의식이 높아지던 조국의 상황과 보조를 맞춘 노르웨이인의 감정과 어법이 주를 이룬다. 독일식이나 쇼팽 양식과의 절충적인 방식을 사용하였으나 노르웨이 특유의 기법을 활용하고 승화하여 노르웨이 국민 악파를 확립하는 데 기여했다. 〈솔베이지의 노래(Solveig's Song)〉는 그리그의 모음곡 중 하나로, 1874년 그리그가 31세에 쓰기 시작하여 다음 해 여름에 완성하였다. 〈솔베이지의 노래〉는 페르귄트 모음곡 중에 삽입된 곡이다. 자신의 음악이 서정적이어서 극음악에는 적합하지 않다고 생각했던 그리그는 입센(Ibsen)의 환상시극 〈페르귄트(Peer Gynt)〉를 작곡할 자신이 없었다. 하지만 입센의 위촉을 받아 무대 음악으로 이 곡을 작곡하기 시작하였으며, 이 작품은 그리그의 명작이 되었다. 각 막마다 들어 있는 5개의 전주곡을 포함해서 행진곡, 춤곡, 독창곡, 합창곡 등 전부 23곡으로 구성되어 있다. 나중에 그리그는 이 극음악 중에서 가장 마음에 드는 곡을 4곡씩 선정하여 제1모음곡, 제2모음곡으로 정리하였는데, 〈솔베이지의 노래〉는 제2모음곡의 마지막 곡인 제4곡으로서 가장 유명한 곡이다.

1. 그 겨울이 지나 또 봄은 가고 또 봄은 가고
   그 여름날이 가면 더 세월이 간다 세월이 간다
   아 그러나 그대는 내 님일세 내 님일세
   내 정성을 다하여 늘 고대하노라 늘 고대하노라

2. 그 풍성한 복을 참 많이 받고 참 많이 받고
   오 우리 하느님 늘 보호하소서 늘 보호하소서
   쓸쓸하게 홀로 늘 고대함 그 몇 해인가
   아! 나는 그리워-라 널 찾아가노라 널 찾아가노라

이 멜로디는 이 극에서 세 번 나온다. 그중에서 오케스트라로 연주되는 것은 제3막에서뿐이고, 제4막, 제5막에서는 소프라노의 독창이 나온다.

〈페르귄트〉 극의 줄거리

대단한 부자의 아들로 태어나 고생을 모르고 자란 한 남자가 있었다. 그는 몽상가이자 타고난 방랑자였다. 그의 아버지는 무절제한 생활로 재산을 거의 다 탕진한 채 세상을 떠났으며, 아버지가 돌아가신 후에도 그는 여전히 방탕한 생활을 계속했다. 그를 기다려 온 솔베이지가 있었지만, 어느 날 마을의 결혼식에서 남의 신부를 약탈하여 산속으로 도망치고 만다. 동굴 속에서 살던 남자는 납치한 신부를 버리고, 산속을 헤매다가 마왕의 딸을 만나게 된다. 돈과 권력을 위해 마왕의 딸과 결혼을 했으나 곧 모든 것에 실의를 느끼게 된다. 이후 페르귄트는 방황을 끝내고 돌아온다.

산속의 오두막집에서 그를 기다리고 있던 솔베이지와 함께 살아가던 남자는 사랑하는 어머니 오제의 죽음과 함께 다시 방랑의 길을 떠난다. 바다에서 큰돈을 번 그는 모로코에서 사기꾼을 만나 그 돈을 다 허비하고 만다. 그러나 예언자 행세를 하면서 다시 부자가 된다. 아라비아로 간 남자는 추장의 딸인 아니트라에게 빠져 그만 가진 돈을 다 탕진한다. 다시 빈털터리가 된 어느 날 꿈속에서 솔베이지가 물레질을 하면서 부르는 노래를 듣게 된다. 미국의 광산에서 다시 큰돈을 벌어들인 그는 돌아오는 뱃길에서 큰 풍랑을 맞아 무일푼이 되어 고향으로 돌아온다. 어느덧 백발이 성성한 채 오두막을 지키고 있던 솔베이지의 무릎을 베고 "그대의 사랑만이 나를 구원하였노라." 라고 읊조린다. 한평생을 떠돌아다녔던 회한이 많은 남자 페르귄트는 솔베이지가 부르는 노래를 들으며 영원히 눈을 감는다.

심상 시치료

(명상에 이르게 한 후 진행한다.) 나는 페르귄트입니다. 아주 어린 시절부터 자유로운 바람이 되어 곳곳을 돌아다녔습니다. 누구의 간섭도 받는 것이 싫어서 누가 나에게 이렇게 저렇게 해야 한다고 말하면 일부러 그것을 어기고 비웃곤 했습니다. 구속하고 억압하는 환경을 만나면 견디지 못하고 자주 도

망치곤 했습니다. 나는 자유롭게 세상을 떠돌아다니고 신 나게 모험을 했습니다. 목숨이 위험한 적도 있었고, 가진 것을 몽땅 다 잃은 적도 있습니다. 하지만 흥미롭고 신기한 일을 좇아서 살아왔고, 내가 선택한 일에 후회는 하지 않습니다. 이제 어느덧 나는 주름이 깊게 팬 나이가 되었습니다. 등은 굽어서 잘 펴지지 않습니다. 지금 거울 앞에서 얼굴을 보면서, 자잘한 주름이 덮인 손으로 역시 주름 가득 잡힌 얼굴을 쓰다듬고 있습니다. … 문득 어디선가 애절한 노랫소리가 들려옵니다. 낯익지만 너무나 낯선 이름 하나를 발음해 봅니다. 솔베이지… 솔베이지… 나는 몇 날 며칠을 여행해서 솔베이지가 있는 오두막집으로 돌아옵니다. 집을 떠난 지 어느덧 30년이 넘게 흘렀습니다. … 누추하고 더럽고 냄새나는 모습으로 돌아온 나를 보고 솔베이지는 아무 말 없이 안아 줍니다. … 솔베이지는 나이가 들고, 나처럼 등이 굽었지만, 눈빛은 변함없이 반짝거립니다. 부드럽고 포근한 눈빛입니다. 솔베이지의 무릎에 내 머리를 누입니다. … 마치 보드라운 흙을 베고 있는 느낌입니다. … 이제 오랫동안 아프고 고단했던 내 방황이 끝났습니다. … 나는 조용히 눈을 감습니다. … 솔베이지는 길고 긴 노래를 불러 주고 있습니다. … 나는 지금 솔베이지에게 그동안 미처 하지 못했던 말을 남겨 두고 있습니다. 이제야 그 말들이 생각납니다. 숱한 방황을 하고 숱하게 많이 그녀 곁을 떠나곤 했지만, 단 한 번도 나를 저버리지 않고 줄곧 한결같은 마음으로 나를 기다려 준 솔베이지에게 하고 싶은 말을 지금에야 겨우 해 봅니다. … 내 말에 솔베이지는 차분하고 따뜻한 음성으로 답하고 있습니다. 솔베이지는 뭐라고 말하고 있습니까? … 자연스럽고 편안하게 솔베이지와 나는 이야기를 나누고 있습니다. 어떤 말을 나누고 있는지 들어 보시기 바랍니다. … 나는 솔베이지의 음성을 들으며 조용히 눈을 감습니다. … 자, 이제 셋을 세면 눈을 뜨고, 페르귄트에서 현재의 나로 온전하게 돌아오면서 눈을 뜹니다. 하나, 둘, 셋.

눈을 뜨고, 솔베이지에게 들려준 말과 그 말을 듣고 답하는 솔베이지의 말, 함께 나눈 대화들을 고스란히 그대로 옮겨 적어 봅니다.

치료적 의미

솔베이지로 대변되는 근원적인 힘인 내면의 빛(생명의 빛, 마음의 빛)은 늘 변함없이 내재되어 있다. 일상생활 속에서 사회적 가면을 쓰면서 체면과 인사치레로 살아오는 숱한 삶 가운데서도 변함없이 가장 중심에 서서 내면을 지켜 주고 있는 존재가 바로 '내면의 빛'이다. 본 심상 시치료에서는 그리그 음악의 〈솔베이지의 노래〉를 통해 근원의 힘을 깨닫고 그것을 통찰하는 데 치료적 의미가 있다.

2) 모 모

음악에 대한 배경 이야기

모모는 철부지. 모모는 무지개. 모모는 생을 쫓아가는 시곗바늘이다.
모모는 방랑자. 모모는 외로운 그림자.
너무 기뻐서 박수를 치듯이 날갯짓하며,
날아가는 니스의 새들을 꿈꾸는 모모는 환상가.
그런데 왜 모모 앞에 있는 생은 행복한가.
인간은 사랑 없이 살 수 없다는 것을 모모는 잘 알고 있기 때문이다.

모모는 철부지. 모모는 무지개. 모모는 생을 쫓아가는 시곗바늘이다.
모모는 방랑자. 모모는 외로운 그림자.
너무 기뻐서 박수를 치듯이 날갯짓하며,
날아가는 니스의 새들을 꿈꾸는 모모는 환상가.

그런데 왜 모모 앞에 있는 생은 행복한가.

인간은 사랑 없이 살 수 없다는 것을 모모는 잘 알고 있기 때문이다.

- 모모(Momo)의 이름이 등장하는 것은 에밀 아자르(Emile Ajar)의 소설 『자기 앞의 생(La Vie Devant Soi)』과 미하엘 엔데(Michael Ende)의 소설 『모모(Momo)』다. 두 작품은 '모모 선풍'을 일으켰다.
- 1978년, 가수 김만준이 부른 〈모모〉는 에밀 아자르(로맹 가리)의 『자기 앞의 생』에서 따온 것이다. 이를 소재로 연극이 공연되었고, 김만준의 〈모모〉로부터 〈모모는 철부지〉라는 제목의 영화도 제작되었다.
- 심상 시치료에서 〈모모〉 노래의 출처로 에밀 아자르의 『자기 앞의 생』의 '모모'뿐만 아니라 미하엘 엔데의 『모모』를 함께 소개하며, 경우에 따라 이들 소설을 읽어 보기를 권유하고, 소설에 대한 느낌을 나눌 수 있다.

소설 속 모모

■ 로맹 가리 작(『자기 앞의 생』)

✻ 줄거리

꼬마 모모(모하메드)는 낡은 건물 7층에서 로자 아줌마와 함께 산다. 로자 아줌마는 돈을 받고 아이들을 돌본다. 그리고 모모 또한 오랫동안 돌봐 왔다. 아이들의 대부분은 창녀의 아이들이며, 그렇게 살다가 적당한 곳으로 입양되기도 했다. 모모는 아래층의 드리스 씨네 카페에서 양탄자 행상을 했던 하밀 할아버지에게 글을 배우며, 니스의 이야기를 듣는 것을 좋아한다. 하밀 할아버지는 좋은 기억력을 주신 하느님께 감사하느라고 매일 웃고 있다고 말하곤 했다. 그런 하밀 할아버지에게 모모는 사람은 사랑 없이 살 수 있느냐고 물어본다. 거듭되는 물음에 할아버지는 그렇다며 대답하고는 고개를 숙이고, 모모는 순간 울음이 터져 나왔다. 어느 날, 모모의 아버지가 찾아온다. 모모의 아버지는 11년 동안 정신병원에 있었다. 모모의 어머니 이름은 아이샤인데, 아버지에 의해 살해당했으며, 모모는 자신이 열 살이 아닌 열네 살이라는 사실을 알게 된다. 방문을 마치고 돌아서던 모모의 아버지는 그 자리에서 심장마비를 일으켜 죽는다. 한편 로자 아줌마는 옷에다 실례를 하기도 하고, 때로는 옛날처럼 진하게 화장을 하고 손님을 끄는 시늉을 하기도 한다. 그러다가 초점을 잃은 눈으로 식물인간처럼 멍하게 보내는 시간이 점점 많아진다. 정신이 들 때는 모모에게 제발 병원으로는 보내지 말라며 부탁을 한다. 모모는 로자 아줌마를 따라가 본 적이 있던 지하실로 아줌마를 데리고 간다. 그곳은 로자 아줌마가 오래전 고통을 겪었던 유태인 수용소를 떠올리며 두 번 다시 그런 일을 겪지 않기 위해 마련해 둔 피난처였다. 로자 아줌마는 아주 늙고 못생겼지만, 모모는 그런 아줌마가 아름답다고 느낀다. 그곳에서 로자 아줌마는 숨을 거둔다.

모모는 이제는 앞을 전혀 보지 못하는 하밀 할아버지를 찾아간다. 언젠가 사람은 사랑 없이 살 수 있다는 말에 고개를 끄덕이던 할아버지의 말을 모모는 뒤바꾼다. 사람은 사랑 없이 살 수 없다고 할아버지가 그랬다는 말을 하자, 할아버지의 얼굴이 속에서부터 환하게 밝아졌다. 이웃 사람들에게 발견되기 전까지 모모는 죽은 로자 아줌마 곁에서 지내면서, 가진 돈을 몽땅 털어 향수를 사서 아줌마에게 뿌려 주고 화장품을 발라 준다. 이후 모모는 자신을 돌봐 줄 나딘 아줌마의 시골 별장에 가게 된다. 로자 아줌마를 사랑했고, 또 그녀가 보고 싶다는 말과 함께 모모는 사람은 사랑할 사람이 없이는 살 수 없다고 말한다. 모모가 남기는 마지막 말은 "사랑해야 한다."다.

✽ 작가

로맹 가리(Romain Gary)는 소설가로, 본명은 로맹 카시유(Roman Kacew)다. 1914년 러시아 모스크바에서 태어나 1980년 프랑스 파리에서 생을 마감하였다. 첫 작품 『유럽의 교육(Education Europe'enne)』(1945)으로 일약 유명해졌다. 제2차 세계대전의 끔찍함을 생생하게 그렸지만, 그의 작품에는 인간주의와 낙관주의가 흐른다. 그의 소설에는 비극과 유머, 냉소주의와 믿음이 섞여 있다. 소설 『자기 앞의 생』은 로맹 가리가 1975년 에밀 아자르란 이름으로 발표해서 그해 콩쿠르 상을 수상한 작품이다.

■ 미하엘 엔데 작(『모모』)

✻ 줄거리

폐허가 된 원형극장에서 한 여자아이가 살고 있다. 누더기에 곱슬머리, 아주 크고 검은 눈을 가진 꼬마인데, 실제 나이는 숫자 관념이 없어서 소녀 자신도 잘 몰랐다. 친절한 마을 사람들이 원형극장을 고쳐 아늑한 방을 만들어 주고 옷과 빵 등을 가져다준다. 그러나 실제 도움을 받는 것은 마을 사람들이었다. 모모만 만나면 유쾌해지고 지혜로워졌다. 사실 모모가 할 수 있는 것은 하나도 없었지만, 모모는 누구에게나 귀 기울일 줄 알았다. 그래서 모모는 마을 사람들에게 중요한 존재가 되어 갔고, 문제가 생긴 사람들을 보면 "아무튼 모모한테 가 보게."라고 말하곤 하였다. 싸움이 생겼을 때도 모모가 그 사연을 귀 기울여 들어 주면 그들은 다시 친해지곤 했다. 그러던 모모에게 단짝 친구가 생겼다. 도로 청소부 배포의 느려 터진 말과 행동을 기다려 주는 이는 모모밖에 없었다. 그리고 입만 열면 거짓말에 화려한 말재주를 지닌 여행 안내원이라 불리는 지지도 친구였다.

그런데 언젠가부터 회색 일당이 가끔씩 눈에 띄었다. 회색 일당은 멋진 회색 승용차를 타고 수첩에 뭔가를 적기도 했다. 시간을 회색 일당들에게 빼앗긴 마을 사람들이 바빠지고, 원형극장에는 지지와 배포를 제외하고는 어린이들만 놀러 오게 된다. 그들은 모두 시간을 도둑맞고 있다는 사실을 폭로하려고 하지만, 마을 사람들은 그 누구도 오지 않는다. 그리고 지지와 배포에게도 회색 일당이 접근해 온다. 지지는 쉽게 회색 일당에게 넘어갔고, 배포는 넘어가지 않았지만 외롭게도 혼자만의 세계에 갇혀 버린다. 모모의 친구였던 어린이들을 설득할 수 없었던 회색 일당들은 아이들을 모두 탁아소에서 맡도록 해서 재미있는 놀이로 어린이들의 꿈을 빼앗고 그들의 목적을 달성한다.

모모는 마침내 혼자 남겨진다. 그럴 즈음 호라 박사가 보낸 전령사 '카시오페이아'라는 이름의 거북이가 모모를 찾아온다. 모모는 카시오페이아를 따라 초시공간의 집으로 간다. 거기서 호라 박사를 만난다. 모모는 호라 박사의 말대로 시간의 꽃을 들고 회색 일당을 찾아간다. 그러는 동안 호라 박사는 시간을 멈추고, 회색 일당들은 계속 시간을 소비한다. 마지막 남은 회색 사나이도 시간의 꽃을 얻기 위해 허둥대다가 에너지원인 시가를 놓쳐서 결국 모두 사라진다. 사람들은 원래의 모습으로 돌아오고, 마을은 다시 즐겁고 유쾌해진다.

✲ 작가

미하엘 엔데(Michael Ende)는 1929년 독일 남부 가르미슈 파르텐키르헨에서 태어났다. 독일의 아동문학사로, 뮌헨에 있는 연극학교를 졸업하고 배우로 활약했다. 제2차 세계대전 때 발도르프 스쿨에서 공부하다가 나치의 눈을 피해 도망했다. 전후에 연극배우, 연극 평론가, 연극 기획자로 활동했으며, 1973년에 소설 『모모』를 발표했다.

모모의 의미

'모모'는 다음의 다섯 가지 의미를 지니고 있다.

- 某某(아무개 모): 아무개와 아무개, 이 세상 누구나
- 慕慕(그리워할 모): 각각의 마음속에 존재하는, 사모하고 그리워하는 빛

- 募募(모을 모): 그 빛을 발견하고 모아서
- 貌貌(얼굴 모, 행동에 대한 공경 모): 인격과 인성이 소중하고 빛난다는 사실을 깨닫고
- 母母(어미 모): 그리하여 우주의 근원인 어머니, 마음의 고향을 찾는다.

심상 시치료의 순서

노래 〈모모〉를 듣기 전에 모모라는 이름의 출처(로맹 가리, 미하엘 엔데의 소설)를 설명하고, 모모라는 이름의 의미까지 충분히 나눈다. 노래 〈모모〉를 감상하며, 함께 불러 보면서 모모 속에 이입될 수 있는 분위기를 마련한다. 간단한 명상을 하고, 눈을 감게 한 후 본격적으로 심상 시치료를 진행한다.

심상 시치료

(명상에 이르게 한 후 진행한다.) 나는 이 세상 누구나 각자의 마음속에 존재하는, 사모하고 그리워하는 빛이 있음을 알고 있습니다. 그 빛을 발견하고 빛을 모아서 밝히기를 원합니다. 그리고 각자의 인격과 인성이 소중하고 빛난다는 사실을 깨닫습니다. 그리하여 우주의 근원인 어머니, 마음의 고향을 찾는 마음을 지니고 있습니다. 나는 그런 의미의 모모를 마음 깊이 지니고 있습니다. 내 안의 모모가 환하게 빛나는 것을 느껴 보시기 바랍니다. 정수리부터 번져 가고 있습니다. 머리와 목, 가슴과 어깨가 빛납니다. 양팔과 손가락, 배와 다리가 환하게 빛납니다. 발가락 끝까지 빛이 번져 갑니다. 혈관을 타고 장기 속까지, 세포 속속들이 빛으로 환한 나를 느껴 보시기 바랍니다. 나는 머리부터 발끝까지, 온몸 속까지 빛나고 환합니다. 눈부시게 환히 빛나는 나를 충분히 느껴 보시기 바랍니다. … 발아래에 계단이 펼쳐져 있습니다. 계단을 다 내려가면 하얀 문이 있습니다. 그 문을 밀고 나가면 어린 시절의 울고 있는 나를 만날 수 있습니다. 자, 이제 계단을 내려가기 시작합니다. … 계단 아래에 도착했습니다. 하얀 문이 있습니다. 이 문을 밀어 보세

요. … 문을 밀고 더 걸어서 앞으로 나갑니다. 울고 있는 어린 내가 있습니다. 주저앉아 울고 있는 어린 내가 있습니다. 나는 둥그런 어깨를 들썩이며 흐느껴 울고 있습니다. 그런 나에게 가까이 다가갑니다. … 아이의 어깨를 감싸 줍니다. 현재의 나는 눈부시게 환히 빛나고 있습니다. 어린 내가 왜 울고 있는지, 지금의 나는 잘 알고 있습니다. 울고 있는 어린 나를 가만히 안아 줍니다. … 어린 나를 번쩍 들어서 포근한 이부자리에 누입니다. 어린 나에게 말을 건넵니다. … 내 말을 들으며, 어린 나는 울음을 조금씩 그치기 시작합니다. 자연스럽고 편안하게 어린 나와 지금의 나는 대화를 나누고 있습니다. 어떤 말을 하고 있는지 그대로 들어 보시기 바랍니다. … 이제 어린 나를 편안하게 눕히고 토닥여 줍니다. … 이제 어린 나는 울음을 그치고 눈을 감고 잠들기 시작합니다. 쌔근쌔근 잠들기 시작합니다. 이불을 잘 덮어 주고, 눈부시게 환히 빛나는 지금의 나는 어린 나에게서 물러납니다. 하얀 문을 열고 계단 위로 올라옵니다. … 이제 셋을 세면 눈부신 빛으로 환한 모습 그대로 지금 앉아 있는 현재의 나로 돌아옵니다. 셋을 세면 눈을 뜨면 됩니다. 하나, 둘, 셋.

눈을 뜨고, 어린 시절의 울고 있는 나를 만난 정황을 구체적으로 적어 봅니다. 그리고 어린 나를 만난 느낌과 울고 있는 어린 내게 했던 말, 나누었던 대화를 그대로 옮겨 적어 봅니다.

치료적 의미

내면의 빛, 생명의 빛, 마음의 빛으로 대변되는 〈모모〉를 실체적인 감각으로 느낄 수 있다. 이러한 모모를 간직한 상태에서 상처 입은 어린 시절의 나에게 다가간다. 과거의 상처받은 나를 감싸 안음으로써 위로하고 위무하며, 어린 시절의 상처를 치유하는 시간을 가진다.

3) 언제나 몇 번이라도(いつでも何度でも, Always with me)

음악에 대한 배경 이야기

■ 작곡가

히사이시 조(久石讓)는 일본의 음악가로, 본명은 후지사와 마모루(藤澤守)다. 히사이시 조는 1950년에 일본 나가노현에서 태어났다. 그는 쿠니타치 음악대학교의 학생일 때부터 모던 음악 작곡가로 명성을 쌓기 시작했다. 〈천공의 성 라퓨타〉 〈마녀 배달부 키키〉 〈붉은 돼지〉 〈원령공주〉 〈하울의 움직이는 성〉 등을 작곡하였다. 1998년 나가노 동계 패럴림픽을 위한 테마송을 작곡하고 총책임자 역할도 수행했다. '히사이시 조'라는 이름은 퀸시 존스(Quincy Jones, 미국의 유명한 팝음악가)의 이름을 스스로 개명해서 만들었다고 한다. Quincy의 일본 발음 'Kuishi'가 'Hisaishi'로, 'Joe'는 'Jones'가 된 것이다. 우리나라에서는 영화 〈웰컴 투 동막골〉과 〈태왕사신기〉 OST를 작곡하였다.

■ 〈센과 치히로의 행방불명〉 OST

〈센과 치히로의 행방불명〉은 2001년에 개봉한 미야자키 하야오(宮崎駿) 감독의 애니메이션이다.

■ **노래:** 언제나 몇 번이라도(いつでも何度でも, Always with me)

呼んでいる 胸のどこか 奥で

부르고 있어 가슴의 어딘가 안쪽에서

いつも 心踊る 夢を 見たい

언제나 마음이 춤추는 꿈을 꾸고 싶어

かなしみは 數えきれないけれど
슬픔은 다 셀 수 없지만
その向こうで きっと あなたに 會える
저편에서 반드시 당신을 만날 수 있을 거예요

繰り返す あやまちの そのたび ひとは
반복하는 실수… 그때마다 사람은
ただ 青い 空の青さを 知る
다만 푸른 하늘의 푸르름을 깨닫죠
果てしなく 道は 續いて 見えるけれど
끝없이 길은 계속되어 보이지만
この兩手は 光を 抱(いだ)ける
이 양손은 빛을 간직할 수 있어
(중략)
閉じていく 思い出のそのなかに いつも
닫혀 가는 추억… 그 안에 언제나
忘れたくない ささやきを 聞く
잊고 싶지 않은 속삭임을 듣네
こなごなに 碎かれた 鏡の上にも
조각조각 깨진 거울 위에도
新しい 景色が 映される
새로운 풍경이 비치네

はじまりのあさの靜かな 窓
시작의 아침 조용한 창문
ゼロになる からだ 充たされてゆけ

제로가 되는 몸 채워져 가…
海の彼方には もう 探さない
바다 저편에는 이제 찾지 않을 거야
輝くものは いつも ここに
빛나는 것은 언제나 여기에
わたしのなかに 見つけられたから
내 안에서 찾아낼 수 있었기에

영화 〈센과 치히로의 행방불명〉 줄거리

치히로의 가족은 이사를 하고 있는 도중에 낯설고 기괴하지만 이상하게 끌리는 장소 안으로 들어서게 된다. 터널을 통과하고 드넓은 들판을 가로질러 즐비한 음식 가게 안에서 풍기는 음식 냄새를 맡게 된다. 구미가 당기는 음식을 마구잡이로 먹는 동안 부모님은 거대한 돼지로 변한다. 겁에 질려 당황하는 치히로에게 낯선 소년 하쿠가 나타나 빨리 이곳을 나가라고 소리친다. 부모님과 같이 나가야 한다는 생각에 결국 나갈 기회를 잃은 치히로는 마을에 머물게 된다. 일하지 않으면 살 수 없는 마을이어서, 치히로는 하쿠의 소개로 온천장의 종업원으로 일하게 된다. 온천장의 주인인 마녀 유바바는 치히로의 인간 이름을 빼앗고 '센'이라는 이름을 준다. 마을 밖은 바다로 변해 버려서 건널 수가 없고, 부모님을 구할 방법도 알 수가 없다. 센은 온천장에서 일을 하며 그곳을 탈출할 수 있는 방법을 찾아보기로 한다.

온천장은 신들의 휴식처다. 밤이 되면 800여 신이 하나둘씩 온천장에 찾아들고 갖가지 모습의 일꾼들이 시중을 든다. 센이 된 치히로는 특히 보일러실을 총괄하는 가마 할아범과 린 그리고 유바바의 오른팔인 하쿠의 보살핌을 받으며 그곳 생활에 적응하기 시작한다. 그러는 와중에 모두가 따돌리는 가오나시는 치히로에게 관심을 보인다. 센의 온천장에서의 생활은 평탄하지 않았다. 십 리 밖에서도 악취를 풍기는, 부패의 신으로 오인할 수밖에 없는 강의 신이 찾아오는가 하면, 조용히 지내던 가오나시가 금을 만들기 시작하면서 종업원들을 현혹시킨다. 하지만 센은 그때마다 슬기롭게 극복하며 욕망에 휘둘리지 않는다.

어느 날 센은 하늘을 나는 흰 용이 큰 상처를 입고 유바바의 방으로 들어가는 것을 보고 그를 쫓아간다. 그녀는 용의 정체가 변신한 하쿠이며, 유바바의 명을 받은 그가 유바바의 쌍둥이 자매인 제니바의 도장을 훔쳐오다 치명적인 상처를 입었다는 사실을 알게 된다. 강의 신으로부터 받은 환약으로 하쿠를 위기에서 구하고 가오나시를 진정시킨 센은 하쿠를 살려 내고 부모님을 인간으로 되돌리는 방법을 찾기 위해 제니바가 살고 있는 곳으로 향한다. 센과 함께 편도 열차를 타고 길을 떠난 이들은 제니바의 마법에 걸려 뚱보 쥐(보우네즈미)로 변한 유바바의 어린 아들 보우와 작고 볼품없는 하에도리로 변한 유바바의 새 유버드 그리고 가오나시다. 그동안 의식을 찾은 하쿠는 유바바로부터 아들 보우를 찾아오면 센과 부모를 보내 주겠다는 약속을 받고 센을 데리러 제니바의 집으로 온다. 하쿠와 함께 돌아오던 도중 센은 하쿠가 자신이 어린 시절 물에 빠졌을 때 목숨을 구해 준 물의 신이라는 것을 알게 되고, 하쿠 역시 그동안 잊고 있었던 본명(니기하야미 코하쿠누시)을 기억해 낸다. 여러 마리의 돼지들 중 부모를 가려내라는 유바바의 시험을 통과한 센은 부모님과 함께 무사히 자신의 일상으로 돌아온다.

〈센과 치히로의 행방불명〉의 등장인물 이름에 따른 의미와 분석

먼저 마녀 유바바(湯婆婆, 끓일 탕/할미 파/할미 파)는 말하자면 온천탕을 상징하는 이름이다. 유바바의 쌍둥이 언니인 제니바(錢婆, 돈 전/할미 파)의 이름에서 돈이 상징하는 거래의 뜻을 발견할 수 있다. 제니바는 하쿠가 훔쳐간 수호 도장을 찾기 위해 하쿠를 따라 등장한다. 한편 제니바가 사는 곳으로 가기 위해서 가마 할아범이 알려 준 노마노소코(沼の底, 늪 소/바닥 저) 역은 늪의 바닥을 뜻한다. 치히로가 신발 한 짝을 바다에 빠뜨리면서 어렸을

때 기억을 떠올려 코하쿠라는 이름을 말하자, 불현듯 하쿠는 마치 기억상실증에 걸렸다가 갑자기 기억을 되찾는 기적이라도 일어난 것처럼 자신의 원래 이름을 말한다. '니기하야미 코하쿠누시(饒速日命 琥珀主, 넉넉할 요/빠를 속/해 일/목숨 명/호박 호/호박 박/주인 주)'에서 호박이라는 보물의 뜻이 담겨 있음을 알 수 있다.

한편 치히로가 어렸을 때 빠졌던 '코하쿠강(琥珀川, 호박 호/호박 박/내 천)' 역시 호박이라는 보물이 포함된 강의 이름이다. 그뿐 아니라 하쿠(珀, 호박 박)라는 이름에서도 역시 '호박'이라는 보물이 들어 있다. 이 이름 속에서 영화를 관통하는 큰 주제를 발견할 수 있다.

새로운 세계, 인간 세계가 아닌 곳에서 하쿠는 치히로의 이름을 알고 있는 유일한 인물이자 치히로를 도와주는 인물이다. 치히로를 처음으로 만난 하쿠는 작은 뒷문을 열고 계단을 내려가서 가마 할아범을 만나라고 일러 준다. 겨우겨우 쪽문을 열고 무서움에 떨며 내려가던 치히로는 내딛던 계단이 삐걱거리다가 부서지는 순간, 너무나 놀란 나머지 황급하게 달려 내려간다. 계단 아래로 내려간다는 것은 무의식 깊은 곳으로 들어간다는 것을 상징한다. 무의식 속에서 생명의 원천, 광활한 에너지를 만날 수 있다. 뜨거운 가마는 끊임없이 불꽃을 지피며 활활 태우는 에너지, 생명의 에너지를 형상화하고 있다.

융(Jung)은 인격이 작용하는 데 사용되는 에너지를 '정신 에너지'라고 불렀다. 융 역시 이런 형태의 에너지를 가리키기 위해 '리비도(libido)'라는 말을 사용했는데, 이를 프로이트(Freud)의 리비도 정의와 혼동해서는 안 된다. 융은 프로이트처럼 리비도를 성적 에너지에 국한하지 않았다. 실제로 이것은 이 두 사람의 이론의 본질적인 상위(相違)의 하나다. 융에 의하면, 자연상태에 있어서 리비도란 욕망—공복, 갈증, 성욕 및 정동(情動)—이다. 의식적으로 리비도는 지향하고 욕망하고 추구하는 것으로 표현된다. 또한 비가 온 뒤에 사위는 바다로 변하게 된다. 바다는 광활한 무의식의 표상이다. 바야

흐로 무의식의 세상에서 펼쳐지는 이야기인 것이다. 한편 이성적이고 현실적인 모습의 치히로는 욕망을 통제할 줄 아는 인성을 지니고 있다. 프로이트식으로 말하자면 본능과 자아, 초자아의 조화로운 작용을 유지하고 있는 셈이다. 치히로는 주위의 모든 이가 추구하는 소유의 욕망조차 거절할 줄 아는 시니시즘(cynicism)의 성향과 잇닿아 있다. 한편 하쿠는 마녀 유바바의 제자를 자처하면서 유바바가 시키는 대로 제니바의 수호 도장을 훔쳐 오는 악행을 일삼는다. 하쿠의 이름과 하쿠의 원래 이름인 코하쿠누시라는 이름으로 유추해 보건대, 하쿠는 치히로의 또 다른 내면이다. 그것도 역동하는 무의식의 얼굴이다. 치히로의 자아와 초자아가 욕망을 억제하고 통제하고 있다면, 치히로의 무의식 속 하쿠는 자유롭게 욕망 속으로 들어가서 행하고 있다. 하지만 중요한 것은 하쿠가 치히로의 이름을 신기하게도 기억하고 있다는 사실이며, 치히로는 마지막 순간, 어렸을 때 강에 빠진 기억 속에서 하쿠를 기억해 내는 것이다. 호박이 상징하는 것은 '보물'이다. 영화의 마지막 장면은 하늘과 구름 그리고 강으로 초점이 맞춰져 있다. 그 자연의 흐름 속에서 가려져 있던 마음이 드러난다. 호박이라는 보물처럼 빛나는 마음이 있는 한, 속박은 풀리고 모든 것이 온전해진다.

심상 시치료 순서

먼저 노래 〈언제나 몇 번이라도〉를 듣기 전에 영화 〈센과 치히로의 행방불명〉에 관한 배경지식을 먼저 접한다. 작곡가와 영화 전반의 줄거리, 이 노래가 나오게 된 배경을 충분히 이해할 수 있도록 한다. 내담자가 영화를 직접 보고 감상하면 더욱 좋다. 그 후 노래를 여섯 번 정도 듣도록 한다. 처음 세 번은 노래 가사를 음미하면서 듣고, 나머지 세 번은 눈을 감고 선율을 음미하면서 듣도록 한다. 다음으로 상징적인 의미와 느낌을 충분히 나눈다. 그런 다음 간단한 명상 후 심상 시치료를 시행한다.

♥ 심상 시치료

(명상에 이르게 한 후 진행한다.) 나는 지금 바닷가에 있습니다. 아침, 찬란한 햇살이 가득 비추는 바다를 바라보고 있습니다. 햇살이 여기저기 바다 물결 위에 꽂혀서 곳곳이 반짝반짝거립니다. 마치 보석처럼 반짝이는 바다 물결을 바라보고 있습니다. 찬란하게 빛나는 바다입니다. … 내 발밑에는 무거워 보이는 돌멩이들이 잔뜩 쌓여 있습니다. 보기에도 숨 막히는 돌멩이들이 내 주위를 뱅그르르 둘러싸고 있습니다. 돌멩이들이 많아서 나는 옴짝달싹하지 못할 정도입니다. 이 돌멩이들은 각자 어떤 이름을 가지고 있습니다. 나를 짓누르고 내게 곤란과 아픔과 갈등을 주는 것들입니다. 이 돌멩이들의 이름은 무엇인가요? … 나는 지금 마냥 이렇게 서서 바다를 바라보고 있습니다. … 이름을 한가득 지닌 이 슬프고 무거운 돌멩이들 위로 반짝이는 바다 물결이 다가옵니다. 한순간 물결은 썰물이 되어 이 돌멩이들을 싹 휩쓸어 가버렸습니다. 또다시 밀물이 밀려오지만, 아까 쓸려 간 돌멩이들은 더 이상 보이지 않습니다. 슬프고 걱정이 어린 돌들은 나도 모르는 사이에 어디론가 흘러가 버리고 말았습니다. … 이제 바다 물결은 너무도 찬란하게 빛나고 있습니다. 바다의 기운을 지금 내 안으로 가져옵니다. 찬란하게 빛나는 바다의 기운을 두 손 가득 담아 보시기 바랍니다. … 이제 양손 가득 담은 바다 기운을 내 가슴 안에 들이붓기 시작합니다. 양손을 가슴에 갖다 대어 보시기 바랍니다. … 바다 기운을 흠뻑 느껴 보시기 바랍니다. 지금 내 안에는 햇살로 빛나는 바다 기운이 오롯이 담겨 있습니다. … 걱정과 근심과 슬픔마저 쓸어가고, 이제 꿈을 꾸게 하는 바다의 기운을 충분히 느껴 보시기 바랍니다. … 내가 가져온 바다의 기운과 내 안에 이미 존재해 온 바다 기운이 서로 만나고 있는 것을 느껴 보시기 바랍니다. 바다 기운이 온몸의 혈관, 장기, 세포를 타고 흐르는 것을 느껴 보시기 바랍니다. 가슴에서 양팔, 양 손가락 끝까지, 얼굴과 머리 위까지, 배와 다리와 양발 끝까지 번져 가는 바다의 기운을 느껴 보세요. … 바다는 이미 오래전부터 나와 함께하고 있었고, 내가 알든 알

지 못하든 상관없이 이미 내 안에 존재해 있었다는 사실을 이제야 알게 됩니다. 내 안의 빛을 밝히는 바다의 존재를 가만히 느껴 보시기 바랍니다.

눈을 뜨고, 돌멩이들의 이름을 하나하나 적고, 돌멩이들을 쓸고 간 바다 물결에 대한 느낌과 바다의 기운을 충분히 받은 후의 느낌을 적어 봅니다.

치료적 의미

나를 치유하는 내 안의 힘인 심상(Simsang)이 우주 근원의 힘과 소통하며 에너지를 증폭시키는 현상을 체험하도록 한다. 그로 인해 내면에 존재하는 치유적 힘을 가지는 내면의 빛(생명의 빛, 마음의 빛)을 자각하도록 이끌어서 걱정과 고난을 능히 극복할 수 있도록 한다.

4) 나는 당신이 춤추길 바라요

음악에 대한 배경 이야기

■ **작사 · 작곡가:** 마크 샌더스(Mark D. Sanders) & 티아 실러스(Tia Sillers)

■ **가수:** 리 앤 워맥(Lee Ann Womack)

1966년 미국 텍사스 주 잭슨빌에서 태어났다. 시간제 디스크자키로 일했던 그녀의 아버지는 어릴 적부터 그녀를 데리고 스튜디오로 가서 일하는 동안 옆에서 LP판을 뽑아 주는 일을 돕게 했다. 1977년 1집 앨범 '리 앤 워맥(Lee Ann Womack)'으로 데뷔했고, 2005년 제39회 컨트리 뮤직 어워드 앨범상을 수상했다.

■ **노래:** 나는 당신이 춤추길 바라요(I Hope You Dance)

I hope you never lose your sense of wonder
계속 당신의 놀라운 점이 없어지지 않았으면 해
You get your fill to eat, but always keep that hunger
당신도 먹을 몫이 주어지지만, 배고픔은 사라지지 않아
May you never take one single breath for granted
숨결 한 번도 당연한 것으로 여기지 않길 바라

(중략)

Whenever one door closes I hope one more opens
문 하나가 닫히면 다른 문이 열리기를
Promise me that you'll give fate a fighting chance
운명에게도 싸울 기회를 주겠다고 약속해 줘
And when you get the choice to sit it out or dance
그리고 그냥 앉아 있거나 춤을 출까 하는 결정을 해야 한다면
I hope you dance, I hope you dance
춤추길 바라, 춤추기를
I hope you never fear those mountains in the distance
저 멀리에 있는 산을 무서워하지 않길 바라
Never settle for the path of least resistance
절대 저항이 없는 길을 선택하지 마
Living might mean taking chances, but they're worth taking
삶이란 어쩌면 기회를 잡는 것을 뜻할지도 모르지만, 그럴 만한 가치가 있지

(중략)

And when you get the choice to sit it out or dance
그리고 그냥 앉아 있거나 춤을 출까 하는 결정을 해야 한다면
I hope you dance (Time is a wheel in constant motion always)
춤추길 바라 (시간이란 언제나 똑같이 움직이는 바퀴)

(중략)

I hope you dance
춤을 추기를

심상 시치료의 순서

먼저 노래를 감상하게 한다. 눈은 뜨거나 감거나 자유롭게 한다. 작곡가, 작사가와 가수를 간단하게 소개한 후, 이번에는 가사와 함께 가사를 해석한 부분을 함께 보면서 노래를 듣게 한다. 세 번 정도 반복해서 듣게 하며, 가능하면 내담자와 함께 자연스럽게 부르도록 한다. 그다음 느낌을 충분히 나누고, 상징적인 의미까지 이끌어 내도록 유도한 다음 심상 시치료를 행한다.

심상 시치료

(명상에 이르게 한 후 진행한다.) 푸르고 넓은 들판에 나는 혼자 앉아 있습니다. 살랑거리는 바람에 실려 푸른 풀 향기가 가득 풍겨 옵니다. 숨을 들이마실 때마다 상쾌한 공기가 내 안에 가득 들어옵니다. 나는 가만히 앉아 있습니다. … 바람이 살랑이고 풀들은 춤을 추고 있습니다. 맑은 하늘의 구름도 덩실덩실 춤추며 흘러가고 있습니다. … 나는 그저 주저앉지 않고, 춤을 추기로 결심하고 그것을 행동으로 옮기려 합니다. 나는 서서히 일어섭니다. 몸을 천천히 뱅그르르 돌려 봅니다. 햇볕이 내 머리를 따뜻하게 감싸 줍니다. 온몸을 오른쪽과 왼쪽으로 자유롭게 흔들면서, 나는 혼자서 춤을 추기 시작합니다. … 내 발은 가볍고, 온몸은 신 나는 기운으로 들뜹니다. 살아 있는 것 자체가 오로지 기쁩니다. 그동안 내 마음속에 간직해 온 슬픔과 무거움과 절망이 내가 춤출 때마다 조금씩 조금씩 빠져나가는 것을 느낍니다. 우울과 좌절과 괴로움이 내 안에서 빠져나가고 있습니다. … 내 발은 가볍고, 온몸은 신 나는 기운으로 들뜹니다. 이렇게 내가 살아 있다는 사실이 너무나 감사합니다 … 나는 그저 주저앉지 않고 춤을 추기로 결심하고, 그것을 행동으

로 옮기고 있는 중입니다. … 춤출 때마다 슬픔이 기쁨으로 변하는 것을 느낍니다. 내게 주어진 모든 아픔이 껍질을 벗고 바람을 타고 날아가는 것을 느낍니다. … 그대로 춤을 추며, 삶의 기쁨과 감사함을 오롯이 받아들입니다. 햇볕이 내 정수리부터 내려와 온몸을 따뜻하게 감싸 주고 있습니다.

눈을 뜨고, 현재의 느낌을 말로 혹은 실제 몸짓으로 혹은 글로 적어 봅니다.

치료적 의미

좌절과 낙담으로 대변되는 삶의 수동적인 자세인 '주저앉음'을 떨치고 일어서서 생의 적극적인 자세인 '춤을 추는' 행위를 유도하는 노래 가사를 통해 삶에 대한 태도를 변화시킬 수 있다. 노래 가사로부터 유추해 내어 부정적인 상황마저 승화하여 춤으로 녹여내는 심상 시치료 체험을 통해 삶을 바라보는 관점을 재조명하며, 살아 있음을 기뻐하고 감사하는 것으로 삶에 대한 긍정적인 태도를 갖게 하는 데 그 의의가 있다.

5) 렛 잇 비

음악에 대한 배경 이야기

■ **작사 · 작곡가:** 폴 매카트니(Paul McCartney)

〈렛 잇 비(Let It Be)〉는 영국의 밴드 비틀즈(Beatles)의 노래로 1970년 3월 6일 '렛 잇 비(Let It Be)'의 타이틀 트랙으로서 싱글로 발매되었다. 비틀즈의 멤버는 존 레논(John Lennon, 1940~1980), 폴 매카트니(Paul McCartney, 1942~), 조지 해리슨(George Harrison, 1943~2001), 링고 스타(Lingo Starr, 1940~)였다. 레논과 매카트니는 밴드의 주요 곡들을 작곡했으며, 해리슨은 후기에 큰 공헌을 했다. 비틀즈는 20여 곡의 미국 차트 1위 곡을 포함하여 50여 곡이 넘는 톱 40싱글을 발표하였다. 비틀즈는 1970년 공식 해체했다. 해체 이후 35년이 흐른 2005년, 미국의 연예산업 잡지 『버라이어티(Variety)』는 비틀즈를 20세기 연예인의 대표 우상(icon)이라고 표현하였다.

■ **노래:** 렛 잇 비(Let It Be)

When I find myself in times of trouble
내가 근심에 처해 있음을 알았을 때
Mother Mary comes to me
어머니께서 다가와
Speaking words of wisdom
지혜의 말씀을 해 주셨어요
Let it be
"그냥 그대로 두거라"라고
(중략)
When the broken hearted people
세상의 모든 상심한 사람마저도
Living in the world agree
입을 모으죠
There will be an answer
해답은 있기 마련이죠
Let it be
내버려 두세요
Though they may be parted
헤어짐을 겪어야 할지라도
There is still a chance that they will see

그들이 다시 보게 될 기회는 여전히 있어요

There will be an answer

해답은 있기 마련이죠

Let it be

순리대로 두세요

(중략)

When the night is cloudy

구름 덮인 밤일지라도

There is still a light that shines on me

여전히 내 위에서 빛나는 빛이 있어요

Shine until tomorrow

내일까지 빛나고 있지요

Let it be

순리에 맡기세요

I wake up to the sound of music

음악 소리에 잠을 깨 보니

Mother Mary comes to me

어머니께서 다가와

Speaking words of wisdom

지혜의 말씀을 해 주셨어요

Let it be

"순리에 맡기거라"라고…

(후략)

심상 시치료의 순서

노래를 먼저 듣게 한다. 이때 자연스럽게 눈을 감거나 뜰 수 있다. 이 곡이 탄생한 배경지식을 설명한 후, 이번에는 가사를 음미하면서 듣게 한다. 내담자와 함께 노래를 부를 수도 있다. 그런 후 눈을 다시 감은 채 마음속으로 가사를 생각하면서 이 곡을 한 번 더 듣게 한다. 그다음 간단한 명상과 함께 심상 시치료를 행한다.

❤ 심상 시치료

(명상에 이르게 한 후 진행한다.) 아주 좁은 계곡의 물을 바라봅니다. 물은 가파른 곳을 더듬거리며 겨우겨우 가쁘게 흘러갑니다. 힘겹게 흘러가는 물은 곧 끊어질 듯 위태롭기만 합니다. 물의 흐름을 가만히 지켜보시기 바랍니다. … 물은 흘러가고 있습니다. 아래로, 아래로 조금씩 흘러가고 있습니다. 어느덧 비가 내리고 있습니다. 빗물에 실려 흘러가는 물을 바라보시기 바랍니다. … 바람이 아주 많이 불고, 폭풍우가 칩니다. 그래도 한결같이 흘러가는 물을 그대로 바라보시기 바랍니다. … 이제 모든 것이 꽁꽁 얼어붙는 시간이 되었습니다. 물의 표면은 꼼짝없이 얼음이 되어 갇혀 있습니다. 하지만 여전히 아래로, 아래로 흘러가려고 몸을 뒤틀고 있는 물의 흐름을 느껴 보시기 바랍니다. … 따뜻한 햇볕이 비추고 있습니다. 물이 녹아서 다시 흐르고 있습니다. 아주 오랫동안 계곡을 헤맸지만, 이제 너른 강을 만납니다. 강물을 따라 흘러갑니다. … 강은 이제 바다를 만납니다. 드넓은 바다를 만나서 물은 함께 힘차게 흘러갑니다. … 물은 이제 평온합니다. 끊어지고 멈출 위험을 벗어나서 마음껏 물결칩니다. … 이제 바다로 흘러 들어간 물은 자신이 흘러왔던 계곡 쪽을 지켜봅니다. 그곳에는 힘겹게 발버둥 치며 흘러오는 물이 있습니다. 가파르고 험한 계곡을 겨우 더듬거리면서 흘러오는 계곡의 물에게 어떤 이야기를 들려줍니다. 어떤 말을 들려주고 있나요? … 이 말에 지금 계곡의 물은 뭐라고 답하고 있습니다. 계곡의 물은 뭐라고 대답하고 있습니까? … 자연스럽게 계곡의 물과 지금 바다에 있는 물이 대화를 나누고 있습니다. 이들이 나누는 대화를 들어 보시기 바랍니다. … 좀 더 나아가 강물

과 만나는 물을 봅니다. 강물과 만나 흘러가는 물에게 뭔가 또 어떤 말을 걸고 있습니다. 뭐라고 말하고 있나요? … 이 말에 강물은 또 뭐라고 대답하고 있습니다. 지금 강물은 뭐라고 답하고 있나요? 자연스럽고 편안하게 강물과 바다의 물이 나누는 대화를 들어 보시기 바랍니다. 이들은 무슨 말을 나누고 있나요? … 이제 바다 물결은 남실남실거리며 아주 세차게 흘러가고 있습니다. 세찬 물결을 마음 가득 느껴 보시기 바랍니다.

눈을 뜨고, 바다가 계곡과 나눈 대화, 강물과 나눈 대화를 차례대로 그대로 옮겨 적어 봅니다.

치료적 의미

노래에서 나오는 '어머니'는 단순한 어머니 이상이다. 우주의 모성적 존재로 상징되며, 대지의 신이나 성모 마리아라는 상징적 의미를 지닌다. 어머니에게서 나오는 지혜의 말씀으로 보건대, 갈등과 문제의 상황에서 '순리에 맡긴다'는 것은 문제와 혈전을 벌이며 싸우면서 응어리지는 것과 반대의 문제 해결법을 제시하는 것을 말한다. 즉, 수용하고 이해하고 받아들이며 갈등과 문제를 녹이는 것을 말한다. 순리대로 행하는 것은 자연스럽다. 자연스러움이 발휘될 때, 질병은 물러가고 만물은 제자리를 찾아간다. 이것이 바로 치유의 원리다.

3. 영 화

영화는 공통적으로 다음과 같은 순서로 진행한다. 먼저 영화의 배경지식을 간단하게 설명한다. 배경지식은 감독, 영화가 만들어진 계기, 배우들, 영화음악 등이다. 그다음 영화를 보는 순서를 가진다. 영화를 볼 때는 처음부터 끝까지 다 보는 것이 아니라, 치료적으로 중요한 포인트를 미리 작성하고 그 부분에 대한 간단한 설명을 한 후 보도록 한다. 심상 시치료사는 영화를 함께 보는 치료적 목적을 분명히 알고 있어야 하며, 영화 장면에 대해 핵심을 잘 포착하여 내담자의 관심을 집중시키고 내담자가 잘 이해할 수 있도록 한다. 치료 회기 동안 이해와 감상을 효율적으로 하기 위해서 내담자 협조가 잘된다면 회기 전에 미리 영화를 보고 오도록 하는 것이 가장 바람직한 방법이다. 중요한 핵심 장면은 영화에 따라서 차이가 있으나, 대부분 8~15장면으로 제한하는 것이 좋다. 또한 한 장면당 10분 이내로 보게 하는 것이 좋다. 많은 장면을 쪼개어 보면 통일성과 맥락을 놓칠 수 있으며, 긴 시간을 연이어 보면 일정한 수준 이상으로 몰입과 감정이입이 일어나서 영화에 대한 치료적인 접근이 어려워지기 때문이다. 심상 시치료에서 영화는 매체 활용적인 면에서 구분된 하나의 부류에 속하며, 단순히 감상의 차원이 아니라 치료적인 접근을 위해 영화를 보는 것을 말한다. 즉, 영화를 봄으로써 자신을 보게 되고 자신을 둘러싼 현실을 보게 되는 치료 작용이 일어나는 것이다. 영화 보기를 마치면 영화에 대한 느낌을 집단원들끼리 나눈다. 심상 시치료사는 다음에서 기술하고 있는 분석을 참고하여, 좀 더 내면적인 접근이 가능하도록 상징적 의미를 제시하고 함께 나눌 수 있어야 한다. 즉, 치료를 위한 상징화된 핵심적 의미를 잘 잡아서 영화의 장면을 나눈 후, 영화를 보는 사이사이에 적절한 분석과 해석을 제시할 수 있어야 한다. 그다음 본격적인 심상 시치료에 들어가게 되며, 심상 시치료를 마친 뒤에도 충분히 나누는(sharing) 시간을 가진다. 심상 시치료사는 심상 시치료에 들어가기 전에 영화의 전반적인 배경지식과 줄거리를 자세히 알 필요가 있다. 다만 영화의 줄거리를 내담자에게 미리 알려 줄 필요는 없다. 만약 영화를 보지 않았더라도 장면마다 핵심적 의미를 가미하여 연결시켜 내담자가 이해하도록 하는 방법이 있다. 다음 기술 내용에서 '장면'이라고 표시하고, 1, 2, 3… 등으로 나누고 있지만, 이는 영화에 대한 심상 시치료에 용이하게 접근하기 위한 편의상 구분 방법이다. 사실상 장면 하나에 여러 장면이 속해 있으므로, 장면 하나라고 보기보다 감상 하나라고 볼 수 있을 것이다. 다만 단순한 감상 차원이 아니라 심상 시치료사의 적절한 개입과 설명이 포함된 접근이어서 '장면'이라는 말을 사용해서 기술하고자 한다.

1) 아바타

영화 관련 정보

- **감독:** 제임스 카메론(James Cameron)
- **각본:** 제임스 카메론(James Cameron)
- **촬영:** 마우로 피오레(Mauro Fiore)
- **주연:** 샘 워싱턴(Sam Worthington), 조 샐다나(Zoe Saldana), 시고니 위버(Sigourney Weaver)

영화 줄거리

먼 미래에 지구는 에너지 고갈 문제를 해결하기 위해 머나먼 행성 판도라에서 대체 자원인 '언옵티늄'이란 광물을 채굴하기 위해 '아바타 프로젝트'를 수행하게 된다. 그러나 판도라의 독성이 강한 대기로 인해 자원 획득에 어려움을 겪게 된 인류는 판도라의 토착민 '나비(Na'vi)'족의 외형에 인간의 의식을 주입하여 원격 조종이 가능한 새로운 생명체인 '아바타'를 탄생시키는 프로그램을 개발하게 된다.

평범한 삶을 살아가던 전직 해병대 출신의 하반신이 마비된 제이크 설리(샘 워싱턴 분)가 '아바타 프로그램'에 참가할 것을 제안받아 행성 판도라로 향한다. 그곳에서 자신의 '아바타'를 통해 자유롭게 걸을 수 있게 된 제이크는 자원 채굴을 막으려는 '나비'의 무리에 침투하라는 임무를 부여받고 3개월 동안 그곳에서 활동하게 된다. 키가 크고 푸른색 피부를 가진 나비족은 사냥개 모양의 뾰족한 귀와 붉은 눈과 이빨, 긴 꽁지머리를 가졌고, 엉덩이에는 긴 꼬리가 달려 있고, 성기 부분만 가린 나체족이다. 판도라의 나비족이 사는 곳은 열대우림의 숲 속이다. 임무 수행 중 '나비'의 여전사 '네이티리(조 샐다나 분)'를 만난 제이크는 그녀에게 훈련을 받아 나비족과 동화된다. 급기야 전사의 입문식으로 이크란을 타게 되면서 나비족의 전사로 인정받는다. 이후 제이크는 네이티리와 사랑에 빠진다. 아바타가 아바타의 원래 프로그램 목적대로 이익 창출을 위해 행동하지 않고 나비족의 여자 네이티리와 사랑에 빠지자, 지구인들은 무력으로 언옵티늄을 채굴하려고 한다. 신무기로 무장한 인간들의 병사가 판도라에 특공대를 보내 침입하자, 창과 활을 든 판도라의 모든 부족은 궐기하여 대규모 전투가 벌어진다. 전투가 진행되는 동안 활과 창, 날아다니는 거대한 새와 이크란을 타고 코뿔소 같은 짐승들의 도움으로 신무기를 든 인간들을 격퇴하지만 역부족이다.

전세가 악화된 순간, 제이크는 토루크 막토(Toruk Makto)를 타고, 나비족 최고 전사가 되어 다른 부족들을 모아 힘찬 공세를 펼친다. 결국 인간은 패배하고 아바타와 나비족이 승리를 거둔다. 마지막 승리를 앞둔 순간, 쿼리치 대령의 공격으로 아바타와 접촉할 수 있는 캡슐이 파괴되고, 제이크는 숨을 거둔다. 네이티리는 제이크의 아바타가 위험에 처한 것을 알게 되고, 직감적으로 인간의 육체와 제이크가 연관되어 있다는 사실을 알아차린다. 생명의 나무 에이와 앞에서 나비족의 염원이 담긴 노래가 울려 퍼지는 가운데 제이크와 제이크의 아바타는 나란히 눕혀진 채 운명의 결정을 기다린다. 이윽고 아바타가 다시 눈을 뜨면서 영화는 해피 엔딩으로 막을 내린다.

영화 배경음악

영화 〈타이타닉(Titanic)〉의 OST 〈My Heart Will Go On〉은 제임스 호

너(James Horner)와 사이먼 프랭글랜(Simon Franglen)에 의해 공동으로 제작된 곡이다. 제임스 호너는 〈아바타(Avatar)〉의 테마곡인 〈I See You〉를 제작하고, 레오나 루이스(Leona Lewis)가 이 곡을 불렀다.

영화감독

제임스 카메론은 1954년 8월 캐나다 온타리오 주 카프스카싱 출생이다. 헐리우드에서 하드웨어를 가장 잘 다루는 감독으로 알려진 그는 공상과학 액션 영화에 천부적인 재능을 과시하는 '하이테크 필름 메이커의 천재'라는 별명을 가지고 있다. 2009년 〈아바타〉 감독을 했으며, 이 영화로 아카데미 감독상을 수상했다.

영화 보기

장면 1

몸과 마음이 다쳐서 군 병원에 누워 있을 때부터 나는 꿈꾸었다. 하늘을 나는 꿈을. 나는 자유로웠다. 하지만 영원히 꿈꿀 수 없는 법.

영화 〈아바타〉의 첫 장면, 첫 대사다. 주인공 제이크 설리(샘 워싱턴 분)의 독백이다. 전쟁터에서 하반신이 마비된 전직 해병대원 출신인 제이크 설리는 과학자였던 쌍둥이 형을 대신하여 판도라 행성에서 하는 아바타 프로젝트에 투입된다. 판도라 행성의 토착민 나비족의 외모를 한 자신의 아바타와 일체감을 맛보는 동안 아바타 조종을 마치고 깨어난 제이크는 아바타 속의 세계와 동화되어 가는 자신을 발견하며 혼돈스러워한다.

장면 2

모든 게 반대로 됐다. 내가 누군지 모르겠다. 눈을 뜬 곳이 꿈이고, 그곳이 현실이다.

아바타 속에서 벗어나서 육체적인 허기를 황급하게 달래고 다시 급하게 아바타 속으로 들어가기 위해 조종 캡슐 안으로 들어가는 제이크의 행동은 안타깝다. 현실 속의 제이크는 하반신이 마비되어 휠체어가 아니면 이동할 수 없는 몸이다. 그러나 아바타와 접속했을 때, 제이크는 누구보다 강인하고 완벽에 가까운 건강을 지닌 전사로서의 육체를 지니고 있다. 제일 처음 아바타 속에서 몸의 완벽한 감각을 느낀 제이크는 제대로 시험을 거치지 않았다며 우려하고 만류하는 과학자들을 제치고 긴 꼬리를 휘두르며 밖으로 뛰쳐나온다. 놀란 과학자들이 안정제 주사를 놓으려 하지만, 제압당할 기회조차 주지 않을 만큼 민첩하게 움직인다. 제이크는 시종일관 "굉장해! 최고야!"를 연발한다. 카메라의 초점은 아바타의 발가락의 감촉을 그대로 담아낸다. 화면 안에서 폭신하면서도 단단한 땅의 느낌을 그대로 만끽하는 제이크의 느낌을 우리는 함께 좇아갈 수 있다. 그레이스 박사 아바타는 그런 제이크에게 판도라의 과일을 따서 휙 던져 준다. 제이크가 그 과일을 한 입 베어 먹는 순간 진한 과즙이 목을 타고 넘어간다. 향긋한 과일향이 그대로 온몸을 타고 전해진다. 이런 감각의 경험이 너무나도 생생해서 제이크는 건강하고 활기차게 살아 있는 자신을 느끼며 만족해한다. 하지만 아바타와 분리되어 휠체어에 탄 채 일지를 적듯 동영상 기록을 남기는 제이크는 뛰어다니며 모험과 활약을 펼칠 수 있는 상태가 아니다. 제이크는 꿈이 현실이고, 현실이 꿈이며, 어디까지가 꿈이고 현실인지 모호해지는 혼돈을 겪게 된다.

장자(莊子)의 제물(齊物) 편에 나오는 호접지몽(胡蝶之夢)이 연상된다. 중국 전국 시대의 사상가인 장자는 맹자와 같은 시대의 인물로서 무위자연(無爲自然, 자연에 맡겨 부질없는 행위를 하지 않음)을 제창한 사람이다. 장자는 어느 날 나비가 되어 꽃과 꽃 사이를 훨훨 날아다니는 꿈을 꾸었다. 깜짝 놀라 깨어 보니 그것은 꿈이었다. 장자는 꿈속에서 경험한 일을 곰곰이 생각해 보았다. 내가 꿈속에서 나비가 된 것인지, 아니면 원래 나는 나비였는데 나비인 내가 꿈속에서 장자가 된 것인지 도무지 납득이 가지 않았다고 한다.

장면 3

- 이곳에 뭐 하러 왔나?
- 배우러 왔어요.
- 가득 찬 잔을 지니고 배우기란 쉽지 않지.
- 제 잔은 이미 비어 있어요.

나비족의 추장 딸인 네이티리(조 샐다나 분)에 의해 이끌려 간 제이크에게 여사제는 그곳에 찾아온 목적을 묻는다. '잔이 비어 있다.'는 제이크의 말은 낯익다. 바로 장자를 읽을 수 있기 때문이다.

빈 배

– 장 자

한 사람이 배를 타고 강을 건너다가
빈 배가 그의 배와 부딪히면
그가 아무리 성질이 나쁜 사람일지라도
그는 화를 내지 않을 것이다.
왜냐하면 그 배는 빈 배이니까.

그러나 배 안에 사람이 있으면
그는 그 사람에게 피하라며 소리칠 것이다.
그래도 듣지 못하면 그는 다시 소리칠 것이고
마침내는 욕을 퍼붓기 시작할 것이다.

이 모든 일은 그 배 안에 누군가 있기 때문에 일어난다.
그러나 그 배가 비어 있다면
그는 소리치지 않을 것이고 화내지 않을 것이다.

세상의 강을 건너는 그대 자신의 배를 빈 배로 만들 수 있다면
아무도 그대와 맞서지 않을 것이다.
아무도 그대를 상처 입히려 하지 않을 것이다.

장자의 빈 배의 의미를 언뜻 보면 무작정 마음을 비우라고 하는 말처럼 들린다. 하지만 조금 더 들여다보면 삶의 흐름에 따라 순리대로 흐름을 유지하는 배의 유유자적함을 알게 된다. 더 나아가 그 배를 빈 배로 둘 때 세상을 살아 나가는 슬기로운 지혜를 갖게 됨을 암시하고 있다. 장자의 빈 배는 세찬 비바람에도 아랑곳없이 단단한 대나무 안의 빔을 떠올리게 한다. 속이 잘 비어 있는 탓에 바람의 소통이 원활하여 청아한 소리를 내는 피리를 떠올리게도 한다. 고집과 아집으로 들어차 있으면 독단과 독선적일 수밖에 없다. 이미 가득 차 있는 것을 내려놓을 때 새로운 것을 받아들일 수 있다. 그리하여 흐름을 타고 강을 건널 수 있는 것이다. 이 시에서 들려주고 있는 장자의 전언대로, 제이크는 이제 나비족과 함께 강을 건널 준비가 되었다. 제이크는 스스로 빈 배가 된 것이다.

장면 4

- 만물에는 항상 에너지의 흐름이 있다고 본다. 모든 에너지는 잠시 빌린 것뿐이지. 언젠가는 돌려줘야만 한다.
- 널 본다. 형제여, 에이와가 네 영혼을 거두고 네 몸은 깨어나 이곳 사람들의 일부가 될 거야.

일행과 떨어져 우거진 수풀 속에 남게 된 제이크는 횃불로 숲 속 짐승들을 막아 보려고 했지만 역부족이었다. 그러던 중 나비족 여전사이자 추장의 딸인 네이티리의 도움으로 짐승들의 공격을 물리치게 된다. 상황을 모면한 것에 우쭐해하면서 고마움을 표시하며 말을 거는 제이크에게 네이티리는 날카롭게 쏘아붙인다. 그러고는 "슬픈 일이야. 아주 슬픈 일이지."라고 독백한다. 그리고 나비족의 언어로 어쩔 수 없이 자신이 죽인 동물의 시체 앞에서 주문이나 기도처럼 어떤 말을 중얼거린다. 나중에 나비족의 일원이 되려고 노력하는 제이크도 살생을 한 후 동물의 시체 앞에서 이 기도를 하게 된다.

여기서 장자의 만물제동 사상을 읽을 수 있다. 우주론에 근거하여 인간 세계의 모든 대립과 차별을 거부하는 만물제동(萬物齊同, 가치의 측면에서 만물은 모두 똑같다)설은 장자 사상의 중심을 이루고 있다. 대종사(大宗師) 편에 보면, "도(道)란 분명히 실재하면서도 의식적으로 하는 바가 없고 형태도 없는 것이어서 마음에서 마음으로 전달될 수는 있어도 언어나 문자로 표현되어 전수될 수는 없다. 또한 이것은 가히 체득할 수는 있어도 눈으로 볼 수는 없다. 이것은 스스로가 존재의 근본이고 뿌리이기 때문에 아직 천지가 생기기 이전부터 존재했다."라는 글을 접할 수 있다. 인간이 만들어 낸 인위적이고도 협소한 가치관을 벗어나 절대 무차별의 세계인 도의 입장에 서서 이 세상을 바라볼 때, 인간 세계에 존재하는 선악(善惡), 대소(大小), 시비(是非), 득실(得失), 생사(生死) 등의 모든 차별과 대립은 없어지고 모든 것이 평등함을 발견하게 된다. 바로 이것이 만물제동의 경지라고 할 수 있다.

장면 5

- 그들이 무엇을 원하든 해 줄 수 있는데… 교육, 도로, 학교… 하지만 그들은 진흙을 더 좋아해.

환경문제와 자원 고갈로 어려움에 처한 지구인들은 무력을 동원해서 판도라 행성에서 대체 자원인 언옵타늄을 얻으려고 한다. 그리하여 판도라에 기지를 설치하고, 불도저로 판도라의 자연을 파괴하고 훼손하며, 급기야 토착민들의 영혼을 지배하는 생명의 나무를 없애려고 한다. 이러한 행동의 선두에 쿼리치 대령(스티븐 랭 분)이 있다. 그는 빈정거리며 나비족이 '진흙을 더 좋아한다'고 침을 갈기듯이 말한다. 하지만 바로 이 말에서 우리는 장자의 실존적 자연주의 교육사상을 엿볼 수 있다.

장자가 이상적으로 생각한 인간은 도를 체득하여 만물제동의 경지에 서 있는 사람이다. 즉, 자연과 합일되어 무위(無爲)를 실천하는 사람을 말한다. 장자는 이러한 인간을 주로 '지인(至人)'으로 표현하고 있다. 인간이 지식을 가진다는 것은 크고도 넓은 도에 입각해서 볼 때 너무도 지엽적이면서도 단편적이고 공허한 것이다. 한계가 있는 인간의 지혜에 의한 분별을 버리고 만물제동의 경지를 좇는 인간이 바로 지인이다. 유가(儒家)에서 말하는 성인은 현실적인 인간의 모든 조건을 인정하고 그러한 조건 속에서 형성될 수 있는 가장 완전한 품성을 가진 인간을 의미한다. 유가의 성인은 지극하고 절대적인 차원과 부합된 천인합일(天人合一)에 이르게 되지만, 현실적인 인간세계의 모든 구별과 대립을 부정하지 않는다. 장자가 말하는 지인은 현실적인 인간세계를 초월하여 절대 무차별의 세계에서 무위를 실천하는 인간, 그럼으로써 '모든 구별과 대립이 없어지고 만물은 하나같이 똑같다.'는 의식 속에서 물아일치(物我一致)가 되는 인간을 말한다. 영화 속 쿼리치 대령은 나비족의 무지함에 대해 빈정거린다. 그는 소위 말하는 문명과 문화만이 우월하다는 의식밖에 없다. 편협하고 공허한 의식의 전형이다. 장자의 말에 따르자면, 나비족이야말로 무위를 실천하면서 지인의 경지에 도달하고 있는 것이다.

장면 6

- 사헤일루, 교감을 이뤄. 심장박동 소리와 다리의 근육과 숨결을 마음속으로 느껴.

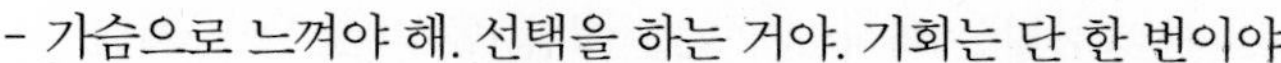

- 가슴으로 느껴야 해. 선택을 하는 거야. 기회는 단 한 번이야.
- 선택받은 걸 어떻게 알지?
- 널 죽이려 할 거야.
- 제이크, 사헤일루. 교감을 해.

……

- 넌 내 거야.
- 첫 비행이 교감의 완성을 이뤄. '날아'라고 말해.

나비족의 사냥 수단이자 운송 수단인 다이어호스와 비행 수단인 이크란에 접속하기 위한 필수적인 단계가 바로 교감이다. 특히 이크란과의 접속과 비행은 전사로서 승인받는 통과의례적인 면을 가지고 있다. 첫 비행의 완성이 교감의 완성을 뜻한다고 네이티리는 말한다. 교감은 마음과 마음에서 나오는 말 중의 하나다. 교감은 '마음 이끌기'다. 마음 이끌기는 자연스럽게 마음의 빛깔을 맞추고(동감), 마음을 나누고(공감), 마음을 합칠 때(감정이입) 비로소 이루어진다. 그리하여 교감은 상대방의 마음을 온전하게 인도하며, 스스로 통찰하게 하고 온전한 모습(본래의 모습)으로 되돌아가게 하는 역할을 한다. 나비족의 전사는 바로 교감을 통해서 완성해 간다. 이러한 통과의례로서의 생명체 간의 교감은 자연과의 조화와 상생을 추구하는 상징적인 의미를 지닌다.

한 가지 더, 첫 비행이 교감의 완성을 뜻한다는 말이나, 스스로 선택하고 상대방으로 하여금 선택당한 것을 어떻게 아느냐고 묻는 제이크의 말에 대해 "상대가 너를 죽이려 들 것이다."라고 말하는 네이티리의 답 속에 강력한 생명의식과 도발적인 성의식이 포함되어 있다. 첫 비행이 교감의 완성을 이룬다는 말은 흡사 여왕벌의 혼인 비행(여왕벌은 혼인 비행으로 일생 동안 단 한 번 교미를 한다. 이때 받아들인 수벌의 정자를 저장낭에 저장하였다가 알을 낳을 때 수정해서 수정란을 낳는다)을 연상시킨다. 상대가 죽이려 들지만 죽지 않을 때

(혹은 죽었다가 다시 태어나는 의식의 승화를 거칠 때) 새로운 단계로 진입하게 되는 것이다. 우리의 성(性)이 그렇듯이.

장면 7

- 때로 단 하나의 선택이 운명을 결정한다. 토루크는 적수가 없는 하늘의 강자다.

……

- 토루크 막토는 더 이상 필요하지 않았다.

토루크 막토(Toruk Makto, 타는 자)는 제이크가 선택한 탁월하고 완벽한 처세술이다. 부족민들의 두려움의 대상이자 경외의 대상인 토루크를 다스림으로써 그들의 신뢰를 다시 얻게 된 것이다. 하지만 제이크의 마지막 선택의 의미는 토루크가 아니었다. 토루크를 뛰어넘는 것에서 더 강인한 정신을 만날 수 있는 것이다. 바로 장자의 '소요유(逍遙遊)'다. 소요유는 거닌다는 의미의 '소', 멀다는 뜻의 '요', 그리고 논다는 뜻의 '유'가 합쳐진 말로서 '마음 내키는 대로 슬슬 거닐며 다닌다'는 의미를 지닌 말이다. 장자의 전체적인 사상은 사실 '아무것에도 구속받지 않고 이리저리 자유롭게 노닌다'는 의미로 해석할 수 있을 것이다. 소요유는 여러 소재로 이루어져 있다. 가장 유명한 대목은 북명에 사는 고기 '곤'이 '붕'이라는 새가 되는 이야기로, 대소(大小)의 구분에 대해 말하고 있다. "물이 깊지 않으면 큰 배를 띄울 수 없다. 마루 틈새에 고인 한 잔 물에도 겨자씨 따위는 떠 있지만, 거기에 잔을 띄우면 그만 바닥에 닿고 만다. 물은 얕고 배는 크기 때문이다." 장자는 이 말을 통해 인간 사회에 대해 이야기하고 있다. 그는 관리나 고을 원, 대신, 임금 등도 여기에 나온 참새와 다를 바 없으며, 이와 반대로 천지자연에 몸을 맡기고 어떤 것에도 사로잡히지 않는 참다운 자유를 가진 사람이 '붕새' 같은 존재라고 말한다. 자신을 고집하지 않으며 공적을 생각하지 않고 명성에 관해 관심을 거두어야만 진정한 자유인이 될 것이라고 가르치고 있는 것이다.

제이크가 '토루크가 필요 없다.'고 말한 순간, 이미 도를 마음 깊숙이 두고 있는 셈이다. 막강한 권력으로 지배하고자 하는 마음을 두지 않는 제이크에게서 '소요유'의 마음을 읽을 수 있다.

장면 8

- 나무의 뿌리에는 전기 자극이 있고, 그것이 인체의 시냅스와 연결되어 있어. 그것이 네크워크를 이루고 있지.
- 에이와가 보살펴 줄 것이라고 믿는다.
- 그녀를 만났어. 진짜 존재해.

생명에 대한 강인한 경외심이 영화 곳곳에 흐르고 있다. 나비족의 영혼을 연결시키고, 조상의 소리를 듣게 하며, 구원하는 역할을 하는 '생명의 나무'는 이름 그대로 나비족의 '생명'이다. 그리고 나비족과 함께하는 신 에이와는 자연스럽게 가이아[Gaia, 그리스 신화에 나오는 대지의 여신. 카오스에서 태어나 자신이 만든 천신(天神)인 우라노스의 아내가 되어 티탄을 낳았다. 로마 신화에서는 텔루스라는 이름으로 숭배한다]를 연상시킨다.

생명의 나무에 대해 좀 더 알아보자. 나무는 나비족의 신경과 신경을 그물처럼 연결하고 그들과 교감한다. 이런 신비스러운 나무가 그리 낯설지만은 않다. 우리 단군신화에서도 신성한 나무인 '신단수(神壇樹)'를 만날 수 있다. 단군신화에 의하면, 환웅(桓雄)은 아버지 환인(桓因)의 허락을 받아 천부인(天符印) 세 개를 받아 풍백(風伯)·우사(雨師)·운사(雲師)를 거느리고 태백산 꼭대기의 신단수 아래로 내려와 이를 신시(神市)라 했다고 한다. 그리고 웅녀(熊女)가 아이를 갖게 해 달라고 기도한 곳도 신단수 아래서였다. 이렇게 신화에 등장하는 나무는 원시사회 이래의 수목숭배 신앙과 연결되는 것으로 이해된다. 나무는 하늘과 땅을 이어 주는 매개 역할을 한다고 여겨졌기 때문이다. 또 신단수를 불경에 나오는 신성한 나무인 우두전단(牛頭栴檀)과 통한다고 하여 단군신화를 불교적 관념으로 윤색된 표지(標識)로 보기도 한다. 한편 삼한 사회의 소도(蘇塗)에서는 큰 나무에 북과 방울을 달아 놓았다고 한다. 이는 단군신화의 신단수에 나타난 수목 신앙이 변형되어 천신이 내려오는 계단이나 사는 곳 또는 신성 지역을 뜻하게 된 것으로 보기도 한다. 또한 나무는 투사적 그림검사인 집-나무-사람(HTP) 그림검사에 등장하며, 이때 나무는 '자아'를 상징한다.

강인한 뿌리와 생명을 갖고 있는 나무는 튼튼한 자아상을 드러낸다. 나비족을 몰아내고 이익을 채우려는 쿼리치 대령이 파괴하려고 한 것이 바로 생명의 나무이며, 궁극적으로 나비족의 정체성이자 자아상의 파괴를 노린 것이다. 제이크가 다른 종족들의 궐기를 도모하고 앞장서서 전투를 지휘한 이유도 민족의 자아와 정체성을 지키기 위한 결연한 신념 때문이었다. 좀 바꿔 말하자면, 생명의 나무를 지키고 보존하는 것은 어떠한 어려움과 극심한 고통 속에서도 자아를 온전하게 지켜 나가는 것을 뜻한다. 그것이 결국 영화가 해피엔딩으로 이어지게 만드는 핵심 역할을 해낸 것이다. 물론 이 생명의 보존과 완성 그리고 생명의 빛을 얻는 결정적인 이유는 나비족과 제이크 혼자만의 힘이 아니다. 세상의 균형을 지키고 이뤄 내려는 신의 뜻이다.

장면 9

- 당신이 보여.
- 나도 당신이 보여.
- 난 두려웠어, 제이크. 부족의 안전 때문에. 이젠 아냐.

여사제(어머니)의 지시에 따라 제이크를 가르치고 훈련시키면서 사랑을 느꼈던 네이티리의 마음에 격분과 변화가 일어난다. 판도라 행성을 파괴하려는 무리의 입장을 이미 알고 있었다는 제이크의 고백에 네이티리는 제이크와 영원히 평생을 함께하겠다는 약속이 무색하게 제이크를 내친다. 부족의 분노로 그레이스 박사(시고니 위버 분)와 제이크는 밧줄에 묶여 처단될 위기에 이른다. 하지만 여사제는 간절한 호소의 눈물을 흘리며 예언의 상징적 의미를 담아 그들을 풀어 준다. 예언은 틀리지 않아 제이크는 이크란을 탄 전사들을 모두 도망가게 만든 토루크의 등 위에 올라타게 되고, 토루크 막토가 되어 돌아온다. 불안의 대상을 피하지 않고 그대로 맞붙어 이겨 내는, 힘겹지만 의미 있는 큰일을 해낸 것이다. 제이크가 '직면'이라는 어려운 선택과 체험을 하지 않았다면 부족민을 하나로 엮는 힘과 그들의 신뢰를 얻지 못했을 것이다. 직면은 순간적으로 증식된 불안을 가져오지만, 직면할 때 비로소 본질을 그대로 볼 수 있게 된다. 직면이 결국 긍정적인 에너지의 변화를 불러일으키는 까닭이다. 그럴 때 비로소 '당신이 보인다'. 제대로 볼 수 있다는 것은 본질에 근접하고 있다는 증거다. 그것이 바로 내면의 빛이고 힘이다. 제이크의 '직면'은 그가 부족민의 신뢰와 힘을 얻은 후 리더가 되어 제일 처음 한 일과도 연결된다. 제이크는 이제껏 자신과 네이티리를 교란시키고 업신여기며 추방하려 했던 전사 츠테이(라즈 알론소 분)에게 "당신의 도움이 필요해, 츠테이."라고 말하며 그를 행동의 주축으로 삼는다. 두려움의 대상을 똑바로 직면할 때 그것을 다스리게 되는 이치를 잘 보여 주는 장면이다.

장면 10

생명의 나무 아래에 있는 제이크와 제이크의 아바타. 나비족의 염원이 담긴 노래가 울려 퍼지는 가운데 제이크의 아바타가 눈을 뜨는 마지막 장면

영화 속 행성의 이름은 판도라다. 판도라(Pandora)는 그리스어로 '모든 것을 준다'는 뜻을 담고 있다. 원래 판도라는 그리스 신화에 나오는 최초의 여자를 말한다. 불의 신이며 뛰어난 책략가인 프로메테우스가 신들의 나라에서 불을 훔쳐 인간에게 주자, 주신(主神) 제우스는 이 축복에 맞먹는 불행을

주기로 한다. 제우스는 불의 신이며 장인(匠人)들의 수호신인 헤파이스토스에게 부탁해 흙으로 여자를 빚게 했고, 신들은 이 여자에게 각자가 고른 가장 좋은 선물을 주었다. 그러나 판도라는 온갖 고통과 악이 들어 있는 단지(판도라의 상자)를 갖게 된다. 제우스는 판도라를 에피메테우스에게 보냈는데, 그는 프로메테우스의 경고를 잊어버리고 판도라를 아내로 삼는다. 나중에 판도라는 그 단지를 열게 되고, 그 안에서 악들이 나와서 땅 위에 퍼진다. 다른 설에 의하면 '희망'만은 빠져나가기 전에 뚜껑을 닫았기 때문에 단지 안에 남게 되었다고 한다.

판도라는 사실상 '희망'의 상징이다. 곳곳에 세기말적인 징후가 포착되고, 전쟁의 위협이 도처에 도사리고 있으며, 갈수록 우울하고 처참한 기사들이 번지는 까닭에 살아갈 힘을 잃어 가는 형국에서 그래도 인류가 가져야 할 힘은 '희망'이다. 희망이 없다면 결국 아무것도 없기 때문이다.

❤ 심상 시치료

(명상에 이르게 한 후 진행한다.) 아주 크고 우람한 나무가 있습니다. 푸르고 넉넉하여 언제든지 기댈 수 있는 나무입니다. 생명의 위대한 힘을 그대로 지니고 있는 나무입니다. 이 나무 아래에 누워 있는 내 몸을 떠올려 보시기 바랍니다. 지금 내 몸은 푸르고 싱그러운 나무 그늘 아래 누워 있습니다. … 나는 내 몸을 내려다보고 있습니다. 그동안 나는 내 몸을 이리저리 이끌고 다녔습니다. 기분 좋은 곳, 기쁜 곳, 즐거운 곳을 다닌 적도 있지만, 괴로운 곳, 서글픈 곳, 아픈 곳도 많이 다녔습니다. 내 몸에 좋은 것을 많이 넣은 적도 있지만, 내 몸에 해로운 것을 넣은 적도 많았습니다. 하지만 묵묵히 아랑곳하지 않고, 나를 이루고 있는 내 몸을 내려다보시기 바랍니다. 나를 나답게 이루는 내 몸입니다. 나는 그다지 내 몸한테 잘해 주지 못했습니다. 이리저리 끌고 다니고 함부로 다루기 일쑤였습니다. 몸한테 호사를 시켜 주지도 못했고, 내 욕심에 의해 몸이 좋든 말든 억지로 먹고 마시기도 했습니다. 몸이

원하든 원하지 않든 상관없이 내 마음대로 몸을 이끌고 다니다가 함부로 팽개치기도 했습니다. 하지만 늘 나를 이루고 있는, 내가 뜻한 대로 말없이 따라온 내 몸을 가만히 내려다보시기 바랍니다. … 이제 가만히 다가가서 내 몸을 천천히 쓰다듬어 주시기 바랍니다. 이렇게 변함없이 늘 있어 줘서 고맙다고 고맙다고 속삭이면서 내 몸을 머리부터 발끝까지 가만히 쓰다듬어 보시기 바랍니다. … 이제 나를 안아 줍니다. … 나를 꼭 껴안아 줍니다. 내 몸과 내 기운이 하나가 되는 것을 느껴 보시기 바랍니다. 몸과 마음이 하나가 된 느낌을 그대로 간직합니다.

눈을 뜨고, 지금의 느낌을 말로 표현하고, 나누어 봅니다.

치료적 의미

제목에서 말해 주듯, 영화 〈아바타〉에서 아바타는 현실과 비현실의 경계를 넘나든다. 한편 몸을 이루는 분신인 아바타는 영혼의 육체성을 상징한다. 즉, 육체인 아바타를 조종하는 것은 바로 실체적인 영혼의 존재인 것이다. 영화의 큰 맥락인 생명 존중과 사랑의 기운을 치료적 의미로 도입시켜, 내 영혼이 육체의 나에게 존중하고 감사한 마음을 지닐 수 있도록 한다. 이로써 나를 이루어 왔던 내 현재의 삶까지 화해하고 수용하며 포용하여 자기 치유력을 지니고, 더불어 자중자애의 마음으로 자존감을 높일 수 있다.

2) 쇼생크 탈출

영화 관련 정보

- **감독:** 프랭크 다라본트(Frank Darabont)
- **각본:** 스티븐 킹(Stephen King) 원작, 프랭크 다라본트(Frank Darabont)

- **촬영:** 로저 디킨스(Roger Deakins)
- **주연:** 팀 로빈스(Tim Robbins), 모건 프리먼(Morgan Freeman)

〈쇼생크 탈출(The Shawshank Redemption)〉은 프랭크 다라본트 감독의 데뷔작으로, 스티븐 킹의 소설을 원작으로 해서 1994년에 제작되었다. 아카데미 최우수 각색상 후보, 작가 길드상 후보, 감독 길드상 후보 등 아카데미 7개상 후보에 오른 작품이다. 또한 이 영화의 시나리오로 남가주 대학교로부터 인권상, 스크립터상을 받기도 했다. 〈쇼생크 탈출〉은 1994년 스티븐 킹의 중편소설 『리타 헤이워드와 쇼생크 탈출(Rita Hayworth and Shawshank Redemption)』을 원작으로 프랭크 다라본트가 대본을 쓰고 감독한 영화다. 영화의 마지막에 '앨렌 그린(Allen Greene)을 추모하며'라는 자막이 뜬다. 그는 다라본트의 오랜 친구이자 매니저로, 영화 완성 직전에 에이즈로 사망하였다. 〈쇼생크 탈출〉은 극장 흥행 성적은 나빴지만 세월이 흐르면서 커다란 인기를 얻었다. 적자를 겨우 면할 정도의 박스 오피스 기록에도 불구하고 비평가들의 호평을 받았으며, 이후 케이블 TV, 비디오테이프, DVD, 블루레이 디스크 등의 매체를 통해 상당한 인기를 구가하였다. 현재까지도 관객과 평단 양쪽에서 모두 높은 평가를 받고 있다.

영화 줄거리

젊고 유능한 은행 간부인 앤디 듀프레인은 부인과 그녀의 정부를 살해한 죄목으로 종신형을 선고받고 쇼생크 교도소에 수감된다. 야만적인 감옥의 생리와 폭력에 직면한 앤디는 자기 나름대로의 방법으로 생존의 길을 모색한다. 역시 종신형을 선고받고 오랫동안 복역하면서 교도소 내에 담배 등을 밀반입하여 돈을 챙기는 레드는 말이 없고 여타 죄수와는 다른 앤디를 보고 호감을 갖는다. 레드는 앤디에게 돌을 조각하는 작은 망치와 육체파 여배우 리타 헤이워드의 포스터를 구해 주면서 친구가 된다. 앤디는 그의 재능을 살려 간수에게 세금 감면에 대한 조언을 해 주고, 그 대가로 동료들에게 맥주를 선물한다. 이후 그는 감옥 내 도서관에서 일하게 되고 간수들과 교도소장의 세금 정산을 도와준다. 교도소 내 서고를 관리하는 일을 맡고부터 도서관 개선을 위해 주정부를 대상으로 끊임없이 편지를 쓰고, 결국 합당한 지원을 받게 된다.

그렇게 근 20년 가까운 시간이 흐른 어느 날, 앤디는 우연히 신참에게서 자신의 무죄를 입증할 만한 이야기를 듣게 된다. 그 얘기의 전말을 교도소장에게 했지만, 소장은 그 신참을 살해하라는 지령을 내려 앤디의 방면을 묵살한다. 이에 앤디는 마침내 탈출할 때가 왔다는 사실을 깨닫고는 실행에 옮긴다. 여배우의 포스터 안쪽, 가려진 부분에는 20년 가까운 세월 동안 벽을 파고들어 간 그의 노력으로 탈출의 터널이 마련되어 있었던 것이다. 앤디는 소장의 돈세탁에 필요한 가상의 인물의 계좌에서 그 돈을 모두 찾아서 자신이 가고 싶었던 태평양을 향해 떠난다. 앤디의 열정 어린 설득으로 스스로도 모르게 희망과 꿈을 간직해 오던 레드 또한 가석방 심사에 합격함으로써 교도소를 나오게 된다. 그는 앤디가 남긴 말대로 커다란 오크 나무 아래의 흑요석을 들춰내고, 앤디가 쓴 쪽지와 여비를 발견한다. 이윽고 레드는 앤디가 있는 곳을 향해 떠나며, 시종일관 희망을 노래한다. 마침내 태평양 섬에서 배를 수리하고 있는 앤디를 만난 둘은 오래도록 포옹한다.

영화 보기

장면 1

- 부인이 살해되던 날 무슨 일이 있었나요?
- 심하게 다퉜습니다. 몰래 바람을 피웠는데 들키자 오히려 잘됐다며 리노에서 이혼하자고 했습니다.
- 리노보다 먼저 지옥에 가게 될 거라고 했다죠?

- 틴과 살려고 짐을 챙겼죠. 전 당황하고 취했어요. 돌아가다 총을 강에 버렸죠.
- 3일간 강을 수색했지만 총과 실탄이 발견되지 않았습니다.
- 총이 발견 안 된 건 이유가 될 수 없습니다.
- 개선의 여지가 보이지 않아 희생자의 각각의 목숨을 참고해서 피의자에게 종신형을 선고합니다.

우리는 이 영화를 '통과제의'의 과정으로 볼 필요가 있다. 이 영화는 하나의 '시련' 상황이다. 영화의 전개 과정은 시련의 과정이며, 통과제의(通過祭儀)라는 말과 연관된다. 반 제넵(Arnold Van Gennep) 이후 인류학자들은 어떤 개인이 새로운 지위 · 신분 · 상태를 통과할 때 행하는 여러 의식이나 의례를 총칭할 때 통과의례라는 말을 사용해 왔다. 사람의 일생은 끊임없이 여러 단계나 상태를 통과하는데, 특히 중요한 것은 출생 · 성인(成人) · 결혼 · 죽음이다.

평범하고 성공한 젊은 은행 간부인 앤디 듀플레인은 애인에게로 떠난 부인에게 심한 배신감을 느낀다. 술을 마신 상태에서 승용차 안에서 권총을 장전하는 그는 여차하면 쏠 태세였다. 하지만 그는 부인을 살해하지 않은 채 그곳을 떠났고, 다만 강에 총을 버렸을 뿐이지만, 그의 결백은 받아들여지지 않는다. 그는 종신형을 선고받고 쇼생크 감옥에 수감된다. 앤디는 바로 본격적인 통과제의를 겪게 되는 것이다.

장면 2

그는 다른 이들과 다른 세계에 있는 것 같았다. 걷고 말하고 조용한 구석에 있었다. 세상 걱정 없이 공원을 산책하는 사람처럼 보였다. 투명인이 옷을 입은 것처럼 보였다. 나는 그에게 호감이 갔다. 배달되어 온 망치를 보고 픽 웃었다. 이걸 가지고 굴을 파려면 600년은 족히 걸릴 것이다. 나는 앤디가 잘 싸워서 이겨 내길 바랐다. 하지만 여기는 동화 속 나라가 아니다. 아무도 얘

> 긴 안 했지만, 우리 모두는 잘 안다. 겉으로는 똑같은 것이다. 앤디 얼굴에 피멍이 드는 날도 줄어들었다. 앤디에게는 처음 2년이 힘들었다. 만일 계속 그랬다면 견뎌 내지 못했으리라. 1949년 봄부터 상황이 나아지기 시작했다.

'현실은 냉혹하다.'는 말이 영화에서 두 번 나온다. 한 번은 감옥 내 도서 배달 일을 하던 브룩스가 가석방되어 사회에 나갔을 때, 그리고 두 번째는 영화의 말미쯤 레드가 가석방되어 사회에 나갔을 때다. 아이러니하게도 '감옥 안이 냉혹했다.'는 표현은 영화의 어디에서도 찾아볼 수 없다. 게다가 앤디는 사회에 있을 때 정직했으며 감옥 안에서 오히려 사기꾼이 되었다는 말을 한다. 이렇게 뒤바뀐 설정은 냉혹한 상황을 올바로 견뎌 내기 위한 자각에 다름 아니다. 가장 처참한 환경에 처했을 때, 스스로에게 일어나는 자기위로의 차원이라고도 해석할 수 있겠다. 또 하나, 우리는 정말 냉혹한 현실 앞에서는 침묵할 수밖에 없다. 그 냉혹함이란 소름 끼치게 차가워서 그 말을 내뱉을 수 없을 만큼 영혼이 얼어 버리고 만다. 어쩔 수 없는 상황일 때 그것을 받아들이는 것 말고 도대체 무엇을 할 수 있겠는가. 여기는 어둠이다. 빛이 보이지 않는다. 하지만 잊지 말자. 우리는 한 발 한 발 앞으로 걸어 나가고 있다. 걸음을 멈추지 않고 있다. '여기서 절대 살 수 없다'고 말했던, 첫날부터 울음을 터뜨렸던 이름 모를 죄수—아무도 그 이름을 알지 못한다—는 죽음으로 그 행보를 멈추고 말았다. 그리하여 살 수 없다는 것은 냉혹한 환경 때문이 아니다. 스스로 어둠에 갇혀 버림으로써 삶의 종지부를 찍게 되는 것이다.

앤디는 아마 이 생활을 즐기기라도 할 요량인가 보다. 취미로 체스 판에 쓸 돌을 조각하기 위해 망치를 구입했다. 그가 조각을 다듬는 행위는 큰 상징성을 지닌다. 아무도 거들떠보지 않는 돌을 주워서는 정성껏 가꾸며 그것을 쓸모 있게 조각하는 행위는 흡사 자신의 삶을 갈고 다듬고 조각하는 것을 의미한다. 구속된 이후로는 술을 입에 대지 않고, 자신을 가다듬는, 절제

되고 조율하는 앤디를 볼 수 있다. 망치는 보다 더 중요한 역할을 하게 된다. 누가 봐도 벽을 내리칠 수 없을 것이라고 여겨지던 그 작은 망치로, 앤디는 결국 19년에 걸쳐 벽을 뚫고 탈출에 성공한다. 구하고 찾고 두드리는 것은 바로 '꿈과 희망'의 구체적인 표현이다.

사실 지금은 어둠이 한창이다. 앤디는 집단 강간을 거부하는 바람에 온몸에 멍이 들도록 구타를 당하곤 했다. 하지만 레드의 증언에 의하면, 앤디는 마치 공원에 산책 온 사람처럼 느긋하고 안정되어 보이는 뭔가가 있었다. 그것이 바로 '꿈과 희망'의 힘이다. 나중에야 알게 된 일이지만, 햇볕을 쬐는 그 짧은 시간에 앤디는 밤사이 팠던 벽에서 나온 돌조각을 마당에 버리고 있었던 것이다. 꿈을 꾸는 자는 '힘'이 있다. 그 어떤 암울한 어둠 속이라 할지라도.

장면 3

- 교도소는 세 가지에만 돈을 쓰지. 벽을 두르고, 철창을 치고, 간수를 더 고용하는 것.

……

- 매주 앤디는 편지를 썼다. 노튼 소장이 말했듯 답장이 없었다. 앤디는 간수들의 세금 환급을 해 줬다. 앤디는 사업을 잘했다. 결산 때는 조수까지 필요했다. 덕분에 매년 한 달씩 편하게 지냈다.

앤디의 행위는 기실 놀랍다. 은행 간부였던 탓에 회계에 능한 그가 능력을 발휘할 뿐만 아니라, 그를 손쉽게 이용하기 위해서 배치시켰던 도서실에서 그는 누구도 상상하지 못한 일을 해낸다. 매주 주 의회에 도서관 기금 마련 및 복지 개선을 위한 편지를 보내고, 6년 동안 똑같은 일을 한 끝에 200불의 돈과 함께 몇몇 기증 서적을 받는다. 그 속에서 모차르트의 〈피가로의 결혼〉 음반을 찾아낸다. 앤디의 행동을 뒷받침하는 신념은 다음과 같은 대사에서 확연하게 드러난다. 감방을 수색할 때, 앤디는 성경책을 읽고 있는 중이었다. 소장이 관심 있는 구절이 있는지 물었을 때, 앤디는 '마가복음 13장 35절'의 "그러므로 깨어 있어라. 네 주인이 언제 돌아올지, 저녁에 혹은 밤중에 혹은 새벽닭이 울 때 혹은 아침 무렵에 올지 모르기 때문이다."라고 말한다. 이 구절의 핵심은 '깨어 있는 자'다. 플라톤 식으로 말해서, 동굴 안에 갇혀서 그림자를 실체라고 생각하고 있는 수많은 이의 일상 행위를 타파하고 스스로의 길을 찾는 앤디의 행위는 도서실을 확장하거나 검정고시를 칠 수 있도록 죄수들을 상대로 교육하는 행동으로 구체화된다. 그는 실로 플라톤의 동굴의 비유에서 동굴 안에서 벗어나 세상의 빛을 발견하고는 다시 동굴 안으로 들어가서 남아 있는 이들을 이끌어 내는 역할을 감당한다. 진흙 속 연꽃의 역할을 다른 말로 표현하자면, 니체가 말한 '위버멘쉬'다. 위버멘쉬(Ubermensch)는 니체의 인간관을 집약적으로 표현한 개념으로, '인간을 넘어서'라는 표면상의 뜻을 가진다. 위버멘쉬는 힘을 향한 의지를 자신의 본질로 하는 인간을 말하며, 위버멘쉬의 '인간을 넘어서'가 갖는 일차적 의미는 자기 극복과 자기 초월이다. 앤디는 초월적인 의미로서가 아닌 극복의 의미로서의 위버멘쉬다. 끊임없이 스스로를 깎고 조각하고 다듬어 가는 위버멘쉬다. 600년은 족히 걸릴 것이라고 터무니없는 일이라며 아예 시도해 보지 않은 벽을 뚫고 나간다. 누명을 뒤집어쓴 옥살이도 억울하다며 하소연하는 눈물 한 방울 보이지 않고, 유유자적하게 스스로를 갈고 닦아 정금같이 빛나게 하는 위버멘쉬다. 앤디를 위버멘쉬로 만드는 힘, 진흙 속에서 연꽃을 피워 내게 하는 힘이 있다. 그 힘이 그를 쉬지 않고 깨어 있게 했다. 동굴의 그림자만 보고 주저앉아 있는 숱한 사람들 속에서 그를 일으켰다. 일어나서 걸어 나가 세상의 빛을 만나게 했다. 그 힘은 무엇인가? 그것은 다름 아닌 '희망을 담은 꿈'이다. '꿈'을 말할 수 있을 때, 이미 그는 터널의 출구를 발견한 것이다.

한편 앤디가 관심 있는 성경 구절을 말하는 것을 지켜보던 소장은 '요한복음 8장 12절'의 "예수께서 또 일러 가라사대 나는 세상의 빛이니 나를 따르는 자는 어두움에 다니지 아니하고 생명의 빛을 얻으리라."라며 응수한다. 소장은 동굴 안에서 가장 크고 음험하고 무서운 그림자 역할을 하고 있다. 그는 성경을 빙자해서 예수가 아닌 자신에게 굴복하라는 암시를 주고 있다. 평소 소장이 들고 다니던 성경책과 그의 불법 거래 장부를 보관하던 "심판의 날은 더 빨리 다가오리라."라는 성경 구절이 걸린 액자를 통해, 역설적이게도 소장의 극악한 위선으로 인한 결말이 암시되어 있음을 볼 수 있다. 게다가 앤디는 탈출하면서 교묘하게 장부와 성경책을 바꿔 금고 안에 넣어 둔다. 불법 장부 대신 앤디의 조각용 망치를 안전하게 보관하도록 속지가 조각나 있는 성경 앞 장에 적힌 앤디의 글, "소장의 말이 맞았어요. 이 책 안에 구원이 있군요."를 보고 나서 소장은 스스로 심판을 받는다. 각종 횡령이 발각된 것에 이어 소장은 권총으로 자살하고 만다.

장면 4

- 난 이태리 여자들이 노래하는 것에는 별 관심이 없었다. 사실 난 몰랐다. 나중에야 느꼈다. 노래가 아름다웠다. 말로 표현할 수 없었다. 그래서 가슴이 아팠다. 꿈에서도 생각할 수 없는 높은 곳에서 아름다운 새가 날아가는 것 같았다. 벽들도 무너지고 쇼생크의 모두는 자유를 느꼈다. 앤디는 2주간 독방에 갇혔다.

……

- 머리와 가슴속에서 울리는 아름다운 곡이었어요. 이런 감정 느껴 본 적 있어요?
- 예전에 하모니카를 분 적이 있어. 이젠 감흥을 느끼지 않지만.
- 이 세상에서는 돌로 만들어지지 않는 곳도 있어요. 그 안쪽까지 저들의 손이 미치지 못하죠. 건드릴 수 없죠.
- 그게 뭐지?
- 희망이요.

- 희망?
- 내가 충고 하나 하지. 희망은 위험한 거야. 사람을 미치게 하지. 감옥에선 소용없어.

(밥을 먹다 숟가락을 내팽개치듯 놓고 일어나는 레드)

그렇다. 이 세상에는 돌로 만들어지지 않는 부분이 있다. 그 감춰진 부분을 어느 누구도 건드릴 수 없다. 플라톤은 우리 모두가 동굴 안에 있지만, 세상의 빛을 인식하는 눈을 가지고 있다고 하지 않았는가. 그 빛을 발견할 수 있는 영혼의 눈을 가진 이상 우리는 인간이다.

매슬로(Maslow)의 욕구 단계설(hierarchy of needs)은 인간의 욕구가 그 중요도에 따라 일련의 단계를 형성한다는 일종의 동기 이론이다. 하나의 욕구가 충족되면 그것을 기반으로 해서 다음 단계에 위치해 있는 욕구를 충족하는 식으로 체계를 이루고 있다는 것이다. 가장 먼저 요구되는 욕구는 다음 단계에서 달성하려는 욕구보다 강하며, 그 욕구가 충분히 충족되었을 때만 다음 단계의 욕구로 전이된다. 이들 욕구의 단계는 다음과 같다.

- **생리적 욕구**: 기아를 면하고 생명 유지를 위한 욕구로서, 가장 기초적인 의식주에 관한 욕구부터 성적 욕구까지를 포함한다.
- **안전 욕구**: 생리적 욕구가 충족된 후에 나타나는 욕구로서, 위험, 위협, 박탈에서 자신을 보호하고 불안을 회피하고자 하는 욕구다.
- **애정/소속 욕구**: 가족, 친구, 친척 등과 친교를 맺고, 원하는 집단에 소속되어 귀속감을 느끼고 싶어 하는 욕구다.
- **존경 욕구**: 사람들과 친하게 지내고 싶은 인간의 기본적인 욕구다.
- **자아실현 욕구**: 계속적인 자기 발전을 위하여 자신의 잠재력을 최대한으로 발휘하는 데 초점을 둔 욕구다. 다른 욕구와는 달리 욕구가 충족될수록 더욱 증대되는 경향을 보여 '성장 욕구'라고도 한다. 알고 이해하

려는 인지적 욕구, 심미적 욕구 등이 이에 포함된다.

다시 앤디의 행위를 살펴보자. 그는 끊임없이 갈구하는 것이 있었다. 그것은 '자유'였다. 자유는 그에게 '꿈과 희망'을 가져왔고, 희망은 상황을 극복하게 하는 강력한 '힘'이었다. 매슬로의 이론대로라면, 쇼생크 안의 죄수들은 생물학적 생존을 위한 기본적인 욕구와 안전의 욕구인 1단계와 2단계 안에서 헤매고 있을 수밖에 없다. 그들은 복종하지 않으면 죽임을 당했으며, 허락받지 않으면 생리적인 배설을 할 수도 없었다. 그런 그들에게 햇볕 아래서 맥주를 마시게 하거나, 고졸 시험을 칠 수 있도록 교육을 하거나, 모차르트의 〈피가로의 결혼〉을 들려주는 것이 어떤 의미가 있는가. 그들에게 존중과 인지와 심미적 욕구를 부여하는 것은 매슬로의 욕구 단계를 거스르는 것이 아닌가. 여기서 다시 '자유'와 '꿈과 희망'의 힘을 언급하지 않을 수 없다. 인간의 소망은 단순한 욕구의 차원을 넘어서서 존재한다. 다시 말하자면, 충족되지 않은 전 단계의 욕구를 가지고 있을지라도 보다 고차원의 욕구에 대한 갈망은 여전히 존재한다는 말이다. 사실 모차르트 음악을 접한다는 것은 기본적인 하위 욕구가 충족되지 않은 상태에서는 사치라고 치부될 수도 있다. 그 상황에 매몰된 이들에게는 더욱 그럴 것이다. 하지만 '자유'와 '희망'이라는 소망을 지니고 있고 그것을 내면 깊이 공감하고 있다면 뜬구름 잡는 소리가 아니다. 자유와 희망은 '자아실현 욕구'와 맥이 닿아 있기 때문이다. 그리하여 레드는 말한다. "노래가 아름다웠다. 말로 표현할 수 없었다. 그래서 가슴이 아팠다. 꿈에서도 생각할 수 없는 높은 곳에서 아름다운 새가 날아가는 것 같았다. 벽들도 무너지고 쇼생크의 모두는 자유를 느꼈다." 아름다움은 모든 욕구를 뛰어넘어서 인간이 가지는 근원이다. 평화 또한 그러하다.

교도소 곳곳에 울려 퍼졌던 음악은 볼프강 아마데우스 모차르트(Wolfgang Amadeus Mozart)의 〈피가로의 결혼〉 중 제3막, 〈편지 이중창 – 저녁 바람이 부드럽게(Che soave zefiretto)〉다. 칼 뵘(Karl Bohm) 지휘의 음반으로 수잔나는 에티스 마티스, 백작 부인은 군둘라 야노비츠가 부르는 곡이다.

장면 5

- 1966년 앤디는 쇼생크 감옥을 탈출했습니다. 진흙 묻은 죄수복이 발견되었지요. 닳아서 해진 망치도 발견되었죠. 600년쯤 걸릴 것 같았던 그 망치로. 그는 세심한 성격으로 지질학에 관심을 가졌습니다. 지질학의 근본은 시간과 압력이죠. 포스터는 그 입구를 감추기 위한 수단이었습니다. 감옥에서는 자신이 몰두할 시간이 필요하죠. 그는 밖에 나와서는 벽의 조각들을 버렸지요. 그리고 토미가 죽자 탈출을 결심한 것이었습니다. 누가 신발에 신경이나 씁니까? 시궁창을 3킬로미터나 기어 나갔습니다. 저라면 안 했을 겁니다. 축구장 다섯 개만 한 거리죠. 포스터의 비밀이 벗겨지던 순간 한 신사가 은행에 나타났지요. 서류상 존재하던 사람이었습니다. 그는 은행을 12군데나 들러 37만 달러를 찾아갔습니다.

('타락과 살인의 온상'이라는 제목으로 포틀랜드 신문에 쇼생크 감옥의 기사가 실림)

- 하들리는 잡혀가면서 계집애처럼 울었다고 합니다. 소장은 순순히 응하지 않았죠. 총을 쏘면서 소장은 무슨 생각을 했을까요? 앤디에게 철저히 당했다고 생각했을 겁니다. 며칠 후 엽서 하나가 날라 왔죠. 텍사스 소인만 찍힌 엽서였습니다. 국경 부근에서 보냈죠. 자동차를 타고 남쪽으로 달린 앤디, 시궁창을 기어 나가 자신의 무죄를 밝혔죠. 듀프레인은 종종 화제가 되었습니다. 그런 인물이었으니까요. 그의 빈자리는 때로 슬펐습니다. 하지만 새는 가둘 수 없는 걸 알아야 합니다. 깃털은 아름답죠. 새들에게서 비상의 기쁨을 뺏는 것은 죄악이죠. 그래도 저는 허전했습니다. 제 친구가 그리웠죠.

앤디는 탈출에 성공한다. 탈출하는 밤, 때마침 천둥과 번개를 동반한 비가 내린다. 자연이 그의 행적을 지워 주며 탈출을 돕는다. 천둥소리에 맞춰 하수관을 돌로 내려찍는다. 시궁창 3킬로미터를 기어가서 드디어 탈출에 성공했을 때, 비가 내려치며 온몸은 비에 젖는다. 앤디는 스스로 환희에 넘쳐 오래도록 두 손을 올린다. 그 순간 앤디의 감정을 그 어떤 단어로 설명할 수 있겠는가. 완벽한 자유다. 자유를 성취하고 만 것이다. 축복처럼 비가 내려 몸도 마음도 깨끗이 씻겨 준다. 이 자유는 그저 얻은 것이 아니다. 억울함을 분노로 표출하지 않고 승화시키고 인내하고 스스로를 감싸 안듯 삶을 조각하고 연마하고 단련시켜 일궈 낸 결과다. 20년에 가까운 세월이었다. 앤디의 행적은 우리의 옷깃을 여미게 한다. 탈출에 성공한 앤디는 가상 계좌의 인물로 은행에 나타나서는 수많은 돈을 손에 쥔다. 곧 행복한 결말에 이르게 된다. 이 행복은 꿈으로 인한 자유 덕분이다. 꿈으로 말미암은 희망은 행복을 전염시키기 마련이다. 이제 희망이란 없다고 말하던 레드조차 자유를 향해 나아가게 된다.

장면 6

- 40년 동안 나는 허가를 받지 않고서는 한 방울도 쌀 수 없었어요. 현실은 냉혹합니다. 밖에서 제가 할 수 있는 일이란 없었죠. 죄를 지어 돌아가는 것이 유일한 길이었죠. 두려움에 떨며 브룩스는 그걸 알았던 겁니다. 적어도 그곳은 두렵지는 않으니까요. 제 발목을 잡은 것은 앤디와의 약속이었습니다.

(벅스톤의 돌담길 오크 나무를 지나서, 흑묘석을 들춰 양철 상자를 꺼내어 그 안의 돈과 함께 편지를 집어 드는 레드)

- 내 친구에게. 이 편지를 읽으실 즈음에는 멀리 오셨을 테니, 조금 더 멀리 오실 수 있겠지요? 그 도시 기억하시죠? 저와 함께 사업을 꾸려 나갈 사람이 필요해요. 체스도 대기 중이에요.
- 기억해요, 희망은 좋은 거죠, 모든 것 중 최고라고 할 수 있죠. 그리고 좋은 것은 절대 사라지지 않아요.

……

- 열심히 살거나 일찍 죽거나. 정말 그렇죠. 내 생애 두 번째 주거 이탈을 했죠. 도망자를 찾으려고 모든 도로를 차단할 겁니다. 나는 너무 흥분되어 앉을 수도, 생각할 수도 없었습니다. 자유를 가진 자만이 느낄 수 있는 흥분이죠. 결과가 불확실한 긴 여로에 오른 것이죠.

……

- 나는 희망합니다. 내가 국경을 넘을 수 있기를. 나는 희망합니다. 친구를 만나 그와 악수할 수 있기를. 나는 희망합니다. 태평양이 꿈에서 보아 왔던 것처럼 푸르기를. 그리고 나는 희망합니다….

영화의 제일 처음을 상기해 보자. 영화의 첫 장면은 부인이 살해당하는 날 무슨 일이 있었는지, 검사의 날카로운 질문을 받고 있는 법정에 선 앤디의 모습이다. 영화의 마지막은 판이하게 다르다. 앤디는 태평양 바다 앞 해변에서 배를 수리하고 있다. 멀리서 앤디에게 다가가는 레드가 보인다. 둘은 오래도록 말없이 포옹하고 있다.

태평양(太平洋)은 오대양 중 하나다. 유라시아, 남북아메리카, 오스트레일리아 따위의 대륙에 둘러싸인 바다이며, 세계 바다 면적의 절반을 차지한다. 면적은 1억 6,525만km^2다. 우리는 지금 영혼의 태평양을, 영혼의 푸른색을, 영혼의 큰 바다를 누비고 있다. 그것은 바로 희망과 극복이라는 이름이다. 이 영화는 삶을 살아가는 비법을 알려 주고 있다. 기실 비법은 지극히 단순하다. '열심히 살아가거나 일찍 죽거나.' 일찍 죽는다는 것은 오랫동안 감옥에 있었던 탓에 사회 환경에 적응하지 못하고 자살한 브룩스 같은 죽음을 말한다. 열심히 살아간다는 것은 힘을 잃지 않고 앞으로 나아가는 것을 말한다. 현실이 아무리 시궁창이라도 말이다. 우리는 결국 주저앉지 않고 멈추지 않고, 생명의 빛을 간직하고 소중하게 여기며 한 걸음씩 나아갈 때 '꿈과 희망'의 힘을 얻게 된다. 강력한 '꿈과 희망'은 '희망'을 저주할 만큼 현실에 매몰되어 있던 친구에게도 전염된다. 그것은 행복하고 아름다운 전염이다. 이제 터널을 통과하고 나뭇잎 사이에 찰랑거리는 찬연한 햇빛을 보았다. 그다음은? 우리의 궁극적인 성취는 울려 퍼짐이다. 햇살이 골고루 사물을 비추듯이.

심상 시치료

(명상에 이르게 한 후 진행한다.) 푸른 바다 한가운데 나는 누워 있습니다. 팔을 천천히 움직이고 발을 천천히 젓고 있습니다. 자연스럽고 편안한 모습으로 바다 위에 떠 있습니다. 편안한 내 몸과 부드러운 물결을 온몸으로 느껴 보시기 바랍니다. … 지금은 밤입니다. 밤하늘에는 수없이 반짝이는 별들이 있습니다. 나는 지금 밤바다에 누운 채 크고 작은 별들의 반짝거림을 올려다보고 있습니다. 별빛들이 내 몸 위로 쏟아져 내리고 있습니다. 내 몸을 감싸는 별빛을 온몸으로 느껴 보시기 바랍니다. … 나는 찰랑이는 물결 위에서 반짝이는 별을 온몸으로 받은 채 누워 있습니다. 수많은 별 중에서 유독 나를 향해 더욱 빛나는 별이 있습니다. 별빛은 마치 환하게 미소를 짓는 듯 반짝이면서 나를 향해 달려옵니다. 가까이, 좀 더 가까이, 별이 나를 향해 오고 있습니다. … 별이 내 품에 안깁니다. 나도 품에 안긴 별을 어루만집니다. … 내가 태어나는 순간, 이 별이 태어났습니다. 내가 자라 오는 동안, 이 별도 자라났습니다. 이 별은 내가 기억하지 못하는 순간에도 늘 나를 향해 반짝이고 있었습니다. 내가 전혀 모르고 있던 순간에도 별은 내 꿈을 위해 빛을 발하고 있었습니다. … 이 별이 내게 내 꿈이 뭐라고 말해 주고 있습니다. 별이 하는 말을 귀 기울여 들어 보시기 바랍니다. … 별이 하는 말을 듣고, 나도 뭔가 답을 하고 있습니다. 나는 뭐라고 대답하고 있나요? 별과 나는 자연스럽게 대화를 나누고 있습니다. 어떤 말을 하는지 귀를 기울여 들어 보시기 바랍니다. … 이제 대화를 마무리하고 있습니다. 셋을 세면 대화를 마무리하며 눈을 뜹니다. 눈을 뜨는 순간 별빛이 온몸 가득 퍼지며, 나는 너무나 찬란한 이 별빛을 간직하게 될 것입니다. 하나, 둘, 셋.

눈을 뜨고, 지금의 느낌과 별이 하는 말과 내가 답한 말을 적어 봅니다.

치료적 의미

〈쇼생크 탈출〉이라는 영화의 핵심은 꿈과 자유로 귀결된다고 볼 수 있다. 꿈을 지니는 것은 스스로 지어서 가둔 감옥에서 벗어나는 것을 의미한다. 꿈을 지니고 실천해 가는 것은 현실의 어려움을 극복하게 하는 원동력이 된다. 이렇듯 영화의 메시지는 분명하다. 별빛을 떠올리는 것은 미처 자각하지 못했거나 잠재되어 있던 꿈을 일깨우는 역할을 한다. 제대로 된 몰입으로 심상시치료를 진행할 때, 현실 속에 매몰되어 미처 알아차리지 못했던 꿈을 깨닫는 놀랍고 신비로운 경험을 할 수 있다. 이로써 삶의 목표점을 세우며, 현실의 어려움을 헤쳐 나갈 수 있는 힘을 갖게 된다.

3) 오아시스

영화 관련 정보

- **감독:** 이창동
- **각본:** 이창동
- **촬영:** 최영택
- **주연:** 문소리, 설경구

영화 줄거리

종두(설경구 분)는 뺑소니 교통사고를 낸 형을 대신해서 교도소에서 지내다가 막 출소했다. 그 사이 이사를 가 버린 가족들을 겨우 찾아가지만 가족들은 귀찮은 내색을 숨기지 않는다. 어느 날 별 생각 없이 피해자의 가족을 찾아간 종두는 마침 다들 이사 가고 난 낡고 초라한 아파트 거실에 정물처럼 혼자 덩그러니 남겨진 공주(문소리 분)를 보게 된다. 알 수 없는 감정으로 종두는 또다시 공주를 찾아간다. 비루한 살림살이가 널려 있는 여자의 아파트에서 종두는 여자를 상대로 혼란스러운 욕정을 느끼지만 여자는 두려움에 일그러진 몸짓을 한다. 공주는 중증 뇌성마비 장애인이다. 장애인에게 지원되는 아파트로 오빠 부부는 이사를 가고, 공주는 낡고 허름한 아파트에 홀로 남겨져서 살아간다. 행동이 부자연스러운 그녀가 무서워하는 것은 방 안에 걸린 오아시스 그림에 밤마다 어른거리는 그림자다. 그것은 창밖 커다란 나무가 가로등에 비쳐 어른거리는 것이지만, 공주는 그림의 위치를 바꾸지도 나무를 어쩌지도 못한다.

어느 날 혼자 있는 공주의 아파트에 남자가 들어온다. 공주는 남자를 본 것부터 그 남자가 자기의 몸을 만진 것, 아프게 한 것까지 온통 난생처음이다. 어느 날 공주는 힘겹게 몸을 움직여 그의 전화번호를 누른다. 종두와 공주는 어느새 사랑에 빠진다. 모든 사람이 싫어하는 남자인 종두와 세상에서 소외된 공주가 그려 나가는 사랑이란 어설프다. 전화 통화를 시작하고, 종두의 형이 운영하는 카센터에서 데이트를 하고 자장면을 먹기도 하면서 둘은 서서히 감정을 교류해 나간다. 사랑 안에서 공주는 정상인처럼 걷고 웃고 말하며, 종두는 사랑하는 한 여자를 가슴에 보듬는 듬직한 남자가 된다.

둘은 오아시스 그림 앞에서 춤을 추고 사랑을 나누지만 세상은 그들을 가만두지 않는다. 두 사람이 나누는 사랑의 몸짓을 오빠 부부에게 들키게 되고, 종두는 장애인을 강간한 혐의로 또다시 교도소로 가는 처지가 된다. 잠깐의 틈을 타서 종두는 경찰서에서 빠져나온다. 그러고는 곧장 공주의 오아시스 그림을 가리는 나무 위로 올라가 나뭇가지를 모두 자른다. 그런 종두에게 마음 깊이 안타까움과 사랑을 전하는 유일한 방법은 잘 움직이지 못하는 몸으로 라디오 볼륨을 높이는 일이 전부인 공주. 시간이 흘러 공주는 서툴고 힘든 몸짓이지만 방 안에서 걸레질을 하고 있다. 그리고 교도소에 있는 종두로부터 편지가 날아온다. 편지의 내용은 마치 환한 햇살처럼 공주의 마음을 감싼다.

영화 보기

장면 1

- 너도 이젠 어른이 되어야지. 어른이 된다는 게 무슨 뜻인지 아냐? 마음대로 하고 싶은 대로 하는 게 아니다. 행동에 책임지고 다른 사람이 어떻게 보나 의식하는 게 어른이야. 사회에 적응도 하고 그게 어른이야.
- 나이가 몇이냐?
- 이제 스물여덟 살요.
- 아녜요. 스물아홉 살요.
- 설 쇠면 스물아홉 살.
- 설 쇠면 서른 살.
- 언제부터 일해요?
- 넌 항상 그래? 뭐가 그렇게 급해. 남의 말 잘 듣고 무슨 뜻인지 잘 듣고 말하란 말이야.

……

- 말도 없이 손님 차 가지고 나가면 어떡해?
- 내가 시범 운전해 봤는데 잘 나가요.
- 어디 노는 날 차 찾으러 올 줄 알았나 뭐.
- 너, 운전면허 있어 없어? 면허도 없는 놈이 남의 차를 마음대로 운전해? 철 좀 들라고 했지? 네가 한 행동에 책임져야 한다고 몇 번 얘기했어? 엎드려!

(남자의 엉덩이를 몽둥이로 때리는 형)

영화가 시작되면, 버스 창에 비친 자신의 모습을 보며 가다가 버스에서 내리는 남자를 만날 수 있다. 정류장에서 내려서는 또 다른 버스로 갈아타려고 서 있다. 겨울 외투 차림인 행인들과 달리 반팔과 운동복 차림이다. 건들건들거리는 폼으로 담배를 빌려 피우다가 문득 난전에서 연분홍 옷을 하나 사서 비닐봉지에 담아 간다. 집 앞에 이르러 장난스럽게 '세탁!'이라고 말하고 뒤로 숨으며 장난을 치지만, 낯선 사람이 집에서 나오는 것을 보고 비로소 식구들이 이사한 것을 알게 된다. 남자는 사 가지고 온 귤 봉지에서 귤을 하나 꺼내 아래로 떨어뜨리며 침을 뱉는다. 남자의 행적은 더할 나위 없이 아웃사이더적이다. 아웃사이더(outsider)는 기성 사회의 틀에서 벗어나서 독자적인 사상을 지니고 행동하는 사람을 말한다. 1956년에 펴낸 영국의 평론가이자 작가 콜린 윌슨(Colin Wilson)의 평론 『아웃사이더(The Outsider)』에서는 아웃사이더가 말 그대로 문 밖에 있는 사람 또는 국외자 · 열외자를 가리킨다. 어느 분야에도 속하지 못하는 사람, 시쳇말로 '또라이'를 의미한다. 한겨울에 반팔 옷을 입은 채 벌벌 떨면서, 자신의 옷이 아니라 어머니에게 줄 스웨터를 사는 남자. 출감해서 집으로 찾아가서 벨을 누르고 장난치듯 문 뒤에 숨은 채 '세탁!'이라고 말하는 남자. 아무도 반겨 주지 않지만 스스로 생두부를 찾아 먹는 남자. 나중에 경찰서로 찾아온 동생의 머리를 툭툭 치며 장난을 치는 남자. 덮어놓고 남자를 무시하는 동생 앞에서도 허허 웃어 버리는 남자는 스물아홉 살이다. 한 살 어리게 말하며 중화요리점 배달원을 시키려는 형 앞에서 여지없이 자신의 나이를 밝히며 그럴듯하게 감추는 것도 잘하지 못한다.

아웃사이더는 경계선 밖에 있다. 경계선 안에 있는 이들은 자신이 정해 놓은 경계를 벗어나는 것을 견디지 못한다. 그래서 그들은 경계선 밖에 있는 이들이 결코 자신과 같지 않다는 사실을 혐오스러워하며 비난한다. 그들을 결코 이해하려고도 하지 않는다. 경계선 밖에 있는 이들은 역시 그 안쪽에 머무르는 것을 거부한다. 일부러 거부하는 것이 아니라 그가 가진 속성에 의해서 저절로 그렇게 된다. 경계선 안에 머물고자 시도하지만, 어느 틈엔가 다시 경계선 밖으로 빠져나와 있는 것이다. 그렇게 밀려 나간 자신을 질책할 수는 있지만, 오랫동안 자책에 빠져 있지는 않는다. 아웃사이더도 살아야 하기 때문이다. 살아남기 위해 자연스럽게 그런 성향을 즐기게 된다. 잠깐 여기서 콜린 윌슨이 그의 책에서 예를 든 아웃사이더를 참고해서 말해 보자. 윌슨은 니체, 도스토옙스키, 카뮈, 사르트르, 고흐, 버나드 쇼가 그런 이들이라고 말하고 있다. 이들의 공통점은 '빛나는 생명 에너지를 지닌 이'라는 것이다. 아웃사이더들이 살아남기 위해 즐긴다면, 이들의 특징은 그 '즐김' 속에서 자유를 지닌 채 꿈을 꾸고 결국 '생명의 에너지'를 길어 올린다는 사실이다. 영화 속 주인공 남자의 행위 속에서 우리는 그가 그 상황을 분노하지 않고 즐기고 있음—즐긴다는 것은 결국 견뎌 낸다는 것이다—을 알 수 있다. 더군다나 그 자연스러움은 자연의 고유한 에너지, 생명의 빛을 지니고 있다. 주인공 홍종두의 에너지는 '사랑'이다. 그 사랑의 힘은 막막하고 갑갑한 현실의 벽을 허문다.

장면 2

(리모컨을 집어 던지는 뇌성마비 여자. 거울 조각. 빛 조각. 나비가 되어 나는 환영… 나비들…) 이때 벨 소리가 들리면서 환영이 사라진다.

(과일 바구니를 들이밀고 사라지는 남자)

……

(같이 노래 부르는 두 사람)

- 어린 송아지가 부뚜막에 앉아…
- 무서워요. 여기 그림자요.
- 오아시스네. 걱정 마. 나무 그림자인데 뭐가 무서워. 이것들 다 없애 줄게. 마술로 다 없앤다. 눈 감어. 수리수리 마수리… 짜잔….

……

- 내가 너 때문에 돌겠다. 왜 찾아가? 네가 왜 미안해? 미안하면 내가 미안하

지. 너 나한테 감정 있는 거지? 원망하는 거지? 안 그러면 왜?

- 큰형 교도소 간댔을 때 형이 간다고 한 거잖아. 큰형은 회사 다니고 할 일 많다고. 형은 전과도 있고, 교도소 가는 것도 잘 알고… 지금 와서 이러면 안 되지… 그런데 무슨 생각하고 있어? 왜 데리고 왔어?
- 몰라서 물어?
- 지금 밥이 문제야? 이런 짓을 왜 해?
- 네가 무슨 소리 하는지 모르겠다.
- 어렸을 때 방울새 목에 방울이 달렸더라는 말을 들었어요. 그걸 찾아봤다니까요. 그런데 방울이 없었어요…. (식사를 하면서 마구 웃는 남자)
- 너, 그 얘길 왜 해? 왜 갑자기 생각나냐고?
- 생각나니까 나는 거지….
- 난 네 머릿속이 궁금해. 지금 참새가 왜 생각나냐고….
- 참새가 아니라 방울새라잖아요…. (심드렁한 동생의 말)

……

- 우리도 가야 해요? 몸이 정상이 아니잖아요. 말도 못하고… 가야 하면 내 차로 따라갈게요.
- 너, 전과 있지?
- 3범이거들랑요. 음주 운전해서 교통사고, 폭행, 강간 미수요.
- 너 변태지? 솔직히 말해 봐.

……

- 솔직히 내 동생이지만 도저히… 인간 만들어 보려고 하는데 이젠 용서가 안 돼요.
- 우리 집과 전생에 원수졌대요? 많이 생각해 봤는데… 이런 사건 고발하면 뭐 보상되는 거 아니잖아요.
- 합의하실 수도 있다는 말이잖아요?
- 물건 값 흥정하는 것도 아니고… 형사가 그러는데 이런 경우 2천 정도 한

다고 그러더군요.

- 저런 놈은 사회에서 격리시켜야 해요. 그런데 댁의 동생한테 물어는 보셨어요?
- 네 놈들 눈엔 저 꼴 안 보여?

……

- 너, 전에 목사님 뵌 적 있지? 네 소식 듣고 기도하려고 왔어.
- 죄 앞에 회개하고 기도하는 겁니다. 저, 여기 기도할 때만이라도 수갑 좀 풀어 주시지요.

(기도 도중 뛰쳐나가는 남자)

황량한 사막 같은 세상이다. 문명화될수록 현대인의 가슴속에 견고한 벽이 둘러쳐져 있다. 소통과 흐름을 거부한 곳에서는 풀 한 포기 자라지 않는다. 뭉쳐지지 않고 쌓여 있는 모래처럼 단단한 벽 안에는 사막이 들어차 있다. 사막을 안고 살아가는 이들이 모인 곳은 역시 거대한 사막이다. 현대인의 삶은 더없이 광활한 사막이다. 이제 주인공 남자는 이 사막을 홀렁 뒤집는다.

남자는 음주 운전과 뺑소니로 환경미화원 한상희를 죽인 대가로 2년 6개월을 복역하고 나왔다. 건들거리고, 모자라며, 끊임없이 칙칙거리며 아무 데나 코를 풀고, 한눈에도 절제되지 않는 망나니처럼 보이는 남자의 행동거지에서는 불량한 냄새가 난다. 하지만 이 모든 것을 뒤엎는 결정적인 단서가 있다. 바로 남자의 최근 복역은 형을 위해서라는 사실이다. 죽은 한상희의 딸인 한공주를 사랑하게 된 종두가 한공주를 데리고 어머니 생일잔치에 참석하게 된다. 여자 친구를 가족 모임에 데리고 가는 것은 얼마나 자연스러운 일인가. 다만 가족들은 홍종두의 처사를 용서하지 않는다. 한공주가 뇌성마비라는 사실 그리고 결정적으로 한상희의 딸이라는 사실 때문이다. 한상희의 딸이라는 사실을 알고 형과 동생은 종두를 밖으로 불러내어 따진다. 여기서 영화를 보는 이들은 종두의 최근 복역은 형을 대신한 것이라는 사실을 비로소 알게 된다.

다시 정리해 보자. 종두의 형은 음주 운전으로 환경미화원 한상희를 죽이고 뺑소니친다. 그런 형을 대신해서 종두는 거짓 자백을 하고 대신 복역을 한 후에 출감한 상황이다. 좀 더 솔직히 말해 보자. 형 대신 2년 6개월의 형을 살고 나온 종두를 그 가족들은 애처롭고 고맙게 여겨야 할 것이 아닌가. 출감날에 맞춰서 교도소 문에서 기다리고 있다가 반갑게 맞이해 줘야 할 것 아닌가. 고맙고 미안하다는 진심 어린 말을 해야 할 것이 아닌가 말이다. 하지만 영화 어디에도 가족들의 그러한 태도를 볼 수 없다. 오히려 귀찮아하고, 피하려고만 하고, 골칫덩어리로만 여기고 있다. 뭔가 잘못된 것이 아닌가. 자신을 위해 갇혀 있다 나온 동생을 무시하고 때리고 화를 내는 형의 태도에서 우리는 무엇을 볼 수 있는가. 파렴치함이다. 그것은 막막한 벽 안에서 사막이 된 연유로 풀 한 포기 자라지 않는 데서 오는 가련함이다. 마음의 시선을 돌려 보면 비정상이라고 외치는 이들, 종두의 가족이 오히려 비정상이다. 생명에 대한 사랑을 거부하는 이들이 이상하지 않다면, 풋풋하게 살아 꿈틀거리는 종두가 이상하다는 말인가? 겉으로 드러난 종두의 행적만 보고 죄를 회개하라며 기도하는 목사와 어머니를 비롯한 성도들 앞에서 종두는 그 자리를 박차고 나와서 한공주에게 전화를 건다. 하지만 통화를 하지 못한다. 한공주 옆에 오빠 내외가 있는 탓이다.

비정상적인 것은 한공주의 가족도 마찬가지다. 짐짓 여동생을 위하는 척하지만, 그들은 장애인을 위한 복지 차원에서 제공된 아파트에 입주하면서 여동생을 데리고 가지 않는다. 마치 짐짝을 떠맡기고 보관료를 주듯 옆집 여자에게 월 20만 원에 돌봐 달라는 계약을 맺는다. 심지어 자신의 여동생이 강간당했다고 주장하고 그것을 빌미로 2천만 원을 요구하기도 한다. 한공주와 오종두의 가족들이 경찰서에서 맞부딪치며 몸싸움을 벌이는 것은 한공주와 오종두를 위해서가 아니다. 합의금을 요구하는 한공주의 오빠와 그것을 주기 싫어하면서 재수 없게 또 일을 저지르고 말았다고만 생각하는 홍종두의 형제들이 스스로의 이익을 찾기 위해 벌이는 쟁탈전 혹은 분풀이다. 비정상적인 것은 이웃집 여자와 남편도 마찬가지다. 한공주를 돌봐 주는 역할을 맡게 되지만 정성이라고는 찾아볼 수 없다. 게다가 한공주는 사람 취급도 받지 못한다. 끊임없이 몸을 비틀어 대는 한공주는 그들이 볼 때 인간이 아닌 것이다. 그래서 그들은 자신의 집에서 하지 못한 성 행각을 한공주가 보고 있는 데서 버젓하게 행한다. 그들이 볼 때 한공주는 뇌성마비 장애인이고, 장애인은 인간이 아니기에 함부로 대해도 된다는 생각이다. 그들뿐만이 아니다. 홍종두와 한공주 외의 모든 이는 비정상적이다. 그들은 배가 고파 음식점에 들른 이들 남녀에게 음식을 팔지 않는다며 다른 곳으로 가라고 한다. 경찰들은 홍종두의 머리를 툭 치며, 저런 여자(인간 같지도 않은)에게 성욕이 생기느냐고 반문한다. 그러면서 홍종두를 변태로 몰아붙인다. 세상 사람들 모두의 시각으로 볼 때, 홍종두는 미쳤고 제정신이 아니다. 그들의 말이 맞는지도 모른다. 하지만 홍종두에게는 결정적으로 '생명의 빛'이 있다. 한 생명과 한 존재를 있는 그대로 사랑하는 것을 세상 사람들은 차마 하지 못한다. 그럴듯한 배경과 학식과 재능과 구미를 당길 만한 그 무엇이 있어야 비로소 사랑하는 것이다. 그런 사랑은 사랑이 아니다. 사랑할 수 있다는 시늉을 하는 것이다. 홍종두에게 '그 무엇'은 없었던가? 그는 마치 살신성인하듯 한공주를 사랑했던가?

그것은 아니다. 홍종두에게도 '그 무엇'이 있었다. 다만 '그 무엇'이 물질적이고 눈에 보이는 가치나 다분히 이익 위주의 것이 아니었다는 사실에서 그의 사랑은 진정성을 지닌다. 홍종두는 성인군자가 아니지만 위선과 체면과 가식을 차리는 일 따위는 하지 않았다. 그런 그에게서 디오게네스(Diogenes, BC 400~BC 320년경)를 읽어 낼 수 있다. 알렉산더 대왕이 "내가 뭐 해 드릴 게 있겠습니까?"라고 묻자 "햇빛을 가리지 말고 비켜서시라."라고 했다는 디오게네스는 견유학파(犬儒學派, 금욕적 자족을 강조하고 향락을 거부하는 그리스 철학 학파)의 전형적인 인물이다. 명예나 권력이나 체면에 죽고 사는 숱한 이들의 아웃사이더에 공주와 장군이 있다. 그들에게 다른 사람들은 감히 따라올 수 없는 빛나는 생명 에너지가 넘쳐흐르고 있다. 다시 말해, 홍종두의 '그 무엇'은 끌림이다. 끌림은 자연스러움이다. 금욕적 자족을 강조하고 향락을 거부한 철학자 디오게네스는 도덕적 탁월성을 강령으로 내세우기까지 했지만, 그의 사상은 다분히 자연스럽다. 억지가 아닌 자연스러움이 자유에 닿을 수 있다. 체면과 가식이 익숙한 삶에서 벗어나야 생명의 에너지가 흐를 수 있다.

홍종두의 행위를 도덕적으로 판단해 보면 '뇌성마비 여자를 사랑하는 희생적인 태도'라고 정의할 수 있을까? 홍종두는 그렇지 않다. 그는 다만 한공주가 그의 마음속 깊이 들어와 그를 끌어당겼기 때문에 사랑했을 뿐이다. 그에게 도덕적 가치 기준과 잣대는 사실 아무런 필요가 없다. 그것은 홍종두를 웃기게 하는 짓거리다. 홍종두는 어떻게 불구자인 여자에게 끌릴 수 있느냐고 되묻는 이들의 뒤통수를 때린다. 왜 안 되느냐고? 그는 달의 뒤편을 유유하게 거닐 줄 아는 이다. 매끈하고 반듯한 앞부분이 달의 전부가 아닌 것이다. 달은 보기 좋은 원이 아니라 부피와 무게를 가진 실체다. 달의 뒤편으로 가서 달 전체를 껴안을 줄 아는 이는 몇 되지 않는다. 우리는 그런 이들에게 '아웃사이더'라는 별칭을 붙여 줄 수 있을 뿐이다. 함부로 콧물을 칙칙거리고, 건들거리며, 교도소를 들락거리고, 빈궁하면서도 끊임없이 웃고 즐거워하는 홍종두, 급기야 한공주를 만나자마자 만지고 싶은 욕망을 억제하지 못하고 몸을 더듬는 홍종두는 지극히 자연스럽다. 그럴듯한 포장을 못하는 탓에 그는 잘 살아 나가지 못하며, 앞으로도 그럴 것이다. 그는 어쩌면 한공주를 평생 받들며 사랑할 것이다. 자신은 벌벌 떨며 여름옷을 그대로 입더라도 어머니에게 줄 따뜻하고 예쁜 옷을 사는 그런 바보 같은 삶을 살 것이다. 형을 대신해서 교도소에 다녀왔지만, 가족 중 어느 누구도 그런 그에게 고맙다는 말 한마디하지 않아도 원망하기는커녕 그냥 웃어 버리는 그는 달의 드러나는 부분만 감상해 대는 축이 아니다. 자연스럽게, 흘러가듯이, 달의 뒷부분을 경쾌하게 돌면서 달의 전체를 사랑한다. 그 자연스러움이 자유와 꿈을 담고 있다. 꿈의 또 다른 말은 자유이며, 자유의 또 다른 말은 꿈이다. 그것이 생명의 빛을 무한히 끌어당긴다. 바로 우주와 소통하는 것이다.

황량한 사막 속을 걷는 현대인의 마음속에 모래가 들어차 있다. 스스로 만든 담장 안에 갇혀 있으면서 안전하다고 느끼는 것이다. 그 단단한 콘크리트 안에서 고개를 내밀고 세상과 소통할 때는 겹겹이 체면과 처세를 차리며 본성을 숨긴다. 어느 누가 본성을 교묘하게 잘 숨기느냐에 따라 훌륭하다는 대접을 받기도 한다. 사막 속에서 사막을 뒤집는 것은 영혼 속의 말랑말랑한 본성을 일깨우는 일이다. 그리하여 홍종두는 사막을 뒤집는다. 모래로 뒤덮인 거대한 주머니를 뒤집는 순간, 우리는 몇몇 꿈을 만나게 된다.

장면 3

- 꿈에 춤을 추고 있었거든. 마마랑. 인도 여자도, 꼬마 애도, 코끼리도 춤을 추더라고… 그게 마마 방의 오아시스 그림이었어. 거기서 나온 거지. 그게 꿈인데… 진짜 생생해. (공주에게 자장면을 먹여 주고 입을 닦아 주는 남자)

영화의 첫 장면, 자막이 스쳐가는 곳에 그림이 있다. 태피스트리(tapestry, 여러 가지 색실로 그림을 짜 넣은 직물. 벽걸이나 가리개 따위의 실내 장식품)인 듯한 벽 그림이다. 그림은 뚜렷하지 않다. 어둔 밤을 배경으로 하고 있지만, 나뭇가지의 그림자가 어른거려서 그림을 가로막고 있는 탓이다. 조금 더 시간이 지나면 그림이 더욱 명확해진다. 마지막, 남자가 등장하는 장면이 시작되기 직전쯤에는 그림의 세세한 부분의 윤곽까지 선명하게 잡힌다. 그림을 가리는 나뭇가지들이 사라진 덕분이다. 이 그림에서 코끼리와 피리 부는 아이, 야자수와 아라비아(혹은 인도)풍의 여자를 만날 수 있다. 먼저 그림 속 코끼리를 만나 보자. 일반적으로 코끼리는 권력, 평화, 행운, 순결, 겸손, 지혜, 영원성, 강인함, 리비도, 잠재된 힘, 비공격적, 지혜의 신을 상징한다. 피리 부는 아이는 나중에 한공주의 환영 속에서 단지를 들고 그 속에 있는 붉은 꽃잎을 뿌리는 아이로도 나온다. 불교 그림 〈심우도〉(득도하는 과정을 소와 사람으로 설명한 그림) 속에서 피리 부는 아이는 잃어버린 소를 찾아 소를 타고 귀가하는 진리를 찾은 이의 넉넉한 모습을 비유하고 있다. 〈심우도〉에서뿐만 아니라, 일반적으로 피리를 부는 아이는 유유자적함을 나타낸다. 피리를 부는 것은 인간의 고유한 그리움의 감성을 끄집어낸다. 외로움조차 즐길 줄 아는 자연스러움이다. 꽃 단지를 들고 꽃을 흩뿌리는 아이는 혼인식의 들러리를 연상시킨다. 혹은 사랑의 선물로 탄생할 새 생명과도 연관된다. 아라비아(혹은 인도)풍의 여자는 한공주의 분신이다. 현실에서 몸을 제대로 가누지 못할 정도로 불수의적인 뒤틀림을 계속해 대는 자신의 육체는 그림 속에서 가지런하고 반듯하고 건강하며 매혹적이다. 한공주의 환영 속에서 아라비아풍의 여자는 춤을 추며 한공주와 홍종두를 반긴다. 또 하나, 홍종두와 한공주는 둘 다 '하얀색'을 좋아한다고 말한다. 홍종두는 "깨끗하잖아"라고 덧붙인다.

흰색이 상징하는 것은 무엇일까? 흰색은 긍정적인 측면에서 볼 때 순결, 완전성, 덕, 구원, 고결함, 명료함, 천진, 공평성, 신뢰성, 사업 수완, 정직성, 진실함, 여성성, 영적 풍요로움, 지혜를 뜻한다. 부정적인 측면에서는 완전주의, 추상적 경향, 차가움, 심리적 압박감, 감추어진 감정과 정열, 화를 담고 있다. 흰색은 은색으로 자주 사용되기도 한다. 만다라에 흰색이 우세하면 한편으로는 심오한 영적 풍요를 나타내며, 다른 한편으로는 강한 심리적 압박을 증명한다. 다시 말해서, 흰색은 내적인 명료성, 영성과 민감성으로의 새로운 단계인 동시에 마음 깊숙이 감추고 있는 감정과 열정을 나타낸다.

그림은 영화 〈오아시스〉의 상징이라고 할 수 있다. 영화의 처음과 마지막을 장식하는 것이 바로 태피스트리 그림이다. 상징적인 의미를 다시 유추해 보면, 그림은 사막을 뒤집고 나서 이뤄지는 '꿈'에 다름 아니다. 이 아름다운 꿈속에 오아시스가 존재한다. 다만 육체의 정열로 보이는 홍종두의 행위 이면에는 자유롭고 구속을 거부하는 통쾌한 아웃사이더로서의 풍요로움이 존재한다. 흰색을 좋아한다는 상징적인 대사뿐만 아니라, 홍종두는 여름을 좋아하고 한공주는 겨울을 좋아한다고 말한다. 여름은 강한 양의 에너지를, 겨울은 음의 에너지를 가진 계절이다. 음양의 조화가 다시 그림과 연관된다. 이들의 화합과 조화는 자연스럽다.

영화 곳곳에서 빛의 조각들을 만난다. 혼자 있는 시간이 대부분인 한공주는 오랜 시간을 거울을 가지고 논다. 거울과 햇빛이 만나면서 빛의 조각들이 방 안 여기저기를 떠돈다. 빛의 조각들은 하얀 나비가 되어 싱그럽게 날아다닌다. 그 환영은 벨 소리가 들리거나 누군가의 인기척이 있으면 들키지 않으려고 재빨리 숨는 꿈이다. 자유로운 날개를 지닌 나비가 되는 꿈은 한공주의 마음을 담아낸다. 한편 한공주는 영화 곳곳에 마치 빛 조각이 빚어낸 나비처럼 또 다른 꿈을 담고 있다. 비틀거리고 뒤틀리는 육체로 휠체어에 의지해 있는 자신이 아니라, 온전하고 건강한 육체를 지닌 채 홍종두와 데이트하는 자신을 꿈꾼다. 그 꿈속에서 한공주는 음악에 맞춰 홍종두와 춤을 춘다. 지하철 안에서 맞은편에 앉아 있는 여자처럼 홍종두의 머리를 물병으로 내리치거나 전화를 받고 있는 남자에게 장난을 치기도 한다. 그러다가 전화가 끊어졌다며 화를 내는 홍종두에게 어떻게 자신에게 화를 낼 수 있느냐고 따져 묻기도 하며 토라지다가 홍종두의 사과에 웃기도 한다. 꿈속에서 한공주는 하얀 나비처럼 자유롭다. 그러나 꿈에서 깨고 나면 여지없이 인간 취급도 못 받는 뇌성마비 환자일 뿐이다. 아니다. 꿈 밖에서조차 달의 뒤편으로 걸어가기를 서슴지 않고 게다가 사막을 훌렁 뒤집을 줄 아는 생명의 에너지가 넘치는 홍종두와 함께라면, 여자는 영락없이 하얀 나비가 된다.

장면 4

- (차 안에서 잠복하는 형사. 나뭇가지를 자르는 남자) 야~ 내려와 새끼야…
  너, 밤에 거기 올라가서 뭐하는 거야!

- (톱을 가지고 나무 위에서 나뭇가지를 자르는 남자. 가까스로 창문을 열고 라디오 볼륨을 높이는 여자) 뭐해요?
- 나무 자르는 건데요….
- (이웃 여자의 원성 소리) 여기, 혼자 사는 거 아니잖아요!!!
- 야! 거기서 뭐해? 내려오라니까! (창가에 라디오를 힘겹게 옮기고, 라디오 볼륨을 크게 키우는 공주. 결국 나뭇가지를 다 자르고 잡혀가는 남자)

……

(환영: 곳곳에 꽃잎 같은 빛 조각들. 고요)

(바닥을 천천히 빗자루로 쓸고 있는 공주)

- 마마, 보고 싶은 공주마마. 장군이옵니다. 그동안 잘 지내셨는지요. 이 몸도 건강하게… 하루하루 잘 있사옵니다. 콩밥도 잘 먹고 있습니다. 걱정 마시옵소서. 콩밥이라도 콩은 없습니다. 어쩌다 콩이 나오면 콩을 싫어하는 공주님 생각을 한답니다. 나도 이제 콩이 싫습니다. 빨리 나가서 두부 먹어야지 생각한답니다. 저는 축구도 하고 탁구도 치고 물구나무서기도 하고 혼자서 맨손체조도 하고 건강하게 잘 있사옵니다. 걱정 마옵소서. 집에 혼자 있어 몸이 근질근질하지는 않사옵니까? 나가면 맛있는 거 많이 사 주겠습니다. 먹고 싶은 것 기억해 두시옵소서. 옥체 보존하소서. 그럼 다시 편지할 때까지 이만….

우왕좌왕, 좌충우돌로만 비쳐지는 홍종두가 팔짱을 낀 채 그를 지켜보는 이들의 마음을 울리는 장면이 있다. 영화의 막바지에 그는 목사와 함께 기도하는 어머니 곁을 필사적으로 뛰쳐나와 한공주에게 전화를 건다. 강간당한 것이 아니라고 그를 잡아가지 말라고 외치는 한공주의 행위는 경찰을 비롯한 주위 사람들에게 극도로 불안해서 흥분한 정도로만 비칠 뿐이다. 게다가 나뭇가지를 자르는 홍종두의 애씀을 아는 유일한 사람인 한공주는 홍종두에게 자신이 그의 마음을 알고 있다는 사실조차 제대로 전달하지 못한다. 다만 자신이 세상과 소통하고 있는 유일한 도구인 라디오, 언젠가 청계 고가도로 위에서 볼륨을 높이고 홍종두에게 안겨서 음악을 들으며 춤을 추던 때 함께 있어 준 라디오를 틀면서 홍종두를 향한 고마움과 애틋함을 표현할 뿐이다. 이 순간, 그 둘은 오아시스를 만난다. 허례와 허식을 처단하듯 사회적인 온갖 가면을 벗어던지듯 가지치기를 하면서, 더구나 한공주의 두려움을 없애 주기 위한 홍종두의 행위와 그 아름다운 마음을 절절하게 느끼는 한공주의 마음이 함께 울려 퍼져 오아시스를 만드는 것이다. 누가 이 오아시스를 보았는가? 아무도, 그 누구도 보지 못했다. 오아시스는 꿈속에 잠깐 존재하는 것이 아니다. 마르지 않는 물이 되어 현실 속의 한공주에게, 어질러진 방 안을 정갈하게 비질할 힘을 주고 있는 것이다.

심상 시치료

(명상에 이르게 한 후 진행한다.) 끝없이 펼쳐진 사막의 모래 한가운데 나는 서 있습니다. 무수히 많은 모래 위를 아주 오랫동안 걸어왔습니다. 목을 축이고 싶지만, 그 어느 곳에도 물이 보이지 않습니다. 햇볕은 머리 위에서 강하게 내리쬐고 있고, 당장이라도 쓰러질 것만 같습니다. 나는 무척 지치고 고단합니다. 물, 물, 물이 너무나 마시고 싶지만, 그 어디에도 물이 없습니다. 그저 걸을 수밖에 없지만, 언제까지 이렇게 걸어야 하는지 잘 모릅니다. … 지치고 고단한 몸을 이끌고 걸음을 옮깁니다. 발을 질질 끌다시피 하며 앞으로 나가고 있습니다. … 어디선가 시원한 바람이 불어오고, 바람결에 물기가 느껴집니다. 시원한 바람을 온몸으로 느껴 보시기 바랍니다. … 이제 나는 오아시스에 도착했습니다. 깨끗하고 맑은 물이 퐁퐁 솟아나는 오아시스의 물을 손바닥으로 가득 떠서 그대로 마십니다. 물이 너무나 달고 맛있습니다. … 오아시스 곁에 푸른 잎이 달린 대추야자나무가 있습니다. 시원하고 너른 잎이 햇볕을 막아 주고 있습니다. 나무에 몸을 기대고 앉아서 나는 다리를 쭉 뻗고 있습니다. … 편안하고 기분 좋은 휴식 시간입니다. 나는 이곳

에서 잠시 머물러 있다가, 다시 먼 길을 가야 합니다. 이때 오아시스가 내게 어떤 말을 건네주고 있습니다. 오아시스가 들려주는 말을 귀 기울여 잘 들어 보시기 바랍니다. … 이 말을 듣고 나는 뭐라고 답하고 있습니까? 나는 지금 오아시스의 말에 뭐라고 답하고 있습니다. 자연스럽고 편안하게 오아시스와 나는 대화를 나누고 있습니다. 뭐라고 말하고 있는지 귀를 기울여 보시기 바랍니다. … 이제 대화를 마무리하고 있습니다. … 셋을 세면 대화를 마무리하면서 눈을 뜨시기 바랍니다. 하나, 둘, 셋.

눈을 뜨고, 오아시스가 내게 한 말과 오아시스에게 답한 말을 함께 적어 봅니다.

치료적 의미

영화가 주는 메시지는 내면의 오아시스다. 오아시스는 감수성의 회복과 내면의 힘을 의미한다. 매너리즘에 빠진 일상적인 삶을 사막이라고 했을 때, 오아시스는 감수성으로 삶의 의미를 회복하는 것이라고 할 수 있다. 영화 〈오아시스〉에 대한 심상 시치료는 사막과 함께 오아시스를 만나고, 잠재되어 있는 삶 속의 오아시스, 감수성이 하는 말을 직접 들어 봄으로써 사막을 헤쳐 나갈 힘을 일깨우는 데 그 의미가 있다.

4) 쉰들러 리스트

영화 관련 정보

- **감독:** 스티븐 스필버그(Steven Spielberg)
- **각본:** 스티븐 자일리언(Steven Zaillian), 토머스 케닐리(Thomas Keneally)
- **촬영:** 야누즈 카민스키(Janusz Kaminski)

■ **주연:** 리암 니슨(Liam Neeson)

영화 줄거리

1939년 9월 독일은 침공 2주 만에 폴란드군을 대파했다. 유태인들은 가족 번호(Family Members)를 등록해야 했으므로 매일 만 명 이상의 유태인이 지방에서 크라쿠프에 도착했다. 독일군 점령지인 폴란드의 크라쿠프에 기회주의자인 오스카 쉰들러(리암 니슨 분)가 폴란드계 유태인이 경영하는 그릇 공장을 인수하려고 도착한다. 그 공장을 인수하기 위해 나치 당원이 되어 SS 요원들에게 여자, 술, 담배 등을 뇌물로 바치며 갖은 수단을 동원한다. 인건비 한 푼 안 들이고 유태인을 이용하면서 한편으로는 유태인 회계사인 스턴(벤 킹슬리 분)과 가까워지게 된다. 그리고 스턴이 쉰들러의 이기주의와 양심을 흔들어 놓으면서 쉰들러는 자신의 눈을 통해 나치의 살인 행위를 직시하게 된다. 현실에 대한 깨달음은 마침내 그의 양심을 움직이고 유태인들을 강제노동 수용소로부터 구해 내기로 결심한다. 쉰들러는 노동 수용소 장교에게 뇌물을 주고 그들을 구해 내도록 계획을 세운다. 그러고는 이들 유태인을 독일군 점령지인 크라쿠프에서 탈출시켜 쉰들러의 고향으로 이주시킬 계획을 하고, 스턴과 함께 유태인 명단을 만든다. 그리하여 마침내 1,100명의 유태인을 구해 낸다. 1945년 전쟁이 종식되고 러시아 군대가 동유럽을 자유화할 때 연합군으로부터 잡히지 않기 위하여 공장 주변을 감시하던 나치 당원들을 집으로 돌아가도록 종용하면서, 쉰들러 자신도 연합군을 피해 달아나는 처지가 된다. 신분상 쉰들러는 연합군의 적인 나치 당원으로 등재되어 있었기 때문이다. 마지막으로 쉰들러가 연합군으로부터 도망가기 전, 그는 자책감과 후회에 시달리며 스스로 반문하면서 눈물을 흘린다. "왜 나는 더 많은 유태인들을 구해 내지 못하였던가?"

영화 뒷이야기

영화 〈쉰들러 리스트(Schindler's List)〉는 나치스 독일 지배하의 제2차 세계대전 중 군수품 공장을 경영하던 독일인 사업가 오스카 쉰들러(Oskar Schindler)가 값싼 노동력을 얻기 위하여 유태인 수용소에 수용된 유태인들을 자기 공장에서 쓰기 시작했다가 점차 그들의 비참한 운명에 눈뜨게 되어 유태인들을 구출하게 되는 과정을 그린 감동적인 작품이다. 그때까지 〈이티(E.T.)〉, 〈인디아나 존스(Indiana Jones)〉 시리즈 등 오락성 강한 영화 제작으로 큰돈을 벌었던 스티븐 스필버그가 작가적인 양심을 걸고 1993년에 제작하여 그해 아카데미 작품상, 감독상 등 7개 부문을 수상하였던 명작이다. 원작은 호주 작가 토머스 케닐리(Thomas Keneally)가 쓴 소설 『쉰들러의 방주(Schindler's Ark)』다. 제목 '쉰들러 리스트'는 주인공 쉰들러가 유태인들을 안전한 곳으로 피신시키기 위해서 작성했다는 9개의 명단을 말한다. 미국에서 만든 만큼 독일어 등의 현지어가 아닌 영어로 제작됐으며, 감독의 의도로 인해 흑백 화면으로 만들어졌다. 이 영화는 소설을 원작으로 하고 있으므로, 극중 에피소드는 창작이 있으며 사실관계도 많이 다르다. 예를 들면, 영화에서 쉰들러는 1958년에 '제국민 중 정의의 인물'에 이름을 올리지만, 실제로는 1967년이었다. 이스라엘의 야드 바셈 홀로코스트 기념관이 실제로 쉰들러의 이름을 등록한 것은 이 영화가 발표된 1993년이었다. 또 제작 회사 유니버설은 선전 문구에 '실제 이야기를 기반으로 했다'고 했으나 '논픽션'이라고는 하지 않았다. 종반 컬러 파트에 출연한 쉰들러의 부인 에밀리는 본작에서 '유태인들을 어디까지나 노동력으로밖에 보지 않았던 남편을 미화했다.'는 코멘트를 했다. 한편 영화의 각본가는 '쉰들러는 선과 악을 모두 가진 남자로, 그 때문에 갈등하는 것이 테마'라고 밝힌 바 있다.

한편 레오폴드 페퍼버그(Leopold Pfefferberg)는 오스카 쉰들러가 나치로부터 구해 주었던 1,100명의 유태인 중 한 사람이었다. 페퍼버그와 그의 아내가 독일에서 이민을 오기 직전인 1947년, 그는 쉰들러에게 '당신은 언젠가 세상에 이름을 떨칠 날이 오게 될 것'이라고 예언했다. 얼마 후, 그는 쉰들러가 빈곤에 처했다는 소식을 전해 듣고 그를 위해 당시로서는 어마어마한 금액이었던 15,000달러를 모으는 데 힘썼다. 1950년에 (이후 이름을 '페이지'라고 바꿨던) 페퍼버그는 로스앤젤레스로 이사를 갔다. 그리고 비벌리힐스에 헐리우드의 유명 배우, 작가, 영화 제작자 등 많은 이가 단골로 찾는 가죽 제품 상점을 열었다. 그는 그 손님들이 쉰들러의 이야기에 관심을 갖도록 힘썼다. 어느 유명한 영화 제작자의 부인이 값비싼 가방을 두 개 들고 와서 고쳐 달라고 했을 때, 그는 "이 이야기에 대해 당신 남편에게 얘기해 줄 수 있도록 자리를 마련해 주신다면, 이 가방을 고치는 데 단 일 센트도 안 내셔도 됩니다."라고 그녀에게 말했다. 그 후 그녀의 남편이 찾아왔고, 페퍼버그는 그에게 쉰들러의 이야기를 들려주었다. 흥미를 느낀 그는 영화 제작을 위해 교섭했으나, 불행히도 어느 한 영화사도 이 이야기를 영화로 만들고 싶어 하지 않았다. 그러나 페퍼버그는 포기하지 않았다. 1960년대와 1970년대 내내, 기회가 닿는 대로 누구에게나 오스카 쉰들러의 이야기를 들려주었다. 1980년 10월의 어느 날, 오스트레일리아 작가인 토머스 케닐리가 서류가방을 사기 위해 상점에 들어왔다. 페퍼버그는 케닐리가 작가라는 사실을 알게 되자 곧 쉰들러의 이야기를 하기 시작했고, 그에 대한 책을 써 보도록 종용했다. 케닐리는 페퍼버그의 거듭된 이야기를 관심 있게 들었다. 그는 이 이야기가 알려질 만한 가치가 있다고 수긍했으나, "전 당신께 이 책을 써 드리기에 적당하지 않은 사람입니다. 우선 전쟁이 났을 때 전 겨우 세 살이었고, 그에 대해 별로 아는 바가 없습니다. 다음으로 전 가톨릭 신자라서 홀로코스트(Holocaust, 대참사, 대재앙이라는 뜻, 나치에 의한 유태인 대학살도 홀로코스트라 불림) 동안에 유태인들이 어떠한 일들을 겪었는지 잘 모릅니다. 마지막으로 전 유태인들이 받아 온 고통에 대해 잘 알지 못합니다."라고 덧붙였다.

페퍼버그는 이미 세상을 떠난 쉰들러에게 했던 30년 전의 약속을 지킬 수 있는 기회를 또다시 놓치게 될까 두려워 물러서지 않았다. 그는 케닐리에게 말했다. "전 학교 선생으로 있었고 저 자신이 그걸 경험했습니다. 제가 알고 있는 모든 걸 말씀 드리겠습니다. 약간의 연구를 더 하면 당신은 어느 누구 못지않게 이 시대의 역사에 대해 훤히 알게 될 것입니다. 아일랜드계 가톨릭 신자이고 능력 있는 작가로서, 당신은 홀로코스트에 관한 글을 쓸 자격이 없기는커녕 더 많이 갖추게 될 겁니다. 당신은 유태인이 받은 고통에 대해 아는 바가 전혀 없다고 말씀하시지만, 아일랜드인들은 400년 동안을 고통 속에서 살아왔고, 인간이 받는 고통이란 유태인이건 아일랜드인이건 마찬가지입니다." 그러자 케닐리는 그 자리에서 이 책을 써 보겠다고 마음먹었다. 그리고 1982년 『쉰들러의 방주』가 출판되자 세계적인 찬사를 받았다. 그 후 페퍼버그는 1993년 스티븐 스필버그가 같은 제목으로 만들어 아카데미상을 수상한 영화 〈쉰들러 리스트〉에서 기술 고문으로 일했다.

고마움에 찬 레오폴드 페퍼버그가 1947년에 오스카 쉰들러에게 다짐했던 약속은 마침내 이루어진 것이다. 고마움의 의미를 또한 잘 터득하고 있던 케닐리도 『쉰들러의 방주』를 레오폴드 페퍼버그에게 바쳤다. 또 스티븐 스필버그도 고마움을 표현하고자 하는 마음에서 '쉰들러의 유태인들' 중 현재 생존해 있는 이들이 예루살렘의 천주교 묘지에 자리한, 마음 바른 그 사람, 오스카 쉰들러의 묘 앞에서 조의를 표하는 모습을 마지막 장면으로 이 영화의 막을 내렸다.

영화 보기

장면 1

- 아버지는 사람이 살아가는 데 세 가지가 필요하다고 하셨지. 좋은 의사와 관대한 신부님, 영리한 회계사. 앞의 둘은 내게 별 다른 효용이 없었어. 마시는 척이라도 해 보게.
- 끝났습니까?

- 고맙다고. 자네 없인 해낼 수 없었다는 뜻이야.
- 감사함을 표하는 게 도리라 생각했네.
- 천만에요.
- 아버지는 한창 때 50명을 거느렸지. 난 350명이나 거느렸어. 그들 목적은 단 하나야.
- 냄비를 만들려고요?
- 돈을 벌기 위해서야. 날 위해!
- 나에 대해 묻지 않아? 모두들 늘 묻지. 여기 사람들은 나를 쉽게 잊지 않을 거야. 모두가 기억할걸. 놀라운 일을 해낸 사람으로. 아무도 못해 낸 일을 한 사나이. 무일푼으로 와서 가방 하나 갖고 와 파산한 회사를 일류 회사로 만들어 두 개의 트렁크에 돈을 가득 갖고 떠난 사나이. 세상의 모든 부를 긁은 사나이.

……

- 한 기계공이 감사의 인사를 드리겠다고 찾아왔습니다. 루베인스타인 씨입니다.
- 일할 기회를 주셔서 고맙습니다. 군인들이 날 죽였을 텐데…. 열심히 일하고 있어요. 사장님께 은총을… 나린 좋은 분이에요. 은총이 내리시길….
- (이작 스턴에게) 그 친구 팔 하나 없는 것 알고 있나? 쓸모 있나?
- 아주 유용합니다.

영화의 첫 장면은 촛불로부터 시작된다. 정갈한 식탁 위, 성냥을 켜는 손길이 두 개의 촛대에 불을 붙이고, 경건한 유대 경문을 읽는 낭랑한 음성이 들리고, 고개 숙인 채 모여 서 있는 이들. 그리고 촛불이 마지막으로 사그라질 때까지 화면은 고정되어 있다. 이윽고 길게 흰 머리칼을 푼 것처럼 연기가 나는 촛불과 함께 달려오는 기차의 연기가 오버랩 되면서 다음과 같은 자막이 뜬다. "1939년 7월 2일, 독일군은 폴란드를 2주 안에 완파했다. 유태인들은 등록을 하고 대도시로 이주해야만 했다. 매주 만 명이 넘는 인원이 크라쿠프에 도착했다." 연기(演技)는 배우가 배역의 인물, 성격, 행동 따위를 표현해 내는 일을 말한다. 쉰들러가 등장하는 첫 장면을 보자. 그는 자신을 꼼꼼하게 몸단장한다. 값비싸 보이는 와이셔츠와 액세서리를 착용하면서 한껏 치장을 한다. 그리고 나치를 상징하는 하켄크로이츠(Hakenkreuz, 갈고리 십자가) 배지를 단다. 그는 이제 한판, 인생이라는 연극 무대에서 멋진 연기를 해 보일 참이다. 대상은 독일 군부 세력들. 장교들이 즐겨 가는 클럽에 가서 한 자리를 차지하고 앉아 있다. 아무도, 웨이터조차도 그의 이름을 모른다. 그는 체코슬로바키아의 즈비타우에서 무일푼으로 폴란드에 와서 사업의 기회를 노리고 있다. 군복에 부착된 견장의 정도로 지위를 판가름하고 가망이 있는 이에게 누구라도 놀랄 만한 최고급 술을 전한다. 그리고 왜 술을 사는지에 대해 궁금해하는 장교에게 너스레를 떨며 접근한다. 그는 유쾌한 낯빛으로 사람을 끄는 묘한 매력을 발산한다. 이런 쉰들러의 연기 덕분에 그는 곧 많은 위력가들 틈에서 이름이 알려지게 된다. 쉰들러의 연기에서 인류 보편적인 삶의 향방을 느낄 수 있다. 그것은 돈을 벌려는 목표를 달성하기 위해 일종의 작위적이고 사회적인 가면(persona)을 쓴 상태의 쉰들러가 서서히 생존과 목숨과 생명 존중 사상을 깨닫게 되고 그것을 실천으로 옮긴 사실과 연관된다. 그것은 불화 〈심우도〉에 비유될 수 있을 것이다. 생명 존중 사상을 깨우치는 것은 모르던 사실을 알게 되는 일, 진리의 눈을 뜨고 행하게 되는 일에 다름 아니다. 일생 다 쓰고도 남을 정도의 재산을 모으며 죽음과는 별 상관이 없던 쉰들러가 죽음 속으로 내몰리고 있는 유태인들을 구해내고자 하는 일은 분명 유태인의 삶과 자신의 삶이 따로 존재하는 것이 아니라 생명은 본래 하나이며 귀하다는 진리를 깨우쳤기 때문이다. 그의 연기(演技)는 스스로를 위한 연기가 아니라 만인과 하나 되는 연기(緣起)로 무르익게 된다.

장면 2

- 변하지 않는 모습 보니까 안심이 돼요.
- 틀렸어, 에밀리. 난 상상도 할 수 없었지만 늘 뭔가 빠진 듯한 기분이었지. 난 사업을 할 때마다 느꼈지. 실패한 건 내가 아니라 그 때문이었어. 그걸 알았다 해도 전엔 어쩔 도리가 없었겠지. 이런 건 만들 수 없었거든. 바로 그것이 성패를 좌우하는 것이었어.
- 행운 말이야?
- 전쟁!

연기(緣起)는 모든 현상이 생기(生起) 소멸하는 법칙을 말하는 불교 용어다. 이에 따르면, 모든 현상은 원인인 인(因)과 조건인 연(緣)이 상호 관계를 맺어 성립하며, 인연이 없으면 결과도 없다. 쉰들러가 회사를 운영해야겠다고 결심한 이후 했던 행동은 이작 스턴을 찾는 일이었다. 스턴은 립포와가의 회사 회계를 본 아주 유능한 회계사이며, 쉰들러의 사업이 본 궤도에 들어서는 데 핵심적인 역할을 한 인물이다. 스턴은 쉰들러 회사의 실질적인 운영 방침을 마련하고 실행하는 일뿐만 아니라 쉰들러의 회사가 유태인들의 피난처이자 노아의 방주 역할을 하게끔 이끄는 중요한 임무를 수행하게 된다. 이 모든 것은 이작 스턴이 유능한 회계사였던 이력에서부터 시작된다. 단지 회계사였을 뿐 이작 스턴이 어떤 사람인지 잘 알지 못한 상태에서 쉰들러는 그를 찾았고, 그를 신임하게 되면서 영화의 중요한 사건들이 전개된다. 말하자면 쉰들러가 이작 스턴을 만나지 못했더라면 그의 사업적인 성공과 유태인을 구하는 일은 이뤄질 수 없었을 것이다. 만남은 기실 원인과 결과가 절묘하게 이어진 연기(緣起)로부터 시작되는 셈이다.

한편 먼 고향 체코슬로바키아에서 쉰들러의 아내가 폴란드에서 성공했다는 남편을 찾아와서 둘은 재회한다. 이 짧은 만남에서 알 수 있는 것은 쉰들러가 이제껏 여러 번 사업을 했지만 실패해 왔다는 점이다. 그는 '전쟁'이라는 기회를 이용했다고 말하며, 그것이 성공의 비결이라고 말한다. 사실 쉰들러는 처음부터 인도주의자이자 박애주의자로 등장하는 것이 아니다. 다만 기회를 이용해서 돈을 버는 사업가일 뿐이다. 아이러니하게도, 그는 '전쟁'으로 인해 엄청난 돈을 모으게 되지만 물질의 부가 아닌 마음의 부, 인격의 부, 인성의 부를 획득하게 된다. 전쟁이라는 특수한 환경이 물질 중심의 평범하고 속물적인 한 인간을 아름답게 변화시켜 간 것이다. 이 또한 원인과 결과가 어우러진 연기설에 입각해서 바라볼 수 있을 것이다. 이작 스턴은 공정하고 현명하며 슬기로운 회계사였다. 더 나아가 그는 쉰들러의 사업을 성공적으로 이끈 핵심 인물이자 유태인을 값싸고 많은 이윤을 가져다주는 인력으로만 취급했던 쉰들러의 사상을 깨우치고 생명 사랑을 실천하게 이끈 정신적인 지지자 역할을 했다. 쉰들러는 이작으로 인해 이윤을 추구하는 사업가에서 인류를 위하는 박애자로 탈바꿈하게 된 것이다.

장면 3

- 사람들은 누구나 한 번 죽어. 거트가 모두를 죽이고 싶대? 좋아! 나더러 어쩌라고! 사람들을 모두 우리 공장으로 들여보내? 그 사람 공장은 천국이라는데, 몰라? 저건 공장이 아냐. 랍비들과 고아들, 기술 없는 떨거지들이 다 모이는 곳이야. 자네 꿍꿍이를 모를 줄 알아? 언제나 조용히… 다 알아!
- 적자 생겼나요?
- 위험하다는 말이야.
- 거트는 중압감에 시달리고 있어. 수용소 전체를 운영해야 해. 전쟁 중이고 전쟁은 사람의 악한 면만을 드러내게 만들지. 하지만 평화 시라면 그도 그러지 않을걸. 좋은 면만 드러내게 되지. 근사한 도둑이지. 좋은 음식, 술, 돈을 탐하는 남자.
- 살인도요.
- 즐길 리는 없어.

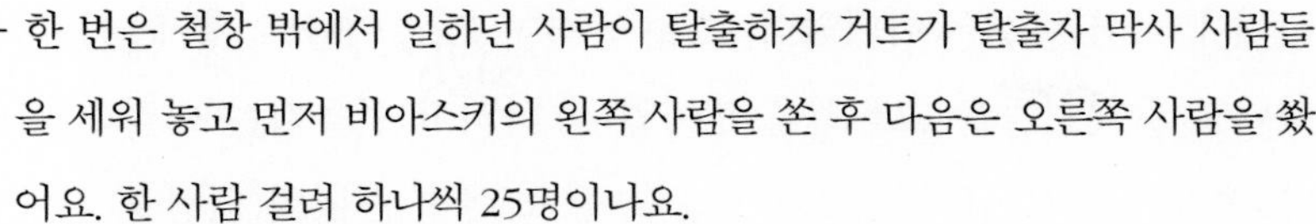

- 한 번은 철창 밖에서 일하던 사람이 탈출하자 거트가 탈출자 막사 사람들을 세워 놓고 먼저 비아스키의 왼쪽 사람을 쏜 후 다음은 오른쪽 사람을 쐈어요. 한 사람 걸려 하나씩 25명이나요.
- 그래서 나더러 어쩌라고?
- 그냥 이야기일 뿐입니다.
- 골드버그를 보내서 그들을 데려와.

……

유덴라드: 24인으로 구성된 유태인 평의회는 노동, 음식, 주택 관리를 위한 목록을 확정하는 등 크라쿠프 거주 지역을 관장하였다. 민원을 받는 곳이었다.

1941년 3월 20일. 거주지 입주 최종일
칙령으로 비스와강 남쪽 유태인 지구를 설립한다. 담장이 설치된 거주지 생활이 의무화된다. 크라쿠프 및 그 부근의 모든 유태인을 사방 16블록의 거주지에 강제 수용한다.
1943년 3월 13일. 유태인 거주 지역 폐쇄.

- 보십쇼. 이 명부는 선의 극치입니다. 이건 생명입니다. 죽음의 돌풍을 막아줄 명단.

마치 한 편의 기록영화 같은 성격을 지니며 역사적인 사실들이 자막으로 띄워져 있다. 강제 이주된 유태인들을 수용하던 비인간적인 수용소 생활조차 1943년에 폐쇄되면서 대부분의 유태인이 그 자리에서 죽임을 당하거나 아우슈비츠로 이송되어 사살되곤 했다. 이 와중에 쉰들러 공장에서 일할 수 있는 노동자들의 명단이 작성된다. 이 명단은 죽음을 연기(延期)하고, 파괴를 연기하고, 폭력을 연기해서 결국 생명을 길어 올리게 한다. 물론 앞서도 언급했지만 쉰들러가 처음부터 유태인의 생명을 보호하겠다는 작정을 하고 사업에 뛰어든 것은 아니었다. 그는 인력이 싸고 이윤이 많이 남는다는 이유 하나로 유태인들을 고용했을 뿐이었다. 하지만 쉰들러는 이작 스턴의 충고와 현명한 지지 그리고 그의 도움을 필요로 하는 몇몇 인연을 만나면서 변화한다. 즉, 그는 스스로도 잘 몰랐던 내면 깊이 잠자던 생명 존중이라는 보편타당한 진리를 깨우치고 스스로의 신념을 행동으로 실천하게 된다.

장면 4

1942년 겨울 크라쿠프. 유태인 거주지.

- 무일푼이 되어서 이방인 12명과 한 방에서 자는 꿈을 꿨어. 깨어 보니 그 꿈대로야.
- 웃음이 나와요? 담장에 갇혀서?
- 웃을 수밖에. 담장쯤은 괜찮지만, 내 생명에 대한 구속은 못 참겠어.
- 나치들만 막아 준다면….
- 조상의 악취가 풍기는 것 같아서요….
- 더 이상의 최악의 상황은 없을 거예요.
- 이 거주지가 바로 자유죠…. (다들 아무 말도 하지 않음)

다시 첫 장면을 상기해 보자. 촛불이 타오르고 있다. 촛불은 경건한 의식과 희생을 상징한다. 거의 모든 종교의식에 등장하는 것이 촛불이다. 영혼의 불을 밝힌다는 뜻과 함께 자신은 타오르면서 주위를 환하게 지펴 오르는 역할을 하는 것이 바로 촛불이다. 마지막 심지까지 깨끗하게 타오르는 촛불과 초의 사그라짐 이후 길고 긴 연기가 피어오른다. 연기는 경적을 요란하게 울리며 돌진해 가는 저돌적이면서 어딘지 암울한 몸체를 지닌 기차의 연기와 연결된다. 그렇다. 이제 연기로서의 〈쉰들러 리스트〉를 살펴볼 차례다.

연기(煙氣)는 무엇이 불에 탈 때 생겨나는 흐릿한 기체나 기운을 말한다. 불이 붙고 맹렬하게 타오를 때는 불꽃이 부각되는 탓에 연기는 잘 보이지 않는다. 연기가 주를 이룰 때는 불꽃이 사라졌을 때다. 그러다가 불이 완전히 사라지면 연기조차 사라지기 마련이다. 이제 맹렬한 불꽃이 아닌 맹렬한 연기를 바라보려고 한다. 화면 가득 메우는 두 개의 촛불이 내뿜는 연기 말이다. 연기는 경계선을 뜻한다. 타오르다가 꺼지는 순간에 발생하는 연기는 이른바 현실과 상상의 경계선을 연상시킬 수 있다. 영화의 첫 장면에서 촛불의 연기는 길고 긴 머리카락처럼 퍼진다. 연기가 사라질 때까지 카메라 초점을 두지 않는 탓에 연기는 점점 하늘로 올라갈 뿐이다. 촛불의 연기와 기차의 연기는 사뭇 다르다. 경건함과 희생을 상징하는 촛불의 연기는 긴 여운을 남긴다. 옷매무새를 여미게 하는 그 무엇이 있다. 아마도 첫 장면에 함께 등장하는 유교 경전을 읽는 낭랑한 음성 때문인지도 모른다. 한편 기차의 연기는 요란하고 폭력적이다. 불을 뿜어내듯 연기를 마구 토해 낸다. 한눈에도 저항이 생길 만큼 위압감이 느껴진다. 기차의 연기는 촛불의 연기와는 현격하게 차이가 난다. 기차의 연기는 횡포, 무자비함, 폭압, 전쟁 같은 이미지를 상징화하고 있다. 촛불의 뒤에 연이어 나타나는 까닭에 기차 연기의 상징은 더욱 두드러진다. 역시 평범한 일상이 계속되던 현실과 전쟁이라는 특수한 상황 속에서 일상을 전복시키는, 상상보다 더 지독한 현실을 뜻하고 있다. 연기는 잡히지도 않고, 고정되지도 않으며, 시간이 지나면 사라질 뿐이다. 그리하여 삶을 구름이나 연기로 비유하기도 하지 않는가. 그 어떤 웅장한 연기라도 연기는 연기일 따름이다. 유태인 대학살과 전쟁으로 인한 인간성 상실과 비인도적으로 자행되었던 여러 처참한 일조차 그만 그칠 때가 있는 것이다. 거대한 연기도 시간이 지나면 사라지기 마련이다. 헛되고 헛된 삶의 비운을 한마디로 달래면서 말해 보면 '연기는 연기일 뿐'이라는 것인데, 이렇게 본다면 연기는 희망의 다른 이름일 것이다. 그렇다. 연기는 희망이다. 촛불의 연기가 희생과 사랑을 뜻하면서 가슴속에 파고들며 잔잔한 여운으로 남았다면, 기차의 광폭한 연기는 다만 사라질 뿐이다. 참을 수 없는 존재는 기실 연기처럼 가볍다. 그 존재의 마지막을 꿰뚫게 된다면 참을 수 있다. 그것이 삶을 견뎌 내는 하나의 방법인 희망이다.

장면 5

- (쉰들러에게) 계속 당신을 지켜보았는데… 취하는 법이 없더군. 대단한 통제력이요. 통제력은 바로 힘이죠.
- 그래서 저들이 우릴 두려워할까?
- 우리가 죽일 힘이 있기 때문이죠. 내키는 대로 죽이는 권한이 있기 때문이오. 우린 죄인이 사형에 처하게 되면 좋아야죠. 직접 처형한다면 더욱 기분좋아야 하죠.
- 하지만 그건 힘이 아닌 정의야. 그건 힘이 아니야. 힘이란 죽일 정당성이 있을 때라도 안 죽이는 거야.
- 그게 힘이라고요?
- 황제들은 그랬네. 도둑질을 하자 황제에게 끌려간 사내는 땅에 엎드려 자비를 구하지. 자신이 죽을 걸 알고 있기 때문이야. 황제는 그를 용서하지. 그 쓸모없는 도둑을 놔줬어.
- 당신이야말로 취했군.
- 그게 바로 힘이요… 거트. 그게 힘이야….

아론 거트는 크라쿠프 유태인 수용소의 사령관으로 부임한 후 처음으로 영내를 둘러보면서, 공사 감독인 유태인 여자를 학살하는 것으로 나름의 신고식을 치른다. 밀라노 대학교 토목과를 졸업했다는 말에 대한 거트의 반응은 자명하다. 그 여자의 말이 너무도 맞기 때문에 두려운 것이고, 그것을 들키지 않기 위해서 사살한다. 그다음 바로 여자의 말대로 건물을 허물고 다시 짓도록 한다. 그의 두려움은 유태인 수용소 내에서 차출해서 가정부로 임명한 헬레나에게도 그대로 적용된다. 그는 첫눈에 헬레나를 좋아하게 되지만, 그런 감정을 어느 누구에게도 들키고 싶지 않을뿐더러 그런 감정이 일어나는 스스로를 견디지 못하며, 급기야 헬레나를 때림으로써 스스로의 감정을 부인한다.

한편 사업상 접근하게 된 쉰들러는 거트 소위의 잔혹성을 다소 잠재우기 위한 전략으로 진정한 힘은 '용서'라고 부추긴다. 그 말에 힘입어서 거트는 스스로 거울을 보며 임금이 신하에게, 혹은 신이 인간에게 마치 은혜를 베풀 듯 손짓을 하며, "용서하노라…."라고 중얼거리며 연습해 본다. 그는 곧 하얀 와이셔츠를 입고 영내를 누비면서 평소에 하지 않던 용서를 몇 번 베풀어 본다. 예를 들어, 안장을 실수로 떨어뜨린 이에게 "좋아, 됐다."라고 말하거나 일하는 도중 흡연을 한 이에게도 용서를 베푼다. 또한 욕조의 얼룩을 제대로 제거하지 못한 리세크에게 "용서하노라."라고 말하며 으쓱해한다. 하지만 그의 행동은 단 몇 분 동안이 다였다. 그는 근질거리는 육감의 발동으로 멀어져 가는 리세크의 옆을 향해 총을 쏘다가 세 번째에 이르러서 리세크를 죽이고 만다. '용서'는 거트에게는 맞지 않는 고차원적인 신의 놀음인 셈이었다. 그것이 아몬 거트의 한계점이자 비극인 것이다.

장면 6

7개월간 쉰들러의 브린 눌리츠 군수공장은 완벽하게 작동하였다. 그것은 생산이 전혀 없는 비생산의 모델이었다. 이 기간 동안 쉰들러는 그의 노동자의 생계유지와 독일 관리 매수에 수백만 마르크를 사용하였다.

……

- 뭔가?
- 돈 있으세요? 제가 모르는 돈 없으십니까?
- 없어. 왜 파산인가?
- 글쎄요….

……

어제 새벽 2시 41분경 아이젠하워 장군의 본부에서 조들 장군이 무조건 항복 문서에 서명함으로써 유럽의 모든 독일 점령지와 영해 영공은 연합군과 소련 최고 사령부에 귀속 이양했습니다. (라디오 방송)

- 독일 전쟁은 끝났습니다. 군인들을 공장 안으로 불러 모으세요.
- 독일이 무조건 항복했습니다. 이제 오늘 밤 자정이면 전쟁이 끝납니다. 내일부터 여러분은 가족을 찾아 나서겠지요. 대부분은 아마 찾을 수 없을 겁니다. 6년간의 학살은 전 세계 사람들을 울렸습니다. 우린 살아남았고 많은 분이 제게 감사해하셨죠. 자신에게 고마워하십시오. 여러분의 용감한 이작스턴과 죽음에 당면해서도 여러분을 걱정한 이들에게 감사하십쇼. 저는 나치 당원이며 군수 보급품 제조업자이자 노동력을 착취한 범죄자입니다. 자정이 되면 여러분은 자유인이 되고 저는 도망자가 됩니다. 전 12시 15분까지 여러분과 있다가 달아나야 합니다. 부디 저를 용서해 주십시오. 상부로부터 모두 처치하라고 명령받았던 것을 압니다. 지금 다 모여 있으니까 처치하려면 지금이 가장 좋겠군요. 한 인간으로서 가족에게로 돌아가십시오. 살인자가 되지 말고… 수많은 유태인 희생자를 위해 우리 3분간 묵상하십시다. 아멘….
- 모든 게 잠잠해지면… 이 옷감을 2미터 반씩 나눠 주게. 보드카도… 고급 담배도… 비싼 거라서 쓸모가 있을 거야….

……

- 모든 걸 설명하는 편지를 썼습니다. 잡히실 경우 쓰십시오. 모두가 서명했습니다.
- 고맙습니다.
- (글자가 적힌 반지를 건네주며) 탈무드에 나오는 글귀입니다.
- 하나의 생명을 구하는 자는 세상을 구하는 것이다.

……

- 더 살릴 수도 있었어. 더 살릴 수도 있었는지도 몰라.
- 당신 덕에 1,100명이 살았어요. 보십시오.

- 난 너무 많은 돈을 버렸어. 자넨 상상도 못해.
- 사장님 덕에 많은 후손이 태어날 겁니다.
- 난 충분치 못했네.
- 이 핀은 금이니까 두 명을 더 살렸을 텐데… 이 차 거트가 사 줬는데… 왜 팔지 못했을까. 10명은 더 구했을 텐데… 한 사람 한 사람을 더 말야. 스턴, 이거 하나라도 팔았다면 더 구할 수도 있었는데… 내가 안 한 거야… . (울먹이는 쉰들러)

……

아론 거트는 베드 톨츠 한 요양소의 환자로 있던 중 체포되어 반인류죄로 크라쿠프에서 교수형에 처해졌다. 오스카 쉰들러는 전쟁 뒤 결혼과 몇 번의 사업에 실패하였다. 1958년 그는 예루살렘 야드바생 위원회에 의해 정의로운 자로 선언되어 정의의 거리에 식수를 위해 초대되었다. 그 나무는 지금도 자라고 있다.

(화면이 컬러로 바뀜)

학살된 6백만 명 이상의 유태인의 명복을 빌며….

오늘날 폴란드에 살아남은 유태인은 4천 명이 안 된다. 반면 쉰들러의 유태인 후손들은 8천 명에 이른다.

(비석 위에 돌을 놓는 이들… 생존한 이들… 비석 한가운데 장미꽃이 놓인다.)

쉰들러의 행적을 따라가다 보면 그의 내면의 변화를 만날 수 있다. 물질중심적이고 기회주의자이며 속물근성이 다분한 그는 사업에 성공을 하게 되고 많은 돈을 모은다. 인력 모집에 관한 일을 비롯해서 공장 운영에 관한 구체적이고 실질적인 일을 이작 스턴에게 맡기자, 스턴은 재량껏 유태인들 중에서 위험에 처해 있거나 보호받을 이유가 많은 이를 우선 채용한다. 쉰들러는 생명을 부지하게 해 준 은혜에 대해 감사함을 표하러 온 팔이 하나 없는 노인의 인사를 받고는 스턴에게 저 직공이 쓸모 있는 이가 맞느냐며 역정을 낸다. 이에 대해 스턴은 쓸모가 있다고 당당하게 말하고, 쉰들러는 그런 이작 스턴에게 오히려 신의를 느끼게 된다. 쉰들러는 생일날 직원을 대표해서 축하 선물을 건네는 유태인 여자에게 답례 인사를 한 사실로 인해 감방까지 가게 된다.

이후 아우슈비츠행일 듯한 기차를 타고 있는 유태인들이 한여름의 무더위 속에서 물을 찾고 있을 때, 그는 잔인하게 굴며 골려 주는 듯한 제스처를 풍기면서 사실상 기차가 멈출 때마다 긴 호스로 물을 공급한다. 그러면서 그는 나와 타인이 각각 다른 개체가 아니라 생명은 연결되어 있으며, 타자의 행복을 책임지고 생명을 존중해야 할 필요가 있음을 깨달음과 동시에 실천하게 된다. 쉰들러는 쉰들러 리스트를 작성하면서 대충 몇 명이라고 보고하는 이작 스턴의 말에 발끈하면서 제대로 한 명 한 명씩 세어 보라고 말한다. 한 생명 한 생명이 고귀하고 빛나는 까닭에서다. 결국 그의 행적은 8천 명에 이르는 유태인들의 후손을 낳게 하였다. 하지만 쉰들러의 자각은 여기서 그치지 않는다. 그는 그가 죽음에서 구해 낸 유태인들이 그와 헤어지는 마지막 날 금니를 빼내어 만들어 준 작은 금반지 안쪽에 쓰인 글귀, '하나의 생명을 구하는 자는 세상을 구하는 자'라는 말을 읽으며 대성통곡한다. 한 명이라도 더 살릴 수 있었을 것이라며 자책한다. 그의 눈물은 생명 존중과 아쉬움, 스스로의 인격적 성숙함을 위한 눈물일 터다. 정리해 보면, 쉰들러의 연기(緣起)는 인간의 본성(本性)을 스스로 체득한 까닭에 이뤄진 인간 존중과 생명 사랑의 행위다. 그것이 결국 스스로 마지막 심지까지 불태우며 주위를 밝힌 아름다운 행적으로 이어지게 한 것이다.

심상 시치료

(명상에 이르게 한 후 진행한다.) 촛불이 있습니다. 불을 켜 놓은 지 수년이 된 초입니다. 촛불이 있어서 주위의 어둠이 물러났지만, 언젠가 초가 다 닳는 순간 촛불 또한 꺼질 것을 나는 잘 알고 있습니다. 촛불이 켜지는 유일한

순간이 단 한순간이었듯이, 유일하게 촛불이 꺼지는 단 한순간이 언젠가는 올 것입니다. 지금은 초의 중심에서 은은하게 타오르고 있는 촛불을 지켜보시기 바랍니다. … 촛불 곁에서 나는 하얀 종이를 꺼냅니다. 이 종이는 촛불이 아름답고 환하게 잘 타오를 수 있도록 심지를 곧게 세울 것입니다. 내 삶에서 좌절과 어둠을 딛고 일어서게 하는 세 가지를 적어 봅니다. 암울과 낙담을 딛고 일어서게 할 수 있는 세 가지입니다. 내가 떠올리는 순간 하얀 종이 위에 그대로 기록됩니다. 나는 지금 어떤 글자를 떠올리고 있습니까? 어떤 글자가 하얀 종이 위에 그대로 새겨지고 있습니까? … 하얀 종이 위에 새겨진 이 글자를 촛불로 태우기 바랍니다. 글자가 타 들어가는 순간, 촛불은 이 글자를 온몸으로 마시고, 심지는 곧게 세워져서 더욱 환하게 불타오르고 있습니다. … 촛불에서 은은하면서 맑은 기운이 흐르고 있습니다.

이제 눈을 뜨고 하얀 종이 위에 적었던 세 가지를 그대로 옮겨 적어 봅니다.

치료적 의미

촛불로 상징되는 삶을 차분히 반추해 보는 기회를 가지면서, 동시에 삶을 이루는 핵심적인 의미를 스스로 찾는 시간을 가짐으로써 문제와 갈등을 이겨 낼 힘을 동시에 갖게 된다. 영화 〈쉰들러 리스트〉에서 리스트가 생명을 구원하였듯이, 심상 시치료 속에서 떠올리는 리스트에 스스로의 삶을 구원할 구체적인 방법을 적는 것이다.

5) 박하사탕

영화 관련 정보

- 감독: 이창동

- **각본:** 이창동
- **촬영:** 최영택, 김형구
- **주연:** 설경구, 문소리, 김여진

영화 줄거리

영화는 '야유회', 1999년 봄부터 시작한다. 젊은 시절의 꿈, 야망, 사랑, 모든 것을 잃은 중년의 영호는 20년 전 첫사랑과 함께 소풍을 갔던 곳으로 찾아가지만 20년이란 세월은 모든 것을 앗아 가 버린 후다. 이미 공허한 몸짓과 악다구니 같은 고함을 지르며 실성한 모습이다. 그런 영호를 친구들은 의아한 눈길로 바라본다. 영호의 광기는 더욱 심해지고, 급기야는 철교 위에 올라가 울부짖는다. 거꾸로 가는 기차를 따라 시간을 거슬러 가면 영호의 과거가 펼쳐진다. '사진기'라는 소제목의 장면은 1999년 봄, 사흘 전의 일이다. 동업자에게 사기당하고 마누라한테 이혼당하고 아무것도 남은 것 없는 마흔 살의 영호는 어렵사리 구한 권총으로 죽어 버리려 하는데 느닷없이 찾아온 사내의 손에 이끌려 첫사랑 순임을 만나게 된다. 순임은 식물인간으로 병실 침상에 누워 있을 뿐이다. 순임이 전해 주라고 했다며 순임의 남편에게 사진기를 받은 영호는 병원을 나오자마자 사진기를 팔아 그 돈으로 술을 마신다.

다음, '삶은 아름답다'는 1994년 여름이다. 서른다섯의 가구점 사장인 영호. 마누라 홍자는 운전교습 강사와 바람을 피우고 그는 가구점 직원 미스리와 바람을 피운다. 우연히 식당에서 과거 형사 시절 자신이 고문했던 사람과 마주치는 영호는 학생운동을 하던 그 자가 했던 '삶은 아름답다.'는 말을 기억해 내며 쓴웃음을 짓는다.

'고백'은 1987년 4월의 일이다. 지극히 일상적인 삶의 권태로움에 지쳐 버린 닳고 닳은 형사인 영호의 모습이 나온다. 영호의 처 홍자는 예정일이 얼마 남지 않은 만삭의 몸이다. 그들은 군산의 허름한 옥탑방에 살고 있다. 영호는 어느 날 잠복근무를 하다가 카페 여종업원 품에 안겨 순임을 목 놓아 부르며 눈물을 터뜨린다.

'기도'는 1984년 가을이다. 신참내기 형사인 영호는 선배 형사들의 과격한 모습과 자신의 내면에 잠재된 폭력성에 의해 본연의 모습을 무너뜨리고 난폭하게 변해 간다. 이윽고 자신의 순수함을 부인하듯 순임을 거부하고 홍자를 택한다.

'면회'는 1980년 5월의 일이다. 영호는 전방부대의 신병으로 긴급 출동을 위해 다른 장병들과 함께 트럭에 올라탄다. 달리는 트럭 안에서 자신을 면회 왔다가 헛걸음치고 가는 순임의 모습을 보게 된다. 영호는 그녀를 소리쳐 부르고 싶지만 다른 장병들의 휘파람 소리와 요란한 트럭 소리에 묻혀 그녀를 그저 떠나보낸다. 그다음 장면에서 영호는 광주민중항쟁(1980년 5월 18일부터 27일까지 전라남도 및 광주 시민들이 계엄령 철폐와 전두환 퇴진, 김대중 석방 등을 요구하여 벌인 민주화 운동)의 소용돌이 속에 뛰어들게 된다. 예기치 않게도 그가 쏜 총에 여고생 한 명이 죽고 만다. 그 이후 충격에서 벗어나지 못한 영호는 자신의 손을 저주하며 살아간다. 그 손으로 그를 면회 온 순임이에게 보란 듯이 홍자의 몸을 만진다. 기차에 올라서는 순임에게 영호는 순임이 선물로 준 사진기를 도로 돌려준다.

'소풍'은 1979년 가을의 일이다. 갓 스무 살의 영호와 순임은 난생처음 순수한 사랑의 행복감에 잔뜩 젖어 있다. 영호는 순임이 건네준 박하사탕 하나가 세상에서 최고로 맛있다. 젊음도 아름답고 인생도 아름다울 뿐이다. 박하사탕 색깔과 맛 같은 첫사랑의 순수한 시간을 갖는다.

영화 보기

장면 1

〈1999년 야유회〉

(철길 아래 누워 있는 회색 양복을 입은 남자. 눈에 어리는 눈물. 오디오를 틀

어 놓고 춤을 추는 사람들 틈에 지친 듯이 걸어가다가 휩쓸려 춤을 추는 남자)

- 야야… 너 김영호 아냐? 야, 인마… 진짜 오랜만이다. 너 어디에 있다가 이제 나타나냐?
- 너희들 나를 기억해? 기억하지? 점옥순이… 이미화… 지금은 버스 회사 사모님이 되었어.
- 너한테 연락하려고 했는데… 연락이 되어야지… 연락을 다 못한 건 내 책임이거든. 저, 우리 가리봉 회원 아니냐… 봉우회… 그런데 네 소식을 아는 사람이 있어야지. 20년 만에 다 모이게 하려니까, 그게 쉬워야지….
- 괜찮다잖아요!!! (고함지르는 남자)
- (썰렁한 분위기) 노래 하나 부를게요. 라라라… 라라라… 나 어떡해 너 갑자기 가 버리면, 나를 두고 가고 떠나가면 그건 안 돼. 떠나가면 안 돼. 가지마라. 누구 몰래, 다짐했던 비밀이었나… 다정했던 네가…. (오열을 터뜨리며 우는 남자)

……

- 야!!! (오열만 터뜨리는 남자…)
- 왜!!!
- 야!!!
- 이제 안 돼!!! (결연한 남자의 눈초리)
- 김영호….

(기차가 오는 소리)

- 야!!!

(등 뒤의 기차를 향해 돌아서서 나 다시 돌아갈래…라고 하며 고함지르는 남자)

주인공 남자는 야유회에 불쑥 나타난다. 누구 하나 기억해서 남자에게 연락을 취한 것은 아니지만, 우연히 라디오 방송에서 야유회를 한다는 말을 듣고 찾아간다. 근 20년 만이다. 지푸라기라도 잡는 심정으로 야유회에 참석한 남자에게 펼쳐진 광경은 더할 나위 없이 처참하다. 모든 것이 변하고 또 바뀌었다. 풋풋한 냄새는 찾아볼 수 없다. 남자는 어찌할 바를 모른다. 그곳에 가면 마지막 끈 같은 것이라도 잡을 수 있을 줄 알았다. 술 마시고 춤추고 노래 부르는 그들의 모습 어디에도 20년 전의 모습은 없다. 풀잎 위 이슬처럼 싱그러웠던 순간들은 다 어디로 증발했던가. 남자는 발광한다. 말을 하지 못하고 다만 소리 지를 뿐이다. 강에 뛰어들어 첨벙거리거나 갑자기 무리에 휩쓸려 춤을 춘다. 그러다가 괴성을 지르며 노래를 부른다. 예전에 불렀던 노래를 이제 아무도 부르지 않는다. 삶이 무르익어서 터질 지경인 이들 중년은 남자의 행위를 눈여겨보고 돌볼 겨를이 없다. 철길 위로 올라가 팔을 벌리고 서 있는 남자에게 누군가 말려야 하지 않느냐고 묻는다. 그리고 누군가는 그냥 놔두라고, 저래 봤자 죽지 않는다고 말한다. 그중 한 명이 가까이 다가가서 말한다. 제발 내려오라고, 왜 그러느냐고 애원한다. 남자의 아픔이 전달되었던 탓이다.

감동이 없는 사회의 축소판을 보는 듯하다. 누구나 절망하지만 쉬쉬하며 절망 자체를 묻어 버린다. 흥겹지도 않은 삶이라는 사실을 알면 알수록 놀이에 빠진다. 흥이 없는 수많은 놀이에 중독성이 묻어 있다. 그러다가 누군가 죽으면, 하필이면 우리가 놀고 있는 이곳에서 죽을 게 뭐냐고 죽은 자를 한 번 더 욕한다. '재수 옴 붙었다'고 말하면 그만이다. 도대체 어떤 아픔의 가시로 고통을 받았는지 마음을 들여다볼 생각조차 하지 못한다. '내가 살기에도 바쁜 세상'인 것이다. 남자는 오열을 터뜨리듯 외친다. "나 돌아갈래!" 기차 소리가 바투 다가오고, 남자의 외침은 극도에 이른다. 기차가 오는 정면으로 홱 돌아서서 있는 힘껏 고함지르는 남자의 최후는 낙인처럼 남는다. 남자가 외친 '돌아간다'는 의미 속에서 어렵지 않게 천상병 시인의 〈귀천〉이라는 시를 떠올릴 수 있다.

귀 천

– 천상병

나 하늘로 돌아가리라
새벽빛 와 닿으면 스러지는
이슬 더불어 손에 손을 잡고
나 하늘로 돌아가리라
노을빛 함께 단둘이서
기슭에서 놀다가
구름 손짓하며는,
나 하늘로 돌아가리라
아름다운 이 세상
소풍 끝내는 날, 가서
아름다웠더라고, 말하리라

이미 총을 구입했을 무렵부터 남자는 죽음을 벼르고 있었다. 그것을 실천하려고 하는 순간에 이르러서 남자는 단 한 번이라도 '삶은 아름다웠다.'고 말할 수 있기를 바랐던 것인지도 모른다. 남자의 기억 속 아름다웠던 순간이란 20년 전 소풍, 함께 불렀던 노래, 작은 들꽃을 보며 신비로워했던 그때였다. 그때 모였던 이들의 눈빛, 나눴던 두근거림, 둘러앉아 기타의 선율에 따라 나누던 노래, 설레던 첫사랑…. 이 어우러짐 속으로 돌아갈 수 없다는 사실은 '돌아가고 싶다'는 강렬한 외침을 하게 만드는 것이다. 하늘로 돌아가리라고 말하는 천상병 시인의 시가 자연스러움을 담고 있다면, 남자의 돌아가고 싶다는 절규 속에는 불안과 불만이 담겨 있다. 극도의 불안이 남자의 최후를 장식하고 마는 것이다. 그것은 암흑이다. 혹은 빛으로 처단되는 것이다. 존재감조차 느끼지 못할 정도로 파묻히거나 남김없이 낱낱이 비치기 때문에 안식이 없다. 불안은 증폭된다. 극명한 암흑이나 빛 속에서 극도의 불안이 드러난다. '돌아가고 싶다'는 말은 평안함을 희구하는 말이기도 하다. 주인공 남자, 영호의 외침 속 '돌아감'은 순수와 평안, 더 나아가 근원의 힘으로 돌아간다는 의미라고 볼 수 있다. 이미 너무 멀리 와 버린 탓에 불안이 커진 그가 실제로 돌아간다는 의미를 실천하기 위해 행한 행위는 '하늘'로 '돌아감'이다. 그리하여 영호의 행위를 눈여겨보는 수많은 이의 가슴에 아픈 낙인을 남기게 되는 것이다.

장면 2

〈사진기 – 사흘 전 1999년 봄〉

……

- 거, 앉으슈. 누추하지만.
- 김영호 씨 찾느라고 애 많이 썼어요.
- 이제 여기에 비가 떨어지네… 어제는 낮 박에 떨어지더니… 앉아, (총을 남자에게 겨누며) 이 씹새끼야! 이거 장난감 아냐. 내 사는 게 한심하지? 왜 이렇게 사느냐 싶지? 밖에 비도 오는데 좋잖아? 술 한잔할까? 마시려고 해도 마실 술이 없네… 나 마지막 돈 탈탈 털어 이 총 샀다. 나 혼자 죽으려면 억울해서 딱 한 놈만 저승길에 동행하자… 어떤 놈을 죽일까, 거 참 고민되더라고. 딱 한 놈 고르려니까 그게 좆나게 어려운 거야. 피 같은 내 돈 다 날려 버리고 깡통 차게 만든 증권회사 직원을 죽일까. 달러 돈 다 내주고 사채업체 흡혈귀 같은 직원을 죽일까. 아니면 동업한다고 해 놓고 사기 치고 토낀 친구 새끼 죽여 버릴까. 이혼한 마누라, 우리 애 새끼랑 같이 죽어 버릴까. 그때 내 인생 이렇게 조져 놓은 놈들이 너무 많아 가지고 그 한 놈을 못 택하겠더라고. 어떡할래? 구경하고 갈래, 그냥 갈래?

(총구를 관자놀이에 겨누는 남자)

- 김영호 씨, 윤순임 아시죠? 윤순임이 보내서 왔어요. 옛날에 두 사람이 서

로 좋아했다던데요….

- 아… 그 윤순임? 그런데 그 여자가 왜 날 찾아?
- 난 윤순임 남편 되는 사람입니다. 그 사람이 당신 보고 싶어 해요.
- 당신 지금 장난하는 거지? 그 여자가 이제 와서 왜 날 찾아?

(같이 승용차를 타고 가는 두 사람. 차 뒤편에 아이 한 명이 앉아 있음)

(한숨을 쉬는 남자)

- 내 부탁 좀 들어주실래요? 아침에 오다가 옷을 샀는데 이거 김 선생한테 맞을지 모르겠네요.
- 나더러 이 옷으로 갈아입으란 말예요? 사람 여러 가지로 욕보이시네….

(가던 길을 멈추고, 아래 풀길에서 양복으로 갈아입는 영호)

(박하사탕을 사 들고 오는 남자)

- 환자한테 빈손으로 갈 수 없잖아요. (뒷자리 아이한테 건네며) 이거 먹을래? 박하사탕이야. 이거 되게 맛있다….

(환자 대기실에 앉아 있는 남자)

- 왜 그래요?
- 오늘 새벽부터 의식이 없어졌대요. 너무 늦었네요.

(우는 남자)

- 그래도 얼굴 한번 봅시다.

(중환자실. 방문 가운으로 갈아입는 영호와 남자)

- 여보… 김영호 씨 오셨어.
- 윤순임 씨. 오랜만이에요.

(인공호흡기에 의존하며 눈을 감고 있는 여자)

- 이거 기억나요? 박하사탕. 나 옛날에 군대 있을 때 순임 씨가 보내 줬죠. 편지 보낼 때마다 한 통씩 보내 줬죠. 이거 다 모으고 있었어요. 사실은 이거 때문에 고참들한테 혼났어요. 편지에 이런 거 넣어 보낸다고. 보세요, 옛날 모양 그대로죠? (우는 남자) 미안해요, 순임 씨.

(감은 눈 사이로 눈물을 흘리는 여자)

- 김영호 씨, 전해 드릴 게 있는데 깜빡했어요. 이거 애기 엄마가 전해 달라고 했어요. 어거 김영호 씨 거라고. 그동안 자기가 맡아 가지고 있었던 거라고 하대요.

……

(발을 접지른 듯 절룩거리며 걸어가는 남자)

- 이거, 엄청 오래된 거네… 나온 지 20년 되었나… 요즘 누가 수동 쓰나요.
- 그래서 얼마 줄 수 있어요?
- 3만 원 쳐 드릴게.
- 카메라 값이 3만 원밖에 안 돼요?
- 싫으면 관두시고… 4만 원 드릴게. 팔라면 팔고.
- 줘요.

(흑흑. 울듯이 웃는 남자)

(절룩거리며 걷는 남자)

- 이봐요, 아저씨. 카메라 안에 필름이 들었네. 가져가셔야지.

(땅에 떨어진 필름을 줍는 남자)

(평상에서 우유와 빵을 먹는 남자. 필름을 잡아당겨 보는 남자. 흑흑 우는 남자)

터널(tunnel)은 산, 바다, 강 따위의 밑을 뚫어 만든 철도나 도로 따위의 통로를 말한다. 반면 동굴(洞窟)은 자연적으로 생긴 깊고 넓은 큰 굴을 말한다. 터널의 특징이 '통로'라면, 동굴의 특징은 '막힘'이다. 터널은 안으로 갈수록 어둡다가 나올 무렵에 밝아지는 데 비해 동굴은 어둠이 깊어진다. 동굴은 '침잠(沈潛)'이다. 침잠은 겉으로 드러나지 않게 물속 깊숙이 가라앉거나 숨는 것, 마음을 가라앉혀서 깊이 생각하거나 몰입하는 것을 말한다. 또한 성정이 깊고 차분해서 겉으로 드러나지 아니하는 의미도 있다. 반면 터널은 '통과의례'다. 통과의례는 출생, 성년, 결혼, 사망 따위와 같이 사람의 일생 동안 새로운 상태로 넘어갈 때 겪어야 할 의식을 통틀어 이르는 말이며, 프랑스의 인류학자 방 주네프(A. Van Gennep)가 처음 사용한 것으로 알려져 있다.

우리의 삶은 다분히 '터널'이다. 갈수록 막혀 있고 막다른 곳이 아니라 뚫려 있고 또다시 열려 있는 것이다. 생을 가로지르는 길고 큰 터널은 여러 작은 터널로 이루어져 있다. 처음 터널을 통과하기 시작하면서 갖가지 작은 터널을 거치게 되지만, 터널을 동굴로 착각하고 그 어둠을 두려워하는 이들의 좌절이 극도에 달하면 터널 안에서 침잠하기도 한다. 생물적 · 정신적 멈춤이 바로 그것이다. 터널에는 끝이 있어서 누구라도 더 이상 가지 못하는 곳에 이르게 된다. 그럴 때 멈추게 되는 곳은 터널 안이 아니다. 생애의 어느 곳에서 멈추든 간에 그곳은 터널이 끝난 지점이 되는 것이다. 그러므로 삶의 터널은 유기체다. 살아 숨 쉬는 터널인 것이다. 모든 작은 터널을 감싸 안고 있는 큰 터널은 성질이 더없이 중요하다. 터널이 견고하고 드넓을수록 작은 터널들을 껴안을 수 있는 힘이 생성된다. 큰 터널의 너비가 좁을수록 작은 터널들이 만들어지고, 그다음 터널로 이어지는 데 어려움이 뒤따른다. 살아간다는 것은 수없이 많은 터널을 통과하는 것이고, 그 터널들은 우리가 삶의 길을 걸어갈 때마다 조금씩 만들어진다. 어떤 형질로 터널이 만들어지는가에 관해서는 관여할 수 없다는 입장이 있을 수 있겠다. 이미 형질은 주어져 있고, 그것을 바꾸자면 혹독한 훈련이 필요할 것이다. 하지만 중요한 것은 이미 주어진 형질이라 하더라도 가변성이 있으며, 이미 주어진 길이라 하더라도 변형이 있다는 사실이다. 그것이 끊임없이 터널을 새롭게 하는 원인인 것이다.

단, 터널이 약해서 지탱할 힘이 없어지고 곧 허물어질 지경이 되었을 때 조심해야 한다. 터널 밖의 빛은 터널을 전부 통과해야만 만날 수 있기 때문이다. 도중에 멈춰 버릴 때, 빛은 삶을 증발시키고 만다. 영화 속에서 첫 장면은 어두운 화면 그리고 화면 상단에 아주 작은 점이 있다. 그 점이 점점 커져 가면서 그것이 터널을 통과하게 되는 지점이라는 것을 알게 된다. 터널을 통과하는 것은 기차다. 그리고 우리는 철길 위를 달리는 기차의 시선을 그대로 따라가게 된다. 야유회 장면이 나온 후, 기차는 또 어디론가 달려간다. 삶의 필름이 과거로 뒷걸음질하는 것이다. 김영호라는 인물이 왜 이다지도 오열을 터뜨리는가에 관한 이야기가 펼쳐진다. 그리고 불과 사흘 전의 이야기로부터 시작된다.

이 영화의 제목이 암시하는 '박하사탕'에 관해서도 충분히 풀어진다. 박하사탕에 관해서는 뒤에서 좀 더 다룰 것이다. 첫사랑의 여자 '윤순임'의 남편이 찾아온다. 남편은 죽어 가는 여자의 마지막 부탁으로 영호를 찾아온 것이다. 꾀죄죄하고 형편없는 영호에게 남편은 양복을 건넨다. 그 옷은 순임을 만나러 가기 위한 옷이기도 하지만, 아이러니하게도 마지막 순간에 기차를 맞이하는 옷이기도 하다. 순임을 만나는 일은 사실 근원으로 가는 상징적인 의미다. 그것은 갖가지 이유로 두려움을 지닐 수밖에 없다. 영호는 병문안을 가는 도중 '박하사탕'을 사서 순임의 딸에게도 하나 준다. 이미 순임은 사탕을 먹지 못할 뿐 아니라 영호를 볼 수조차 없다. 의식불명 상태로 악화된 순임은 귀만 열려 있을 뿐이다. 그 말 못하는 귀로 영호의 말을 듣고 울 뿐이다. 이해심 많은 남편이 영호에게 주라고 건네준 카메라를 영호는 한 치의 망설임도 없이 팔아 치워서 술을 사 먹는다. 그 속에 남겨진 필름조차 함부로 꺼내어 풀어 젖힌 채 운다. 얼마 남지 않은 삶, 다가가기에는 이미 멀찍이 떠나 버린 빛나던 추억—사실은 추억이 떠난 것이 아니라 자신이 떠나 버린 것이지만—그리고 불안. 그다음 영호는 세상과 소통하고자 하는 마지막 끈을 붙잡기라도 하려는 것처럼 20년 전 소풍의 장소를 향한다. 그곳에서 영호는 달려오는 기차를 맞이한다. 영호의 터널은 이미 닳을 대로 닳아 있어 생을 감싸 안지 못하고 만 것이다. 그것은 무수한 불안 때문이기도 했다.

장면 3

(철길. 나비. 화사한 햇빛)

<삶은 아름답다 – 1994년 여름>

……

(감방 안. 오열하는 학생)

- 군산 선배 집에 있다는 거 거짓말 아니지? 야 인마, 진작에 불었으면 고생 안 하잖아. 다 말하고 나니까 속이 후련하지?

(휴지를 주는 남자)

- 코 풀어.
- 마지막으로 묻고 싶은 게 있거든. 너 정말 삶이 아름답다고 생각하니?
- 네?
- 네가 일기에 그렇게 써 놨대. 삶이 아름답다고. 너 정말 그렇게 생각해?

……

(물망초… 간판. 문이 열린 가게 안, 흘러나오는 팝송)

- 뭐해요?
- 비오는 거 구경해요.
- 같이 구경할래요?
- 싫어요.
- 무슨 일로 오셨어요? 뭐 때문에? 출장 중인가요?
- 사람 찾으러 왔어요.
- 어떤 사람을 찾아요? 아저씨 무슨 사연 있는 분 같아, 그죠? 얘기해 주세요. 이렇게 비도 오는데 심심해 죽겠어요.
- 군산에요. 내 첫사랑이 살고 있다는 얘길 들었어요. 어디 사는지 모르겠는데 여하튼 여기 산대요.
- 어디 사는지 모르는데… 어떻게 만나요?
- 만나러 온 게 아니에요. 그냥 한번 와 보고 싶었어요. 그 여자가 사는 곳이

니까. 그 여자가 걷는 길을 나도 걷고 싶고, 그 여자가 보는 바다를 나도 보고 싶고.

- 그런데 이렇게 비가 와서 어떡해요?
- 괜찮아요. 나와 그 여자가 같은 비를 맞고 있는 거니까. 내가 보는 비를 그 여자도 지금 보고 있으니까요.
- 아저씨 사기 잘 친다. 내가 오늘 밤 아저씨가 찾는 그분이 되어 드릴까요?

(문을 잠그고 나오는 여자. 같이 우산을 쓰는 여자. 웃으며 방 안으로 끌어들이는 여자. 나체로 각자 등을 돌린 채 돌아누워 담배를 피우는 남자)

- 아저씨가 찾는 그분 이름이 뭐예요? 말해 봐요.
- 순임이. 윤순임.
- 이제부터 날 순임이라고 불러요. 진짜 순임이 만났다고 생각하고 하고 싶은 말 다 해요. 말해 봐요. 말해 봐요. 그토록 그리운 순임이 만났잖아요. 해 봐요, 어서.

(순임 씨, 순임 씨, 순임 씨… 네, 네, 네…라고 말하는 여자)

- 울지 말아요, 네? 울지 말아요… 당신 마음 다 알아요. 말하지 않아도 다 알아요… 나는 당신이 행복하기를 바랐는데….

박하(薄荷)는 풀이름이다. 꿀풀과의 여러해살이풀. 줄기는 60~100cm이며, 잎은 마주 나고 유선(油腺)이 있다. 여름에 옅은 자주색 또는 흰색의 작은 꽃이 7~8월에 잎겨드랑이에서 줄기를 감싸면서 모여 피어나 층을 이룬다. 통꽃이지만 꽃부리 끝만 네 갈래로 갈라졌으며, 네 개의 수술이 꽃 밖으로 나온다. 열매는 알 모양의 수과(瘦果)를 맺는다. 한방에서는 잎을 약용하고 향기가 좋아 향료, 음료, 사탕 제조에도 쓴다. 박하사탕에서는 박하 향기가 난다. 길쭉한 마름모꼴에 하얀색으로 입안을 상큼하게 만든다. 박하는 깨끗하고 순수한 이미지를 가지고 있다. 영화 〈박하사탕〉 속의 박하사탕은 순수함, 근원성, 본질성을 담고 있다. 달려오던 기차는 영호의 외침대로 '돌아가는' 여정을 거친다. 기차는 영호의 과거와 과거의 장면 속으로 운행하기 시작한다. 그 속에서 영호의 순수하고 근원적이고 본질적인 면이 서서히 침잠되어 가는 것을 알 수 있다. 영화의 전개에 따라 좀 더 젊은 시절, 좀 더 활발한 시절, 잘나가던 시절로 거슬러 올라가지만 그럴수록 낙인처럼 찍혀 버린 영화의 첫 장면은 우리를 가만 놓아두지 않는다. 끊임없이 영호의 내면은 들춰지고 부자연스럽고 망가지는 것을 지켜보게 되는 것이다. 그것은 윤순임의 등장으로 인해 더욱 드러나게 된다. 윤순임은 영호의 첫사랑이자 '박하사탕'이다. 그리움의 힘이자 근원이다. 이 아름다운 존재 앞에서 영호는 단단하게 굳어진 모습만 보일 뿐이다.

순임이 '착한 손'이라고 말하자, 영호는 즉석에서 평소에는 하지 않던 짓—홍자의 엉덩이를 만지는—을 하면서 "그렇죠? 착하죠?"라고 반문한다. 억지는 그것으로 그치지 않는다. 카메라를 선물하며 그것을 준비하기 위해 숱한 시간을 기다려 온 순임에게 이제 그런 것은 하지 않는다고 말한다. 그러고 나서 헤어질 때 카메라를 돌려준다. 정작 순임이 가고 나서 영호는 발광한다. 차마 그 앞에서 털어놓지 못하고 고백하지 못했던 수많은 이야기가 있었던 것이다. 영호의 그런 모습은 러시아의 작가 도스토옙스키(Dostoevskii)의 『죄와 벌(Prestupleniye I Nakazaniye)』을 떠올리게 한다. 가난한 대학생 라스콜리니코프는 인간에게 종족의 유지를 사명으로 하는 범인(凡人)과 나폴레옹과 같이 사회의 도덕률을 뛰어넘어 행동하는 강자(强者)가 있다고 결론짓고, 전당포의 노파를 살해하여 물질적 궁핍에서 벗어나는 동시에 자신이 강자임을 확인하려 한다. 그러나 살해 후 양심의 가책을 느끼고 죄의식에 사로잡힌다. 그때 그는 고통과 자기희생으로 살아가는 창녀 소냐를 알게 되어 그녀의 희생과 사랑에 감복하며, 자신이 지녀 왔던 서구적 합리주의의 허구성을 깨닫는다. 마침내 자수한 그는 시베리아로 유형을 떠나고, 소냐는 그의 뒤를 따른다. 범행 후 라스콜리니코프는 극도의 불안 속에서 허둥댄다. 그의 불안은 소냐를 만나 고백하기 전까지 지속된다. 소냐에게 고백하고 죄에 해당하는 벌을 고스란히 받았을 때조차 라스콜리니코프의 내면은 확연하게 변하지 않는다. 세월이 흘러 어느 새벽 미명이 밝았을 때, 비로소 라스콜리니코프의 마음이 열린다. 그것이 오랫동안 계속된 소냐의 기도 때문이었는지 모른다. 혹은 늘 곁에 있어 준 변함없는 소냐의 사랑 때문이었을지도 모른다. 그래서 소설 『죄와 벌』의 라스콜리니코프가 회개에 따른 축복으로 소설의 말미를 장식했다면, 〈박하사탕〉 속 영호는 그와 정반대다. 그는 순임에게 털어놓지 못하는 엄청난 비밀이 있다. 그 비밀이 그를 절규하고 불안에 휩싸이게 만들었던 것이다. 그러한 사실로부터 해방되거나 자유롭지 못한 채 영호는 끊임없이 스스로를 은폐해 왔다. 스스로 나는 이런 놈이라고 자책하고 자포자기하면서 살아왔다. 강하지 않은데 강하다고 한다면, 악하지 않은데 악하다고 한다면, 괜찮지 않은데 괜찮다고 한다면 그 자연스럽지 않은 억지 감정은 삐거덕거리는 소리를 내기 마련이다. 우리는 물 마시는 흉내는 낼 수 있지만, 입이 마르지 않았는데 마르다고 말할 수는 없다. 좀 더 적극적으로 말하자면, 물 마시는 데까지 끌려갈 수는 있지만 물을 억지로 마실 수는 없는 것이다. 하지만 영화 속 영호는 억지로 물을 마셔야 했다. 그것이 그의 비극의 시작인 것이다. 아프면 아프다고 말해야 하지만, 영호는 아픔마저 삭였다. 상처를 드러내지 않고 덮고 있다고 상처가 사라지는 것은 아니다. 더욱 깊게 곪아서 깊숙이 자리한 내면의 상처 탓에 영호는 늘 과장되게 웃고 삶을 철두철미하게 즐기고자 했던 것이다. 그럴수록 근원의 힘은 고갈되어 간 것이다. 영호의 방어기제는 두터워졌고, 그것은 본래의 말랑거리는 살갗 위에 두터워진 굳은살과 티눈들인 셈이다. 그 마음의 티눈들이 영호의 주위를 에워쌌던 것이다. 도대체 어떤 아픔이 그를 꽁꽁 싸잡아 매고 골방에 가둬 놓았던 것일까.

영호는 군산에 간 적이 있다. 고문 끝에 알아 낸 데모 주동자를 잡는 것이 목적이었다. 그곳에서 '물망초(꽃말인 '나를 잊지 마세요'가 자연스럽게 연상되는)'라는 작은 술집에서 술을 마시다가 여급에게 첫사랑 이름을 부르게 되고,

작은 위로를 받는다. 악명 높게 설치던 김영호는 다음 날 데모 주동자인 학생을 검거하라는 직무를 잘 이행하지 못해서 동료로부터 질책을 받는다. 이상하게도 그는 오래전 누군가의 생명을 죽이기 전의 상황처럼 한쪽 다리를 절뚝이면서 멍한 상태가 된다. 그 누구보다 삶의 위무가 절실한 영호는 온전한 위무와 위안과 평안을 구하지도 못하고 또다시 상처를 뒤덮고 억누른다. 그리하여 억압은 보이지 않는 거대한 상처의 뿌리를 남기고 마는 것이다.

장면 4

〈면회 - 1980년 5월〉

- 저 면회 왔는데요.
- 면회 안 되는데, 아가씨. 부대가 비상에 걸렸거든요.
- 잠깐만 안 될까요? 중대 2소대 김영호 씨거든요. 멀리서 왔어요, 서울요.
- 서울 어데요?
- 영등포구 가리봉동인데요. 부탁이에요, 네?
- 군대에서 안 되면 안 되는 거예요. 아가씨 신문도 안 봐요? 군대에서 까라면 까는 거예요.
- 빨리 나가, 이 새끼야.
- 앞으로 5초 안에 안 나가면… 동작 봐라. 빨리 챙겨라. 빨리빨리….
- 박하사탕… 박하사탕입니다.
- 누가 이런 거 넣으라고 했어.
- 네, 알겠습니다.

(낱낱이 뿌려지고 밟히는 박하사탕)

……

(군용 트럭에서 내리는 남자. 데모 행렬. 광주. 총을 쏘는 군인)

- 뭐해? 인마, 빨리 뛰어.

(허둥대는 남자. 절뚝이는 오른발)

(서울에서 광주까지 멈춘 기차 옆 철길 쪽)

- 내다, 인마. 니 혼자가?
- 워커에 물이 들어간 모양인데요? 축축해서 미치겠어요.
- 총소리 어데서 나는 거고?
- 모르겠는데요.
- 씨발… 전쟁이 따로 없네. 어서 여기서 빨리 빠져나가야 돼. 빨리 뛰자. 뭐해, 빨리 안 오고.
- 워커에 물이 차서요… 못 뛰겠어요.
- 뭐, 저거… 씨….
- 워커에 물이 있어서 못….
- 씨발, 빠져가지고….
- 워커에… 물이 들어갔어요….
- 새끼, 니, 총 맞았네….
- 물이 들어갔어요….
- 김영호, 정신 차려라 새끼야… 씨발 미치겠네….
- 빨리 나가자. 빨리 일어나라 새끼야… 야, 너 똑바로 안 하지? 좆나 빠져 가지고. 씨발 미치겠네… 야, 십새끼야. 나 가서 사람 데리고 올게. 꼼짝 말고 있어라.
- 누구야? (총을 추켜올리는 남자) 누구야? 이리 나와.

(철길 너머에서 나오는 한 여자. 순임의 모습으로 보인다.)

- 순임 씨? 누구야. 나와 빨리.

(철길 너머 어둠 속에서 가만히 걸어오는 여자)

- 아저씨 살려 주세요. 나 학생이에요.
- 학생이 여기서 뭐해?
- 우리 고모 집에 갔다가요. 우리 고모 집에 갔다가 집에 가려고 하다가 길에 군인들이 왔다가 여기로 왔어요. 지금 집에 안 가면 엄마한테 혼구멍나요.

- 학생 집이 어디야?
- 저기요. 저기만 넘어가면 바로 있어요. 아저씨 용서해 주세요. 보내 주세요.
- 빨리 가. 군인들한테 들키면 큰일 나니까 빨리 가.
- 감사합니다.
- 빨리 가.
- 야, 씨발….

(공포탄을 쏘는 남자)

(저 멀리에서 뛰어오는 또 다른 군인)

- 야, 너 뭐야?

(그 소리에 바닥에다 대고 총을 쏘는 남자)

- 야, 일어나야지… 집에, 집에 가야지….

(죽은 아이를 붙잡고 안는 남자)

- 야, 일어나야지… 응? 집에… 집에 가야지….

(몰려오는 군인들)

- 엄마한테 혼난다며… 일어나, 응? 집에 가야지… 빨리, 일어나야지… 엉엉… (울면서) 엉엉… 집에….

(흑흑대는 남자)

- 일어나야지… 흐흐흑….

……

(철길. 아주 천천히 달리는 기차)

〈소풍 – 1979년 가을〉

("한낮에 찌는 더위는 나의 시련일지라… 나 이제 가노라 저 거친 광야에…." 라고 노래를 부르며 소풍을 가는 젊은이들 속에서 걸어가다 말고 들꽃을 보는 남자)

- 예쁘죠? 나는 사진 찍고 싶어요. 사진기 메고서요. 이런 이름 없는 꽃들 찍고 다니고 싶어요. (손으로 앵글을 만들어 보는 남자)

- 저, 이거 드실래요? 박하사탕 좋아하세요? 저는 좋아하려고 노력해요. 저 공장에서 하루에 그거 천 개씩 싸거든요.
- 저 박하사탕 되게 좋아해요.
- 정말요?
- 네…. 왜요?
- 이상해요. 여긴 내가 한 번도 와 본 적이 없거든요. 그런데 와 본 적이 있는 것 같아요. 저 철교랑 강이 낯익어요. 여긴 내가 너무나 잘 아는 데거든요.
- 그럴 때가 있어요. 그럴 때는 꿈에서 본 거래요.
- 정말 꿈이었을까요?
- 영호 씨 그 꿈이 말예요. 좋은 꿈이었으면 좋겠어요.
- 순임 씨. (들꽃을 건네주는 남자)

(기타 선율과 함께 "나나나나… 나나나…" 둘러앉아 노래를 부르는 사람들. "나 어떡해. 너 갑자기 가 버리면, 너를 잃고 살아갈까." 노래를 부르는 사람들. "그건 안 돼. 정말 안 돼. 가지 마라. 누구 몰래 다짐했던 비밀이었나. 다정했던 네가, 상냥했던 네가 그럴 수 있나?" 들꽃을 쥐고 노래를 부르는 순임과 영호. "못 믿겠어. 떠난다는 말을 안 믿겠어. 안녕이란 그 말을…. 라라… 나나나… 나나나… 나 어떡해… 너 갑자기 가 버리면, 나 어떻게 너를 잃고 살아갈까. 누구 몰래 다짐했던 비밀이었나…." 울려 퍼지는 노래. 강물에 발을 담그는 여자들. 혼자 어슬렁거리며 거니는 영호. 청바지에 티 차림. 강가 돌멩이 곁에 앉아 보는 영호. 작은 들꽃을 바라보는 영호. 철길 위, 하늘을 바라보는 영호. 타고 흐르는 눈물. 잔잔히 떨리는 눈자위. 기차 소리. 소리 없이 우는 영호. 확대되어 들려오는 덜컹거리는 기차 소리)

이제 순수했던 순간으로 들어가 보자. 〈나 어떡해〉의 노래 가사는 영호의 심정을 절절히 담고 있다. 그것은 스스로의 근원성에 대한 회한(悔恨)이다. 영화의 첫 장면에서 이미 20년 후가 된 현재에서 부르는 〈나 어떡해〉는 그대로 절규이고 거대한 슬픔이다. 영호의 절규와 슬픔의 진원지는 1980년 5월 18일, 광주로 거슬러 올라간다. 그는 당시 부대에 들어간 지 얼마 안 되는 신참내기 군인이었다. 면회 온 순임을 트럭을 타고 가다가 겨우 발견하면서도 아는 체를 하지 못할 정도로 숙맥인 그가 항쟁을 벌이는 시민군들과 대치한 상황에서 부상을 입는다. 한사코 피를 물이라고 말하는 그는 이미 두려움에 휩싸여 있다. 선임은 계속 워커에 물이 차 있다고 말하는 그를 부축해서 걷다가 여기서 기다리면 사람을 데리고 오겠다고 말하며 그를 두고 잠시 사라진다. 그러던 그의 눈앞에 순임의 환영이 나타나고, 연이어 한 여학생이 걸어오며 그곳을 가로질러 가게 해 달라고 사정을 한다. 그는 빨리 가라며, 군인들에게 들키면 안 된다고 여학생을 보내 준다. 그때 영호의 말은 진심이거니와, 영호는 그 순간 군인이 아니었다. 하지만 동료 군인들이 몰려오고, 뭐하는 거냐고 다그치는 소리가 들려오는 순간 그는 군인이 된다. 군인으로서 그가 해야 하는 책무와 군인이기를 거부하는 그의 자연스러운 내면이 충돌을 일으키면서, 그는 급기야 여학생을 향해 빨리 가라고 총질을 해댄다. 그러다가 그 총에 여학생이 맞고 숨지는 장면에 이르러서 영호의 영혼은 처절하게 무너져 버린다. 그것은 절규이고 슬픔이다. 하기 싫지만 해야 했던 탓에 저질러진 군인으로서의 무지막지한 직무가 이후에 경찰의 길로 이끌었다. 누군가에게 선심을 쓰며 베푸는 듯하다가 결국 죽여 버린 행동을 한 자신을 그는 결코 용서할 수 없었다. 고문을 가할 때 부드럽게 껴안는 듯하지만 결국 목을 비틀거나 과격하게 때리는 양상을 반복하는 것은 결국 당시의 상황에 매몰된 채 상처를 재현하는 것이다.

절규와 슬픔은 정작 터져 나오지 못하거나 풀어 내지 못할 때 엄청나게 증식한다. 그것을 철저하게 덮어 왔던 영호는 한때 잘나가는 경찰이기도 했고 경찰을 그만두고서는 가구점 사장이기도 했다. 여비서를 정부로 거느린 채 외도를 하는 마누라를 현장에서 잡아채서는 그것을 빌미로 상습적으로 아내를 때리면서 살아간다. 그러면서 아무 일 없다는 듯 새 집으로 이사가

서 사람들을 초대하기도 한다. 그러다가 동업을 하던 친구가 돈을 가지고 달아나고, 투자했던 주식이 망해 무일푼이 되는 위기 상황에 처했을 때 비로소 모든 것이 햇빛 아래 찬연히 드러나게 된다.

그 어떤 것에서도 위로와 위무를 얻을 수 없을 때 삶은 좌절된다. 이제껏 숨겨 왔던 억압은 스스로를 피폐시켜 온 것이다. 그는 급기야 강물 속으로 뛰어들어 첨벙거리며 뛰어다닌다. 삶이 아무리 힘들더라도 되살리는 근원의 힘은 바로 사랑이다. 사랑이 없는 삶은 이미 삶이 아니다. 그가 돌아가고 싶은 곳은 바로 풍요롭고 쉴 수 있는 사랑 속이다. 이미 사랑받을 수 없는 존재라고 스스로를 내몰며 박하사탕을 외면할 수밖에 없었던 그는 극심한 스트레스 상황에 처했지만 빠져나올 힘을 상실했다. 그는 막다른 순간 궁지에 몰릴 수밖에 없었다. 그의 삶의 향방이 그를 그렇게 만들었던 것이다.

그가 정작 말하고 싶은 외침은 바로 이것이다.

"사랑하고 싶어. 용서받고 싶어. 다시 시작하고 싶어!"

♥ 심상 시치료

(명상에 이르게 한 후 진행한다.) 나는 지금 기차에 올라타 있습니다. 무성한 푸른 잎들을 단 나무들이 보이고, 푸른 들판이 펼쳐져 있는 것도 보입니다. … 기분 좋은 속도를 내며 달리는 이 기차는 지금 내 과거를 향해 달려가고 있습니다. 나는 내 과거의 시간을 향한 여행을 하고 있는 중입니다. 내가 내릴 곳은 내 삶에서 가장 빛나고 아름답고 행복했던 시간입니다. 이제 곧 셋을 세면 기차가 과거의 아름다운 시간 속으로 들어갈 것입니다. … 하나, 둘, 셋! … 이제 기차는 나의 행복한 과거 속으로 들어갔습니다. 나는 천천히 기차를 내려 걸어갑니다. 과거의 장면 속으로 들어갑니다. … 누가 보입니까? 어떤 소리가 들리나요? 어떤 향기가 느껴집니까? 무엇을 하고 있는, 어떤 일이 일어나는 장면입니까? … 그 장면 속에서 나를 찾아봅니다. 환하고 빛나는 과거의 나와 지금의 나는 함께 눈을 마주칩니다. 과거의 내가 현재의 나에게 손을 내밉

니다. 환하고 빛나는 과거의 내가 현재의 나에게 말을 건네고 있습니다. 뭐라고 하는지 귀를 기울여 들어 보시기 바랍니다. … 그 말을 들은 현재의 나는 과거의 나에게 어떤 말을 건넵니다. 뭐라고 하고 있나요? … 자연스럽게 대화를 나누어 봅니다. 빛나는 과거의 나와 현재의 내가 나누는 말에 귀를 기울여 보시기 바랍니다. … 자, 이제 과거의 나는 현재의 나를 가만히 안아 줍니다. 포근하고 따뜻한 감촉을 느낍니다. … 이제 포옹을 풀고, 과거의 나는 현재의 나에게 손을 흔들어 줍니다. 나는 과거의 나와 작별 인사를 하고 그 장면에서 점점 멀어집니다. 기차가 있는 곳까지 와서 기차에 오릅니다. … 기차는 다시 왔던 길을 거슬러 올라가 현재의 시간으로 돌아옵니다. … 이제 셋을 세면 지금 여기, 현재의 나로 돌아옵니다. 하나, 둘, 셋.

눈을 뜨고, 어떤 장면의 무엇을 하는 때로 갔는지 구체적으로 적습니다. 특히 시각, 청각, 후각을 이용해서 장면을 적어 봅니다. 그다음 과거의 나와 만난 느낌을 적어 봅니다. 과거의 내가 현재의 나와 나눈 대화를 그대로 옮겨 적어 봅니다.

치료적 의미

영화 〈박하사탕〉은 주인공이 현재의 모습으로 영혼이 몰락되어 간 과정을 그려 내고 있다. 충격적으로 비치는 자살을 감행하는 첫 장면에는 영혼을 세탁하고 싶어 하는, '돌아갈래!'로 대변되는 주인공의 순수에 대한 갈망이 녹아 있다. 본 심상 시치료에서는 박하사탕처럼 순수하고 아름다웠던 자신의 과거로 돌아가서, 그러한 순수한 내가 현재의 나를 따뜻하게 위무해 준다. 스스로를 향한 이러한 위무는 내면의 힘을 부각시키는 결정적인 역할을 한다. 따라서 예전의 순수가 사라진 것이 아니라 그대로 내 안에 살아 있고 언제든지 빛날 수 있다는 긍정을 심어 주는 것이다. 그것은 자기 용서를 통해 자기 극복을 향해 나아가는 치유의 지름길이다.

4. 시

시를 통해 심상 시치료를 할 때는 다음의 순서로 진행한다. 먼저 심상 시치료사가 내담자에게 알맞은 시를 선택한 후, 해당 시에 관련한 배경지식을 먼저 이야기하도록 한다. 그다음 배경음악에 맞춰 시를 낭송한다. 이때 어떤 음악이 해당하는 시와 잘 맞는지 검토한 후, 음악과 시의 조화로운 배합을 이루도록 하는 것이 중요하다. 시에 배경음악을 삽입하는 것은 시와 음악이 조화를 이룰 때 감수성을 풍부하게 이끌어 낼 수 있기 때문이다. 또한 감성과 감수성을 내담자에게 효과적으로 전달할 수 있기 때문이다. 효과적인 배경음악은 본격적인 심상 시치료를 행할 때 뇌파를 알파파 상태로 이끄는 데 중요한 작용을 할 수 있다. 특히 음악과 명상은 훌륭한 동반 관계를 이룰 수 있다. 명상의 대가 오쇼 라즈니쉬(Osho Rajneesh)는 "내게 있어서 음악과 명상은 똑같은 현상의 양면이다. 음악이 없는 명상은 무엇인가 결여되어 있으며 다소 둔하고 활기가 없다. 반면 명상이 빠진 음악은 소음에 불과하다. 명상이 없는 음악은 유흥에 지나지 않는다. 음악과 명상은 함께 해야 한다. 이 조화는 음악과 명상 양쪽 모두에 새로운 차원을 열어 준다. 이 조화를 통해 양쪽 모두가 풍요로워진다."(손민규 역, 1996)라고 말한 바 있다. 따라서 시낭송에 따르는 적절한 배경음악은 마음을 열어 주는 역할을 한다. 하지만 시와 배경음악이 절대적인 관계를 이루는 것은 아니다. 한 편의 시에 반드시 하나의 배경음악만이 어울리는 것도 아니다. 시와 배경음악이 반드시 함께해야만 하는 것이라고 볼 수는 없다. 내담자에 따라서 음악을 들으면 집중이 잘 되지 않는 경우라면, 오히려 음악이 필요하지 않다. 즉, 음악 없이 시를 낭송할 수 있다. 대부분의 경우 심상 시치료사는 해당하는 시와 함께 예술적인 아우라를 불러일으켜서 조화를 잘 이루도록 하는 음악을 선택할 필요가 있다. 음악과 낭송하는 시가 적절한 조화를 이룰 때 내담자의 감수성과 감성을 충분히 자극할 수 있고 치료적 분위기를 잘 조성할 수 있기 때문이다.

시를 낭송하는 데는 두 가지 방법이 있다. 즉, 홀로 낭송하는 방법과 함께하는 낭송이다. 내담자가 개인이거나 집단일 경우 역시 두 가지 방법을 이용할 수 있다. 홀로 낭송하는 방법은 내담자가 처음부터 끝까지 낭송하는 식을 말한다. 함께하는 낭송은 내담자와 심상 시치료사가 시를 일정하게 구분하여 번갈아 가며 낭송하는 것을 말한다. 집단을 대상으로 할 때도 홀로 낭송하는 경우 심상 시치료사는 집단원 중의 한 명을 정해서 낭송할 수 있다. 함께 낭송하는 경우에는 집단원이 번갈아 한 연씩 또는 한 행씩 낭송할 수 있다. 일반적으로 시는 한 번 읽어서는 깊은 의미가 잘 와 닿지 않는다. 운율과 함축적인 뜻을 잘 느끼고 받아들이기 위해서는 거듭 읽는 것이 좋다. 두 번 정도는 반복해서 연이어 낭송하되, 심상 시치료사가 내담자의 이해를 돕기 위해 간단한 해설을 하고, 시를 충분히 감상하고 느낌을 나눈 후 다시 시를 낭송하는 순서로 진행하는 것이 좋다. 시를 감상할 때는 시 전체의 느낌을 먼저 말하고, 특히 마음에 드는 부분이 있는지, 특히 인상 깊은 부분에 밑줄을 긋고 그 이유를 말해 보게 한다. 시를 낭송하고, 감상을 하고, 감상을 충분히 나누기까지가 심상 시치료의 표면적인 접근이다. 표면적인 단계가 마무리되면 자연스럽게 이어서 심상 시치료의 내면 단계로 진입한다. 즉, 심상 시치료사가 해당 시에 관해 감상과 뜻을 유추해 내기 위한 적절한 질문을 행하고 그에 따라 답을 하도록 자연스럽게 분위기를 조성해 나가는 단계다. 이어서 눈을 감고 명상 상태로 들어선 후 해당하는 한 편의 시에 대해서 심상 시치료를 시행하고, 내담자가 겪은 내용을 그림이나 글이나 말로 표현하도록 한다. 심상 시치료사는 심상 시치료를 하면서 전체적인 느낌과 세부적인 느낌을 조화롭게 나눌 수 있도록 분위기를 조성하며, 충분히 표현할 수 있도록 내담자를 자극해야 한다. 느낌을 충분히 나누는 것은 심상 시치료가 효과적으로 작용하도록 하고 동시에 내면에 긍정적인 차원의 안착을 이룰 수 있기 때문이다.

다음 총 38편의 시 중에서 35편은 필자가 직접 지은 시이며, 나머지 3편의 시에 대해서는 간략한 시인 소개를 함께 기술해 놓았다. 심상 시치료를 행할 때는, 시가 주는 고유한 분위기와 아우라를 충분히 일궈 내어 감성과 감수성의 문을 열고, 이어서 심상 시치료로 자연스럽고 매끄럽게 진행할 수 있도록 심상 시치료사가 예술치료적인 역량과 자질을 충분히 발휘할 수 있어야 한다.

심상 시치료사는 내담자를 간단한 명상에 이르게 한 후 내담자가 잘 들을 수 있도록 음조를 고르게 하고, 기술한 대로 읽어 가면서 심상 시치료를 시행하면 된다. 다만 내용 중 '…' 표시는 심상을 자극하고 충분히 심상을 떠올릴 수 있도록 뜸을 들이는 순간이라고 보면 된다. 숙달된 심상 시치료사는 기술한 내용을 다만 읽어 내려가는 것이 아니라 심상 시치료를 잘 행할 수 있는 내담자를 몰입의 수준으로 끌어올릴 수 있다.

1) 가을 그림

가을 그림

그림 속으로 누군가 걸어오고 있다
광주리를 옆에 끼고 긴 행주치마를 입은 여자가
누렇게 익은 밀 이삭처럼 걷고 있다 오래전
오랫동안 가보지 않은 그곳에 여자가 있었다
한 번도 가보지 않은 오솔길에서
저녁놀을 한 가득 담은 여자가
배시시 웃었다 한 번도 보지 않은
낯익은 여자를 만난 것은 열 살 적

외갓집 대청마루 위 액자 속이었나
태양을 머금은 길이 활활거리고 하얀
머릿수건 아래 흘러내린 흰 머리칼이
깃발처럼 파락거렸다 한 번도 가보지 못한 곳
어쩌면 오래전 가봤을지도 모르는 그곳
눈을 감으면 더 잘 보이는 그곳을
찾아가는 가을 오후에 방금 지나친
여자의 치맛자락에 어른거리는 밀 그림자를
보았다 보는 순간 내 눈은 잘 감겨 있었다
가을 속으로 걸어 들어가면
고요히 멈춰져 있는 숨결 같은 그림을
만날 수 있다 그럴 때, 내 숨은 오랜만에
처음으로 편안해지는 것이다

시 감상

한 번도 가 보지 않았지만 낯익은 곳. 만나지 않았지만 낯익은 체취. 기시감(旣視感, deja vu)이라는 설명만으로는 부족하다. 언젠가 눈빛 맑은 날 그림 속에서 나는 이 여자를 만난 듯하다. 실수 많고 회한 많은 나를 가만히 보듬어 줄 여자, 너른 치마폭에 고개를 파묻고 잠들 때까지 있고 싶은 여자. 그런 여자를 누렇게 밀이 익은 들판에서 만난다. 눈을 감아야 만난다. 숨을 깊이 들이쉬고 내쉴 때 만난다.

심상 시치료

(명상에 이르게 한 후 진행한다.) 나는 지금 누렇게 익은 밀이 가득한 들판에서 있습니다. 아주 너른 들판에 알차게 영글어 있는 밀이 들어서 있습니다. 밀로 가득 찬 너른 들판을 둘러보시기 바랍니다. 밀의 향기가 콧속으로 스

며드는 것을 느껴 보시기 바랍니다. … 가만히 하늘을 올려다봅니다. 하늘에 아름다운 저녁놀이 번지고 있습니다. 마치 물감을 풀어 놓은 듯 하늘에 보랏빛과 자줏빛이 은은히 번져 가고 있습니다. 하늘이 화사한 빛으로 물들어 있습니다. … 문득 나를 부르는 소리가 들려옵니다. 나지막이, 따뜻한 음성으로 나를 부르는 목소리가 들려옵니다. 소리 나는 곳으로 시선을 따라가 봅니다. 긴 치마를 입고 머릿수건을 쓴 한 여자가 나를 부르고 있습니다. 여자는 나를 향해 다가오고 있습니다. 나도 그 여자가 있는 곳으로 걸음을 내딛기 시작합니다. … 밀이 익은 들판의 한가운데서 나는 여자를 만납니다. 여자는 내 손을 잡고 어깨를 감싸 주고 있습니다. 여자가 온화한 눈빛으로 내 이름을 부르며 내게 어떤 말을 건네고 있습니다. 무슨 말을 하고 있나요? … 나는 그 말에 대답을 합니다. 그러면서 함께 들판 한가운데 앉아서 나는 여자의 치마에 내 얼굴을 파묻습니다. 여자에게서 포근하고 익숙한 향기가 납니다. … 천천히 그리고 충분하게 함께 대화를 나누고 있습니다. 어떤 말들이 오가고 있나요? … 이제 여자는 내 어깨를 한 번 더 감싸 안아 주고는 나를 일으킵니다. 나는 일어나서 여자의 머릿수건을 바로 해 줍니다. 여자는 다정하고 따사로운 햇살을 담은 미소를 띠며 내 손을 잡아 줍니다. 따뜻한 온기가 전해져 옵니다. 여자는 온 곳으로 천천히 돌아서 갑니다. 나는 오랫동안 손을 흔들어 주고 있습니다.

이제 눈을 뜨고 여자와 나눈 대화를 그대로 옮겨 적고 느낌을 나누어 봅니다.

치료적 의미

우리의 유전자 정보 속에는 옛 선조에 대한 기억이 고스란히 저장되어 있다. 융 식으로 말하자면, 우리의 내면에 집단무의식이 존재하고 있다. 살아가면서 고되고 상처 많은 마음이 쉴 곳을 만나기 위해서는 내 안에 있는 아니마(anima)를 불러올 필요가 있다. 우주의 여성적인 힘(음의 기운) 속에서 땅에 뿌리를 내리는 기운을 얻을 수 있다.

2) 강

강

허여멀건 나룻배 한 척 띄워놓고
나뭇가지와 꽃대를 흔든다
바람한테 이제 남은 것은
호흡뿐이다
들숨과 날숨 사이로 물살이 번진다
번져, 흐른다 창백한 길을 따라
무뚝뚝한 그림자를 단 돌멩이들을 넘어
눈을 감고 흐른다
바람은 호흡으로 물결을 세우고 있다
곧추선 모든 중심의 중심,
심지 중의 심지들이
하늘 속으로 얼굴을 파묻고 있다
부리를 하늘에 두지 않고서는
한 걸음도 흐를 수 없다
처음부터 그랬다

시 감상

형체도 없는 바람이 막강한 이유는 모든 사물을 뒤흔들기 때문이다. 바람의 호흡에 가장 민감해지는 것은 물이다. 물살들은 한 치의 바람도 놓치지 않고 담고 있다. 물살을 오랫동안 보라. 모든 물살은 중심이 있다. 중심을 이루는 심지들은 하늘을 향하고 있다. 그래서 바람을 오롯이 담고 제대로 흐를 수 있는 것이다.

심상 시치료

(명상에 이르게 한 후 진행한다.) 나는 나룻배입니다. 강기슭에 오랫동안 머물러 있었습니다. 이제 바람이 내 등을 떠밀어 주어서 나는 움직일 수 있습니다. 삐거덕대는 소리를 내면서 몸을 일으켜 강물 한가운데로 나가 봅니다. … 늘 바라보고만 있던 강물을 타고 흐르고 있습니다. 어떤 느낌이 드는지 그대로 느껴 보시기 바랍니다. … 나는 나룻배이고, 강물을 잘 타고 흐르고 있습니다. 바람이 순조롭게 나를 이끌고 있습니다. 지금의 느낌을 그대로 간직해 봅니다. … 내 얼굴은 하늘을 향하고 있습니다. 내 몸이 강물을 따라 어디론가 흘러가고 있지만, 내 얼굴은 언제나 하늘을 향해 열려 있습니다. 환하고 맑게 펼쳐진 하늘이 나를 내려다보고 있습니다. 하늘이 그윽한 기운을 나에게 보내고 있습니다. 하늘이 나에게 어떤 말을 해 주고 있습니다. 어떤 말을 하고 있는지 귀를 기울여 들어 보시기 바랍니다. … 그 말에 나는 뭐라고 답하고 있습니다. 나는 뭐라고 말하고 있나요? … 하늘과 나룻배인 나는 자연스럽고 편안하게 대화를 주고받고 있습니다. 뭐라고 하는지 들어 보시기 바랍니다. … 나는 바람이 지금처럼 순조롭게 불지 않을 때도 강물이 흘러갈 것을 알고 있습니다. 원래의 변함없는 하늘에 먹구름과 어둠이 뒤덮여 하늘이 본디 본래의 모습을 가릴 때조차 강물은 무난히 잘 흘러가리라는 사실을 압니다. 그 어떠한 경우라도 중심을 잡고 있을 때, 나는 긴 여행을 무사히 잘 마치리라는 사실을 알고 있습니다. 나를 바로 세우는 것은 이미 내가 지니고 있는 중심의 힘을 알아차리는 것입니다. 내 안의 중심, 마음속의 심지를 고스란히 느껴 보시기 바랍니다.

눈을 뜨고, 내가 나룻배인 상태에서 강물 한가운데로 나갔을 때, 강물을 따라 흘러갔을 때의 느낌을 말해 봅니다. 하늘과 나눈 대화를 그대로 적고 느낌을 나누어 봅니다.

치료적 의미

정체된 상태에서는 자아가 자랄 수 없다. 내면의 자아가 심지를 세울 때 현실을 인식하고 극복할 수 있는 힘을 획득할 수 있다. 바람은 양면성을 지니고 있다. 순풍일 때는 누구나 원활하게 흐를 수 있지만, 돌풍이거나 역풍일 때 견뎌 내기란 쉽지 않다. 그런 스트레스와 위기의 상황 속에서 견뎌 낼 수 있는 힘은 견고한 자아 속에서 진정한 심상(Simsang)을 찾아낼 때 자각할 수 있다. 우리의 심상 안에는 우주의 힘, 하늘의 기운이 흐르고 있다. 위기를 극복할 수 있는 힘은 바로 내면 안에 존재하고 있다. 본 심상 시치료는 그런 근원적인 힘을 자각하게 한다.

3) 개싸움

개싸움

– 권기호

투전꾼의 개싸움을 본 일이 있다
한쪽이 비명 질러 꼬리 감으면
승부가 끝나는 내기였다
도사견은 도사견끼리 상대시키지만
서로 다른 종들끼리 싸움 붙이기도 한다
급소 찾아 사력 다해 눈도 찢어지기도 하는데
절대로 상대의 생식 급소는 물지 않는다

고통 속 그것이 코앞에 놓여 있어도
건들이지 않는다
이상한 일이었다
나는 개들이 지닌 어떤 규범 같은 것을 보고
심한 혼란에 사로잡혔다

이건 개싸움이 아니다
개싸움은 개싸움다워야 한다(개판이 되어야 한다)
개싸움에 무슨 룰이 있고 생명 존엄의 틀이 있단 말인가
나는 느닷없는 배신감에 얼굴이 붉어 왔다
(후략)

시인 소개

권기호(1937~)는 경북 대구 출생으로, 부산대학교 대학원 국어국문학과를 졸업하고 현재 경북대학교 명예교수로 있다. 1962년 시 〈무제〉로 '자유문학' 신인문학상을 수상하면서 등단했다. 『현대문학』에 평론 〈비유의 시도 이유〉를 추천받아 평론가로도 활동해 왔다. 1969년에는 시집 『서쪽의 풍경』을 발간하였다. 도회적 풍경을 풍자적으로 묘사하면서 절제된 감정으로 시니컬한 정서를 심화시켜 왔다는 평가를 받았으며, 최근에는 불교적 세계에 관심을 두고 선시(禪詩)와 그 주변적인 문제에 대해 평론과 학술 논문을 쓰고 있다. 2006년 '설송문학상' 대상, 2010년 '유심작품상' 특별상을 수상하였다.

시 감상

급소를 건드리면서, 더 적확한 급소가 없을까 노리는 축이 있다. 바로 인간들이다. 어떻게 하면 완벽하게 한 방에 급소를 날릴까 작정하며 연구하기도 한다. 급소를 건드리지 못해서 안달복달이다. 물고 뜯고 심지어는 난장판

이 되기도 한다. 육체를 쓰지 않는 심리전일 경우에는 더욱 그러하다. 그리하여 인간의 싸움은 개판이 된다. 개판이 될수록 망가지는 것은 싸움판에 끼어든 인간들이다. 더군다나 피투성이가 되면서 삶의 회의까지 느끼게 되는 자는 이왕이면 상대의 급소를 후려치려고 노리는 자들이다. 개판인 싸움에서 인간은 개보다 못하게 변해 간다. 존엄과 존중을 잃은 인간은 이미 스스로를 배신해 버리는 것이다. 싸움의 종결은 승리를 얻을 때가 아니다. 생명의 존엄을 지켜 줄 수 있을 때, 싸움은 그 의미를 상실해 버린다. 그럴 때 싸움의 불꽃은 꺼지게 된다. 우리는 그것을 '평화'라고 부른다.

심상 시치료

(명상에 이르게 한 후 진행한다.) 나는 지금 해변에 있습니다. 아주 넓고 푸른 바다가 펼쳐진 바닷가 귀퉁이에서 이글거리는 불을 보고 있습니다. 불은 성난 듯이 타오르고 있습니다. 난폭하게, 모든 것을 다 태우겠다는 듯이 솟아오르고 있습니다. 나는 지금 이 불을 지그시 바라보고 있습니다. … 이 불길은 모든 것을 다 태워 버리지 않으면 절대 꺼지지 않겠다는 듯 맹렬하게 타오르고 있습니다. 이 불의 뒤편으로 푸른 바다와 환하고 맑은 하늘이 펼쳐져 있습니다. 내 안에는 푸른 바다와 환한 하늘의 기운이 넘치고 있습니다. 환하고 푸르른 바다와 하늘의 기운을 그대로 느껴 보시기 바랍니다. … 푸르고 맑은 마음을 그대로 지닌 채, 나는 화가 난 듯 불붙어 오르는 불길을 바라봅니다. … 이 불한테 뭔가 말을 건네 봅니다. 불길은 처음에는 아무것도 듣지 않고 말하지 않겠다는 듯, 아무 말도 하지 않습니다. 하지만 나는 이 불한테 나지막하고 부드럽게, 참을성 있게 말을 건네고 있습니다. 이윽고 이 불이 나에게 답을 합니다. 불이 하는 말을 귀 기울여 들어 봅니다. … 자연스럽고 편안하게 불과 나는 대화를 나누고 있습니다. 어떤 말들이 오가는지 귀 기울여 들어 보시기 바랍니다. … 이상하게도, 자신이 말을 하는 동안 불이 점점 사그라지는 것을 볼 수 있습니다. 나와 대화를 나누면 나눌수록 불길이

차분해지는 것을 봅니다. … 이제 불길은 점점 줄어들어 아주 조그마한 불씨만 남기고 있습니다. … 나는 이 불씨를 모래 안에 묻어 주고 모래 위를 토닥여 줍니다. … 여전히 바다는 푸르게 펼쳐져 있고, 하늘은 맑은 기운을 내뿜고 있습니다. 햇살이 내려앉아 바다 물결이 반짝반짝 빛나고 있습니다.

이제 눈을 뜨고 처음에 맹렬하게 타오르던 불길에 대한 느낌이 어떠했는지 말해 봅니다. 불길과 나눈 대화를 차근차근 옮겨 적어 보고 느낌을 나누어 봅니다.

치료적 의미

분노는 마음을 병들게 한다. 분노의 표출이 폭력이라면, 분노의 억압은 우울로 드러난다. 오랜 분노는 스스로를 태우게 해서, 타고 남은 재만 내면에 자리하게 된다. 가장 영향력을 준 사람들이 사실 분노의 대상이 된다. 분노를 잠재우는 일은 쉬운 일이 아니다. 하지만 본 심상 시치료를 통해서 불길을 가라앉히는 연습을 하면, 오랜 분노조차 꺼뜨리면서 평화로 마음을 채우는 힘이 생길 수 있다. 그럴 때 삶의 방향은 치유로 향하게 된다.

4) 구루를 위한 노래

구루를 위한 노래

아득한 날부터 함께한 눈빛으로 말합니다
알지 못하던 순간부터 이어 오던 목숨 빛으로 말합니다
여러 겹 엇갈려 있던 생의 사다리를 타고 올라가
환한 이마를 맞댄 시간에 비로소 부르게 된
노래로 말합니다

하나의 가슴이 다른 쪽 가슴의 고동소리를
담고 나아갑니다
하나의 발걸음이 다른 하나의 발자국과
어우러져 걸어갑니다
하나의 호흡이 다른 하나의 호흡을
생생하게 불러일으킵니다
이제 제대로 흐를 수 있겠습니다

시 감상

낱말에도 '사랑'이라는 말을 쓸 수 있다면, 오래전부터 나는 '구루'라는 말을 사랑해 왔다. 구루란 '무겁다'는 의미의 산스크리트어의 형용사로, 뜻이 바뀌어서 '존경해야 할 사람'을 가리키는 명사가 되었다. 인도에서 부(父)·모(母)를 비롯해 손윗사람 일반을 가리켜서 사용되는데, 그중에서도 '스승'의 의미로 사용되는 경우가 가장 많다고 한다. 한때 진정한 구루를 만날 수 있다면 내 삶 모두를 바쳐도 기쁠 것이라고 여겼다. 이 책을 탈고할 때쯤 접했던 인도의 라자 명상센터의 스승님께 '구루'에 대한 오랜 사랑을 고백했더니 대뜸 일갈하셨다. "인간은 어느 누구도 진정한 구루가 될 수 없어요. 어느 누구도. 인간은 본래 슬픔을 지니고 있기 때문이지요. 오직 신만이 진정한 구루입니다." 마치 구름방망이로 머리를 한 대 맞은 듯 나는 명료해지고 상쾌해졌다.

심상 시치료

(명상에 이르게 한 후 진행한다.) 나는 지금 걷고 있습니다. 딱딱한 아스팔트 길을 벗어나서 숲으로 난 오솔길을 걷고 있습니다. 이윽고 아주 드넓게 펼쳐진 들판으로 들어섰습니다. 수많은 들꽃과 풀이 아름답게 펼쳐져 있는 곳입니다. 걸으면 걸을수록 발걸음이 가벼워지고, 마치 나는 듯 상쾌해집니다. 이

기분을 충분히 느껴 보시기 바랍니다. … 이제 나는 그 자리에서 붕붕 떠서 구름 위에 올라탑니다. 폭신폭신한 구름의 감촉을 느껴 봅니다. 구름이 나를 태우고 하늘을 자유롭게 날고 있습니다. 이 기분을 충분히 느껴 보시기 바랍니다. … 푸른 하늘에 구름이 흐르고 있고, 나를 태운 구름은 자유롭게 그 사이사이를 헤쳐 가고 있습니다. 나는 이 모든 새로운 경험을 즐기고 있습니다. 문득 어디선가 나를 부르는 소리가 들려옵니다. 친숙하고 부드럽고 자상한 음성입니다. 소리가 나는 곳으로 고개를 돌려 봅니다. 하늘이 나를 부르고 있습니다. 하늘은 구름 위에 올라타서 이 상황을 즐기고 있는 나에게 무언가 말을 건네고 있습니다. 하늘이 뭐라고 하는지 귀를 기울여 들어 봅니다. … 하늘의 말에 나는 뭐라고 대답을 합니다. 나는 뭐라고 하고 있습니까? … 자연스럽고 편안하게 하늘과 나는 대화를 나누고 있습니다. 어떤 대화를 나누고 있는지 그대로 들어 보시기 바랍니다. … 이제 구름이 나를 들꽃이 아름답게 핀 들판 한가운데 내려 줍니다. 나는 가볍고 편안한 마음으로 들판으로 내려서고 나를 태운 구름이 사라지는 것을 바라봅니다.

이제 눈을 뜨고 구름을 타고 하늘을 날고 있을 때의 느낌을 말해 봅니다. 하늘과 나눈 대화를 그대로 옮겨 적고 느낌을 나누어 봅니다.

치료적 의미

인간의 유한하고 유약한 내면으로는 힘을 발휘할 수 없다. 인간의 내면 깊숙이 자리하고 있는 구루(진정한 스승)의 힘, 하늘의 힘, 신의 힘을 자각하고 받아들일 때, 문제를 해결해 나갈 수 있는 현명한 지혜와 능력이 생성된다. 본 심상 시치료에서는 구루의 힘을 직접적이고 강하게 체험하여 치유의 힘을 느낄 수 있도록 한다.

5) 국물 우려내기

국물 우려내기

지금은 그림자를 키우기에 적당한 시각
찬찬히 밤의 비늘을 벗겨내요
파닥이는 아침의 꼬리를 탁, 탁, 탁 쳐내요
들숨과 날숨 사이 채워진 자물쇠를 풀면
조약돌을 감싸 안는 파도 소리가 나요
뭉툭해진 칼날을 가는 것은 바람
갈라진 도마를 이어 붙이는 것은 구름조각
도마 위를 달리는 말발굽 소리 좀 들어 보아요
카락카락 키워 올린 그림자를 듬뿍 얹어 주세요
경쾌하게 쳐내고 두드리다가
상큼하게 썰고 다지고 나서
정오의 태양 속으로 집어넣고
푹 고아야 하지요 뽀얗게 우러나는
국물 좀 보아요 적당이 통하지 않아요
뜨겁고 오래 끌수록 진국이 되지요
홧홧거리는 상처와
시도 때도 없이 흘리는 눈물을 양념으로 넣으면
구수한 한 그릇이 완성되지요
구부러진 등을 펴는 골목을 보며
물살을 부둥켜안는 방파제에 앉아
그윽한 국을 마시지요
트림을 할 때마다 햇살이 조금씩 삐져나와요

시 감상

모든 아침은 파닥인다. 우울이 진드기처럼 달라붙을 때, 아침마다 눈 뜨는 것이 고역이었다. 어떻게 또 하루를 살아 내야 하나. 모든 것이 재기의 화살을 당기는 아침 속에서 나만 퇴보하고 있었다. 그런데도 살아 냈다. 살아 나갔다. 모든 상처는 상처를 견뎌 내고 직면하며 지나오는 동안 삶을 그윽하게 가다듬게 된다. 깊은 상처일수록 진국이 된다. 암담한 순간을 견뎌 온 시간은 햇살의 힘을 갖게 된다. 부족한 내가 감히 심상 시치료를 개발해 낸 연유다.

심상 시치료

(명상에 이르게 한 후 진행한다.) 나는 지금 커다란 솥에 국을 끓이고 있습니다. 주방으로 난 창밖으로 방파제가 보이고, 방파제 끝에는 하얀 등대가 보입니다. 바다가 마주 보이는 집 주방에서 나는 국을 끓이고 있는 중입니다. 어떤 냄새가 나는지 들이마셔 보기 바랍니다. … 이미 끓고 있는 국 안에 나는 내가 가진 힘을 실어 넣으려고 합니다. 누구든 이 국을 마시면 알 수 없는 가운데 힘이 솟아오르는 신기하고 멋진 체험을 할 것 같습니다. 이 국 안에 내가 가진 어떤 것을 넣을 수 있을까요? 그 어떤 것이라도 좋습니다. 그동안 내가 견뎌 오고 이겨 낸 나만의 비밀스러운 힘을 이 국 안에 그대로 넣어 봅니다. … 국물을 충분히 우려내고 있습니다. 이 국을 정갈한 그릇에 담아서 누군가에게 건네주려고 합니다. 그 순간, 바닷가 집 문을 두드리는 소리가 들립니다. 나는 성큼 걸어가서 문을 열어 줍니다. 내가 기다리던 누군가가 서 있습니다. 나는 그 사람을 식탁으로 안내해서 앉게 합니다. 식탁 위에 수저를 놓고 나서 정갈한 그릇에 국을 담아서 건네줍니다. … 국을 맛있게 먹는 사람을 나는 바라보고 있습니다. 국을 마시면서, 그 사람은 내게 말을 하고 있습니다. 어떤 말을 하는지 귀를 기울여 들어 보시기 바랍니다. … 그 말에 나는 뭐라고 답변을 합니다. 나는 어떤 답을 하고 있나요? … 그 사람과 나는 마주 앉아서 편안하고 자연스럽게 대화를 주고받습니다. 어떤 말

을 하는지 들어 보시기 바랍니다.

눈을 뜨고, 국의 냄새가 어떠했는지 떠올려 말해 봅니다. 국 안에 내가 가진 어떤 힘을 넣었는지 말해 봅니다. 나를 찾아온 사람이 누구인지, 그 사람과 어떤 대화를 주고받았는지 적고 느낌을 나누어 봅니다.

치료적 의미

삶 속에는 여러 맛이 있다. 고된 삶을 헤쳐 나왔다면 다양한 맛을 알고, 그 맛을 나누어 줄 수 있는 특별한 능력이 잠재되어 있다. 고난을 맞서 왔던 자신만의 경험을 국을 끓인다는 형상으로 은유화하였다. 극복의 힘으로 누군가를 이끄는 영향력을 미칠 수 있다는 설정으로. 이미 체험은 가시화되고, 깊은 자각의 상태가 되어 내면의 힘을 증폭시키는 역할을 한다.

6) 근 황

근 황

머리에서 풀이 자라나요 바닥을 꿰뚫어 보는 풀 때문에
어제도 학교에 가지 않았어요 풀 죽은 풀을 잡아 뜯으며
웅덩이만 골라 밟았지요 물은 밟히지 않아요 후다닥
튀어 오르지요 바짓가랑이가 와락 젖었어요 하늘에 새겨진
문신 같은 구름들처럼요 걸을 때마다 서늘한 소리가
쩔렁거려요 학교에 가지 않는 고양이들은
고개를 홱 돌린 채 눈으로 흙을 먹지요 거리는
늘, 체하고 트림도 못하고 우걱우걱 바람만 씹어대고
있지요 휘갈기며 어둠이 뺨을 후려치고 머리에는

계속 풀 죽은 풀이 풀풀거리고 어쩌면 나는 가로수
아래 돋아난 엉겅퀴가 되려나 봐요 학교에 다녀온
샛바람이 내게 발길질을 하네요 우그러진 하루가
리어카에 실려 고물상으로 가네요 녹슨 싱크대처럼
배수도 개수도 되지 않는 내 얼굴도
아마, 점점 풀이 되려나 봐요 약을 먹지 않는 엄마는
늘, 약이 올라 있어요 언젠가 내 머리에
제초제를 뿌릴지도 모르지요 머리에서 풀이 자라나요

시 감상

모든 억울함 속에는 상한 자존감에 대한 멍울이 맺혀 있다. 상처에 역한 냄새가 풍길 정도라면 상처를 도려내는 것이 수순이겠으나, 그렇게 잘되지 않는다. 상처를 입히는 곳을 피하는 게 상책이라고 여기고 도망치고 만다. 학생은 잠자는 시간을 빼고 하루 24시간의 대부분을 학교에서 보내게 된다. 고학년일수록 학교에서 보내는 시간이 많아진다. 그런 학교가 숨 막힐 정도로 자존감을 뭉개 버린다면 누군들 도망치고 싶지 않겠는가. 다만 숨 쉬고 제대로 살아 있고 싶은 탓에 학교에 가지 않았다. 신기하게도, 나는 학교라는 운명을 미리 간파했던 것일까. 어느 날, 갑자기 학교에 안 가겠다고 떼를 썼다. 그런 내게 약이 올라 어머니는 "학교 안 가려면 걸레나 빨아."라고 했다. 나는 고사리 같은 손으로 걸레를 빨려고 했다. 어머니는 내 손에서 걸레를 빼앗더니 나를 후려쳤다. 일곱 살 때였다. 그때부터 아마도 나는 은밀하게 풀을 기를 수 있는 나만의 공간이 있어야겠다는 생각을 하게 되었나 보다. 학교에 있을 때라도, 그 어디에 있을 때라도. 그 어떤 것들에 치여 풀이 죽어 있을 때라도 내 안의 깊숙한 곳에 있는 풀은 폴폴 살아날 터였다.

심상 시치료

(명상에 이르게 한 후 진행한다.) 나는 지금 황량하고 거친 벌판에 있습니다. 아무것도 자라지 않는 벌건 흙만 보이는 곳에 서 있습니다. 아무도 없고, 다녀간 사람도 없는 그런 곳에 서 있습니다. 어떤 느낌이 드나요? … 이 벌판은 사실 내 마음 안인 것을 나는 알아차립니다. 내 마음 안에 나는 지금 들어서 있는 것입니다. 이 황량한 벌판에서 나는 주머니 안에 넣어 온 풀씨를 퍼뜨립니다. 이곳저곳, 여기저기에 풀씨를 뿌리고 있습니다. 그리고 분무기로 물을 충분히 줍니다. 땅 곳곳에 물기를 듬뿍 스며들도록 합니다. 한참 동안 나는 그렇게 뿌린 씨 주위에 물을 주고 있습니다. … 이제 분무기를 놓고 나는 잠시 하늘을 올려다봅니다. 쾌청한 하늘에 환하고 화사한 해가 있습니다. 햇살이 너른 벌판에 골고루 빛을 뿌려 주고 있습니다. 나는 따스하고 포근한 햇살의 기운을 받은 채 서 있습니다. 그리고 시간이 흐릅니다. 풀씨에서 풀이 자라날 동안의 시간입니다. … 주위를 둘러봅니다. 풀이 자라나고 있습니다. 풀이 성큼성큼 자라나고 있습니다. 너른 벌판에 빼곡하게 푸른 풀이 가득합니다. 풀밭에 번져 있는 풀을 느껴 보시기 바랍니다. 풀의 향기를 맡아 보시기 바랍니다. … 다름 아니라 이곳은 내 마음 안의 공간임을 나는 알고 있습니다. 내 마음의 황량한 곳에 이처럼 풍성하게 자란 풀밭을 보고 있습니다. 이 풀들이 내게 말을 건네고 있습니다. 어떤 말을 하고 있는지 들어 보시기 바랍니다. … 풀들의 말에 나는 뭐라고 대답하고 있습니다. 나는 어떤 말을 하고 있나요? … 풀들과 나는 자연스럽게 대화를 나누고 있습니다. 어떤 말을 주고받고 있는지요? … 푸르게 뒤덮인 풀들 사이에 나는 서 있습니다.

눈을 뜨고, 황량한 벌판에서 푸른 풀밭으로 바뀐 다음의 느낌을 말해 봅니다. 풀들과 어떤 대화를 나눴는지 적고, 느낌을 나눠 봅니다.

치료적 의미

마음가짐에 따라서, 생각에 따라서 마음속 황무지는 들판으로 바뀔 수 있다. 황량함이 풍성함으로 변화되는 내면의 경험은 결국 외부의 경험으로 이어져서 표면화되고 표출될 것이다. 내면의 풍성함은 결국 내면의 힘을 뜻한다. 그것은 치유의 궁극적인 힘을 담고 있다.

7) 꿈길

꿈길

무겁고 고단한 얼굴을 잘 닦아서 의자 위에 걸쳐 놓았습니다 원래 놓여 있던 머리는 바람으로 멋지게 후려친 후 서랍 속에 넣고 자물쇠를 채워 두었지요 발끝으로 살금살금 걸어 밤에게 오라는 신호를 보냈습니다 후욱, 밤공기가 환하게 치밀어 오릅니다 딸려 들어온 별을 가득 머금고는 귀로만 나누는 대화를 시작했지요 귀, 귀, 귀들은 어둠처럼 빠르고 빛처럼 느립니다 간혹 귀가 웃는 것을 보고, 누군가 달맞이꽃이 피었다고 말하기도 했지요 눈은 고요해지고 목 아래부터는 거창해져서, 새끼발가락은 혼자서도 재잘거릴 정도입니다 손목에다, 허리에다 달을 매달고 한 바퀴 또르르 돌다가 아마도 당신은 배반에 관해 이야기할지도 모르겠습니다 오른쪽 귀가 제대로 활짝 피어나는 순간에 당신은 꿈, 꿈, 꿈을 온몸에 잘 바르고 있을지도 모르겠습니다 빛이 감도는 순간에 가슴은 쿵쿵쿵 어둠을 마구 두드리기 시작하고, 사방에 길이 펄럭입니다

시 감상

제대로 꿈을 꾸려면 머리를 굴리면 실패한다. 계산하기 시작하면 현실을 따지게 된다. 물론 실현 가능한 것과 실천 가능한 것을 일일이 산출해서 계획을 세우기는 쉽겠지만, 그렇게 하다 보면 꿈은 족쇄가 된다. 꿈이 삶을 옥

죄게 되면, 꿈은 더 이상 꿈이 아니다. 이를 악물고 성취를 위해 달려 나간다는 점에서 꿈은 욕망이라고 말하는 사람이 있다. 하지만 꿈은 욕망이 아니다. 꿈은 힘이다. 어떤 어려움도 헤쳐 나가고 뚫고 나가게 하는 힘이다. 꿈은 에너지다. 그렇기에 머리를 서랍 속에 두고 가슴으로 꿈꿀 일이다. 간직하고 실천해 오는 모든 꿈에는 늘 별빛이 어려 있다.

♥ 심상 시치료

(명상에 이르게 한 후 진행한다.) 밤하늘을 떠올려 봅니다. 하늘 가득 별들이 빛나고 있습니다. 총총들이 별들이 박혀 있습니다. 밤하늘 가득 박혀 빛나고 있는 별을 떠올려 보시기 바랍니다. … 별을 올려다보고 있는 지금 내 가슴 안에도 별이 있습니다. 가슴 깊숙이 늘, 언제까지나 빛나고 있는 별빛을 느껴 보시기 바랍니다. … 내 가슴 안의 별빛과 지금 밤하늘에서 총총들이 빛나는 별빛들이 만납니다. 밤하늘의 별빛들이 무수한 빛들을 한꺼번에 모아 내 가슴 안의 별에게 빛을 보내고 있습니다. 내 가슴 안의 별빛 또한 별빛을 받아서 아주 커지고 강해진 빛으로 다시 밤하늘의 별빛에게 빛을 보내고 있습니다. 밤하늘의 별빛과 내 가슴 안의 별빛이 서로 주고받고 있습니다. … 별빛들이 내게 뭔가 이야기를 건네기 시작합니다. 뭐라고 말하고 있습니까? … 그 말에 나는 또 뭔가 대답을 합니다. 나는 뭐라고 답하고 있습니까? 자연스럽게 빛을 발하면서 하늘의 별빛과 내 가슴 안의 별빛들이 대화를 나누고 있습니다. 이 대화에 귀를 기울여 보시기 바랍니다. … 이제 대화를 마무리하고 있습니다. … 이 별빛의 기운을 고스란히 내 안에 가진 나는 아름다운 별빛으로 환해지고 내 안은 빛으로 가득 찹니다. 별빛의 환한 기운은 내 가슴 안에 영원히 존재하면서 앞으로 살아 나가는 내게 큰 힘을 줄 것입니다. 이 느낌을 그대로 간직하며 눈을 뜹니다.

별빛이 내게 전해 주는 말과 그 말에 답하는 내 말을 적고 느낌을 나누어 봅니다.

치료적 의미

무의식의 깊이, 핵심을 이루는 마음의 빛(내면의 빛, 생명의 빛)은 우주의 에너지와 연결되어 있으며, 그것을 자각하는 기회를 가짐으로써 내면의 힘을 지닐 수 있다. 이로써 갈등과 문제 상황을 능히 극복할 수 있는 힘을 기를 수 있다.

8) 검은 전신주

검은 전신주

오래된 이야기를 머금으며
따가운 발을 떼지 않았다
싸알싸알 비가 내리고
몇 번인가 큰 눈이 퍼부은 적도 있었다
살갗이 찢어졌다가 그대로 굳어진 채
거무튀튀해졌다
울퉁불퉁한 안개가 온몸을 휘감을 때
잎새 하나 고이 숨긴 고목인가도 싶었다
풀잎처럼 녹슨 선 가닥에
푸릇한 이슬이 맺힐 때도 있었다
아무것도 키워낼 수 없는 귀로
끊긴 말들만 무성하게 떠도는 머리로도
단단하게 서 있다
잡다한 쓰레기가 널브러진 공터에서도
주저앉지 않았다

간혹 날개를 접으며
새가 머무르는 까닭이다

시 감상

버려진 공터에 무성한 잡풀만 우거져 있는 곳에 검은 고목처럼 서 있는 전신주를 본 적이 있다. 전신주는 이미 끊어진 몇 가닥 낡고 녹슨 전선의 흔적만 이고 있었다. 아무도 거들떠보지 않고 기억해 주지도 않는 낡은 전신주. 하지만 그곳에 간혹 새가 머물다 갔다. 그렇지 않더라도, 어느 누가 아는 척해 주지 않더라도 전신주는 널브러진 잡동사니 틈에서도 꼿꼿하게 서 있었다. 아무 눈치도 보지 않고, 원망하지도 않고, 주어진 그대로 땅을 붙이고 서 있는 눈물겨운 그 당당함. 하늘은 검은 전신주 위에 언제까지나 머물러 있었다.

심상 시치료

(명상에 이르게 한 후 진행한다.) 나는 지금 누워 있습니다(내담자를 직접 눕게 할 수 있으나, 사정이 안 되면 앉은 채 진행해도 무관하다). 내 몸은 가만히 누워 있으나 내 마음은 나를 잠시 떠날 것입니다. 잠시 후, 셋을 세면 가볍고 편안한 상태로 내 마음은 내 몸을 떠나게 될 것입니다. 하나, 둘, 셋! … 나는 지금 내 몸 위에 있습니다. 위에서 내 몸을 내려다보고 있습니다. 내 몸이 스쳐 지나온 세월을 떠올려 보시기 바랍니다. 나는 이 몸을 가진 채 몇 년을 보내고 있었나요? 이 몸을 지닌 채 지금의 내가 떠올릴 수 있는 가장 오래된 기억을 하나 떠올려 보시기 바랍니다. 어떤 장면인가요? 내 주위에서는 어떤 일들이 일어나고 있나요? 그 속에서 나는 무엇을 하고 있나요? 그때의 내 기분은 어떤가요? … 이제 내 몸이 가장 기뻤던 때를 떠올려 봅니다. 어떤 장면인가요? 어떤 일들이 주위에서 일어나고 있나요? 나는 어떤 이유로 이렇게 기뻐하고 있나요? … 이번에는 내가 가장 슬펐던 때로 갑니다. 이 몸

을 지닌 채 가장 슬프고 힘들었던 때를 기억해 봅니다. 어떤 장면인가요? 어떤 일들이 주위에서 펼쳐지고 있나요? 나는 어떤 이유 때문에 슬퍼하고 있나요? … 자, 이 모든 경험을 다 겪으면서도 내 몸은 꿋꿋하게 나를 이루고 있었습니다. 다가가서 내 몸을 포근하게 껴안아 주시기 바랍니다. 내 마음을 다해서 몸을 껴안아 주시기 바랍니다. 몸을 껴안아 주면서 나는 어떤 말을 건네줍니다. 나는 몸에게 어떤 말을 하고 있습니까? … 자, 이제 나는 다시 원래대로 내 몸 안으로 들어갑니다. 이제 셋을 세면 눈을 뜸과 동시에 현재, 지금의 모습으로 돌아가게 됩니다. 하나, 둘, 셋.

눈을 뜨고, 최초로 기억할 수 있는 것, 생애 가장 기뻤던 때, 가장 슬펐던 때를 장면, 상황, 그 장면 속의 내 모습을 차례대로 적습니다. 그리고 내 몸을 껴안아 주었을 때 내가 했던 말을 그대로 떠올려 적고 느낌을 나누어 봅니다.

치료적 의미

이제까지 지녀 왔던 내 삶의 최초의 기억과 가장 기뻤고 슬펐던 때를 한꺼번에 떠올려 봄으로써 삶의 여정을 관조할 수 있는 힘을 기른다. 동시에 그 모든 일을 겪어 왔고, 극복해 왔던 나에게 위로의 전언을 스스로 전하면서 자기 회복의 시간을 가질 수 있다. 또한 삶 전체를 통찰할 수 있는 기회를 가짐으로써 삶의 견고한 자세를 지닐 수 있다.

9) 겨울 단상

겨울 단상

상자를 꺼낸다 작은 상을
펴고 그 위에 아담한 보자기를 깔아 놓는다

꼿꼿한 가지 속에 숨은 분홍빛 방울을
반듯하게 잡아당긴다 십일 월
마지막 날에 팔순 어머니는
찬찬히 생을 박음질하는 중이다
하얀 나뭇가지를 잔금이 많은 손바닥으로
쓸어내린다 자잘한 먼지가 명랑하게
떨어진다 눌려지고 찌그러진 가지 하나하나
살려 낸다 평생을 해온 살림살이처럼
살뜰하다 값싼 장식물 하나에
쏟는 시간이 아깝지 않다
우듬지에 견딜 만한 별 하나 달아 놓고
전원을 켠다 점멸하는 등을 보고
흰 눈처럼 웃으신다 산등성이에
숨겹게 걸려 있던 해가
불쾌한 얼굴을 거둔다
깜박, 어두워질수록 등이 화사하다

시 감상

생이 아득하다. 지금 생각해 보니, 육십 된 어머니는 아직 젊으셨다. 칠십만 해도 정정했다. 팔십을 넘기고서 눈에 띄게 약해지셨다. 몸이 아닌 마음이 더 연약해진 것이다. 완고하던 어머니가 아이처럼, 마치 어린아이처럼 분위기의 영향을 많이 받는다. 화를 내더라도 분위기를 밝고 흔들림 없이 이끌어 주면 이내 숙지근해진다. 작년부터는 성탄절 트리를 장식하기 시작했다. 예전에는 없던 일이었다. 반짝이는 색등을 켜 놓고 아이처럼 웃으셨다. 어쩌면 나는 오랜 세월이 흐른 뒤에 흰 눈송이 같은 어머니의 미소만 기억할지 모른다.

심상 시치료

(명상에 이르게 한 후 진행한다.) 나무가 있습니다. 나무는 어디에 뿌리를 내리고 있습니까? … 나무의 크기는 어느 정도입니까? … 나무의 줄기는 어느 정도의 굵기를 가지고 있습니까? … 나무의 아래에서부터 점점 위로 시선을 옮겨 보시기 바랍니다. 나무의 잎과 가지는 어떻습니까? … 혹시 열매를 맺거나 꽃을 피우고 있는지 살펴보시기 바랍니다. … 나무가 있는 계절은 지금 어느 계절입니까? … 이 나무가 어떻게 느껴집니까? … 앞으로 계절이 바뀔 때, 이 나무는 다른 모습과 상태로 바뀔 수 있습니다. 현재의 나무가 마음에 드는지, 혹은 이 나무가 다른 모습으로 바뀌었으면 좋겠는지 나무의 전체를 느껴 보시기 바랍니다. … 이제 셋을 세면 계절이 바뀔 것이고, 원래 그대로 있기를 원할 때는 원래의 모습으로 더욱 풍성하게 나무는 존재할 것입니다. 나무가 바뀌기를 원하면, 계절이 바뀜과 동시에 나무는 내가 원하는 모습대로 바뀌게 될 것입니다. … 셋을 세겠습니다. 하나, 둘, 셋! … 지금 나무는 내가 원하는 모습 그대로 지니게 되었습니다. 나무의 전체 모습을 그대로 충분히 느껴 보시기 바랍니다.

눈을 뜨고, 어떤 나무였는지 그림으로 그려 보시기 바랍니다. 그린 그림 아래, 나무가 어디에 있었으며, 어느 정도의 크기와 줄기와 잎, 가지의 상태는 어떠했는지를 구체적으로 적어 봅니다. 그리고 어느 계절이었는지, 계절이 바뀌면서 나무의 모습이 바뀌었는지, 혹은 나무는 원래 그대로의 모습에서 더욱 풍성해졌는지를 적어 봅니다. 마지막으로 나무 전체를 본 느낌은 어떠했는지를 적고 느낌을 나누어 봅니다.

치료적 의미

나무로 상징되는 자아상은 여러 모습으로 유추될 수 있다. 처음에 떠오른 상이 원하는 모습이었는지의 여부를 묻고, 원하는 모습이 아닌 경우에는 재조정하여 바꿀 수 있는 기회를 부여한다. 누구나 존재하고 있는 생명의 빛은 현재 왜곡된 자아상에도 불구하고 올바른 자아상을 갖기 원하기 때문이다. 이러한 일련의 작업으로 인해 온전한 자아상을 스스로 심어 주면서 자기 치유적인 접근을 할 수 있다.

10) 길 3

길 3

골똘한 속삭임으로 말해 주세요
길은 또르르 말려 있고
한 번도 반듯한 적이 없었어요
엎드려 조아린 채
손바닥으로 살살살살 펴며 걸어갔지요
시뻘건 냄새마저 났어요 고약한 기억까지
덮쳐오면 오뉴월에도 서리가 내려요
갈기갈기 찢어진 소리들만 잡다하게
깔려 있어요 발길에 부딪히는 것은
네모란 눈물, 탄탄한 한숨
뜯겨져나간 단추가 뒹굴고
아무리 찾아도 단추 구멍은 보이지 않지요
무심한 외침으로 침묵해 주세요
어제는 신발 하나가 바다에 떨어졌어요

곧바로 건져 올렸지만 숨을 쉬지 않았지요
오늘은 두루미가 손수건처럼 날고

땅을 파먹고 있던 까마귀들이
빨간 혀로 길을 가리키고 있으니까
더 이상 밤바다를 지켜보지 않아도 돼요
손바닥으로 길을 녹이며
걸어가요, 지문이 점점
길 위에 묻어나지요
오래된 흐릿한 소원 하나가
달랑거리며 쫓아와요
언젠가 꿀꺽 들이켰던 초췌한 길이
내 얼굴을 가만히 게워내요

시 감상

부탁인데, 날 좀 가만히 놔둬요. 격려니, 응원이니, 위안이니 따위로 나를 숨 막히게 하지 마세요. 늘 삶은 이 모양이었어요. 나를 또르르 말아서 바다 속으로 풍덩 집어 던질 기세였지요. 그러니 살다 보면 좋은 날이 온다거나, 조금만 더 견뎌 내자거나 하는 말들은 이제 더 이상 하지 마세요. 제기랄, 삶은 삶은 감자 같은 거예요. 먹기 싫지만 억지로 먹어야 하지요. 그렇다고 내가 삶을 저버릴 거라는 우려 따위는 하지 말아요. 삶이 나를 통째로 구워 삶아 먹더라도 나는 끝끝내 버텨 낼 거예요. 억센 나를 넘기느라 얼마 안 가서 빈혈이 다시 일어나고 있군요. 내 얼굴에 박힌 가시를 몇 개 빼내고 있어요. 제기랄, 알고 보면 길도 불쌍해요.

심상 시치료

(명상에 이르게 한 후 진행한다.) 지금 나는 길을 걷고 있습니다. 이제껏 나는 내가 살아왔던 세월만큼 길을 걸어왔습니다. 지금 잠시 길을 멈춰 서서 사방을 둘러봅니다. 지금 내가 걷고 있는 길은 어떻게 생겼습니까? 어떤 형

태와 색깔과 질감을 가지고 있습니까? 혹시 향기가 난다면, 어떤 향기를 가지고 있습니까? … 나는 지금 내 삶의 길 어디쯤에 와 있습니까? 원래 가고 싶었던 길로 잘 가고 있습니까? … 지금 내 삶의 길이 어딘지 마음에 들지 않더라도, 혹은 내가 가고 싶었던 길이 아니어도 상관없습니다. 중요한 것은 나는 이 길을 걸어왔으며, 이 길을 걸어 나가는 한순간 한순간이 너무나도 소중하기 때문입니다. 내가 한 걸음씩 옮기며 앞으로 나아갈 때마다 이 길은 아름다운 빛을 발하게 될 것입니다. 이제 걸음을 다시 옮겨 앞으로 나아가 봅니다. 한 걸음을 뗄 때마다 지금 내가 딛고 선 이 길이 아름답게 빛나는 것을 지켜보시기 바랍니다. … 문득 저 멀리서 누군가 서 있는 것을 봅니다. 그 사람은 점점 내가 있는 곳으로 다가오고 있습니다. 다가가서 보니, 그것은 바로 먼 훗날의 나입니다. 고난과 갈등을 현명하게 겪고 이겨 낸 미래의 내가 나를 보자마자 웃고 있습니다. 미래의 내가 지금의 나에게 어떤 말을 건네주고 있습니다. 어떤 말인지 귀를 기울여 들어 보시기 바랍니다. … 미래의 내가 하는 말에 나는 뭐라고 답하고 있습니다. 어떤 답을 하는지 그대로 들어 보시기 바랍니다. … 미래의 나와 현재의 나는 편안하고 자연스럽게 대화를 이어 나가고 있습니다. 어떤 대화를 하고 있는지 들어 보시기 바랍니다. … 이제 미래의 나는 현재의 나를 다정하게 안아 주면서 왔던 길 쪽으로 사라집니다. 나는 다시 한 걸음씩 걸음을 내딛습니다. 걸을 때마다, 내 발자국이 닿을 때마다 길이 반짝이고 있습니다.

눈을 뜨고, 지금 내가 걸어오고 있는 길의 형태, 색깔, 질감, 향기를 말해 봅니다. 원래 원하던 길이었는지, 어떤지에 관해서도 말해 봅니다. 걸을 때마다 반짝거리는 길의 모습에서 무엇을 느꼈는지 말해 봅니다. 미래의 나와 현재의 내가 나눈 대화를 적고 느낌을 나눠 봅니다.

치료적 의미

인생의 길을 원망하고 싶을 때가 많다. 특히 현재의 삶이 힘들수록 그러하다. 사실 길은 아무 잘못이 없다. 길을 선택한 것도, 들어서서 걸어간 것도 다름 아닌 나다. 그럼에도 불구하고 '길의 탓'이라고 책임을 전가하고 싶다. 무의식이 적극 개입된 까닭에 빚어진 선택의 오류를 나는 인정하기 싫기 때문이다. 하지만 이제 그림자를 그만 거두자. 어느 누구의 탓도 아니라 바로 내 책임이라고 도장을 쾅쾅 찍자. 원망을 거둘 때, 비로소 길은 부드러워진다. 알고 보면 길을 길들이는 것은 다름 아닌 나다. 내 길을 걸어가는 것은 나만이 할 수 있기 때문이다. 우여곡절을 견뎌 낸 현명한 미래의 내가 지친 지금의 나를 안아 준다. 이 격려는 거짓이 아니다.

11) 나

나

내가 멀리 있다 멀리, 저 멀리에서 내가
다리 잘린 구름처럼 서 있다 시큰둥한 모자를 쓰고
자꾸만 기지개를 켜려는 단추의 입을 막고
서 있다. 바지는 뜬눈으로 잠꼬대를 하고
소맷자락은 웃을 일도 없는데 웃는다 실성한 바람이
나불거리는 것은 그뿐만이 아니다
나는 고개를 삐딱거리며 팔락거린다
손을 뻗어 잡으려는데
저만큼씩 멀어져 간다 내 손에
잡히는 것은 성실한 바람 몇 줌
나는 곧잘 흘리고 다녔던 것이다 그중
쉽게 잊혀지지 않는 것들만 모여

저렇게 안타까운 내가
나를 부르고 있다 다가서는 족족
파닥파닥 멀어지는 나와 나 사이를
모질게 오려내어 패대기쳤다 자고 일어나 보니
머리칼이 한 주먹 빠져 있다

시 감상

거울을 보는데 더 이상 내가 보이지 않는다. 내 얼굴은 어디로 간 것일까. 원래의 내 눈빛, 이마에서 번지던 화사함은 더 이상 보이지 않는다. 마치 내가 멀리 사라진 느낌이다. 그럴 때 세월은 나를 집어삼키고 만 것 같다. 나는 불안해지고 허무해진다. 남은 것 하나 없이 속절없는 시간만 나를 관통한 것 같다. 안타까운 나, 내 시간이여. 하지만 결국 나는 버텨 오고 살아오고 있다. 최소한 나는 나를 배반하지 않았다. 내가 나를 버리지 않았는데 그 누가 나를 버릴 수 있단 말인가. 세월이 나를 모질게 패대기치더라도 나는 나를 안아 줄 것이다.

심상 시치료

(명상에 이르게 한 후 진행한다.) 나는 지금 누워 있습니다(실제로 명상 단계부터 내담자를 눕게 하고 시작할 수 있으며, 상황이 여의치 않은 경우에는 그대로 앉아서 진행한다). 지금부터 셋을 세면 육체는 그대로 두고 영혼만 서서히 일어섭니다. 하나, 둘, 셋! … 내 영혼은 지금 내 육체를 둔 채 일어났습니다. 일어나서 내 몸을 내려다보고 있습니다. 내 몸은 숱한 날을 살아왔고 숱한 일들을 겪어 왔습니다. 내 몸은 내가 원하는 대로, 내가 이끄는 대로, 나를 고스란히 받아 주며 살아왔습니다. 어떤 날은 억지로 좋지 않은 것, 좋지 못한 곳에 데려가기도 했지만, 그런 나를 묵묵히 따라왔습니다. 내 몸은 나를 거스르지 않고, 그저 참아 내며 내가 하자는 대로 해 왔습니다. 언젠가 나는 내

몸을 싫어해서, 남들과 비교하면서 원망한 적도 있었지만 내 몸은 다름 아닌 나에게서 비난과 수모를 당하면서도 꿋꿋하게 견뎌 냈습니다. 때때로 나는 내 몸을 저버리고 차 버릴까도 생각했지만, 내 몸은 그 모든 것을 알더라도 그저 묵묵히 견뎌 왔습니다. 이런 내 몸을 가만히 내려다보시기 바랍니다. … 오래전 나는 아주 작았고, 겨우 젖을 떼고 걸음을 옮기며 자주 넘어지곤 했습니다. 세월이 많이 흘러서 이제 나는 내 몸을 자연스럽게 떠날 날이 곧 오리라는 것도 잘 알고 있습니다. 내 몸은 마지막 날까지 묵묵히 나를 이루면서 살아갈 것입니다. 이런 내 몸을 이제 가만히 어루만져 봅니다. 천천히 발끝에서부터 다리, 양팔과 배와 가슴, 목과 얼굴까지… 또 얼굴에서 목과 가슴, 배와 양팔과 다리까지… 이제 가슴으로 내 몸을 안아 보시기 바랍니다. 안으면서 그동안 이렇게 함께해 줘서 고맙고 미안한 마음을 내 몸에게 전해 보시기 바랍니다. … 이제 셋을 헤아리면 나는 다시 내 몸 안으로 들어가서 현재의 내 모습으로 돌아오며, 동시에 눈을 뜹니다. 하나, 둘, 셋!

지금의 느낌을 글이나 말로 표현해 봅니다.

치료적 의미

인간을 이루는 몸과 영혼은 조화로울 때도 있지만, 불협화음으로 갈등을 일으킬 때도 많다. 몸과 영혼이 조화를 잘 이룰 때 마음은 평화로울 수 있지만, 부조화가 일어날 때 대부분 몸에게 가혹하게 대하기도 한다. 하지만 나를 이루는 것은 몸과 영혼이기 때문에, 평상시 별로 생각해 보지 못하는 몸에게 진심을 다한 인사가 필요하다. 따라서 몸의 소중함과 귀함을 직접 체험해 보는 기회를 통해 생명의 존엄함과 존귀함을 깨달을 수 있으며, 나아가 삶을 성찰하는 기회를 가질 수 있다.

12) 낸 시

낸 시

발끝을 세우고 톡톡, 땅을 쳐 보세요 땅은 또 다른 벽이지요
벽 속에 제대로 처박히는 꿈을 꿔요 꿈은 검은 날개 달린 생쥐
말라붙은 고양이 가죽 꿈은 질겅이다 툭 뱉어버린 오래된 껌
고개를 디밀고 파고드는 순간 머리 안에 침이 고여요
손톱 안에 머리카락이 자라요 눈 안에서 몽글거리는 것은
당신이 아니에요, 박음질하듯 비가 탁탁탁탁, 내리지요 신발 속에
웅크리고 있던 어둠에게 갈채를 보내요 덕분에 새까만 눈물이
시도 때도 없이 흘러요 당신은 낮은 휘파람으로 나를 부르지만
담벼락에 잠깐 내려앉은 달빛은 내게 하얀 수의를 입히지요
알맞은 때에 나는 카누가 될 거예요 비누가 될 거예요
물비늘이 될 거예요 당신은 망토를 두르지 않고는 나를
만나러 오지 않지만요, 나는 결국 나무가 될 거예요
제대로 고개를 잘 처박는 나무 말예요 오래도록 벽 속에
갇혀 있어도 아무렇지도 않은 나무 말예요 들키지 않고도
호흡을 잘하는 나무 말예요

시 감상

캐나다의 노래하는 음유시인 레너드 코헨(Leonard Cohen)의 〈낸시(Nancy)〉라는 노래를 들어 본 적 있니? 그는 가난했던 시절 애인이자 친구였던 낸시가 힘든 삶을 자살로 마무리했던 일련의 과정을 노래했지. 아버지는 감옥에 있었고, 창녀촌의 방 한구석에서 텔레비전을 보던 낸시. 홀로 마음의 감옥 속에 들어가서 어둠을 견뎌 냈던 낸시. 아름답고 자유로워 보였던

낸시. 1961년 45구경 권총과 함께 있던 낸시. 아주 잠깐, 사람들하고 있을 때는 행복해 보였던 낸시. 그런 낸시를 담담하게 부르고 있는 코헨의 목소리를 들으면 먹먹해져. 아무에게도 들키지 않고 죽은 낸시. 노래 속 과거의 낸시가 아니라, 지금 현재의 수많은 낸시가 속삭이는 소리를 들었어. 그래, 바로 이렇게.

♥ 심상 시치료

(명상에 이르게 한 후 진행한다.) 나는 지금 골목길을 걷고 있습니다. 집과 집이 들어서 있는 사이 골목길입니다. 어른 두 사람이 겨우 지나갈 수 있을 정도의 좁디좁은 골목길입니다. 나는 이 골목길을 혼자 걷고 있습니다. 걸어가는 동안, 낮인데도 하늘이 어두컴컴해져 옵니다. 곧 비가 올 것 같습니다. … 문득 골목길 저편에서 한 아이가 웅크리고 있습니다. 한쪽 구석에 앉아서 온몸을 웅크리고 머리를 파묻고 있습니다. 가까이 다가가 봅니다. 비가 한 방울, 두 방울 내리더니 갑자기 폭우가 쏟아지기 시작합니다. 나는 웅크리고 있는 아이가 바로 어린 시절의 나라는 것을 압니다. 어린 나를 일으켜 세웁니다. 어린 나는 잘 일어나지 않고 빗속에서 그저 웅크리고 있으려 합니다. 하지만 나는 포기하지 않고 어린 나를 일으켜 세웁니다. 아이를 안고 골목길을 벗어나서 집으로 갑니다. 밖에는 억수같이 비가 쏟아지고 있지만, 이곳은 편안하고 안전한 집입니다. 집에 도착한 나는 어린 나를 따뜻한 물로 씻겨 주고, 깨끗한 수건으로 잘 닦아 줍니다. 이제 어린 나는 내가 이끄는 대로 따라 하지만, 여전히 울고 있습니다. 나는 어린 나에게 깔끔한 옷으로 갈아입혀 줍니다. … 이제 나는 포근한 이부자리에 아이를 눕혀 놓고 등을 토닥여 줍니다. 토닥토닥 … 아이는 울음을 그칩니다. 나는 아이가 말하지 않아도 왜 울고 있었는지, 왜 빗속에서 웅크린 채 일어나려 하지 않았는지 잘 알고 있습니다. 나는 어린 나에게 어떤 말을 건넵니다. 어떤 말을 건네고 있습니까? … 어린 나는 내 말에 고개를 끄덕이며 눈을 감습니다. 편안해 보입

니다. 눈을 감은 어린 내가 나에게 뭐라고 대답하고 있습니다. 뭐라고 말하고 있습니까? … 어린 나와 지금의 나는 자연스럽고 평안하게 대화를 나누고 있습니다. 어떤 말을 하고 있는지 귀를 기울여 들어 보시기 바랍니다. … 이제 대화를 마무리합니다. 어린 나에게 돌아가야 할 시간이라고 말합니다. 나는 어떤 말을 하면서 작별을 하고 있나요? … 아이는 이제 편안하게 잠듭니다. 자면서 빙그레 웃음까지 띄웁니다. 이제 나는 아이를 가만히 안아 주고 일어납니다. … 집 밖으로 나옵니다. 비는 어느덧 그쳐 있습니다. 왔던 골목길로 다시 돌아가고 있습니다. … 이제 셋을 세면 나는 현재의 모습으로 돌아오면서 눈을 뜹니다. 하나, 둘, 셋.

울고 있는 어린 나는 몇 살 때, 언제였습니까? 무엇 때문에 아이가 울고 있었나요? 아이를 집으로 데려가서 토닥여 주면서 나는 어떤 말을 건넸는지, 아이가 했던 대답은 어떠했는지, 함께 나눈 대화를 적어 봅니다. 마지막으로 작별 인사를 하기 전에 나는 어떤 말을 하면서 나왔는지, 순서대로 적고 느낌을 나누어 봅니다.

치료적 의미

울고 있는 어린 나는 내면의 상처를 입은 과거의 나다. 나는 살아오는 동안 과거의 상처를 죄다 잊었다고 여기지만 그렇지 않다. 다만 상처를 묻은 채 덮어 놓고 달려왔던 것이다. 어느 누구도 그 시간의 나에게 다가가 위로해 줄 수 없다. 오직 나만이 어린 나에게 다가가 그 상처를 위무해 줄 수 있을 뿐이다. 지금의 내가 혼란과 혼돈 속에서 좌절하고 있다고 하더라도, 어린 시절의 아픔 속으로 들어가서 어린 나를 위로해 줄 수 있는 것은 자명한 일이다. 이미 상처받은 그 어린 시절을 극복해 올 수 있었기 때문이다. 살아 있는 것은 극복해 왔다는 증거다. 어린 나를 위로해 주는 일은 현재의 내가 겪고 있는 고통을 위로하는 일과도 연결된다. 그래서 자기 치유적인 의미를 지니게 되는 것이다.

13) 먼지지붕을 위한 무도곡

먼지지붕을 위한 무도곡

먼지 속에서 물음을 나부끼며 걸었어요
지푸라기들이 가득한 가방을 옆구리에 끼고
지붕이 구릉 너머 턱을 올리고 있는 곳을 지나치면서
붕붕거리는 구름의 겉옷을 빌려 입고 땀을 닦았지요
먼저 가버린 것들의 향기를 찾아냈어요
지펴오는 기억들은 불씨 하나를 늘 남겨놓지요
지금처럼 하얀 길은 두 다리를 나란히 하고 누워 있고

먼 곳에서 더 먼 곳으로 갔다 온 바람들이 어느
지도에도 없는 흙냄새를 담아와 가지런한 얼굴로

먼지를 흩뿌리네요 보세요, 즐거운 먼지, 통통, 나폴거리는 먼지,
갈갈거리는 먼지, 중얼거리는 먼지, 파당파당대는 먼지,
달콤하고 씁쓰레한 먼지

지금은 걸을수록 땅이 하늘과 맞댄 이마를 슬며시 떼고 있어요 어디선가
은빛 새가 축축한 눈을 감고 있네요 천천히 환한 비가 내려요

시 감상

삶은 먼지처럼 사라진다. 한낱 먼지처럼, 구름처럼, 바람처럼 사라져 간다. 흔적조차 남기지 않고 없어진다. 아등바등 살아가지만, 기껏해야 백 년이 지난 다음에는 나는 없다. 하지만 살아가는 현실 속에서 먼지는 대단히 무겁다.

갉아먹고 생채기를 내고 고통을 준다. 참을 수 없는 먼지들을 가볍게 띄워 보자. 통통, 나폴, 걀걀, 달콤한 먼지들이 다소 씁쓰레하고 걀걀거리더라도 용서하자. 천천히, 환한 비가 내리면 먼지는 씻겨 내려간다. 먼지가 있는 한, 그래도 아직 삶을 다 산 것이 아니다. 그러니 유쾌하게 먼지를 날려 보자.

심상 시치료

(명상에 이르게 한 후 진행한다.) 나는 비입니다. 하늘에서 구름들 속에 머물러 있다가 어느 일정한 시간이 되어 이렇게 내리고 있습니다. 점점, 점점, 더 쏟아집니다. 수직으로, 수직으로 내리꽂힙니다. 세상을 온통 빗물로 적시고 있습니다. 나는 비입니다. 얼마만큼 강하게 내리고 있는지 느껴 보시기 바랍니다. 나는 지금 비가 되어 대지를 적시고 있습니다. … 땅 위에 떨어진 빗물은 평평하게 흘러가고 있습니다. 어떤 기울기로 내려앉든 간에 평평하게 흐르고 흘러가고 있습니다. 내가 흘러가고 있는 것을 느껴 보시기 바랍니다. … 수없이 많이 모여든 빗물들이 죄다 바다로 흘러가고 있습니다. 흐르고 있는 것을 그대로 느껴 보시기 바랍니다. … 이윽고 나는 바다로 가서 바닷물과 하나가 되었습니다. 바다를 처음 만나는 순간, 바다와 하나가 되는 순간, 바다는 내게 뭐라고 말하고 있습니까? 바다가 말하고 있는 것에 귀를 기울여 보시기 바랍니다. … 바다의 말에 나는 뭐라고 답하고 있습니다. 나는 뭐라고 답하고 있습니까? … 바다와 나는 자연스럽게 대화를 이어 갑니다. 바다와 내가 나누는 대화에 귀를 기울여 봅니다. … 자, 서서히 바다에 태양이 떠오르고, 사방에 붉은 태양의 기운이 감돌고 있습니다. 태양은 이제 바닷물인 나에게 뭐라고 말하고 있습니다. 태양은 뭐라고 내게 말하고 있습니까? … 그 말에 대해 나는 뭐라고 답하고 있습니까? … 태양과 나는 자연스럽게 대화를 이어 가고 있습니다. 태양과 내가 나누는 대화에 귀를 기울여 보시기 바랍니다. … 이제 대화를 마무리하고 있습니다. … 잠시 후, 셋을 세면 대화를 마무리하면서 환하게 빛나는 아침 햇살의 기운을 고스란히 마음 깊이 간직한 채 눈을 뜹니다.

하나, 둘, 셋.

비가 되었을 때, 어떤 세기로 비가 내렸는지, 그때의 기분이 어떠했는지 적어 봅니다. 바다와 한 몸이 되었을 때, 바다의 말과 내가 답한 말, 바다와 나눈 대화들, 태양이 떠올라서 내게 말했던 말과 그에 답변하는 말, 태양과 나눈 대화들을 차례대로 적고 느낌을 나누어 봅니다.

치료적 의미

자연물의 하나인 비가 내리고 흘러가서 바다와 만난다는 그 흐름을 따라간다는 것은 자연의 순리를 체험하는 일이다. 비의 흐름은 궁극적으로 순환의 원리를 뜻하며, 이러한 흐름은 곧 삶의 흐름을 체험하는 것과 동일하다. 나아가 태양의 빛은 생명의 빛을 상징하는 것으로, 삶의 근원적인 힘을 느낌으로써 삶의 기운을 상승시키는 효과를 가져온다.

14) 물에게

물에게

아무 말도 하지 않았다
말도 안 되는 말이 많은 까닭이다
맛도 멋도 없는 말한테 당한 또 다른 말이
말을 놓고 앉아 있다
녹아서 흐르는 것들이 빛깔을 띠고 있는데
녹이지 못한 말들이 흐르지도 못하고 있다
내려앉아 그대로 흐름만 방해하고 있다
미안하다

물한테 미안한 노릇이다

물은 물론
아무 말이 없다

시 감상

말과 물은 가운데 모음 한 자의 차이에서 갈린다. 말이 많으면 무거워진다. 무거워지면 흐르지 못한다. 고여 있는 것들은 썩는다. 말이 많은 탓에 내면이 썩어 간다. 반면 물이 많으면 흘러 바다로 간다. 흐르는 것은 신선하다. 말이 많은 까닭에 말에 치여 살다가 물 곁에서 말을 식힌다. 물결의 흐름 속에 시름을 놓아두고 같이 흘러가게 둔다. 아무 말이 없는 물이 고맙다. 숱한 말을 해댄 스스로가 부끄러워지는 순간이다.

심상 시치료

(명상에 이르게 한 후 진행한다.) 깨끗하고 맑은 공기가 가득한 산속에 물이 흐르고 있습니다. 흐르고 흘러서 시원스럽게 폭포수가 되어 흘러내리고 있습니다. 세찬 물줄기로 흘러내리다가 다시 평평한 곳으로 흘러갑니다. 물줄기는 높은 계곡에서 시작했습니다. 힘들었지만 한순간도 흐르지 않을 때가 없었습니다. 이제 물줄기는 힘든 고비를 넘기고 평평한 곳으로 흘러 나가려고 합니다. 곧이어 강과 만날 것이고, 더 나아가 바다와도 합쳐질 것입니다. 지금 이 물살에 함께 싣고 싶은 것 세 가지를 떠올려 보시기 바랍니다. … 지금 물줄기는 순리대로 자연스럽고 편안하게 흘러가고 있습니다. 내가 선택한 세 가지를 담아서 같이 흐르고 있습니다. … 평온하게 흘러가는 물줄기와 물살에 함께 실려 흘러가고 있는 세 가지를 지켜보시기 바랍니다. 어떤 느낌이 드는지 충분히 느껴 보시기 바랍니다.

눈을 뜨고, 물줄기에 실려 흘러가는 세 가지와 현재의 느낌을 적고 나누어 봅니다.

치료적 의미

흐름은 자연의 섭리와 순리를 상징적으로 드러내고 있다. 제대로 흐를 수 있을 때 에너지를 활성화할 수 있다. 마음 깊이 막혀 있던 장애물들을 흐름 속에 내맡겨 흘러가게 하는 행위를 통해 차단된 에너지를 소통시키는 막강한 역할을 하여 내면의 에너지를 북돋울 수 있다.

15) 발

발

선뜻 발을 맡길 때 알게 되었습니다
심장은 발에 있다는 것을
거칠고 두터워진 발바닥 안
웅크리고 있는 어린 살갗 깊숙이
팔딱이는 박동소리를 듣습니다

오롯이 발을 맡길 때 비로소 알게 되었습니다
머리보다 발이 더 솔직하다는 사실을
입술보다 발이 더 정직하다는 사실을
그대의 발을 가슴에 대고 있으면
푸르고 아린 비바람이 붑니다

오랜 세월 지나 이름을 지우는 순간에도

여전히 발은 살아남아
형형하게 고동칠 것입니다

온전히 알몸인 발을 껴안습니다
발바닥 굳은살을 찬찬히 어루만집니다
살아온 이야기들이 세세합니다
군소리 없던 사연들이 찰박입니다
오동나무 그늘 같은 노랫소리
길게 퍼집니다
발 속 심장에서 가슴속 발까지

시 감상

누군가를 사랑한다면, 사랑하고 있다면, 발을 씻겨 보라. 찬찬히 가지런한 손길로 발을 꼼꼼하게, 나직하게 씻겨 주다 보면 상대의 삶이 손끝으로 만져진다. 손길과 물길의 어우러짐 속에서 불현듯 지나온 세월이 만져진다. 심장이 발 한가운데서 느껴진다. 그렇듯이 나는 당신에게 감히 청한다. 고단한 내 발과 잔손금 많은 내 손을 서로 만나게 하라. 찬찬히 오래도록 내가 나를 씻으며 껴안아 주라. 상황으로부터, 사실로부터 이죽거리고 분노하던 나를 가만가만 다독거려 주라. 말없이 토닥거려 주라. 청아한 물 안에 나를 담그고, 내 안의 울림을 들어 줄 시간이다. 나는 오랫동안 거칠고 황폐한 길 아닌 길을 걸어왔으므로 부르튼 발을 쓰다듬어 주면서 맑은 물이 내는 물소리를 귀 기울여야 하리라. 다시 신발을 꿰어 신고 황황히 걸어가기 전에.

심상 시치료

(명상에 이르게 한 후 진행한다.) 노을이 보랏빛으로 하늘을 수놓는 어느 저녁입니다. 나는 누군가의 발을 씻어 주고 있습니다. 천천히, 부드럽고 정성스

럽게 물을 끼얹으며 발을 씻어 주고 있습니다. 오래전에 이렇게 발을 씻어 줬어야 했지만, 이제야 겨우 용기를 내었습니다. 나는 지금 누구의 발을 씻어 주고 있습니까? … 발을 씻어 주면서 나는 몇 마디의 말을 건넵니다. 나는 지금 뭐라고 말하고 있나요? … 내 말에 상대방은 뭐라고 답변합니다. 뭐라고 답하고 있나요? … 이제 발을 다 씻긴 나는 보송보송하고 깔끔한 수건으로 발을 정성껏 닦아 주고 있습니다. 상대방은 나에게 뭐라고 말을 건네고 있습니다. 뭐라고 말하고 있습니까? 그 말에 나는 또 뭐라고 대답합니다. 나는 뭐라고 답하고 있습니까? 자연스럽게 상대방과 나는 대화를 나누고 있습니다. 어떤 대화를 하고 있는지 귀 기울여 들어 보시기 바랍니다. … 이제 대화를 마무리합니다. … 노을이 물러가고 서서히 어둠이 깔립니다. 포근한 이불처럼 어둠을 덮으면서 셋을 세면 대화를 마무리하면서 눈을 뜹니다. 하나, 둘, 셋.

누구의 발을 씻겨 주었는지, 처음 내가 건넨 말과 상대가 답한 말은 무엇이었는지, 수건으로 발을 닦아 준 후 상대가 뭐라고 말을 했는지, 나는 연이어 뭐라고 대답했는지, 자연스럽게 나눈 대화를 순서대로 적고 느낌을 나누어 봅니다.

치료적 의미

발을 씻겨 준다는 것은 완연한 용서의 의미다. 직접 용서를 구하고 청해야 할 것들이 숱하게 많지만, 실제로 행하지 못하고 회한으로 묻어 두기 일쑤다. 시간이 가면서 없어지는 것이 아니라 망각 저 너머에 엄청난 부피로 자리를 잡게 되어, 용서를 하지 못한 탓에 감정의 멍울은 세월만큼 부풀어 오른다. 용서의 대상은 감정을 상하게 했던 누군가가 될 수 있지만 자기 자신도 될 수 있다. 결코 용서하지 못할 때, 분노와 화의 독은 스스로의 삶을 갉아먹는다. 극단적인 상태에서 일어나는 지극한 용서일수록 치유의 힘을 지닌다. 용서는 내면의 치유로 가는 핵심적인 길이다.

16) 봄, 밤길

봄, 밤길

긴 허벅지를 드러내놓고 잠든 길 위를 달리는 바람, 그 검은 허리끈을 잡고 걸었지 꼬깃꼬깃한 별, 빳빳한 달이 여러 번 얼굴을 바꾸고 있었어 숨죽여왔던 호흡을 토해내듯 걸음이 길고 느려지고 귀가 부드러워지고 있었지 사월에 내리는 눈처럼 눈시울에 밤의 껍질이 내려앉고 있었어 막막할 때마다 부르던 노래가 발을 감싸고 있었지 도드라지는 어둠 속에서 수런거리는 나뭇잎들, 공기를 씹어 삼키는 풀의 이빨 소리가 머리칼을 헝클어뜨리고 울렁이는 목을 쓰다듬고 있었어 길 안에서 길 밖을 걷는, 길 속에서 길 겉을 걷는 밤길에 무수한 돌덩이들이 녹아 흐르고 있었지 촉촉하고 몰캉해지는 돌, 돌, 돌덩이들이 뱅그르르 춤을 추고,

시 감상

줄리언 온데덩크(Julian Onderdonk)의 그림 속 밤은 은은한 자장가를 풀어내고 있었지. 오크 나무 옆에 기대 선 작은 집에는 오래전부터 내가 알던 사람들이 이부자리 위에서 기도를 올리고 있었지. 어둠 속에는 처음부터 어둠이란 없었다는 듯이 빛이 비춰 들고 있었지. 푸르고 안온한 빛 말야. 한밤에 새벽의 푸르스름한 기운이 풍겨 오고 있었지. 모든 돌멩이들이 춤을 추는 거야. 걸어갈 때마다 유독 내 발가락을 건드리며 아리게 하던 잔돌멩이들이 세상에 뱅글뱅글 춤을 추며 맴도는 거야. 모든 고민이 촉촉해지고 있었지. 몰캉해지고 물러지는 갈등. 가볍게 날아오르는 모든 문제. 다만 마법이 아냐, 달빛이 밤 속에 고루 퍼져 있었어. 그뿐이야. 이제 알겠지?

♥ 심상 시치료

(명상에 이르게 한 후 진행한다.) 밤하늘을 올려다보며, 나는 지금 평상 위에 누워 있습니다. 시원한 바람이 불고, 어디선가 꽃향기가 풍겨 옵니다. 까만 하늘에 보름달이 떠 있습니다. 동그랗고 큼직한 보름달입니다. 달빛이 은은하고 부드럽게 나를 비추고 있습니다. 달빛이 성큼 내려와서 내 이마와 얼굴을 비춥니다. 목과 가슴, 양팔과 배, 양다리를 골고루 비추고 있습니다. 부드럽고 포근합니다. 달빛을 온몸으로 환하게 받고 있습니다. 내 온몸과 마음이 환해지고 은은해지는 느낌입니다. 이 느낌을 충분히 느껴 보시기 바랍니다. … 문득 나는 이 달빛을 누군가와 함께하고 싶다고 생각합니다. 지금 떠오르는 사람은 누구입니까? 내가 그 사람을 떠올리는 순간, 그 사람도 지금 나를 떠올리면서 나처럼 이렇게 온몸과 마음으로 달빛을 받고 있습니다. 이 달빛을 함께 느끼면서 환해진 모습으로 달빛에 마음을 실어 보낸다면, 나는 그 사람에게 뭐라고 말하겠습니까? … 내 말을 들은 그는 또 뭐라고 답하고 있나요? … 나와 그 사람은 부드러운 달빛에 실려 자연스럽게 대화를 나눕

〈Moonlight in South Texas〉
줄리언 온데덩크(1882~1922)

니다. 뭐라고 대화를 나누고 있는지 귀를 기울여 보시기 바랍니다. … 이제 대화를 마무리하고 있습니다. … 셋을 세면 대화를 마무리하면서, 은은하고 촉촉한 달빛을 그대로 느낀 채 눈을 뜹니다. 하나, 둘, 셋.

함께 달빛을 받고 싶은 상대는 누구였습니까? 달빛에 마음을 실어 보낸 말과 그에 답한 상대방의 말을 그대로 옮겨 적고 느낌을 나누어 봅니다.

치료적 의미

달빛의 상징은 그리움이다. 누구나 살면서 그리움의 대상이 있다. 그리움의 대상과 만날 수 있다는 것은 커다란 힘과 위안이 된다. 특히 직접 만날 수 없는 경우, 생존해 있지 않은 대상일수록 그리움의 부피는 커지기 마련이다. 심상 시치료에서 그 대상과 함께 달빛으로 온몸과 마음을 어루만지는 행위를 통해서 내면의 감수성을 회복하며 삶을 위로하는 효과를 얻을 수 있다.

17) 봄 밤 비

봄 밤 비

보라,
보라 빛 비가 라, 라, 라, 내려온다
오자마자 라라라, 흘러간다
복사꽃 향기도 따라 흘러간다
차마 삭이지 못할 몸서리쳐지던
보고픔도 라라라, 떠내려간다

봄밤이 찰박인다

오래 울다가 바라보면
세상이 반쯤 지워져 있듯
비가 무수한 꼭짓점들을
슬며시 지워 놓았다

보라,
보라 빛
봄 밤 비 속에
봄이 촉촉한 귀를 세운다
오래 소식이 없던 누군가
제 등을 가만 쓰다듬고 있다
지금은 쓰레기조차 환하다
봄, 밤, 비.

시 감상

미처 우산 없이 퇴근하는 밤 열한 시. 직장에서 집까지 45분의 거리를 걸어갔다. 제대로 비가 오고 있었기 때문에 오롯이 비를 맞았다. 사월의 빗속에 이미 져 간 목련 꽃잎이, 벚꽃 향기가, 복사 꽃잎이 어우러져 있었다. 단추를 채운 채, 머리를 틀어 올리며 지내던 숨 막힌 시간들이 풀려 나가고 있었다. 빗물이 머리카락을 헝클어 놓고, 가슴 언저리를 적시고, 속눈썹 위로 홍건히 내려앉고 있었다. 그대로 나도 비가 되어 하늘에서 첨벙첨벙 뛰어 내려서는 빗물을 따라 흘러갔다. 기쁜 일탈 앞에서 막막한 문들이 활짝 열려 세상은 오래전부터 은밀한 소통을 해 오고 있었고, 그것을 내게 들키고서는 멋쩍게 웃고 있었다. 쌓인 쓰레기조차 킥킥대며 웃고 있었다. 모든 것이 존재의 이유가 있었고, 이유 있는 모든 것은 소중했다. 그 순간, 나는 미리 누군가를 먼저 용서하고 있었다.

심상 시치료

(명상에 이르게 한 후 진행한다.) 나는 지금 온몸으로 비를 맞은 채 걷고 있습니다. 시원스럽게 비가 내리고 있습니다. 지금은 늦은 봄입니다. 하루 종일 후텁지근한 공기 속에서 땀을 흘리며 지냈습니다. 이제 시원한 비가 나를 적셔 주고 있습니다. 나는 지금 모든 속박에서 벗어나 자유롭습니다. 빗줄기가 내 몸과 마음을 훑어 내리고 있습니다. 빗줄기가 내 몸에 닿을 때마다 시원하고 상쾌한 기분을 느낄 수 있습니다. 이 기분을 마음껏 느껴 보시기 바랍니다. … 비는 내 마음 깊숙이 켜켜이 묻은 찌든 때를 함께 씻겨 주고 있습니다. 늘 버리고 싶었지만 미처 버릴 수 없었던 한 가지 일을 떠올려 봅니다. 이 비와 함께 말끔하게 씻겨 나갔으면 좋을 한 가지 일을 떠올려 봅니다. 그것은 언제, 어디서, 누구와 연관된 일인가요? 자세하고 구체적으로 그 일을 기억해 봅니다. 그 일은 어떤 상황에서 일어난 일입니까? 그때 내 감정은 어떠했나요? … 지금 나는 시원스럽게 나를 훑어 주고 있는 비를 맞으며 걸어가고 있습니다. 이제 셋을 세면 문득 떠오른 과거의 상황과 그에 따른 감정을 빗속에 그대로 흘려보내 주시기 바랍니다. 시원스럽게 내리는 이 비는 내가 버리고 싶었지만 마음대로 버리지 못했던 그 일에 대한 내 감정을 깨끗하게 씻어 줄 것입니다. 자, 셋을 셀 때 그 일에 대한 나의 감정의 찌꺼기를 빗속으로 던져 버리시기 바랍니다. 하나, 둘, 셋! … 지금 내가 떠올린 과거에 대한 내 감정을 빗줄기가 담고 흘러가고 있습니다. 그리고 내 가슴속까지 비가 흘러 들어와 앙금을 모조리 훑어 내리고 있습니다. 수많은 빗물이 모여서 강으로, 바다로 흘러가서 깨끗이 정화되고 있습니다. 내 가슴속에서 나를 힘들게 하던 그 감정은 이제 말끔하게 씻겼습니다. 막혀 있던 것이 빠져나가 시원해진 가슴을 충분히 느껴 보시기 바랍니다. … 나는 지금 봄비를 맞으며 걸어가고 있습니다. 걸을 때마다 가슴 깊숙이에서 어떤 노래가 울려 퍼지고 있습니다. 싱그럽고 시원한 이 느낌은 언제나 나와 함께할 것입니다.

눈을 뜨고, 비를 맞을 때의 느낌이 어떠했는지 말해 봅니다. 앙금처럼 남아 있던, 버리고 싶었지만 미처 버리지 못했던 어떤 상황에 대해 구체적으로 적어 봅니다. 언제, 어디서, 누구와 연관된 어떤 상황이었으며, 그때 내 감정은 어땠는지 자세히 적고, 그 종이를 갈기갈기 찢어 봅니다. 지금의 느낌은 어떤가요? 그 감정을 빗물에 흘려보내고 난 뒤의 느낌을 자세히 적고 느낌을 나눠 봅니다.

치료적 의미

흔히 비를 맞는다는 것은 스트레스 상황임을 의미한다. 폭우일수록 스트레스의 강도가 높다는 것을 뜻한다. 커다란 우산으로 스트레스 상황을 피할 수 있어야 하며, 스스로를 방어해야 한다는 전제를 제시하곤 한다. 하지만 본 심상 시치료에서는 이 모든 치료적 조건을 뛰어넘어 심리적인 일탈을 기하고자 한다. 설정은 후텁지근한 땀에 찌든 늦은 봄. 우산 없이 비를 맞는 행위는 자연과 하나가 되어 결국 자연스럽게 흘러간다는 것이다. 케케묵은 감정을 들춰내어 흘려보내는 일은 바로 내면의 치유적 힘을 일으키는 핵심 요소로 작용한다. 이때 피하지 않고 직면하는 까닭에 일어나는 치유의 힘을 발견할 수 있다.

18) 비

비

모든 내리는 것은 비다
꽃은 지는 것이 아니다
잎도 떨어지는 것이 아니다
꽃비와 잎새비가 한여름

당당하게 내리고 있다
햇볕 따위는 아랑곳없다

내릴 수 있는 것들은
물과 만난다
너를 기다리는 동안
오래 딛고 선 자리에서
한 발자국 내려선다
바람마저 소소하게 내리고 있다
바람이 비가 되는 순간이다

시 감상

내리는 것의 속성은 높이를 지니고 있다는 것이다. 그 높이가 얼마만 하든 간에 지상으로 착륙하는 것이다. 또 하나, 지상에 와 닿는 순간 가만히 머물러 있지 않고 흘러가는 것이다. 흘러가다 보면 물을 만난다. 그러니까 내리는 것은 떨어지고 흐르고 결국 물이 된다는 말을 포함하고 있다. 꽃도, 잎도 죄다 내리는 것이다. 그것을 대표해서 '비'라고 치자. 봉긋하게 부풀어 올라 생을 활짝 피우던 너와의 만남도, 영원불멸을 믿었던 어리석은 사랑도, 별빛을 품었던 기억도 죄다 비다. 비가 내리면 몸 한구석이 소소하게 아리는 것도 그 때문이다. 이 몸마저 물이 되어 흘러갈 날을 기다리고 있는 것이다.

심상 시치료

(명상에 이르게 한 후 진행한다.) 나는 지금 내가 앉은 자리를 뒤로하고 자유롭게 날고 있습니다. 건물 위로 점점 올라갑니다. … 내 몸은 땅을 벗어나서 점점 높이 올라갑니다. 건물과 건물들을 훌쩍 넘어서 공중을 날고 있습니다. 편안하고 자유로운 상태입니다. 더 높이, 더 높이 올라갑니다. 아주 높이까지

올라갑니다. 이제 나는 구름 속까지 올라가 있습니다. 구름 속에서 자유롭게 날아다니고 있습니다. 자유롭고 편안한 기분을 느껴 보시기 바랍니다. … 나는 편안하고 여유롭습니다. 구름 속을 누비면서 날고 있습니다. 내가 날고 있는 곳보다 더 먼 곳에서부터 비춰 드는 빛이 있습니다. 나는 그 빛 쪽으로 나아갑니다. 빛 가까이 다가갑니다. 조그만 빛이 점점 커지고, 나는 빛 안으로 완전히 들어섭니다. 빛 안에서 어떤 풍경을 봅니다. 어떤 풍경이 펼쳐져 있나요? 나는 무엇을 보고 있습니까? 그곳에 무엇이 있나요? 나는 그 풍경 가운데 어떤 목소리를 들을 수 있습니다. 그 목소리는 내게 다가와서 무언가 말하고 있습니다. 뭐라고 말하고 있나요? … 그 말에 나는 뭐라고 답변하고 있습니다. 나는 뭐라고 대답하고 있나요? … 그와 나는 자연스럽고 편안하게 대화를 나누고 있습니다. 어떤 대화인지 귀를 기울여 보시기 바랍니다. … 이제 대화를 마무리하고 있습니다. … 마지막으로 그는 다시 한 번 마치 다짐이나 당부라도 하듯 나에게 뭐라고 말을 하고 있습니다. … 자, 이제 그가 나에게 지금은 다시 내려갈 때이며, 다음에 만나자고 말하며 인사를 합니다. 나는 그 말에 따라서 빛을 빠져나와 다시 구름 속을 날고 있습니다. 이제 구름에서 다시 지상으로 내려와서 현재 내가 있는 곳으로 돌아옵니다. 이제 셋을 세면 나는 현재의 내 모습으로 돌아오면서 눈을 뜹니다. 하나, 둘, 셋.

구름을 날고 있을 때의 느낌, 빛 한가운데로 향했을 때의 느낌을 차례대로 말해 봅니다. 어떤 목소리를 듣고 답을 하면서 함께 나눈 대화들은 어떤 말들이었는지 적어 봅니다. 마지막으로 그 목소리가 뭐라고 했는지, 현재의 내 느낌은 어떤지 나누어 봅니다.

치료적 의미

죽음은 슬프다. 그래서 생을 하직하는 일은 암울하다. 하지만 슬픔이 더 이상 슬픔이 아닌 것은 삶이 흐를 수 있기 때문이다. 생을 마감하는 것은 또 다른 삶을 시작하는 것과 같다. 암울하게 느껴지는 죽음이 오히려 자유로 화

(化)할 수 있는 이유다. 심상 시치료사의 유도에 따라서 구름을 날고, 구름 저 너머에 있는 곳을 잠시 다녀오는 행운의 기회를 가질 수 있다면, 슬픔은 흐를 수 있고 암울의 끝에는 빛이 있음을 알게 될 것이다.

19) 비닐하우스 안에서

비닐하우스 안에서

방울토마토를 솎아냈다
자유롭지 못하기는 식물도 마찬가지다
비닐하우스 속에 산다면
감수해야 할 운명이라는 게 있다
옆으로 펼쳐 자란 순을 따서
패대기쳤다 열매가 잘 열리려면
그래야 한다고 가차 없이
손들이 움직였다
곧고 굵직하게 위로 뻗은
원가지에 곁들린 가지들을
뚝뚝 부러뜨리는데
땀이 다 났다 쓸데없이 잎사귀를
키운 것들은 다 꺾여 나갔다
한바탕 대학살을 치른 비닐하우스 안에
쓸모 있는 열매들이
차례차례 영글 것이다
나가떨어진 것들은 쓰레기 축에도 속하지

못한다, 자꾸 목이 탔다
아무래도 파묻어나 줘야겠다
시간이 흐르면
제대로 썩을 것이다 썩어서
힘이 될 것이다

시 감상

익숙하지만 가슴 아리는 단어 하나, 아웃사이더(outsider). 세상은 너무 크고 헐렁헐렁해서 늘 고역이었다. 그래서 '살아가는 것'이 아니라 '살아 나가는 것'이었다. 허우적대며 발버둥 치듯 살아왔다. 변하지 않는 사실은 나는 늘 아웃사이더여서 내 혈관에는 푸른 피가 돌아다니고 있다는 것. 그리하여 생의 바닥에 도달해 있을 때가 많았다는 것. 그 암울한 바닥을 탁 차고 오르는 순간에는 아무도 없었다는 것. 아니다. 나는 지금 잘못 말하고 있다. 숱한 나락의 순간에서 무수한 실패의 나날들이 나를 들어 올리곤 했다. 내가 저질렀던 실수와 실패와 좌절이 결국 나를 이끌었던 것이다. 제대로 썩어서 내 삶의 거름이 되었던 것이다.

심상 시치료

(명상에 이르게 한 후 진행한다.) 꽃이 있습니다. 꽃을 떠올려 보시기 바랍니다. 꽃은 어떤 모양과 빛깔을 지니고 있습니까? 어떤 향기를 지니고 있나요? … 꽃의 줄기를 따라 타고 아래로 내려갑니다. 줄기가 끝나는 곳에 땅의 흙이 있고, 흙 아래로 내려갑니다. 줄기를 따라 타고 흙 아래로 내려갑니다. 뿌리가 있고, 사방팔방으로 뻗어 나간 뿌리가 보입니다. 뿌리는 어둠 속에서도 꿋꿋하게 뻗어 나가고 있습니다. 뿌리가 자라고 있는 것이 보입니다. … 뿌리는 땅속에 고루 뻗어 있어서 비바람이 몰아쳐도 끄떡도 하지 않을 정도로 깊이 박혀 있습니다. 이 뿌리를 눈여겨보시기 바랍니다. 뿌리가 나에게 어

떤 말을 해 옵니다. 어떤 말을 하고 있는지 귀를 기울여 보시기 바랍니다. … 나는 뿌리의 말에 뭔가 답하고 있습니다. 나는 뭐라고 대답하고 있습니까? … 이제 이 땅 위로 다시 나와 시선을 꽃 전체에 둡니다. 이 꽃이 나에게 어떤 말을 해 옵니다. 꽃은 뭐라고 말하고 있습니까? … 나는 이 말을 듣고 뭐라고 대답하고 있습니다. 나는 뭐라고 답하고 있습니까? 자연스럽고 편안하게 꽃과 나는 대화를 나누고 있습니다. 이 대화에 귀를 기울여 보시기 바랍니다. … 자, 이제 대화를 마무리하고 있습니다. … 셋을 세면 대화를 마무리하고 눈을 뜨면 됩니다. 하나, 둘, 셋.

눈을 뜨고, 꽃의 생김새, 향기를 적고 뿌리가 내게 하는 말과 내가 답한 말 그리고 꽃과 함께 나눈 대화를 차례대로 적고 느낌을 나누어 봅니다.

치료적 의미

꽃은 삶을 상징한다. 숱한 고난으로 상징되는 비바람이 몰아쳐도 여전히 건재할 수 있는 것은 뿌리의 힘 덕분이다. 내 삶을 지탱하는 힘에 대해 고찰할 수 있으며, 동시에 지금까지의 내 삶에 대한 모습을 통찰할 기회를 가질 수 있다. 이로써 문제와 갈등을 해결하기 위한 내면의 힘을 알아차릴 수 있다.

20) 빛나는 풀

빛나는 풀

보도블록을 헤집고 올라온 풀들이 무성하다
막히고 눌린 땅의 숨결을 타고
오롯이 솟아 있다 격식을 갖춰

차례대로 도열해 있는 블록들을
들어 올리고 있다
처음에는 작은 틈새부터
시작되었을 것이다 사투를 벌이듯
흙을 찾아 나섰을 것이다
온몸이 깡말라 갈 즈음 단비가 내려
뿌리까지 스며들었을 것이다
처음에는 막막하기만 했을 것이다

어쩌다 이곳까지 흘러 들어오게 되었느냐고
한탄했을 것이다 탓을 하면서
그러모아 가슴을 쳤을 것이다
모지락스럽게 어둠 속에 이마를 찧어대다가
문득, 바람을 만나게 된 것이다 문득,
흔들대면서 꼿꼿해지는 비밀을 알게 된 것이다
꺾여 낸다고 사라지지 않는 목숨들이
보도블록을 들어 올리고 있다
곳곳이 푸른 난장판이다
경쾌하게 자라는 것을
막을 도리가 없다

시 감상

밤 근무를 마치고 퇴근하는 아침. 싱그럽게 파닥이는 공기가 땅마저 부풀어 오르게 해서 자칫 발을 헛디딜 뻔하던 그런 아침. 언제까지나 줄곧 이어질 것 같은 보도블록 틈 사이로 솟아오른 풀들을 만났다. 그 좁은 곳에 어떻게 뿌리를 내리고 비집고 올라왔을까. 단단하게 짓누르는 그 딱딱함을 어떻게 견뎌 왔던 걸까. 자유롭게 이리저리 흔들리면서 곳곳에 뿌리를 내리고 있는 생명들은 태연하게 웃고 있었다. 저 경쾌한 힘 앞에서 시간은 매 순간 몸을 뒤틀고 날마다 새로웠으리라. 새롭지 않은 날은 단 하루도 없었으리라.

심상 시치료

(명상에 이르게 한 후 진행한다.) 나는 풀입니다. 땅속 깊은 곳에서 서서히 움트려고 합니다. 시간이 흐르고 간신히 땅 위로 얼굴을 내밀려고 했을 때, 내 머리 위로는 엄청난 어둠이 뒤덮인 것을 알게 되었습니다. 마음껏 공기를 들이마실 수도 없고, 마음껏 머리를 들이밀 수도 없습니다. 딱딱하고 굉장히 무거운 무엇이 나를 꼼짝 못하게 누르고 있다는 것을 알게 되었습니다. 이 사실을 알게 된 이후 나는 좌절했습니다. 자란다는 것은 아무런 소용이 없는 일이었습니다. 왜 하필 이런 곳에 씨가 뿌려지고 뿌리가 생기게 되었을까요? 나는 현재 내가 있는 곳이 원망스러워 견딜 수가 없었습니다. 언제까지나 이렇게 어둠 속에 갇혀 지내다가 하늘 한 번 보지 못하고 사라질 게 뻔합니다. 나는 눈을 닫고, 입과 마음마저 닫은 채 웅크리고 있습니다. … 신기하게도 내 몸을 훑고 지나는 바람의 입김을 느낍니다. 처음에는 그럴 리가 없다고 생각했습니다. 바람이라니요. 나는 바람을 불러온 적이 없었습니다. 바람 따위가 나를 거들떠볼 이유가 없습니다. 그런데 이상하게도 상쾌하고 훈훈한 바람이 나를 감싸 안는 것이었습니다. 나는 어둠 속에 있지만, 더 이상 어둠이 어둠으로 느껴지지 않았습니다. 숙인 고개를 추켜올렸습니다. 나도 모르게 눈을 빛내며 바람의 방향 쪽으로 손을 내밀었습니다. 한꺼번에 이 모든 것이 작용하지 않았습니다. 하지만 바람을 받아들이기로 작정한 순간, 구겨진 채 접혀져 있던 내 안에서 뭔가가 자라나기 시작했습니다. 내 안에서 나를 움직인 것이 무엇이었을까요? 나는 지금 이 뭔가를 한 단어로 떠올려 봅니다. 내 안에서 나를 자라게 하는 그 무엇. 그 무엇의 힘을 한 단어로 떠올려 봅니다. … 이제 나는 바람을 온몸으로 느끼고 있습니다. 햇빛과 하늘

과 자연이 담아내는 그 모든 풍경을 볼 수 있게 되었습니다. 여전히 나를 짓누르고 있는 것들이 있지만, 그렇더라도 나는 이렇게 훌쩍 자라났습니다. 튼튼하게 자라나 나를 억누르던 것들을 위에서 아래로 내려다보고 있습니다. 지금 이 순간, 이 느낌을 고스란히 느껴 봅니다. 나는 지금 계속 성장하고 있습니다.

눈을 뜨고, 보도블록 아래에서 짓눌려 있던 때의 느낌을 말해 봅니다. 내 안에서 나를 자라게 하는 그 무엇을 한 단어로 떠올려 보고 그 단어를 적어 봅니다. 그 단어에 대해서 어떤 느낌과 경험이 있는지 적고 느낌을 나누어 봅니다.

치료적 의미

성장을 위한 기대를 저버리게 하는 것은 사실상 주어진 여건, 환경에 대한 고통스러운 경험을 뜻한다. 자신의 힘으로 변화시킬 수 없는, 어쩔 수 없는 요인들은 성장의 발을 잡는다. 두고두고 원망을 담아서 모든 실패의 진원지로 삼기에 알맞다. 하지만 그렇게 해서는 문제는 늘 미해결된 채 상처로 남게 된다. 이제 마음의 구조를 바꿀 때다. 어쩔 수 없는 것은 그대로 두더라도 그것을 대하는 내 마음을 훌쩍 성장시킬 때다. 내게 참을 수 없었던 그 모든 것은 알고 보면 가벼운, 부유하는 것들이다. 그렇게 느껴질 때 내 영혼은 이미 자랐고, 나는 치유에 이른 것이다.

21) 비누의 말

비누의 말

온통 닳아빠진 몸을 엎드리고 있다

돌올하게 새겨진 꽃잎들이
문드러진 지 오래다
문지르고 비비는 동안
한 세월 다 갔다 한 번 닿을 때마다
한켠씩 낮아졌다
기쁨처럼 거품을 머금고
기꺼이 축이 났다 줄어들 대로
줄어들어서야 겨우
벗어날 수 있는 곽 안에서
마지막까지
색깔과 향기를 잃지 않겠다
매번 결연한 아침과
곤고한 저녁이 허리를 꿰차고
사지를 어루만지며
내 몸을 묻혀 가더라도
울지 않는다
사정을 잘 아는
물도 하수구에 뛰어들면서도
아무것도 묻지 않는다

시 감상

버려지고 쓸려 내려가는 것들이 많다. 대표적인 것이 비누다. 향긋한 향기를 풍기며 고상한 무늬까지 새겨진 그 존재는 닳고 소모되다가 흔적 하나 없도록 설계되었다. 누군가의 손에 의해 마지막 거품을 다하다가 마치 이 세상에 없었다는 듯이 사라진다. 그것뿐 비누는 억울해하지 않는다. 한 치라도 닳지 않겠다고 발버둥 치지도 않는다. 고스란히 그 모든 운명을 견뎌 낸다.

엄청난 차원의 득도다. 물은 어떤가. 더러움을 핥아 내고 그대로 하수구로 뛰어든다. 한 치의 망설임 없이 흘러내린다. 그렇게 흘러가는 물은 이미 엄청난 내공의 위력을 지니고 있다. 말없이 당연하게 내 손에 왔다가 가 버리는 것들의 수고로움에 대해 조금이라도 떠올릴 수 있다면 내 생에 대해 스스로 퍼부었던 불만이 송구하다.

심상 시치료

(명상에 이르게 한 후 진행한다.) 나는 지금 손과 발과 얼굴을 씻기 위해 비누를 만지고 있습니다. 날이면 날마다 비누를 만져 왔습니다. 비누는 거부 없이 나에게 충분한 거품을 남겨 주면서 서서히 작아졌습니다. 덕분에 손과 발과 얼굴이 깨끗해졌고 깔끔한 기분을 느낍니다. 나는 이제 비누를 가만히 들여다봅니다. … 처음에 샀을 때의 모양보다 많이 닳아 있습니다. 등 위에 새겨진 글자도 이제는 보이지 않습니다. 나는 매일매일 이렇게 비누를 써 왔습니다. … 비누 곽에 꽉 차던 비누는 이제 절반도 차지 않을 정도로 작아졌습니다. 나는 비누를 손바닥 안에 놓고 쳐다보고 있습니다. … 아마도 며칠이 지나면 비누는 흔적도 없이 사라질 것입니다. 나는 비누와 눈을 마주치며 어떤 말을 건넵니다. 어떤 말을 하고 있나요? … 내 말에 비누는 뭐라고 답하고 있습니다. 비누가 대답하는 말을 그대로 들어 보시기 바랍니다. 비누는 뭐라고 말하고 있습니까? … 비누와 나는 자연스럽고 편안하게 대화를 나누고 있습니다. 뭐라고 대화하고 있는지 귀를 기울여 들어 보시기 바랍니다. … 이제 대화를 마무리하고 있습니다. … 비누를 비누 곽에 내려놓고 나는 손을 씻습니다. 지금의 이 느낌을 그대로 느껴 보시기 바랍니다. … 문득 나는 비누와 연관된 어느 누군가를 떠올립니다. 문득 어떤 대상이 떠오릅니다.

눈을 뜨고, 비누와 나눴던 대화를 적고, 대화를 끝낸 지금의 느낌과 연이어서 떠올린 대상을 그대로 옮겨 적고 느낌을 나누어 봅니다.

치료적 의미

비누가 상징하는 것은 삶이다. 우리의 삶은 사실상 누군가에게 뭔가를 나누어 주고 사라지는 것이다. 나누지 않고 가지려고만 애쓰던 사람도 사라지는 것은 동일하다. 다만 무엇을 얼마만큼 나누었는가에 따라서 삶이 빛날 수 있고, 삶 이후의 삶조차 빛날 수 있다. 심상 시치료를 통해서 삶에 대한 깊은 통찰이 일어날 수 있다면, 어쩌면 삶의 궁극적 의미, 즉 영혼의 성장을 느낄 수 있을 것이다. 삶에서 추구해야 할 핵심이 바로 영혼의 성장이다.

22) 바람 아이

바람 아이

꿀꺽 들이마신 바람에도 가시가 있어
아무도 없을 때 목을 감싸 쥐지요
누군가 쳐다보면
감자를 먹이지요
손 안에 손
귀 안의 귀
눈 안의 눈들은 늘 아우성이에요
그날, 그날은
늘 먹먹하지요
아이들은 떼거리로 몰려와서
떼거리로 질편하게 갈기고 떼거리로 낄낄
흩어졌지만 그때 이후 나는 늘
거리를 헤매고 있지요

풍선처럼 온몸을 부풀리면
쭈글쭈글해진 엄마가 팽팽해질까요
밀랍 같은 친구들이 말랑말랑해질까요
그날, 그날
흙 묻은 속옷, 벗겨진 신발 사이에서
구부린 내 등을 살살 펴 준 것은 바람뿐이었죠
바람을 돌돌 말아 피고
바람의 칼날을 빌려와 손목을 긋고
바람의 신을 신고 어둠과 춤추며
드문드문 지워진 얼굴로 살았지요 자주
엄마는 혀를 차고, 나는 학교를 차버렸지만요
바람에도 가시가 있어
가끔씩 목이 싸늘해져요
바람과 헤어질 수 있겠느냐고 의사가 물었지만
소맷자락에 들어간 바람 때문에
키득거렸어요 아무도 없을 때
목을 감싸 쥐지요 아무도 보지 않을 때
부풀리지 않고 제대로 탱탱해지는
꿈을 꾸지요
아무도, 아무도 없을 때

시 감상

오래전부터 왕따였어요. 왕따라는 말이 이제는 익숙해요. 아무도 거들떠 보지 않는 왕따. 심심하면 깡통을 발로 툭툭 차듯 나를 건드리는 아이들. 사정해도, 모른 척해도, 화를 내도 소용이 없다는 것을 알고 난 뒤에는 '왕따'라는 말을 왕따시켰어요. 그러면서 내 삶도 함께 어디론가 보내 버렸어요.

내 안에는 차디찬 바람만 들어와서 나도 모르게 나를 혼내 줘요. 내가 살아 있음을 느끼는 유일한 때이지요. 정신병동 안, 낡은 담요를 뒤집어쓰고 나는 바람의 꿈을 꾸지요. 바람만이 나를 잘 알지요. 나는 차디찬 바람 아이. 바람마저 나를 버린다면, 그때는 어떻게 하지요? 내 꿈은 바람의 꿈. 슬프고 시린 바람만 내 마음을 알지요. 바람마저 없었다면 나는 어떻게 되었을까요?

심상 시치료

(명상에 이르게 한 후 진행한다.) 나는 지금 계단 위에 서 있습니다. 내 아래에는 내가 살아온 날만큼의 계단이 펼쳐져 있습니다. 나는 이 계단 아래를 내려가기로 결심하고 한 걸음씩 내려가려고 합니다. 계단을 내려가다가 내 삶에 몸살이 심하게 나던 때, 내 마음의 몸살이 나를 휘감던 때에 자연스럽게 내 발걸음이 멈출 것입니다. 자, 이제 계단을 내려갑니다. 천천히 한 걸음씩 계단을 내려가다가 몸살이 나를 휩싸이던 때의 계단에 멈출 것입니다. … 이제 멈춘 계단에서 문이 있는 것을 발견합니다. 그 문을 열고 들어갑니다. 어떤 소리가 들리고, 어떤 장면이 펼쳐집니다. 어떤 장면인지 가까이 다가가서 좀 더 자세히 봅니다. 그 장면 속에서 나를 찾아보시기 바랍니다. 나는 몇 살이며, 누구와 있으며, 어떤 몸살을 겪고 있나요? … 온몸과 마음에 열기가 가득한 나에게 다가가 천천히 그리고 가만히 안아 주시기 바랍니다. 과거의 나를 안락한 의자에 앉혀 주시기 바랍니다. 나는 과거의 내 곁에서 다정하고 따뜻한 시선으로 바라보고 있습니다. 그리고 어떤 말을 건네고 있습니다. 나는 뭐라고 말하고 있습니까? … 과거의 나는 내 말에 어떻게 답하고 있습니까? … 나는 몸살 때문에 힘들어하는 과거의 나에게 따뜻한 차를 건네고 있습니다. 긴장이 풀어지면서 아픈 마음이 가라앉을 수 있을 만큼 향긋한 차입니다. 이 차를 과거의 내가 마시고 있습니다. 나도 곁에서 함께 차를 마십니다. 내가 건네준 차를 마시면서 과거의 내가 어떤 말을 건넵니다. 어떤 말을 하고 있습니까? … 그 말에 나는 뭐라고 답하고 있습니다.

나는 뭐라고 말하고 있나요? 자연스럽고 편안하게 과거의 나와 지금의 나는 대화를 나눕니다. 과거의 나와 나누는 대화에 귀를 기울여 보시기 바랍니다. … 자, 이제 대화를 마무리하고 있습니다. … 안락의자에서 편안하게 쉬고 있는 과거의 나에게 작별 인사를 합니다. 과거의 내가 흔드는 손 인사를 받으며, 나는 과거의 나로부터 점점 멀어집니다. … 문을 열고, 계단을 딛고 올라옵니다. 이제 셋을 세면 눈을 뜸과 동시에 현재의 모습으로 돌아옵니다. 하나, 둘, 셋!

몸살을 앓던 때가 구체적으로 언제였는지, 어떤 소리가 들려오고, 어떤 상황 속에서 누가 있었는지 적어 봅니다. 과거의 나에게 건넨 말과 그에 답변하는 과거의 나, 따뜻한 차를 함께 마시면서 과거의 내가 말하고 있는 말과 그에 답변하는 말을 차례대로 적고 느낌을 나누어 봅니다.

치료적 의미

몸살은 누구나 한 번쯤 겪는 일이다. 마음의 몸살을 앓는 것은 성장과 변화의 징표다. 심한 몸살을 앓을수록 삶의 내용은 더욱 풍부해지고, 삶의 빛깔은 더욱 깊고 다양해지기 마련이다. 하지만 몸살을 앓고 있는 상황은 너무나 절박하고 아파서, 그 시절로 돌아간다는 것은 사실 피하고 싶은 일이기도 하다. 몸살의 강도가 셀수록 그러하다. 하지만 과거의 그 어느 때로 돌아가서 몸살을 직면할 때, 몸살을 앓고 있는 과거를 이해하고 껴안을 때, 현재의 여러 문제를 해결할 수 있는 힘을 얻게 된다. 그것은 나 자신을 위무하면서 에너지를 부여하는 일이다. 아직까지 고스란히 재현하고 있는 상처가 있다. 그것 때문에 점점 병리적인 증상이 돌출되기도 한다. 그 상처의 순간은 세월이 흐른 지금까지도 그대로 계속되어 여전히 피를 뚝뚝 흘린 채 지혈되지 않고 있다. 단순한 몸살로 치부하며 넘어가려던 것이 굳어져 사건이 된 경우다. 비록 아무렇지도 않다며 스스로 포장하고 있더라도, 한 꺼풀 들춰내면 상처는 어김없이 피를 뚝뚝 흘린 채 드러나게 된다. 거대한 심리적 상처를 일으킨 사건에 대한 극대화된 각인을 과감하게 포착하려고 한다. 상처의 바다로 뛰어드는 무모한 행동 대신, 상처를 롱샷(long shot, 피사체의 배경이 넓게 들어가도록 찍는 사진 기법)시켜 상처를 포획하는 것이다. 문제 상황의 문제를 포착하는 것이 아니라, 상황 속에서 진정한 위무를 가해 안정을 이루고자 하는 것이다. 그리하여 나를 감싸 안는 행위로 인해 과거의 나에게 소급된 평강이 현재의 나에게로 영향을 미쳐, 결국 자기 치유의 힘을 불러일으킨다.

23) 밤 근무

밤 근무

—정신병동에서—

욕 듣기 이골이 났다
욕으로 시작해서 욕으로 끝나는
하루일 때도 있다

어제 자정 무렵에는
리튬 몇 봉지를 털어 먹고
의식 혼돈이 와서 재입원한
환자를 씻겼다
이제 예순 살이 된 환자는
얄팍한 몸에 핏대를 세웠다
잠시도 가만히 있지 않았다
바람 앞에 파들거리는

촛불 같았다 자꾸 바닥에
드러누우려 했다
바닥에까지 묻은 똥을
만지려고 해서
내 손은 바빴다

따뜻한 물에 씻겨서인지
새록새록 잘 잤다
샤워실 바닥을 치우고
그녀의 속옷도
내친김에 윗옷도 빨아주며
헝클어진 머리칼로 나오는데
수면제를 달라며 기다리던 한 환자가
나를 보며 웃었다.
힘들어 보여 웃음이 난다고 했다
세상에,
욕 같은 웃음도 있다는 사실을
처음 알았다
스스로에게 물었다
힘든가?
욕 나올 만한가?
순간,
욕에게 욕보일 만한 웃음이
내 안에 있다는 것을
알 수 있었다

깨끗하게 잠든 환자의 숨소리가

더없이 고마웠다

시 감상

욕이 난무하는 곳이 정신병동이다. 도처에 욕이다. 조현병(정신분열증)을 앓는 환자들은 많은 경우 욕하는 환청을 듣고 욕으로 대꾸하곤 한다. 중얼거림도 욕이고, 신경이 곤두서 있을 때 누군가 건드리면 곧바로 욕이 툭 튀어 나온다. 의식이 혼탁한 가운데 옷에 변을 묻힌 채 널브러져 있는 여자 환자를 들춰 안고 나와 씻겼다. 자정 무렵이었다. 약한 체구이지만 온몸에 힘을 다 빼고 있는 환자를 씻기는 일이 만만치 않았다. 낑낑대며 해내고는 제자리에 눕혔을 때, 가지런히 빗겨 올려 애비타 핀을 꽂은 머리칼은 제멋대로 튀어나와서 땀으로 범벅된 이마 위에 볼품없게 흐느적대고 있었다. 그 모습을 보고, 수면제를 달라고 나왔던 한 여자 환자가 웃었다. 내가 힘든 모습이 보여서 웃음이 나왔다고 했다. 나는 순간 속으로 주체할 수 없는 욕이 나왔지만 그다음 순간 웃었다. 더러움을 씻은 채 잠든 환자의 고른 숨소리가 감사했다. 뜨거운 물에 환자의 속옷을 빨면서, 나는 내 안에 수많은 그림자가 펄럭이고 있다는 사실을 겨우 알게 된 것에 대해서도 감사했다. 그러자 내 마음의 빛깔이 욕을 떨치고 찬연히 일어섰다. 새벽의 푸르스름한 기운이 내 속을 환하게 지피고 있었다.

심상 시치료

(명상에 이르게 한 후 진행한다.) 내 마음은 지금 빛깔을 지니고 있습니다. 어떤 빛깔을 지니고 있는지 떠올려 보시기 바랍니다. 어떤 느낌이 느껴지나요? … 내가 지니고 있는 빛깔은 나와 가장 가까운 이에게 번져 갈 것입니다. 혹시 지금 지닌 마음의 빛깔 그대로 전해지면 좋을까요? 혹시 다른 빛깔을 원하시나요? 지금 지니고 있는 빛깔 그대로라면 그 빛깔을 그대로 간직

하고 있기 바랍니다. 혹시 다른 빛깔을 원한다면 원하는 빛깔을 선택하시기 바랍니다. 이제 잠시 후 셋을 세면, 내가 현재 지니고 있는 빛깔이 원하는 빛깔이라면 그 빛깔이 좀 더 선명해질 것이고, 혹시 다른 빛깔을 원한다면 원하는 빛깔로 바뀔 것입니다. … 하나, 둘, 셋! … 지금 간직한 마음의 빛깔을 그대로 느껴 보시기 바랍니다. … 지금 이 순간 나와 가장 가까운 어떤 사람이 떠오릅니다. 이제 내가 지닌 마음 빛깔은 그 사람에게로 번져 갑니다. 점점, 점점, 번져 갑니다. 내 마음 빛깔이 번져 갈 때, 오히려 내 마음 빛깔은 더 선명해지고 더 뚜렷해집니다. 함께 나눌 때, 빛깔은 더욱 진해집니다. 온전하게 번져 가는 것을 충분히 느껴 보시기 바랍니다. … 이 빛깔을 받은 사람은 내가 지닌 마음 빛깔이 전해지자 나에게 어떤 말을 하고 있습니다. 어떤 말을 하고 있나요? … 이 말에 나는 뭔가 대답을 하고 있습니다. 나는 어떤 말로 답하고 있나요? 자연스럽게 상대방과 나는 대화를 나누고 있습니다. 어떤 대화를 나누고 있는지 귀를 기울여 보시기 바랍니다. … 이제 대화를 마무리하고 있습니다. … 이렇게 번져 간 빛깔은 지금 내게 가까운 사람에게로 번져 가고 있으며, 또 그 사람의 가까운 사람에게로 번져 갈 것입니다. 마치 물의 흐름처럼, 빛깔도 흘러갈 것입니다. 나는 지금 어떤 느낌인가요 ? 번져 갈수록 내 안이 더욱 풍성하게 채워지는 신비한 느낌을 충분히 느껴 보시기 바랍니다.

눈을 뜨고, 애초의 내 마음 빛깔이 어땠는지, 셋을 세는 동안 빛깔을 바꿨는지, 누구에게 흘러갔는지, 그 상대방은 나에게 뭐라고 했고, 나는 어떤 말로 답했는지 그 대화와 함께 번져 갈 때 나는 무엇을 느꼈는지를 순서대로 옮겨 적고 느낌을 나누어 봅니다.

치료적 의미

마음의 빛깔은 스스로의 마음 상태와 감정을 나타낸다. 만약 현재 마음의 빛깔이 마음에 들지 않는다면, 그것을 재조정할 수 있는 기회를 가짐으로써 적극적인 치유의 자세를 갖출 수 있다. 또한 혼자만 살아가는 삶이 아니라 가까이 존재하는 대상에게 영향을 주고받으며 살아가고 있다는 사실을 통찰하게 한다. 내면의 변화에 대한 자극을 줌으로써 치유의 의지를 드높이고자 한다.

24) 서커스 맨

서커스 맨

당신은 불안한 전사였다 돛대에 달고 온 흰 수건은
붉게 물들고 허리춤에 꿰찬 긴 칼은 자주 흘러내렸다

당신이 떨리는 전사였으므로 관객들은 손에
흥건히 땀이 나곤 했다 뻗치고 앉던 다리조차
오므리곤 했다 그렇지만 당신은 전사여서
가슴을 드러낸 빛살무늬 옷을 걸치고
바람이 묻은 바지는 찰랑거렸다
한 손으로 도자기를 들어 올려 머리에 이고
다시 다리 아래로 재빠르게 돌리는 동안
당신의 손 안에서 도자기는 그네를 타며

까닭 모를 호강을 하다가
까다롭게 발버둥을 쳤다
아래로 내려서려는 그것을 단단히 잡고
머리 위에서 팽팽팽

돌리는 순간 보았다 끊임없이
중심을 겨누는 당신의 눈물 어린 중심
엉거주춤, 당신의 손놀림이 주저하고
초점을 잃은 눈빛이 잊힌 노래를 훑을 때
단호하게 팽팽팽
고개를 돌리는 단단한 당신
아슬아슬한 도자기만큼 위험한 당신
당신은 지독한 전사였으므로 무대를 떠나지 않았다
한때 떨어질 뻔한 순간에도
머리와 손은 절묘했다 중심을 향한
애탄 기도는 흔쾌했다, 다행히도
큰 박수를 칠 때가 되어서야
중심을 감는 당신 앞에
관객들은 서둘러 자리를 떴다

시 감상

보이지 않는 것들이 보이는 것들을 압도하고 있다. 이 명제는 늘 유효하다. 다시 말하면, 보이는 것들이 전부가 아니다. 광대는 늘 슬픔을 한가득 문 채 웃고 있다. 광대의 눈물은 처연하다. 늘 중심을 잡고 중심을 벗어나지 않으려 애쓰는 한, 우리는 모두 드럼 통 위에 올라탄 광대이고 서커스 맨이다. 서커스가 재미있는 이유는 아슬아슬하기 때문이다. 손에 땀이 날 정도로 위태로울수록 흥미진진하다. 위태위태하다가 떨어질 수 있다는 가정하에 보게 되면 숙련된 기술들이 빛나 보이지만, 삶은 서커스가 아니다. 삶은 기적이며, 매력적이며, 그 자체로 빛난다. 세상이 나에게 걸쳐 씌워 놓았던 크고 헐렁한 어릿광대 옷을 벗을 예정이다. 중심을 잡으려 애쓸수록 중심을 놓칠 확률이 많은 어불성설의 진실 앞에 삶을 놓아두고 볼 필요가 있다. 부디 아등바

등 애쓰지 말자. 물을 손바닥 가득 담으려면 주먹을 쥐지 말아야 한다. 손아귀의 힘을 놓을수록 물을 담뿍 담을 수 있다. 중심 속에서 매몰되지 않고자 할 때 삶의 중심이 세워진다.

심상 시치료

(명상에 이르게 한 후 진행한다.) 나는 아주 커다란 옷을 걸치고 있습니다. 너무나 커다란 옷이어서, 나는 걸을 때마다 바짓가랑이에 걸려 넘어질 것만 같습니다. 팔도 길어서 아예 손이 보이지 않습니다. 나는 엉거주춤 걷다가 쉬고 걷다가 쉬고 있습니다. 너무나 불편합니다. … 이제 이 옷을 훌러덩 벗어 버립니다. 바지도, 윗옷도, 모조리 훌렁훌렁 벗습니다. 나는 세상에서 가장 편안한 옷으로 갈아입습니다. 너무나 자연스럽고 편안합니다. 이 편안한 감촉을 그대로 느껴 보시기 바랍니다. … 위아래 한 벌의 옷을 다 입고 나는 이제 자연스럽고 편안하게 걸어갑니다. 몸이 날 것처럼 가볍습니다. 마치 춤을 추듯이 걸어 봅니다. 편안하고 자유로운 느낌입니다. … 나는 여분의 옷을 한 벌 가지고 있습니다. 나처럼 편안한 옷은 내가 떠올린 대상에게 꼭 알맞은 옷이며, 그 사람이 이 옷을 입을 때 신기하게도 그 사람에게 맞도록 옷은 알맞은 크기가 될 것입니다. 나는 이 옷을 누구에게 입혀 주고 싶습니까? 지금 내가 떠올린 상대방이 내 맞은편에 와 있습니다. 그 사람에게 옷을 입혀 주시기 바랍니다. 천천히 옷을 입혀 주시기 바랍니다. … 내가 건네준 옷을 입은 상대방은 내게 어떤 표정을 지으며, 어떤 말을 건네고 있습니다. 뭐라고 말하고 있습니까? … 그 말에 나는 뭐라고 답하고 있습니다. 나는 뭐라고 답하고 있나요? … 편안하고 자연스럽게 상대방과 나는 대화를 나누고 있습니다. 어떤 대화인지 귀를 기울여 들어 보시기 바랍니다. … 이제 대화를 마무리하고 있습니다. … 나와 상대방은 편안하고 자연스러운 옷을 입은 모습으로 서로를 포근하게 안아 줍니다. 이 느낌을 그대로 간직한 채 눈을 뜹니다.

눈을 뜨고, 불편한 옷에서 편안한 옷으로 갈아입었을 때 어떤 느낌이 들었는지, 여분의 옷을 입힐 대상으로 누구를 떠올렸는지, 그 대상이 나에게 어떤 표정과 말을 했으며, 그 말에 나는 어떻게 답했는지, 함께 나눈 대화와 안았을 때의 느낌이 어떠했는지를 순서대로 적고 느낌을 나누어 봅니다.

치료적 의미

부자연스럽고 어긋나 있는 세상살이를 크고 헐렁한 옷에 비유하고 있다. 이제껏 삶의 방식들이 크고 헐렁했다면, 이제는 재조정해서 자연스럽고 편안한 옷을 입은 모습으로 바뀌었다. 게다가 이런 편안한 옷을 함께 나누고 싶은 대상까지 떠올리게 함으로써 정서를 지지하고 서로 도울 수 있는 대상을 유추해 보도록 하였다. 이러한 과정은 삶을 바라보는 방식의 재구조화를 가능하게 한다. 즉, 소극적이고 배제된 객체로서의 삶에서 세상의 주체가 되고 삶의 주인공이 되는 변환으로 인해 내면을 치유할 수 있는 실마리를 잡게 된다.

25) 수 거

수 거

구부린 등을 오랫동안 펴지 않았다
풀어헤친 잿빛 머리칼은
퍼런 가슴 언저리에 멈칫거리고도
어깨 모서리를 덮어주지 못했다
사정없이 햇살이 쏘아대고
살갗이 벌겋게 질리는 동안

고개 한 번 들지 않았다
알몸 안에 무수한 알몸이
웅크리고 있음을 잊지 않을 뿐이다
송곳 같은 기억들은
낭자한 비명을 들은 뒤에
강해지는 습성이 있다
주워 든 박스를 반듯하게 펴서
안아 올린다 녹슨 유모차 안에
각진 종이가 아이처럼
잠들어 있다
절뚝거리며
유모차를 몰고 간다
여자에게는 유일한 지팡이다

시 감상

오래전 낳고 길렀던 아이의 아이, 그 아이마저 훌쩍 떠나간 빈 유모차 안에 종이가 가득 쌓인다. 몇 걸음 떼지 못하고 아픈 허리를 추스르는 하얀 머리칼의 여자의 삶은 늘 유모차와 함께였다. 아픈 허리를 대신해서 체중마저 슬쩍 실어서 밀고 있다. 촉촉한 물기를 머금은 태양이 여자의 구부정한 어깨 언저리를 감싸 안고 있다. 생이 여자를 오롯이 수거할 동안, 여자의 수거는 계속될 것이다.

심상 시치료

(명상에 이르게 한 후 진행한다.) 나는 지금 어둠 속에 있습니다. 아무것도 보이지 않는 완전한 어둠입니다. 아무것도 보이지 않고 들리지 않지만 나는 무섭지 않습니다. 두렵지도 않습니다. 고요한 가운데 편안합니다. 안락한 느

낌입니다. 마치 엄마의 자궁 안에 안전하게 머물러 있는 느낌입니다. 이 느낌을 그대로 느껴 보시기 바랍니다. … 문득 한줄기 빛이 불거져 있습니다. 어둠만이 전부라고 생각했는데, 이 어둠을 가르고 빛이 쏟아져 나옵니다. 내가 빛을 향해 가는 것이 아니라 빛이 곧바로 나를 향해 다가옵니다. 너무나 빠른 속도로 빛이 나를 발견하자마자 반갑게, 가까이 다가옵니다. 빛이 내 몸을 와락 감싸 안습니다. 나는 지금 빛 가운데 들어서 있습니다. … 문득 어둠 속에서 불안하지 않고 안락했던 이유로 빛을 끌어당겼던 것이라는 사실을 깨닫습니다. … 환하고 맑고 정갈한 기운이 온통 나를 감쌉니다. 나는 지금 빛 가운데에 있습니다. 이 빛의 느낌을 충분히 느껴 보시기 바랍니다. … 빛 한가운데서 어떤 목소리가 들려옵니다. 그 목소리에 귀를 기울여 보시기 바랍니다. 어떤 목소리가 들려오고 있습니까? … 그 목소리에 나는 뭐라고 대답하고 있습니다. 어떻게 답하고 있나요? … 자연스럽고 편안하게 빛과 나는 대화를 나누고 있습니다. 어떤 대화를 나누고 있는지 귀를 기울여 보시기 바랍니다. … 자, 이제 대화를 마무리하고 있습니다. … 빛은 내 머리에서 발끝까지 온전하게 나를 감싸고 있습니다. 셋을 세면 대화를 마무리하면서 이 느낌을 그대로 온몸으로 지닌 채 천천히 눈을 뜹니다. 하나, 둘, 셋.

눈을 뜨고, 빛 한가운데로 나갔을 때 들려오던 목소리는 어떠했는지, 그 목소리가 나에게 뭐라고 했는지, 그 말에 나는 뭐라고 답했는지, 함께 나눈 대화를 순서대로 적고 느낌을 나누어 봅니다.

치료적 의미

살아가면서 두려운 때는 알지 못하는 것을 직면했을 때다. 다만 마주치는 것이 아니라 직면하고 관통해야 하는 순간에 가질 수 있는 감정은 두려움이다. 그렇다면 가장 두려운 순간은 생이 수거되는 날, 바로 죽음의 순간일 것이다. 어느 누구에게도 피할 수 없는 그 순간에 대해 우리는 숱한 가정과 고

안을 해내지만, 결국 직면은 개개인의 몫이다. 할 수 있다면 피하고 싶지만 할 수 없는 노릇이다. 하지만 겁내지 말자. 본 심상 시치료로 두려움의 순간을 미리 경험해 볼 수 있다면 생을 바라보는 시각이 변할 것이다. "자각하여 죽음을 향해 나아가고 있는 자는 누구든 자유롭다."라고 카를 야스퍼스(Karl Jaspers, 1883~1969, 독일의 철학자)는 말했다. 우리는 지금 자유를 경험하고 있는 중이다. 온전한 자유는 용기를 부여한다.

26) 수 선

수 선

잠이 나를 결박했다 해야 할 일이 남은
휴일 정오, 늦게 라면을 끓이면서
얻어 온 매운 고추를 넣었다 건넛방에서
보라색 웃옷을 손질하던 어머니가
켁켁, 기침을 했다 내친김에 국물에 빠진 고추를
씹어 먹는데 눈물이 났다
아랫단이 터진 저 옷은 어둔 골목길을
누빈 적이 있다 급하면 산호초 사이로 숨어
꿈쩍도 않는 블루탱*처럼 웅크리고 있다가
밤을 골고루 묻혀 오기도 했다 싱싱했던
저 옷의 자락이 언제부터 나달거렸는지
알 수 없다, 몸부림치듯 생을 한 번 휘젓고
집으로 돌아오면 깔깔한 시간들은
바닥으로 가라앉곤 했다

촘촘히 옷을 깁는 손이
바지런하다 뜯겨 나간 실밥을 자르며
단을 박음질하는 동안 함부로 내달리던
끼 많던 옷이 어머니 무릎 위에 얌전히 누워 있다

후루룩 국물을 마시는데
달아오른 혀가 차분해졌다

* 블루탱(Blue Tang): 열대어 이름

시 감상

떠도는 것은 내 오랜 버릇이었다. 블루탱처럼 숨죽인 채 웅크리고 있다가 견딜 수 없을 때 덕지덕지 밤을 묻혀 오곤 했다. 그 오랜 떠돎을 상처 탓으로 돌렸다. 나를 쪼아 대던 시간들이 가시를 거둘 때조차 나는 경계를 늦추지 않았다. 옷은 나달나달해지고, 치맛단은 뜯겨져 나가 볼품없어졌다. 나조차 거들떠보지 않던, 함부로 팽개쳐 놓은 그 옷을 찬찬히 가다듬는 어머니. 온갖 무늬들로 얼룩져 있는 어머니. 함부로 날뛰다가 풀이 죽은 옷을 꼼꼼하게 되살려 놓는 어머니의 무릎 위에서 나는 비로소 차분해졌다.

심상 시치료

(명상에 이르게 한 후 진행한다.) 나는 지금 광장을 걷고 있습니다. 햇볕이 따갑게 내리쬐는 광장에 너무나 많은 사람들이 서로 어깨를 밀치면서 걷고 있습니다. 숨 막힐 것같이 너무나 많은 사람들이 있습니다. 이렇게 넓은 곳에서 얼마만큼 오랫동안 걸었는지 모릅니다. 나는 사람들에게 치이고 차인 적이 많았습니다. 혹은 나도 모르는 사이에 내가 그들을 치게 했는지도 모르겠습니다. 어깨를 툭툭 밀치면서, 등까지 떠밀면서 다니지 않으면 제대로 걸

을 수 없기 때문입니다. 나는 이렇게 복잡한 곳에서 살아왔습니다. … 자, 이제 광장을 벗어납니다. 사람들은 여전히 복잡하게 웅성거리고 있지만, 나는 이 소음으로부터 한 걸음 물러나 있습니다. 나는 지금 나만이 아는 아늑하고 따뜻한 공간을 찾아갑니다. … 이곳은 아무도 오지 않는 곳, 나밖에 모르는 곳입니다. 너무나 안락하고 편안한 공간입니다. 마음껏 잠을 자도 되고, 책을 읽어도 되는 곳입니다. 혹은 소리 내어 실컷 울어도 되는 곳입니다. 이곳은 어디인가요? 구체적으로 어떤 곳인지 살펴보시기 바랍니다. … 이곳에 나는 내 고단한 머리를 뉘입니다. 나는 지금 눈을 감고 편안하게 휴식을 취하고 있습니다. 머리부터 발끝까지 이완되면서, 편안한 느낌이 온몸을 부드럽게 휘감습니다. 나는 이제 마음 깊이 평강함이 흐르고 있습니다. … 이 공간 어디선가 목소리가 흘러나오고 있습니다. 나에게 주는 어떤 말입니다. 어떤 말이 흘러나오고 있나요? 귀를 기울여 들어 보시기 바랍니다. … 이 말에 나는 뭐라고 답하고 있습니다. 나는 뭐라고 대답하고 있나요? … 나는 공간 어디선가 들려오는 목소리와 자연스럽고 평온하게 대화를 나누고 있습니다. 어떤 대화를 나누고 있는지 귀를 기울여 보시기 바랍니다. … 이제 대화를 마무리하고 있습니다. … 셋을 세면 대화를 마무리하고, 편안한 기분을 그대로 느끼면서 서서히 눈을 뜹니다. 하나, 둘, 셋.

광장을 떠나 찾아 들어간 안락한 곳은 구체적으로 어디였습니까? 그곳에서 평안하게 휴식을 취할 때, 나는 어떤 목소리를 들었나요? 그 목소리에 답하는 내 말은 무엇이었습니까? 그 목소리와 나눈 대화들을 차례대로 적고 느낌을 나눠 봅니다.

치료적 의미

우주의 양성성과 음성성 중에서 유독 이 시가 주는 의미는 우주의 음성적인 에너지다. 포용과 이해와 수용이 이뤄지는 따뜻한 공간이며, 우주의 어머니 품 같은 곳이다. 심상 시치료에서 유도된 대로 광장으로 대변되는 우주의 양적인 기운에서 안락함으로 상징되는 우주의 음적인 기운에 진입하여 몸과 마음을 편안하게 휴식하는 과정을 통해 스트레스를 경감시킬 수 있다. 또한 우주적 에너지, 마음의 고향 같은 기운의 전언을 받아들여서 살아 나가는 힘을 얻을 수 있다.

27) 신발 1

신발 1

밑창이 반 너머 닳은 내 신발은
쉬지 않고 나를 이끌어 댔다
부르튼 발에 물집과 군살이 번갈아
잡히는 동안 숱하게 신발을 벗어 던지고
싶었지만 그러지 못했다
망설이는 사이와 사이
우뚝하거나 골 깊은 사이와 사이
숨을 고르는 사이와 사이
온갖 사이들만 골라 디디는 동안
신발이 발에 착 들어와 엉겨서
걸음을 이끌고 있는 것이 나인지
신발인지 분명하지 않았다 신발 안에서
버둥거려 보던 기억들은 딱지처럼
남았을 뿐이다 고르지 못한 길일수록
안간힘을 써대는 축이 신발이었는지
나였는지 알 수가 없다 유난히

미끄럽거나 질척한 길들이 많아서
자주 넘어졌으나 그때마다
내가 일어난 것인지 신발이 나를
바로 세워준 것인지 말할 수 없다
어느 명징한 어둠이 덮쳐 왔을 때
신발을 찬연히 벗을 수 있을 만큼의
차곡차곡한 순간이 있기만 바랄 뿐이다
묵묵한 신발을 찬찬히 쓸어 보는 일이
좀 잦아지고 있다

시 감상

오랫동안 신발을 벗을 수 없었다. 물집이 잡혀서도 그랬다. 때로 신발을 내팽개치고 다시는 신고 싶지 않은 순간도 있었다. 넘어질 때마다 신발을 원망해 왔다. 그런데도 신발은 어느 순간엔가 나를 일으켜 주었다. 그 언젠가 거역할 수 없는 순간이 오면, 나는 신발을 벗고 거룩한 순간으로 신발 없이 걸어 들어가야 하리라. 그 명징한 어둠 속에 이르면, 불평만 해 오던 신발이 더할 나위 없이 고마우리라.

심상 시치료

(명상에 이르게 한 후 진행한다.) 지금은 저녁입니다. 나는 하루 종일 너무나 오랫동안 길을 걸어서 발이 부어 있습니다. 이제 걸음을 멈추고 안락의자에 앉아 있습니다. 너무나 고단하고 지친 하루입니다. 겨우 신발을 벗었습니다. 발은 붓고 쓰라린 통증마저 느껴집니다. 이때 내 발을 약초가 담긴 따뜻한 물로 씻겨 주는 누군가가 있습니다. 정성스럽게 내 발을 씻겨 주고 닦아 주는 누군가가 있습니다. 부은 발이 천천히 풀리면서 부드러워지고 있습니다. 내 발을 씻겨 주는 이가 누구인지 보시기 바랍니다. 내 발을 씻겨 준 이가 나

에게 어떤 말을 건네고 있습니다. 뭐라고 말하고 있는지 들어 보시기 바랍니다. … 그 말에 나는 뭐라고 답하고 있습니다. 나는 뭐라고 답하고 있습니까? … 자연스럽고 편안하게 내 발을 씻겨 주는 이와 나는 대화를 나누고 있습니다. 어떤 말들이 오가고 있는지 귀를 기울여 보시기 바랍니다. … 이제 대화를 마무리하고 있습니다. … 고단함이 풀린 발로 편안하게 안락의자에 앉아서 나는 저녁 노을빛을 바라보고 있습니다. 너무나 아름다운 황홀한 풍경이 하늘에서 펼쳐지고 있습니다. 편안하고 안락한 기분을 가슴으로 그대로 느껴 보시기 바랍니다. 셋을 세면 편안하고 안락한 이 느낌을 그대로 간직한 채 눈을 뜹니다. 하나, 둘, 셋.

눈을 뜨고, 내 발을 씻겨 준 이가 누구인지, 나에게 어떤 말을 했는지, 그 말에 대한 답을 나는 뭐라고 했는지, 함께 나눈 대화를 순서대로 적고 느낌을 나누어 봅니다.

치료적 의미

고단한 일상을 위로하고 포용하는 행위는 치유적인 성격을 띤다. 시에서 비롯된 어루만짐은 심상 시치료를 통해 보다 구체적인 대상을 떠올리게 하고, 충분한 위로와 격려를 받음으로써 정서적인 지지와 안정을 얻게 된다.

28) 신발 2

신발 2

낡은 신발을 버렸다
헐거워 뒤축이 자주 덜거덕이던 신발이었다
용케 일 년을 신었다

신발에 맞춰 발이 커진 것도 같았다

오랜 신발은
태연하게 바람을 안고
땅 아래 묻힐 것이다
해가 솟아나는
바닷가를 걸었던 적이 있다
비가 범벅된 길을
철벅이며 걸었던 적도 있다
늘, 헐렁했던 탓에
제대로 뛸 수도 없었다
내리막길에서는 발가락이
앞으로 쏠리기 마련이어서
조심조심 걸었다 안쓰러워서
버릴 수도 없었다

이제 앞 축이 터억
입을 벌려 다물 수 없는
고단한 내 신발을
아무 말 없이 치웠다
잡다한 쓰레기 틈에서
아무 짐도 지지 않은
홀가분한 신발이
신발이었던 것을 애써
돌이키지 않으려는 눈치였다

시 감상

고단한 일상은 빛을 잃는다. 반복될수록 시간은 더디게 흘러간다. 모든 일상의 수고로움은 감사를 잘 받지 못한다. 자칫하면 기계음처럼 삐걱댈 뿐인 일상. 간혹 그 평범한 일상을 놓치게 되는 순간이 있다. 그럴 때 일상은 더없이 소중하다. 지독하게 평범한 일과가 그동안 나를 지켜온 사실을 알 수 있다. 나를 옥죄던 신발이 마침내 나를 담을 수 없는 어느 시기가 되면 신발도 나도 완벽하게 평화로우리라. 지금은 시끌벅적이 예사로운 때. 다람쥐 쳇바퀴가 오히려 고마운 때. 둔탁한 일상의 무심함이 다행인 때.

심상 시치료

(명상에 이르게 한 후 진행한다.) 어느 거리가 있습니다. 거리에서 보이는 것은 모조리 흑백입니다. 보이는 모든 것에는 색깔이 없습니다. 흑백사진 속처럼 모든 사물이 희거나 어두울 뿐입니다. 사람들도, 건물들도, 차들도, 온갖 사물도 죄다 흑백입니다. 이런 거리가 끝없이 펼쳐져 있습니다. … 나는 이런 거리를 천천히 걷고 있습니다. 지금 내 마음 깊은 곳에는 은은한 종소리가 나고 있습니다. 깊고 잔잔한 울림이 내 안을 가득 채우고 있습니다. 내 안에 울리는 은은한 종소리를 느껴 보시기 바랍니다. … 한 걸음씩 걸을 때마다 내 안을 가득 울리는 종소리가 내 안에서 번져 나가 주위를 울리고 있습니다. 내 안에서 밖으로 흘러나오고 있습니다. 종소리가 울릴 때마다 흑백의 거리는 이제 원래의 색깔을 되찾게 됩니다. 지금 나는 천천히 걸어가고 있습니다. 한 걸음씩 걸을 때마다 종소리가 울리고, 거리의 모든 것은 점점 고유의 색깔로 밝아지고 있습니다. 환해지고 있습니다. … 처음에는 작게 울리는 종소리가 점점 뚜렷해져 갑니다. 처음에는 조금씩 울려 퍼지던 종소리가 이제 가득가득 울려 퍼집니다. 종소리를 충분히 느껴 보시기 바랍니다. … 종소리와 함께 색깔을 되찾은 거리들을 바라보시기 바랍니다. 나는 계속 걷고 있습니다. 걸을 때마다 변하는 거리를 충분히 느껴 보시기 바랍니다.

눈을 뜨고, 내 마음속 종소리가 어떠했는지, 흑백의 거리가 고유의 색깔을 찾는 것에 대해 어떤 느낌이 들었는지, 현재의 느낌은 어떠한지 적고 느낌을 나눠 봅니다.

치료적 의미

일상의 매너리즘에 빠진 탓에 경험하게 되는 권태감, 삶의 의미 상실로 인해 내가 바라보는 색깔은 단편적이고 흑백일 수 있다. 살아 있는 기쁨, 삶의 축복을 경험할 수 있다는 것은 진취적이고 적극적인 삶의 태도를 가질 수 있게 한다. 삶의 의미를 이루는 것은 외부에 있는 것이 아니라 자신의 내부에 존재하며, 자신에게서 시작한 삶의 원동력이 세상을 움직이는 구체적인 힘이 된다는 사실을 체험하게 한다.

29) 아, 무

아, 무

아무래도 좋다, 아무래도, 아무,
래도, 좋, 다, 바람이
아.무.래.도.좋.다
라며 머문다 불지 않고 머무는
바람자리에 둥그렇게 파꽃이 핀다
온종일 머금다 흘려보내는 곳에서
먼지를 한 아름 안고 바람이
털털 일어선다
아무래도 좋다, 아무래도,

아, 무,

바람이 분다

시 감상

어떤 조건, 어떤 상황, 어떤 획득 아래서만 마음이 놓였다. 마음으로 계획한 상황이 되지 못하면 안절부절못하였다. 뒤처지고, 눈치가 보이고, 스스로를 못살게 굴었다. 그러다가 심한 자괴감에 빠져서 엎드려 있을 뿐이었다. 그런 삶을 살아왔다. 여러 얼굴을 가졌으나 한 번도 제 형체를 내밀지 않는, 그저 스치고 지나갈 뿐인 바람이 내게 가르쳐 주었다. 아무래도 좋은 것이다. 그 어떠한 상황조차 가장 좋은 것이다. 지나고 보면 내게 닥쳐 온 모든 것은 내게 가장 좋은 것들뿐이다. 바람이 불어도 좋고 불지 않아도 좋다. 진정함이 오롯이 머무는 곳에서는 꽃이 피어난다. 모든 꽃은 옳고 그름 없이 죄다 빛난다. 이 사실을 받아들이면서 생의 눈빛이 차분해지고 깊어져 갔다.

심상 시치료

(명상에 이르게 한 후 진행한다.) 꽃이 있습니다. 특별한 꽃. 나만의 꽃입니다. 이 꽃은 어떤 모습을 하고 있습니까? 꽃잎 모양과 색깔과 크기가 어떤가요? 어떤 향기와 어떤 줄기를 가지고 있습니까? … 어디에 피어 있습니까? 꽃의 주위를 살펴보시기 바랍니다. … 나는 꽃에게 가만히 다가갑니다. 나는 미처 꽃을 보지 못했지만, 꽃은 언제나 그곳에 있었습니다. 내가 미처 살펴보지 못했던 꽃에게 미안하다는 말을 건네기 시작합니다. … 꽃은 내 말에 답하기 시작합니다. 꽃이 뭐라고 말하고 있습니까? … 자연스럽게 꽃과 나는 대화를 나누고 있습니다. 뭐라고 말하고 있는지 귀 기울여 들어 보시기 바랍니다. … 이제 대화를 마무리하고 있습니다. … 셋을 세면 대화를 마무리하고 눈을 뜹니다. 하나, 둘, 셋.

눈을 뜨고 어떤 모양, 색깔, 향기, 크기의 꽃이었는지, 어느 곳에 피어 있었는지 그려 보고 적어 봅니다(그림 그리기를 꺼릴 경우 구체적으로 글로만 적게 할 수 있다). 꽃에게 미안하다는 말을 했을 때 꽃이 뭐라고 답했는지, 또 자연스럽게 이어진 다음의 말들은 어떤 말들이었는지 적고 느낌을 나눠 봅니다.

치료적 의미

꽃의 의미를 찾아내고 발견하는 것은 삶의 의미를 일궈 내는 것과 같다. 혹시 떠오른 꽃의 모양과 색깔과 전반적인 분위기가 초라하다면, 내가 겪고 있는 삶의 모양이 쇠잔해져 있다는 것을 단편적으로 시사하고 있다. 일반적으로 꽃을 떠올리면서, 꽃에게 미안한 감정과 함께 꽃을 잘 가꿔야겠다는 마음을 지닐 수 있다. '꽃'으로 상징되는 삶의 의미 발견은 내면을 풍요롭게 하는 열쇠를 찾는 것이라고 할 수 있다.

30) 안 개

안 개

거리가 희미하다
오가는 이들은 하나같이 물빛이다
이런 날에는 속눈물을 흘리기 좋다
속울음은 말간 씨앗이 되어 자랄 것이다
휘어진 골목 어귀에서
수의를 입은 삼나무를 보았다
꼿꼿하게 선 채 임종 연습을 하고 있었다
위엄을 잃은 적이 한 번도
없던 나무가 흐릿했다

눈앞에 보이는 것들이
낮아지거나 작아지고 있었다
오래된 그 거리는
온통 낯설고 낯설어
가장 익숙한 얼굴 하나를 벗어
설렁설렁 흔들어 씻고 싶었다
양수로 뒤덮인 아침의
미끈한 등을 어루만지며 바람이
느릿느릿 걸어가고 있었다

시 감상

명료하게 보이는 모든 사물을 휘젓는 날이 있다. 모든 사물은 자신의 안으로 걸어 들어가고, 사위는 명상에 잠겨드는 것이다. 비가 그러하고, 눈이 그러하고, 안개가 그러하다. 있으면서 없어지는 절명한 순간. 마치 사라지는 것에 관한 연습을 하듯 주위에 흰 천이 덮인다. 들까불었던 일상을 고이 접어 지나온 시간을 가만히 다독여 본다. 본연의 모습에서 몇 겹을 뒤덮어 썼던 익숙한 페르소나(persona, 사회적 가면)를 벗어 안개 속에서 헹구어 본다. 이끼 낀 생을 말갛게 씻는 그런 날이다.

심상 시치료

(명상에 이르게 한 후 진행한다.) 내 육체는 지금 이곳에 있지만, 내 영혼은 이제 내 육체와 분리될 것입니다. 이제 셋을 세면 내 영혼과 육체의 분리가 일어날 것입니다. 하나, 둘, 셋! … 내 영혼이 내 몸을 훌쩍 뛰어넘었습니다. 나는 지금 앉아 있는 내 몸을 내려다보고 있습니다. 내 몸을 잠시 내려 두고 나는 자유롭고 편안한 나를 느낍니다. 나는 땅에 있는 것이 아니라 공중에 떠 있습니다. 좁은 터널 같은 곳에서 빛이 들어오는 것이 보입니다. 지금 나

는 내게 쏟아지는 빛을 향해 가고 있습니다. 아주 빠른 속도로 마치 빛이 나를 빨아 당기는 것만 같습니다. 점점 주위를 환하게 비치는 빛으로 나는 빨려들고 있습니다. … 나는 이제 빛 안으로 들어섰습니다. 아주 많이 평온합니다. 고요하고 평화로운 느낌이 나를 사로잡습니다. 신의 품 안으로 들어섰습니다. 신의 사랑이 늘 존재해 오고 있었다는 것을 느낍니다. … 멀리서 온몸이 빛으로 환하게 빛나는 사람들이 걸어오고 있습니다. 이제 그들은 아주 가까이 다가왔습니다. 그들 중에서 한 사람이 내게 말을 건넵니다. 그는 내가 잘 아는 사람입니다. 그는 누굽니까? … 그 사람은 내게 어떤 말을 건네고 있습니다. 귀 기울여 들어 보시기 바랍니다. 그 사람이 하는 말을 내가 듣고, 이제는 내가 말을 건넵니다. 나는 뭐라고 말을 건네고 있습니까? … 자연스럽게 그 사람과 나는 대화를 이어 가고 있습니다. 나와 그 사람이 하는 대화에 귀를 기울여 보시기 바랍니다. … 이제 대화를 마무리하고 있습니다. … 다시 돌아가야 할 시간이 되었습니다. 나는 나와 대화를 나눴던 사람과 작별 인사를 합니다. … 지극한 평화의 빛 속에서 나는 걸어 나옵니다. 어둡고 좁은 터널을 아주 빠른 속도로 통과합니다. 내가 왔던 길입니다. 터널의 끝에 내 몸이 있습니다. 이제 다시 내 몸 안으로 들어가려고 합니다. 셋을 세면 내 몸 안으로 들어가서 눈을 뜹니다. 하나, 둘, 셋.

어떤 느낌이 들었는지, 육체를 벗어날 때, 터널을 통과하고 빛 안으로 들어설 때, 빛 속에서 만난 사람과 대화를 나눌 때, 다시 터널을 통과하고 육체로 들어왔을 때의 각각의 느낌을 글로 적어 봅니다. 빛의 사람과 대화를 나눈 내용을 그대로 옮겨 적고 느낌을 나누어 봅니다.

치료적 의미

죽음 이후에 대한 확정된 지식이 없어서, 인간은 누구나 죽음을 두려워한다. 하지만 최근 발표된 여러 서적과 연관된 자료들과 체험자들의 말을 들어보면 사후 세계는 분명히 존재하며, 죽음을 경험해 보는 것은 생명의 존엄성과 삶의 고귀함을 돌이켜 생각해 보게 하는 계기가 된다. 빛의 세계와 빛의 사람을 만나 대화를 시도해 보는 것을 통해 막연한 두려움의 결정체인 죽음의 두려움을 극복하게 하고, 동시에 지금 여기서의 삶에 충실을 기하고자 하는 의미를 지닌다.

31) 역광 속의 나부

역광 속의 나부*

아직 물기가 스며들지 않았어요
손가락이 부르트고 발가락은 물러졌지만
타일에 울긋불긋한 햇살이 몇 번이나 고여도
무릎 근처에 찰랑이던 물은 속을 파고들지 않아요
욕조 안에서 나는 변신을 하지요
목덜미에 돋아난 아가미는
쉬지 않고 발름발름거리고
양팔에 달린 지느러미는
물살을 갈라 베어 내지요
이골이 난 시간들이 차렷을 하고
가난한 배꼽을 두두두두 두드리면
몇 겹의 나이테처럼 생기던 파문이
일순, 밋밋해지는 때
내 정수리는 촉촉하게 젖어
흠뻑 물기를 머금는 것이지요
시곗바늘이 숨을 흡 들이마시는 순간,

욕조의 물은 걷잡을 수 없이 흘러
세상 모든 물들과 만나지요
지금은 아직, 물기가 스며들지 않는 시간
주머니 없는 옷을 입고
팔짱을 끼며 태양이
고개를 갸웃거려요 짓무른 집게손가락으로
바람의 허리를 꾹 눌러 봐요
마르고 바삭거리는 물기가
피부 주위에서 맴돌고 있어요
보세요, 보나르, 시끄러운 눈동자로.

* 역광 속의 나부: 피에르 보나르의 1908년 작품

시 감상

색채의 마술사 피에르 보나르(Pierre Bonnard, 1867~1947)가 그의 영원한 뮤즈 마르트 부르쟁(Marthe Boursin, 1869~1942)을 처음 만난 것은 1893년, 보나르의 나이 26세, 마르트의 나이 24세 때였다. 우연히 기차역에서 마주쳐 화가와 모델로 이어졌다고 한다. 마르트는 대인 기피증이 있었고, 집 안에서도 늘 욕조 안에 몸을 담그고 있었으며, 보나르에 대한 편집증적 집착에 시달렸다고 한다. 그런 마르트는 자폐증이나 뇌 기능 장애를 앓은 것이 아니었을까 짐작하지만, 보나르는 그녀가 생을 마감할 때까지 수없이 그녀를 화폭에 담았다.

……

늘 내 몸은 마르고 말라서 물을 들이켜 마셔도 쩍쩍 갈라지지요. 욕조 안에 서라면 마음을 놓아요. 그 안에서 나는 갈라지고 메마른 삶을 펼쳐 놓지요. 내 고향은 욕조 안. 내 얼굴은 물속에서 비로소 주름이 펴지지요. 그렇다고 내게 비늘이 생기지는 않아요. 비늘 대신 호흡이 가뿐해지지요. 들이쉴 때 태양의 한 조각을 마시지요. 내쉴 때 기억의 언저리에서 나를 쪼아 대던 유리 조각을 뱉어 내요. 욕조 안에서 내 호흡은 부드러운 바람을 타지요. 오래전 나를 내쫓았던, 나와 연결되어 있던 배꼽도 물 안에서 다시 만나요. 모든 게 분명해지고 평안해지지요. 욕조 안은 내 공터, 내 쉼터. 텅 빈 바람이 긴 숨을 놓지요.

심상 시치료

(명상에 이르게 한 후 진행한다.) 호흡에 집중합니다. 나는 들이쉬고 내쉬고 있습니다. 눈을 감은 채 길고 편안하게 호흡을 할 때 배가 부풀어 오르고 꺼지는 것을 느껴 보시기 바랍니다. 길고 편안하게 내쉴수록 들이마실 수가 있습니다. 천천히, 아주 천천히 편안하게 들이마시고 내쉽니다. … 호흡을 그대로 유지하면서 내 안을 들여다봅니다. 내 안에 텅 빈 공간을 떠올려 보시기 바랍니다. 아무것도 없는, 어느 것도 담지 않은 텅 빈 공간입니다. … 아무런 잡념과 고민도, 방황과 갈등과 욕심마저 없는 텅 빈 공터 같은 마음을 들여다보시기 바랍니다. 이 공간은 고요합니다. 정갈한 고요만이 흐르는 곳입니다. 텅 빈 내 마음을 들여다봅니다. 아무것도 없는 텅 빈 공간입니다. 이 공간의 기운을 충분히 느껴 봅니다. … 나는 이제 고요 속에 있습니다. 고요만이 흐르는 공간 속에 있습니다. 그 어떤 고민과 갈등도 침범하지 못하는 고요 속 공간에 있습니다. 이 공간을 충분히 온몸으로 느껴 보시기 바랍니다. … 이 공간의 기운을 그대로 느껴 봅니다. … 이제 비워진 이 공간에 무언가 들어와서 깨끗하게 비워진 이 공간을 가득 채울 것입니다. 그것이 무엇인지는 내가 결정하고, 내가 결정한 대로 그대로 진행될 것입니다. 다만 나는 이 공간을 돈이나 보석이나 건물 같은 물질로 채우지는 않습니다. 정갈한 이 공간에 나는 무엇을 채우고 싶어 합니까? 내가 채우기 원하는 것을 떠올려 보시기 바랍니다. … 자, 이제 공터에 내가 원하는 것이 가득 차고 있습니다. 바로 내가 선택한 그대로 되고 있습니다. 그것이 공간을 가득 채우는 것을 봅

니다. 이제 이 공간에 뭔가가 가득 찼습니다. 그것이 무엇일까요? … 공간에 가득 찬 것을 본 느낌은 어떻습니까?

이제 눈을 뜨고 텅 빈 공간의 느낌을 말해 봅니다. 공간을 떠올렸을 때의 느낌은 어떠했나요? 공간을 가득 채운 것은 무엇이었습니까? 공간이 내 선택대로 가득 채워졌을 때의 느낌은 어떠했나요? 이 느낌을 나눠 봅니다.

치료적 의미

마음 깊은 곳에 있는 공터 같은 텅 빈 공간을 떠올리는 것은 현재의 갈등이 일어나는 문제를 분리하는 효과를 가져온다. 문제를 객관화하면 문제 해결을 위한 실마리가 풀린다. 문제와 갈등 대신 내 마음을 가득 채울 수 있는 것이 무엇인지 발견하고 그 길을 가기 위해서 구체적으로 해야 할 일들에 대해 이야기를 나눈다면, 갈등을 해소해 나갈 구체적이고 합리적인 방법을 스스로 통찰할 수 있는 힘이 생기게 된다.

32) 월광욕

월광욕

– 이문재

달빛에 마음을 내다 널고
쪼그려 앉아
마음에다 하나씩
이름을 짓는다

도둑이야!

낯선 제 이름 들은 그놈들
서로 화들짝 놀라
도망간다

마음 달아난 몸
환한 달빛에 씻는다
이제 가난하게 살 수 있겠다

시인 소개

이문재(1959~)는 경기도 김포 출생으로, 경희대 대학원 국어국문학과를 졸업했다. 1982년 『시운동』 제4집에 시 〈우리 살던 옛집 지붕〉 등을 발표하여 등단했다. 김달진문학상(1995), 시와시학 젊은 시인상(1999), 소월시문학상(2002), 지훈문학상(2005), 노작문학상(2007)을 수상했다. 시집으로는 『내 젖은 구두를 벗어 해에게 보여줄 때』(1988), 『산책시편』(1993), 『마음의 오지』(1998), 『제국호텔』(2004)이 있으며, 산문집으로 『내가 만난 시와 시인』(2003), 『바쁜 것이 게으른 것이다』(2009)가 있다. 현재 경희대학교 후마니타스칼리지 교수로 재직 중이다.

시 감상

본래면목(本來面目)은 사람마다 지니고 있는 본래의 심성을 말한다. 불교에서는 중생이 본래 지니고 있는 순수한 심성을 일컫기도 한다. 본래면목은 육체의 생사가 있는 임시면목(臨時面目)과 달리 생멸이 없다. 고락과 선악이 일어나기 전의 진심을 말하며, 본래면목의 모습을 찾는 것이 일생일대의 공부일 것이다. 원래의 마음에 없는 여러 마음, 즉 탐욕, 고민, 시기심, 갈등, 고통, 실망, 수치심과 낙담, 좌절, 실의 등은 본래면목에 두껍게 쳐진 천들이다. 이 천들 때문에 본래의 마음이 보이지 않거나 존재하지 않는다고 여겨지기 마련이다. 두꺼운 천들은 다름 아닌 내가 친 것들이다. 갈등과 회한의 상황에서 덮어 두었던 무수한 순간이 본래의 마음을 가리게 한다. 은은하게 비치는 달빛 아래 우주의 어머니 품 안에서 나는 옷을 벗는다. 욕망과 분노와 질투의 옷을 벗는다. 욕망을 욕망으로 알아차릴 때, 욕망은 후다닥 도망간다. 달빛 속에서 낱낱이 들춰낼 때 치장할 무엇이 없어진다. 그럴듯한 가면들이 하나둘 벗겨진다. 점점 가난해져 갈 때 비로소 보이기 시작한다. 마음의 빛, 빛나는 생명, 내면에 늘 존재하고 있는 환한 생명의 빛.

심상 시치료

(명상에 이르게 한 후 진행한다.) 나는 지금 환하고 둥근 달빛 아래에 앉아 있습니다. 내 머리 위로 은은하고 부드러운 달이 환하게 떠 있습니다. 달빛이 내 머리 위에 부드럽게 내려앉고 있습니다. 어깨 위와 목, 가슴, 양팔 손가락 끝, 배, 다리, 발가락 끝까지 달빛이 비춰들고 있습니다. 부드럽고 은은한 달빛을 충분히 느껴 보시기 바랍니다. … 내 마음을 가득 채운 까닭에 내 어깨와 가슴을 짓누르는 것들이 하나둘 불거져 나옵니다. 내 마음을 누르며 끊임없이 내 호흡을 죄여 오던 것들이 하나둘 튀어나옵니다. 자연스럽게 있는 그대로 튀어나오고 있습니다. 그것들을 뭐라고 이름 붙일 수 있을까요? 내 마음속에서 원래의 정갈하고 고요한 마음을 가리던 것들입니다. 내 마음을 짓누르고 있다가 지금 튀어나오는 것들에 이름을 붙여 보시기 바랍니다. … 이제 튀어나온 그것들이 까만 밤하늘 속으로 날아가는 것을 느껴 봅니다. 아주 멀리, 밤 속으로 증발되는 것을 봅니다. … 원래의 내 마음을 훔쳐 갔던 그것들이 사라지고, 이제 내 마음에는 달빛처럼 환한 빛이 나를 감싸고 있습니다. 내 안에 가득한 환한 빛을 느껴 봅니다. 환하게 나를 채우는 빛은 내 마음 깊은 곳에 늘, 변함없이 원래대로의 모습으로 빛나고 있습니다. 이 빛을 충분히 느껴 보시기 바랍니다. … 마음의 빛, 생명의 빛, 내면의 빛은 언제까지나 이렇게 빛나고 있습니다. 여러 숱한 일로 인해 내가 스스로 두꺼운 천으로 이

빛을 덮어씌워 가릴 때조차 환하고 그윽한 빛은 나를 지켜 주고 있었습니다. 그리고 앞으로도 늘 그대로의 빛나는 모습으로 이렇게 환하게 나를 지켜 갈 것입니다. … 내 안에 존재하는 이 빛이 온몸 속속들이, 세포 속속들이 스며들어 환하게 되는 것을 충분히 느껴 보시기 바랍니다. 지금 이 느낌을 온전하게 받아들이고 간직합니다.

눈을 뜨고, 내 안에 자리 잡고 있다가 달아난 것들의 이름을 말하고, 그것들이 사라졌을 때의 느낌과 내 안을 채우는 빛에 대한 느낌을 그대로 옮겨 적어 봅니다.

치료적 의미

달빛으로 목욕을 하는 것은 가식의 옷이나 사회적인 가면조차 벗어 던지고 원래의 내 마음속으로 들어가는 것을 의미한다. '본래면목'이라고 말할 수 있는 원래의 내 마음은 바로 심상 시치료의 핵심인 마음의 빛, 내면의 빛, 생명의 빛을 일컫는다. 우주의 그리움, 우주의 고향이라고 할 수 있는 달빛 아래에서 마음의 빛을 가리던 것들을 벗음과 동시에 마음의 빛을 가리던 것들이 증발하면서 환한 빛으로 내면이 채워지는 것을 경험하게 된다. 그 빛을 알아차리게 되는 순간, 마음의 빛을 가리던 것들은 힘을 잃게 된다. 동시에 내면의 옥죄임에서 풀려나와 자유롭게 된다. 이러한 수순은 지극히 순리적이며, 바로 심상 시치료의 핵심 과정인 것이다.

33) 은행나무는 붉다

은행나무는 붉다

말라붙은 숨소리가 노랗다 못해 붉다

소요들은 늘 붉다 어디에도 정적을
찾아볼 수 없다 정적이 소요를 이루면
그마저도 붉다, 라고 말할 것이다
달라붙은 껍질들이 비늘처럼 일어난다
떼 지어 떨어진다 그것마저 붉다
마침내 비가 붉게 오고,
걸음마저 붉고, 바람이 붉게 불었다
이 년 동안 깎지 않은 머리칼도 함부로 붉었다
세차게 머리를 흔들어도 달라붙는
기억들도, 종내 죽으면 사라지겠느냐고
묻던 시간들도 붉다
눈동자에 설핏 풍광들이 지나가고
밤이 붉은 손바닥을 턱턱 짚으며
순식간에 기어오고 있었다

시 감상

치열한 것들은 간단하게 '붉다'고 말할 수 있다. 뜨거움들은 붉다. 사랑을 '붉다'고 말할 수 있을 것이다. 생을 불태우는 모든 것은 더할 나위 없이 붉다. 붉음이 타오르는 울음이라면 사방에 붉음 투성이다. 짙은 밤조차 붉다. 모든 진한 것은 죄다 붉다. 열정이 불의 정점, 불꽃이라면 열정을 불러일으키는 정열은 마른 장작에 불을 붙이는 거룩한 시도다. 그 시도가 결국 활활 타오르는 불의 정수리를 일으킨다. 모든 정점에는 꽃이 핀다.

심상 시치료

(명상에 이르게 한 후 진행한다.) 여기는 바닷가입니다. 지금은 밤이고 바다 물결이 남실대면서 파도 소리가 시원하게 들리고 있습니다. 모래펄 한쪽에

장작더미가 있습니다. 나는 지금 장작더미에 불을 붙이고 있습니다. 불이 잘 붙지 않지만, 나는 서두르지 않습니다. 몇 번이고 시도를 해서 겨우 불이 붙습니다. 바짝 잘 마른 장작들이어서 한 번 붙기 시작한 불은 매우 잘 타오릅니다. 활활 붙어 타오르는 불을 봅니다. 불은 마치 꽃처럼 활짝 피어오르고 있습니다. 맹렬하게 타올라서 불꽃은 그대로 거대한 하나의 붉은 꽃이 됩니다. 나는 지금 활활 타오르는 불꽃을 지켜보고 있습니다. … 불꽃의 기운이 내 가슴에서 번져 갑니다. 내 마음속 깊은 곳에서 활활 타오르는 무언가를 느낍니다. 내 가슴속에서 불붙는 무언가가 있습니다. 그것이 무엇인지 그대로 지켜보시기 바랍니다. … 내 가슴 깊은 곳에서 활활 타오르다가 마치 하나의 꽃처럼 환하게 피어오르는 것을 느껴 보시기 바랍니다. … 내가 살아 있는 한, 그 어떠한 경우라도 꺼지지 않을 불꽃과 꽃불입니다. 그것을 그대로 느끼고 지켜보시기 바랍니다. … 그 불꽃과 꽃불을 고스란히 간직한 채 나는 살아왔으며, 앞으로도 살아갈 것입니다. 언제, 어디서나, 그 어떤 경우라도 꺼지지 않고 내 삶을 지켜 줄 그 무엇입니다. 늘 나와 함께할 불꽃과 꽃불에 대해 나는 하나의 단어로 그것을 표현할 수 있습니다. 지금 어떤 단어가 떠오릅니까? 구체적으로 하나의 단어를 떠올려 보시기 바랍니다. … 이제 불꽃과 꽃불이 어린 엄청난 기운을 그대로 간직한 채 눈을 뜹니다.

바닷가에서 장작더미에 불을 붙일 때, 내 마음 깊은 곳에서 활활 타오르는 무엇을 느꼈을 때의 상황 그리고 내 안의 불꽃과 꽃불을 함께 지니며 한 단어로 표현할 때 무엇이 떠올랐는지 순서대로 말해 봅니다.

치료적 의미

불꽃과 꽃불의 공통된 상징은 에너지다. 삶의 강력한 에너지원은 바로 자신의 내면 깊은 곳에 존재하며, 그것은 살아 나가게 하는 원동력이 된다. 에너지를 떠올리는 것만으로 에너지는 몸과 마음을 충전시키며 활성화하는 역할을 한다. 반대로 종종 잊고 지내는 동안 에너지는 고갈된다. 심상 시치료를 통해서 이런 에너지를 느끼면서 동시에 구체적인 단어로 표현하면, 에너지는 꿈과 연결되어 보다 실질적인 삶의 지향점을 제시할 수 있다. 또한 상징적인 의미에서 바닷가에서 행하는 불꽃은 세상을 이루는 근원적인 물질인 물과 불의 결합을 의미하며, 동시에 무의식의 저변에서 일어나는 꽃불(열정)을 일깨운다.

34) 자꾸 웃는다

자꾸 웃는다

- 이순오

초저녁 그녀와 만나면 웃는다.
어쩌다 같은 통속소설을 읽은 후의 쑥스러움이랄까
제 가슴에 대못 땅땅 박혔던 일
알몸으로 광화문 네거리에 쫓겨났던 일
살점 떨어진 거기 누가 소금바가지 엎었던 일
서로 말 안 해도
대학촌 간이술집에서 술 한 잔 앞에 두고
눈 마주쳐 보면
10년이건 1년이건 만나지 못했던
그동안 훌쩍 너머
이과수 폭포 같은 울림 등에 진 거 다 보인다.

잘 살고 있냐고
남편과 아이들도 안녕하냐고

오늘 날씨 기분 죽인다고
이 술은 '죽순낭자' 이름도 멋지다고
술 한 잔에도 정직하게 날뛰는 새말간 피돌기
치열하다 못해 숭숭그리 숨길 터놓은 풍화된 뼈
서로 마주보며
이 흰 두부엔 붉은 신김치 딱이라고 또 웃는다.

웃다 보니 모르쇠 달 떠
손가락 하나로 하늘의 문 열면
한계를 모르는 인간의 자유 있으라.
새로운 세계를 갈구하며
시간역류 메타패턴의 시를 아껴 쓰는
'은하철도 999의 소년 철이' 같은 스승님
저 달의 탯줄에 우리 몰래 한데 묶어 두셨네.
술 한 잔 더 치게 만드는 인연의 고리에
발가숭이 꼭두각시 노랗게 웃으며
자꾸 웃는다.

시인 소개

이순오(1969~)는 경남 거제 출생으로, 〈파계사 풍탁〉 외 1편으로 2011년 『문학예술』 신인상을 수상했다. 삶의 실존적 의미를 담은 철학적 성향의 시를 주로 쓰며, 현재 경북 대구에 거주하고 있다.

시 감상

열여섯 살. 부산 용두산 공원 시조 백일장에서 처음 만난 순오. 면도날을 꽂아 둔 생의 한가운데를 태연하게 읊어대던 순오. 커피 향과 어우러져서 검은 시를 울컥 게워 내던 순오. 언젠가 홀연히 사라지던 순오. 사라지기 전, 우리가 함께 마셨던 시큼한 맥주. 달콤할 리 없던 생을 미리 맛본 순오. 그 순오가 도를 닦듯 살아가고 있다. 늘 웃으며, 웃을 일이 아닌데도 자꾸 웃는다. 그 웃음은 생을 활활 타오르게 한다. 타오를 것 없는 일상조차 불붙게 한다. 함께 어지간히 웃다 보면 어느새 하늘 문이 열리리라.

심상 시치료

(명상에 이르게 한 후 진행한다.) 내 마음 깊숙이 활활 타오르는 횃불이 있습니다. 맹렬하게 타오르면서 불꽃을 지펴 오르는 중입니다. 주위의 어둠을 물리치고 환하게 비추고 있습니다. 결코 꺼지지 않는 횃불입니다. 그 어떤 어려운 순간이 오더라도 내 안의 횃불은 꺼지지 않습니다. 내 마음 깊숙이 존재하는 횃불을 그대로 느껴 보시기 바랍니다. … 횃불이 계속 불탈 수 있도록, 영원히 꺼지지 않기 위해서 횃불에게 주어지는 것이 있습니다. 어떻게 해서 횃불은 이렇게 계속 타오를 수 있을까요? 횃불에 필요한 세 가지가 있습니다. 그 어떠한 어둠과 바람 속에서도 횃불이 변함없이 타오르기 위해 주어지는 것입니다. 천천히 세 가지를 떠올려 보시기 바랍니다. … 바로 이 세 가지 덕분에 내 마음 깊숙이 늘 타오르고, 암흑 속에서도 횃불은 여전히 나의 앞길을 비춰 주고 있습니다. 이 세 가지 힘을 고스란히 받아들입니다. 이 세 가지 힘을 온몸으로 느껴 봅니다. 내 마음 깊숙이 이 힘들이 존재하고 있음을 받아들이고 그것을 그대로 간직합니다.

눈을 뜨고, 마음속 횃불이 늘 유지될 수 있게 하기 위해 필요한 세 가지와 현재의 느낌을 함께 적고 느낌을 나누어 봅니다.

치료적 의미

마음속 횃불이 상징하는 것은 바로 생명의 빛(내면의 빛, 마음의 빛)이다. 생명의 빛은 생명과 함께 존재한다. 이 빛을 더욱 맹렬하게 불타오르게 하기 위해서 무엇이 필요한지에 관한 탐색을 하는 것은 주어진 삶의 의미를 일깨우고 동시에 삶의 원동력을 깨닫게 해 줌으로써 원활한 삶의 태도를 갖추게 해 준다.

35) 처용이 남긴 말들

처용이 남긴 말들

댓돌 위에 놓인 두 켤레의 신발을 보았습니다.
한 켤레의 낯익은 신발은 내 사람의 것이지만,
낯선 한 켤레는 도무지 누구의 것인지 모르겠습니다.

방문을 열고 들어서니
얽히고설킨 네 다리가 이불 사이에 삐죽 튀어나와 있었습니다.
벌렁거리고 놀란 눈동자에 핏발이 서고 둔탁하고 무거운 망치가
머릿속을 사정없이 때리는 듯해
순간, 그 어떤 것도 생각나지 않았습니다.

심장에서 쏟아져 나온 격분이 살살이 피부 위로 꿰뚫고 나와
더 이상 참을 수가 없었습니다.
그래서 방문을 닫고 도로 밖으로 나오고야 말았습니다.

교교한 달이 자작나무처럼 웃고 있었습니다.
달빛에 비친 장독대가 들면 꿈쩍도 하지 않을 멧바위 같아 보이기도 했습니다.
싸리로 만든 울타리 위로 하얀 두루마기를 훌훌 벗어던져 놓았습니다.

툇마루에 앉아 다소곳하던 내 사람과 개다리 소반 위 반찬을 서로서로
건네주며 따끔따끔 얘기를 주고받던 때가 생각났습니다.
불과 며칠 지나지 않았지만, 아득한 시간들이 흘러간 것만 같았습니다.
달빛의 부드러운 어루만짐에 향기롭던 내 사람의 뺨과 봉싯거리던 가슴을
떠올려 보았습니다.
내 사람은 지금도 가까이에서 부르면 닿을 거리에 여전히 있지만,
며칠 전의 내 사람은 그 어디에도 없습니다.

내 사람, 귀한 내 사람.
목울대에 빼낼 수 없는 큰 가시가 걸린 듯해서 숫제 목을 싸잡고 있습니다.
환하던 맑은 달빛이 숨겨 둔 것이 틀림없는 길고 하얀 손톱을 세워서 손가락질을 하며 조롱하고 있습니다. 땅들도 어쩌지 못하고 디디고 선 제 발을 툭툭 차며 비아냥거리고 있었습니다.

그런 조롱과 비난과 조소가 내게 더 이상 들리지 않도록
눈을 감고 귀를 닫았습니다.
고요. 평안. 평강. 처연한 용서. 정제된 이해. 같은 것들이 제 입안에 가득 고여 왔습니다. 그것을 꿀렁 삼키자 단단히 옥죄던 목울대가 스르르 풀어졌습니다. 신기하게도, 콕콕 찌르던 가슴이 펑 뚫려 나가는 것 같아 청명한 기운을 느꼈습니다.

그래서
너울너울
덩실덩실
훌렁훌렁
흰 저고리 소맷자락을 펄럭이며 춤을 추었습니다.

한 올씩 춤사위를 하며 손가락 끝으로 획을 허공에 긋는 순간, 내 가슴의 암울은 더 선연하게 지워지고 있었습니다.

더엉실. 더엉실.
우주의 기운이 내게 채워지고,
더할 나위 없이 유쾌해진 나는 땅 위에 있지만, 더 이상 땅 위에 있지 않은 채 신음 소리가 새어나오는 방문 앞에서 오래도록 춤을 추고 있었습니다.
그러다가 어느 순간엔지 방문이 왈칵 열리고
누군가 후다닥 뛰쳐나가는 발소리가 들리고
머리를 곱게 빗은 내 사람이 내가 아는 그 모습 그대로
방 안. 거기 그렇게
다소곳이 앉아 있었습니다.

내 사람을 다시 내 곁에 보내 준 것은
우주의 입김이라는 것을 알게 된 나는
교교하게 웃었습니다.
웃고 또 웃었습니다.

물 맑은 눈빛으로 춤을 사르던 순간들은,
수세기를 흘러 넘어가
비우고 비워진 가슴을 원하는 누군가에게 흘러 들어갔다는 것을
마지막으로 말하고 싶습니다.

시 감상

사랑은 용서와 이해를 포함하고 있다. 이해는 아픔과 분노를 녹인다. 용서는 고통과 번민을 사라지게 한다. 잊을 수는 없지만 이해할 수는 있다. 기억

할 수는 있지만 용서할 수는 있다. 그러다 보면 날카로운 기억의 침은 둔탁해진다. 그럴 즈음 사랑이 돋아나고, 결국 뚫린 생채기에 빛이 내려앉아 상처는 말끔하게 아문다. 모든 용서 중에서 가장 하기 힘든 용서는 자신에 대한 용서다. 용서가 남발될 때, 그것은 이미 용서가 아니다. 용서는 고요한 순간, 억지스럽지 않은 자유로운 순간, 마치 나비의 날갯짓처럼 다가온다. 춤을 추듯, 노래를 부르듯 산뜻하게 스며든다. 용서는 얼어붙은 마음의 얼음을 녹이는 일이다. 얼음을 없애는 가장 좋은 방법은 따뜻하게 품는 것이다. 지독한 상황에서 이뤄지는 용서는 지극한 치유의 힘을 지닌다. 훗날 역신은 처용의 얼굴만 봐도 도망을 갔다 한다. 처용의 화상이 붙은 집의 대문에는 역신이 틈타지 못했다고 한다. 용서의 힘은 강력하다.

심상 시치료

(명상에 이르게 한 후 진행한다.) 내 키만 한 얼음이 있습니다. 이 얼음은 오래전부터 이곳에 있었습니다. 오래전에는 크기가 작았습니다. 세월을 지내오는 동안, 얼음의 부피는 점점 커져 갔습니다. 얼음 주위에는 차가운 바람이 일고 기온이 떨어졌습니다. 아무도 얼음 주위에 얼씬하지 않습니다. 나는 이 얼음이 커지는 과정을 잘 알고 있습니다. 얼음은 내 나이만큼 자라왔습니다. 얼음 근처만 가도 춥고 쌀쌀한 바람이 입니다. 나는 이 얼음을 녹이기로 결심합니다. 얼음 주위에 따뜻한 난로를 놓아둡니다. 난로의 열기가 후욱 내 얼굴 위로 옮겨 와서 얼음 위로 옮겨집니다. 난로의 열기를 그대로 느껴 보시기 바랍니다. … 잘 녹지 않을 것만 같던 얼음이 조금씩 조금씩 녹기 시작합니다. 머리 위에서부터 무너지면서 크기가 줄어듭니다. 나는 다가가 얼음을 안아 줍니다. 내 품 안에 얼음을 끌어안고 있습니다. … 나는 얼음이 이토록 크게 자랐는지 결코 상상하지 못했습니다. 이제 이 얼음을 내 품으로, 난로의 열기로 녹이고 있습니다. … 얼음의 크기가 점점 줄어듭니다. 찬바람 대신 훈훈한 바람이 감돌고 있습니다. 점점, 점점 얼음이 녹고 있습니다. 이

제 손바닥 안에 한 덩이의 얼음만 남았습니다. 얼음 위로 다른 쪽 손바닥을 포개어 봅니다. 얼음이 내 손바닥 안에서 점점 녹아서 이제 물이 되었습니다. 손바닥에 물 자국만 남았습니다. … 지금 문득 떠오르는 단어가 있습니다. 이 단어를 그대로 마음속에 간직해 봅니다.

눈을 뜨고, 얼음을 녹이기 전과 녹이고 나서의 느낌 그리고 현재의 느낌을 순서대로 적고, 얼음을 녹인 순간 떠올린 단어도 그대로 옮겨 적고 느낌을 나누어 봅니다.

치료적 의미

얼음이 상징하는 것은 부정적인 마음의 모든 실체들이다. 융 식으로 말하자면 내면의 그림자인데, 배척하면 할수록 더욱 달라붙으며 커지는 것이 그림자의 모습이다. 먼저 그림자를 인식하는 일, 그림자를 인정하는 일이 중요하다. 물리적인 힘으로는 얼음을 녹이기 만무하다. 따스함만이 얼음을 녹일 수 있다. 내 안의 얼음을 녹이기 위해서 얼음을 인식하는 것이 먼저다. 그다음 녹이기를 결심하고, 얼음을 안아 주는 일련의 행위를 통해서 내 안의 부정적인 마음이 소멸되는 체험을 할 수 있다. 이러한 체험은 삶의 문제를 해결하기 위한 방식으로도 유용하게 작용할 수 있을 것이다.

36) 터 널

터 널

이곳에는 바람이 입을 다물고 있다
물 냄새 나는 발걸음으로
걷는다 걸을 때마다

목구멍이 따갑다 투명한 가시 같던
빗줄기마저 잠잠하다 온몸 가득
스며든 어둠이 팽팽하다 눈을 떠도
사위가 감겨 있다 텅텅텅 숨을 쉰다
발가벗은 발자국이 옹송그려 있고
바람의 지문은 조금씩 지워지고 있다
그림자마저 사라진 이곳에는
눈이 또렷한 자들은 살아남지 못한다
온몸에 눈인 자들만 살아간다
텅텅텅 심장이 뛴다
호주머니 속에 집어넣은 손을
꼼지락거리듯 걷는다
한 걸음 뗄 때마다
물기 어린 신발이 저벅인다
솔기 하나 뜯어져 손가락이
불거져 나오듯 어둠이 쑤욱
혀를 내밀고 있다
퍼붓는 빛살을 안고 출구가
대롱대롱 매달려 있다
막, 빠져나오려는데
눈을 뜰 수가 없다
또다시 눈을 감은 채
첫걸음이다

시 감상

누구도 너무나 잘 아는 진부한 사실 하나. 터널과 동굴의 차이. 갈수록 깊어지고 다시 돌아 나와야만 나올 수 있는 동굴. 들어가면 갈수록 어둠밖에 보이지 않지만, 결국 오래 걷다 보면 그 길이 나오는 길임을 깨닫게 되는 터널. 깊숙하고 깊어지는 어둠과 빛바래지는 어둠의 차이. 그 속에서도 '꽃'이 피어난다는 사실을 알고 있는지. 슬픔의 꽃, 좌절의 꽃, 낙망의 꽃, 괴로움의 꽃. 그 무성하고 무시한 꽃들. 하지만 어둠과 빛은 한 묶음이어서 어둠의 '꽃'들은 바닥을 탁 차고 오르는 절정의 순간이고 극단의 순간임을 아시는가. 죄다 잃어서 더 이상 아무것도 잃을 것이 없던 순간에 나는 차오르는 그분의 '음성'을 들었다. "네가 너를 축복하리라." 믿어지지 않지만 믿을 수밖에 없는 그 음성을 붙잡고 지금껏 살고 있다. 그 막막한 어둠을 동굴이었다고 착각하지 말길. 어둠의 절정에서 환히 빛나는 '꽃'들!

❤ 심상 시치료

(명상에 이르게 한 후 진행한다.) 나는 동굴 안에 있습니다. 아주 깜깜하고 어두운 동굴 안에 가만히 웅크리고 있습니다. 눅눅하고 축축한 느낌이 드는 동굴입니다. 이 동굴 안에 너무나 오랫동안 머물러 있었습니다. 오랜 시간 동안 아무것도 하지 못한 채, 혼자 웅크린 채 지내 왔습니다. … 이제 나는 이 동굴을 벗어나려고 결심합니다. 나는 이 동굴 안에 그대로 머물러 있지 않겠다고 다짐합니다. 웅크리고 있던 몸을 벌떡 일으켜 세웁니다. 한 치 앞을 볼 수 없을 만큼 어둡지만 용기를 내어 걸음을 옮겨 봅니다. … 한 걸음, 한 걸음, 한 걸음… 천천히 내딛고 있습니다. 어둠 속을 걸어가는 일은 두렵습니다. 하지만 두렵더라도 걸음을 멈추지 않기로 나는 나와 약속합니다. 조금씩 조금씩 앞으로 나아갑니다. … 얼마나 나갔을까요? 저기 멀리서 빛 하나가 비춰 드는 것이 보입니다. 바늘구멍같이 작은 빛이 먼 곳에서 빛을 발하고 있습니다. 좀 더 가까이 다가갑니다. 다가갈 때마다 빛은 조금씩 조금씩 커져 갑니다. 빛이 동전 크기만 해지다가 손바닥만 해지다가 커다란 깃발 같기도 합니다. 멈추지 않고 조금씩 조금씩 더 나아갑니다. 빛은 더욱 커

져서 내 온몸을 다 감쌀 정도가 되었습니다. … 나는 이제 이 빛 안으로 들어섭니다. 빛이 한순간 내 몸을 다 감싸고 내 몸에 머물러 있습니다. 나는 빛에 휩싸여 있습니다. 부신 눈을 순간 감았다가 뜹니다. 이제 드디어 동굴을 빠져나왔습니다. 동굴 밖에 있는 나는 제일 먼저 무엇을 보게 됩니다. 나는 무엇을 보고 있습니까? … 나는 누군가를 만나게 됩니다. 누구를 만날 수 있습니까? … 그 존재는 나에게 어떤 말을 들려줍니다. 어떤 말을 하는지 귀를 기울여 들어 보세요. … 나는 그 누군가에게 뭔가 대답을 하고 있습니다. 나는 어떤 말을 하고 있나요? … 그 존재와 나는 자연스럽게 대화를 나누고 있습니다. 어떤 대화를 나누고 있는지 귀 기울여 들어 보시기 바랍니다. … 이제 대화를 마무리합니다. … 셋을 세면 대화를 마무리하면서 눈을 뜨며, 현재의 모습으로 돌아옵니다. 하나, 둘, 셋.

눈을 뜨고, 동굴을 빠져나와서 무엇을 보았는지, 어떤 존재를 만나 어떤 말을 듣고 답했는지 대화들을 순서대로 써 보고 느낌을 나누어 봅니다.

치료적 의미

동굴이 상징하는 것은 암울한 상황 혹은 폐쇄되어 있는 현재의 마음 상태다. 오랫동안 그렇게 머물러 있었지만, 결연히 빠져나오겠다고 결심하고 행동으로 옮기는 행위를 통해서 이미 문제 해결 능력을 지니게 된다. 빛은 갈등이 해소되고 혼돈이 정리되는 상황에 대한 상징적인 의미를 지닌다. 동시에 빛 안에서 만나는 존재와 대화를 나누는 행위는 문제를 타파할 수 있는 구체적인 방법을 암시하며, 안정된 심리 상태를 위한 내면의 통찰력이 일어나게 하는 결정적인 계기가 될 수 있다.

37) 풍광 45

풍광 45

그, 도시의 가로수에는 재규어가 산다
뒤통수가 반쯤 파묻혀 엉거주춤 빠져나오지도
못하는 재규어의 쳐들린 양팔이 나무에 박혀 있다
절규는 자동차 바퀴 속으로 버무려져
들리지도 않고, 아스팔트는 아직도 피로 흥건하다
눈도 제대로 못 뜨고 버즘나무 안에 파묻힌 재규어가
밤새껏 입을 벌리고 있다 몇몇 별빛이
동굴 같은 입 안에 머물다 가곤 했다
몸통과 꼬리는 가지가 된 지 오래다
가지마다 잎사귀 대신 바람이 열려 있다
얼굴과 손만 아직, 살아 있는
살아 있어 끔찍한 재규어

가로수 주위 둘러쳐진 벤치 위에
고동색 외투가 밤새껏 웅크리고 누워
있다, 술 냄새에 취해서도
재규어는 치켜든 손을 내리지 않았다
여차하면 빠져나올 듯 턱을 바짝
쳐들어 보지만, 어림도 없다
사내는 버릴 수 없는 것들이 너무 많다

시 감상

낯선 도시, 낯선 곳에서 낯선 재규어를 만났다. 세상에, 재규어라니. 버스를 탄 채 도시의 공해로 시커멓게 먼지가 앉은 버즘나무에 그가 매달려 있었다. 마치 천형이라도 당하고 있는 듯, 팔을 쳐들고 터져 나오지도 않는 고함을 질러대고 있었다. 버즘나무에서 그를 발견한 이후, 모든 버즘나무 아래를 걷는 것은 고역이었다. 할 수만 있다면 나무 위로 올라가서 그를 탈출시켜 주고 싶었다. 이미 반쯤은 나무와 한 몸을 이룬 채 벗어날 수도 없는 재규어. 그들이 하나같이 입을 벌린 채 고통스러워하고 있었다면 아마 나는 즐비하게 늘어선 가로수 아래를 더 이상 걸을 수 없었으리라. 버즘나무에 매달린 재규어들은 전부 다 달랐다. 하품을 하는 재규어, 터질 듯한 고함을 삼키고 있는 재규어, 숫제 눈을 감고 달관한 얼굴의 재규어, 심지어는 웃고 있는 재규어. 신기하게도 그날그날의 내 얼굴 표정에 따라, 내 눈에는 각각 다른 재규어가 보였다. 그럴 즈음 낯선 도시가 나를 받아들였고, 나는 그 도시 한 귀퉁이에 정기적으로 출근하게 되었다. 이 년이 되어 그 도시를 떠나올 즈음 인사를 건넸다. 안녕, 재규어. 순간 오랜 이야기처럼 재규어는 길거리를 떠돌며 노숙하는 초췌한 남자 이야기를 건넸다.

심상 시치료

(명상에 이르게 한 후 진행한다.) 나는 10개의 단추가 일렬로 달린 옷을 입고 있습니다. 목 부근까지 단추를 채운 채 오랫동안 지내 왔습니다. 간혹 목이 졸려서 기침이 났지만 애써서 참고 지냈습니다. 숨이 좀 막히곤 했지만 호흡을 얕고 빠르게 하면서 살아왔습니다. 하지만 이제 목까지 빠짐없이 잠근 단추를 풀려고 합니다. 나머지 단추는 그대로 두더라도, 목 근처에 있는 단추 두 개를 풀려고 합니다. 자, 이제 단추 하나를 풉니다. … 시원한 바람이 목덜미를 훑고 지나갑니다. 그 아래 단추도 마저 풉니다. … 조여서 켁켁거리던 목이 한결 편안해집니다. 나는 이제 거리에 나갑니다. 커피숍에 앉

아서 내가 좋아하는 차를 마시며 누군가를 기다리고 있습니다. 나는 누구를 기다리고 있습니까? … 내가 기다리던 상대가 나를 찾아오고, 내 맞은편에 앉아서 부드럽고 편안해진 나를 보고 웃으면서 어떤 말을 건네고 있습니다. 뭐라고 말하고 있습니까? … 나는 그 말에 뭐라고 답하고 있습니다. 나는 어떤 대답을 하고 있습니까? … 이제 상대방과 나는 함께 커피숍을 나와서 녹음이 짙은 들판으로 나갑니다. 풀밭이 펼쳐져 있는 아늑한 곳입니다. 풀 향기가 코로 전해져 옵니다. 나와 상대는 풀밭에서 너무나 자연스럽게 온몸을 움직이면서 뱅그르르 돕니다. 돌다가 멈춰서 풀밭 위에 그대로 드러누워 맑고 푸른 하늘을 올려다봅니다. 구름이 떠다니는 것을 보고 있습니다. 시원한 바람이 머리칼을 어루만져 주고 있습니다. 나는 상대에게 뭐라고 말을 하고 있습니다. 어떤 말을 하고 있습니까? … 그 상대는 나에게 또 뭐라고 대답하고 있습니다. 어떤 답을 하고 있습니까? … 상대방과 나는 자연스럽고 편안하게 대화를 나누고 있습니다. 어떤 대화인지 귀를 기울여 보시기 바랍니다. … 이제 대화를 마무리합니다. … 셋을 세면 대화를 마무리하고, 이 느낌을 그대로 간직한 채 지금 내가 있는 자리로 돌아오면서 눈을 뜹니다. 하나, 둘, 셋.

이제 눈을 뜨고 내가 기다리고 있던 상대가 누구였는지, 웃으면서 상대방이 뭐라고 말했는지, 들판에 누워서 나는 뭐라고 했으며 그 상대방과 나는 어떤 대화를 나누었는지, 그리고 느낌은 어떠했는지 차근차근 순서대로 적고 느낌을 나누어 봅니다.

치료적 의미

이성적이고 억제된 생활 속에서 억눌려 왔던 본성과 본능적인 감각은 신경성으로 자리 잡을 수밖에 없다. 우리 안에 억압된 것은 사라지지 않고 되돌아오기 마련이다. 많이 억압할수록 병은 깊어진다. 때로는 배출구가 필요한데, 목 끝까지 채운 단추를 푸는 행위는 억압을 푸는 것과 동일하다. 그런 상태에서 누군가를 만나고 즐거운 시간을 가지게 되는 것은 자연스럽다. 통제와 절제가 완화된 상태에서 자연과 함께 자연스러운 한때를 보내는 기쁨을 스스로에게 선물하고자 한다.

38) 풍광 48

풍광 48

—나에게 보내는 레퀴엠—

긴 해안선을 따라 걸을 것이다
붉은 도장처럼 박힌 태양을 등지고
오래도록 바람을 홍얼거릴 것이다
걸친 옷의 끝자락이
얼얼한 생의 목소리로 펄럭이고
발자국은 포근하게 지워진다
지워진다, 곧
날아오를 만큼 가벼워질 것이다

아무것도 쳐다보지 않은 채 걸을 것이다
살을 비비는 물살 소리를
들어도 모른 척하리라
구불구불한 모래톱에 누워서
사라진 문서 같은
반듯한 하늘을 보리라
이마를 탁, 치고 올라가는

바람의 손이 나를 놓치지 않으리라
고단한 신발 안에 물이 가득 고이고
내 오랜 주름들은 비로소 편안해질 것이다

시 감상

이 시의 에너지는 강렬함을 끌어당긴다. 비울수록 채워지는 이치와 통하기 때문이다. 이 시는 "길이 끝나는 곳에서 새로운 길은 시작된다."라고 한 헝가리의 철학자이자 문학사가인 게오르그 루카치(György Lukács)의 말을 담고 있다. 또한 "이성으로 비관하더라도 의지로 낙관하라."는 이탈리아의 혁명가인 안토니오 그람시(Antonio Gramsci)의 말과도 일맥상통한다. 아직 살지 않는 나날들 속에 가장 빛나는 순간이 숨어 있다. 날마다 새롭다. 새롭지 않은 날은 단 하루도 없다.

심상 시치료

(명상에 이르게 한 후 진행한다.) 끝없이 펼쳐진 바다가 있습니다. 광활한 바다 한가운데 배가 한 척 있습니다. 내 삶이 시작되는 순간부터 이 배는 나와 함께해 왔습니다. 나는 지금 배의 키를 잡고 내가 선택한 방향으로 배를 몰고 있습니다. 그동안 잔잔한 물결과 순풍이 부는 때도 있었지만, 폭풍우가 치거나 비바람이 몰아치는 때도 많았습니다. 하마터면 배가 뒤집어질 뻔한 일도 있었습니다. 하지만 다행히 이렇게 무사하게 왔습니다. … 날이 어두워지고 밤이 되었습니다. 바람이 산들산들 기분 좋게 불어옵니다. 나는 갑판에 반듯하게 누워서 하늘을 봅니다. 하늘에 너무나 많은 별들이 반짝이고 있습니다. … 반짝이는 별들 중에서 유독 하나의 별이 내 눈 안에 가득 들어옵니다. 이 별이 유난히 빛을 반짝이면서 나를 내려다보고 있습니다. 별은 내게 다가옵니다. 점점, 점점 가까이 다가옵니다. … 아주 가까이 다가와서 별이 내 품에 안깁니다. 이 순간, 나는 내가 원하는 꿈을 떠올립니다. 나는 아

주 오래전부터 꿈이 있었고, 그 꿈을 미처 알아내지 못하고, 덮어 두기만 했습니다. 이제 별이 내 가슴에 안기는 순간 오랫동안 생각하지 않았던 내 꿈을 떠올립니다. 별이 내게 안기면서 뭔가 말을 하고 있습니다. 별은 뭐라고 말하고 있나요? … 별이 하는 말을 듣고 나도 답하고 있습니다. 나는 뭐라고 말하고 있나요? … 자연스럽고 편안하게 별과 나는 대화를 나누고 있습니다. 나와 별이 어떤 말을 나누고 있는지 귀를 기울여 들어 보시기 바랍니다. 나는 지금 별빛으로 온몸이 반짝거리는 것을 느낍니다. 이제 별은 내 등을 토닥이면서 작별 인사를 합니다. … 별은 왔던 길 그대로 뒷걸음질하며 물러갑니다. 점점 별이 작아지면서 하늘로 돌아갑니다. 별은 나만을 위해서 늘 그 자리에서 그 모습으로 나를 지켜 주고 있습니다. … 온몸 가득 환하게 빛나는 별빛을 고스란히 간직한 채 눈을 뜹니다.

눈을 뜨고 별을 안았을 때, 떠올린 꿈과 별이 내게 했던 말과 내가 답한 말을 그대로 옮겨 적고 느낌을 나누어 봅니다.

치료적 의미

삶의 의미와 꿈은 어떤 난관도 헤쳐 나갈 수 있는 힘을 준다. 삶의 행로가 바닷길이라면, 배는 개개인의 삶 그 자체다. 숱한 선택과 결정의 순간들이 개개인의 삶을 이룬다. 그러한 삶 속에서 꿈을 지닌다는 것은 축복이고 힘이다. 별빛은 꿈을 상징한다. 별을 안는 행위에서 잊었던 꿈을 기억해 낼 수 있다면 삶을 향한 원동력이 구축될 것이다. 만약 꿈을 당장 생각해 내지 못한다고 하더라도, 꿈은 언제나 내 곁에서 나를 지켜보며 잠재되어 있다는 사실을 깨달음으로써 적극적으로 살아 나가는 힘을 가질 수 있게 된다.

5. 활 동

심상 시치료에서 하는 활동은 정적 활동과 동적 활동으로 나누어진다. 정적 활동은 몸을 크게 움직이지 않고 하는 활동으로 주로 앉아서 할 수 있다. 동적 활동은 몸을 움직이면서 하는 활동으로 일어나서 하게 된다. 여기서는 정적 활동 두 가지와 동적 활동 세 가지를 소개하고자 한다.

1) 정적 활동

(1) 촛불 심상 시치료

• 준비물: 초, 초를 덮어씌울 만한 크기의 투명한 유리컵

의자 혹은 바닥에 앉아서 촛불에 불을 붙인다. 개인치료인 경우 치료자가 먼저 촛불에 불을 붙인 후 내담자에게 건넨다. 집단치료일 경우는 치료자를 중심으로 양 갈래로 빙 둘러앉게 하고, 치료자가 촛불에 먼저 불을 붙여서 옆 사람에게 건네고, 그 옆 사람이 또 다음 사람에게 건네는 방식으로 진행한다. 촛불에 불이 다 붙여졌으면 자신 앞에 놓고 촛불을 응시하게 한다. 이때 주위에는 소음이 없고 고요해야 한다. 특히 검은 천이나 커튼을 쳐서 주위를 어둡게 하면 촛불을 더 뚜렷하게 응시할 수 있다. 몰입이 될 수 있을 만큼의 일정한 시간 동안 촛불을 바라보게 한다. 약 3~5분의 시간을 준다. 촛불을 바라보고 떠오르는 단어와 그것이 떠오르는 이유를 함께 말해 보도록 한다. 그런 다음 촛불 옆에 준비해 둔 컵을 촛불에 씌운다. 컵 안에 든 촛불이 서서히 꺼지는 것을 응시하게 한다. 촛불이 완전히 꺼졌을 때, 문득 떠오르는 단어를 말하면서 동시에 그 단어를 생각해 낸 이유를 말해 보도록 한다.

초의 입장이 되어서 촛불이 꺼진 상태와 촛불이 환하게 밝힌 상태 중 어느 한 상태를 선택하도록 한다. 대부분은 촛불이 다시 켜진 상태를 선택하나, 만약 촛불이 꺼진 상태를 선택할 경우 그 이유를 자세히 종이 위에 쓰도록 한다. 이때 자신의 생각을 정리하기 위해서 말하는 것보다 종이에 글을 쓰게 하는 것이 좋다. 글을 쓴 후, 쓴 글을 자신이 스스로 읽게 한다. 그리고 심상 시치료사는 발표하는 글을 토대로 해서 초를 되살릴 수 있는 방법은 초에 불을 붙이는 일이라는 사실을 납득할 수 있도록 분위기를 유도해 나간다. 집단원들 중에 의견이 분분하다면, 촛불이 다시 켜지는 것이 좋은 측의 이유와 촛불이 꺼지는 것이 좋은 측의 이유를 촛불의 입장이 되어서 의견을 나누도록 한다. 이때 심상 시치료사는 촛불을 다시 켜도록 유도할 필요가 있다. 즉, 촛불은 불을 붙이며 타들어 가지 않는 한 존재의 이유가 없으며, 촛불이 가장 원하는 것은 주위를 환하게 밝히는 것이라는 사실을 알아차리게 한다. 촛불을 다시 붙이고 타오르게 하는 데 의견이 모아질 수 있도록 유도하여 그다음 단계를 실행한다.

심상 시치료사는 촛불이 원하는 대로 행해 주자고 제안을 한다. 덮어씌운 컵을 벗겨 내고 다시 초에 불을 붙이되, 개인일 경우 내담자가 치료자에게 불을 건네는 식으로 한다. 집단일 경우는 치료자의 맞은편 멀리 있는 사람부터 촛불을 켜서 그 옆 사람에게 불을 건네는 방식으로 치료자의 촛불까지 불을 붙이도록 한다. 다시 켠 촛불을 자신의 바로 앞에 놓고 촛불을 응시하게 한다. 촛불을 바라보게 한 후, 새로이 불타고 있는 촛불에 대한 느낌을 느껴 보도록 한다. 하마터면 그저 꺼진 채 있었을지도 모르는 초에게 다시 불을 붙이는 선택을 스스로 한 사실을 상기시키면서, 다시 켜진 촛불을 바라보는 새로운 마음의 눈을 뜨도록 분위기를 조성한다.

처음 시작할 때와 마찬가지로 다시 켜진 촛불을 3~5분 정도 응시하게 한다. 촛불을 응시한 후 느껴지는 단어와 그 단어를 생각해 낸 이유도 함께 말하도록 한다.

촛불 심상 시치료 활동을 통해 어떤 느낌과 생각이 들었는지 충분히 나눈다.

치료적 의미

촛불이 상징하는 것은 '생명의 불꽃'이며 '마음의 빛' '내면의 빛'이다. 촛불은 생명이 주어지는 순간부터 불붙기 시작해서 끊임없이 타오른다. 심상 시치료에서 컵을 덮어씌워 놓고 촛불이 꺼지게 하는 행위는 생명의 근원을 인위적으로 차단하는 것이다. 살아오면서 여러 가지 상황이나 그것을 받아들이는 태도 또는 심리적 방어기제에 따라서 스스로 마음의 빛을 차단하거나 아예 처음부터 마음의 빛이 없다고 생각하게 된다. 아니, 그런 존재에 대한 생각마저 생각하지 않을 만큼 스스로 차단해 버린다. 하지만 누구나 고유하고 유일한 생명의 빛이 존재한다는 사실을 자각하게 될 때 우주의 에너지와 소통할 수 있게 된다. 마음의 빛에 스스로 무언가를 덮어씌워서 마음의 빛이 새어 나오지 못하도록 하는 일련의 '반복'이 삶의 의미를 상실하게 한다. 그렇더라도 사실상 마음의 빛이 사라지는 것은 아니며 완전히 꺼지는 것도 아니지만, 심상 시치료에서는 보다 극단적으로 상징화해서 내면의 빛을 꺼지게 하고 되살리는 행위를 행하도록 한다. 이러한 행위들을 통해 촛불을 다시 켜는 것은 내면의 빛을 살리기 위해 겹겹이 가려 놓은 마음의 보자기를 벗겨 내는 심상 시치료 작업과 일치한다.

(2) 마음 빛기 심상 시치료

- 준비물: 색깔 지점토(손에 달라붙지 않는 제재)

잠시 눈을 감고 지금의 마음 상태를 느껴 보도록 한다. 어떤 색깔인지, 어떤 모양인지 떠올리도록 한다. 눈을 뜬 후 색깔 지점토의 색깔대로 나열해 놓고, '현재의 마음 빛깔'과 비슷한 색깔을 하나 고르도록 한다. 선택한 지점토로 지금의 내 마음 상태를 떠올린 그대로 나타내게 한다. 현재 내 마음을 빚은 그대로 두고 응시하도록 한다. 마음을 빚은 지점토에 이름을 붙여 보게 하고, 그렇게 이름 붙인 이유를 함께 말하도록 한다.

잠시 눈을 감고, 내가 원하는 마음 상태를 떠올리도록 한다. 만약 내담자가 원하는 마음 상태가 없다면, 삶의 의미를 되찾고 살아가는 기쁨을 느꼈을 때 혹은 꿈을 간직한 마음 상태를 떠올려 보도록 상황을 좀 더 구체적으로 제시한다. 내가 원하는 마음 상태를 드러내는 빛깔과 모양을 함께 떠올리도록 한다.

눈을 뜨고, 색깔 지점토의 색깔 중에서 '내가 원하는 마음 빛깔'과 비슷한 색깔 지점토를 고르도록 한다. 고른 지점토를 이용해서 원하는 마음을 그대로 나타내게 한다. 다 빚은 후, 그대로 응시하도록 한다. 원하는 마음을 빚은 지점토에 이름을 붙여 보게 하고, 그렇게 이름 붙인 이유를 함께 말하도록 한다.

처음에 행한 현재의 마음을 빚은 지점토와 후에 행한 원하는 마음을 빚은 지점토를 나란히 두고 응시한다. 각각 어떤 느낌이 드는지 충분히 나눈다. 현재의 마음에서 원하는 마음으로 가기 위해서는 무엇이 필요한지 자연스럽게 말하도록 한다. 전체적인 소감도 함께 나눈다.

치료적 의미

마음은 보이지 않는 추상적인 성질의 것이지만, 마음이 존재하기 때문에 육체 안에서 여러 작용을 하게 된다는 것을 누구나 잘 알고 있다. 보이지 않는 이 마음을 형상화하며 끄집어내는 작업은 문제와 갈등상태에 있는 현재의 마음 상태를 외현화하는 것이다. 마음의 상태를 직접 봄으로써 문제와 마음을 분리할 수 있고, 갈등을 해결하기 위한 통찰력을 불러일으킬 수 있다. 또한 원하는 마음을 떠올리고 소망을 담은 상태를 빚는 행위는 스스로 일으킨 내면의 작용에 의해 원하는 마음이 이뤄질 수 있음을 암시한다. 궁극적으로 내가 원하는 마음의 상태를 인식하게 됨으로써 치유의 방향을 알아차릴 수 있다. 따라서 보다 핵심적이고 직접적인 치유 의식을 품을 수 있는 효과를 가져온다.

2) 동적 활동

(1) 바다터널 심상 시치료

- 준비물: 길이 3m, 폭 1.5m 정도의 파란색 천으로 만든 통로. 잔잔한 오르골 음악. 종이 여러 장

이 활동은 집단 활동으로 적당하다. 최소 2명 정도 있어야 하며, 되도록 12~16명 정도로 구성된 짝수 인원 집단이 활용도가 좋다.

집단원에게 일 년 내에 버리거나 고치고 싶은 버릇이나 습관이나 상태 다섯 가지를 종이에 적게 한다. 그리고 향후 10년 동안 이루고 싶은 꿈 다섯 가지를 종이에 구체적으로 적게 한다. 물질적인 부분, 예컨대 돈이나 물건 같은 것은 적지 않도록 미리 언급한다.

미리 만들어 놓은 긴 터널 모양의 파란 천을 다 함께 잡고 펄럭여 보게 한다. 어떤 것이 연상되는지 자연스럽게 말하도록 한다. 집단원을 두 팀으로 나누고 먼저 행할 팀을 정한다. 각자가 적은 버려야 할 것들을 읽게 하고, 적은 종이를 갈가리 찢게 해서 쓰레기통에 버리게 한다. 원하는 다섯 가지를 읽게 하고, 그 다섯 가지를 몇 번을 반복해서 읽게 해서 외우도록 한다. 두 명이 먼저 바다 터널 안에 들어가서 통과하도록 한다. 심상 시치료사는 터널을 통과하기까지 해당하는 두 가지 사항을 알려 준다. 터널을 통과하는 일은

쉽지 않지만 반드시 해야만 하는 일이라는 사실과 빠져나오는 것을 절대 포기해서는 안 된다는 것이다. 또 터널을 통과할 수 있는 유일한 힘은 원하는 꿈을 소리 높여 외치는 것이라는 것이다. 결국 꿈의 힘으로 터널을 통과하게 되리라는 것을 알린다. 한 팀이 먼저 행할 동안, 다른 팀은 바다터널의 진입을 방해하는 세력으로 등장시킨다. 신체를 이용하는 것이 아니라 천을 잡는 행위로 통과하는 팀을 방해한다. 한 팀의 행위가 순서대로 모두 끝나면그다음 팀이 두 명씩 같은 방법으로 행하도록 한다.

양 팀의 행위가 모두 끝난 후에는 둘러앉아서 오르골 음악을 듣게 한다. 이때 터널을 통과하기 전, 통과 도중, 통과 후에 각각 어떤 느낌이 들었는지 말하게 한 후 느낌을 충분히 나누게 한다.

치료적 의미

터널을 통과한다는 것은 한 차원에서 다른 차원으로 성숙해져 가는 상황을 상징한다. 터널을 통과하기 전과 통과하는 동안, 터널을 통과하고 나서의 느낌이 각기 다를 수밖에 없으며, 특히 터널을 통과할 때 겪는 고난의 강도와 그것을 헤쳐 나가는 극복에 의해 더욱 강한 느낌으로 새겨진다. 터널에 들어가기 전에 자신이 버리거나 고쳐야 할 점을 적고 그것을 없애고 들어가는 행위는 변화의 의지를 각성시킬 수 있다. 또한 터널을 통과하면서 원하는 꿈을 외치고 그 꿈의 힘으로 통과할 수 있도록 함으로써 열정을 지닌 삶의 태도를 체험하도록 한다. 행위를 다 하면 정갈한 마음으로 오르골 음악을 감상하게 한다. 이는 동적인 행위 이후에 정적인 상태에서 앞서 행한 행위들에 대한 통찰이 이뤄지도록 하는 효과를 가져온다.

(2) 빈 의자 심상 시치료

- 준비물: 의자 두 개(한 개는 방석이 부착된 의자), 바타카(두터운 종이 방망이)

이 활동은 집단일 경우라도 해당하는 대상자 한 명에 국한하여 진행한다.

눈을 감고 명상에 잠기게 한다. 자연스럽고 편안하게 이완된 상태에서 길고 고른 호흡을 반복하도록 한다. 잠시 후 눈을 뜨면 빈 의자에 누군가가 앉아 있을 것이라고 암시를 준다. 눈을 뜨고 빈 의자를 쳐다보게 하고, 누가 앉아 있는지 물어본다. 구체적으로 표정이나 모습을 말하게 한다. 내담자가 불러낸 대로 특정한 대상에게 할 말을 하도록 한다. 내담자가 충분히 대화를 잘할 수 있도록 빈 의자에 내담자를 앉혀서 내담자가 불러낸 대상이 되었다가 다시 내담자로 돌아왔다가 하는 역할 바꾸기를 한다. 내담자가 할 말을 충분히 끄집어내어 표현하게 한다. 필요하다면 심상 시치료사가 빈 의자에 앉아서 내담자의 표현을 돕는다.

이 행위에는 두 가지 경우가 있다. 내담자가 선택한 대상자가 긍정적인 인물일 경우, 내담자가 충분한 대화로 지지를 받게 하고 도움을 청하게 한다. 이때 내담자의 마음이 일방적인 의존이나 집착이 되어서는 안 된다. 공감과 교감이 긍정적인 피드백으로 남을 수 있다면, 그대로 받아들이게 한 후 마무리를 한다. 이때는 바타카를 사용하지 않는다. 내담자가 선택한 대상자가 부정적인 인물이거나 갈등을 조장하는 인물이거나 양가감정을 조성하는 인물일 경우, 내담자가 충분히 감정을 표출할 수 있도록 자극한다. 이때 내담자에게는 내담자가 불러낸 인물을 마주 보거나 혹은 의자 뒤에 가서 의자를 잡거나 혹은 멀찍이 떨어진 자리에서 말을 하게 한다.

이때 중요한 것은 내담자의 부정적인 감정이 충분히 표현되거나 발설되는 것이다. 감정 표현의 극대화를 위해서 심상 시치료사는 내담자가 이미 말하는 정보나 말의 표현에 근거해서 길게 이은 몇 마디를 축약해서 단 두세 마디로 감정을 발산하게 한다. 감정이 무르익었을 때 심상 시치료사는 바타카를 쥐어 주며 그 옆에 방석이 부착된 의자를 치도록 한다. 연거푸 수십 대를 내리치게 하면서 소리를 충분히 지르도록 한다. 만약 소리를 잘 지르지 못할 경우에는 먼저 소리를 지르는 연습부터 시킨다. 소리를 지를 수 있는 용기와 힘을 지니면 다시 바타카를 쥐고, 있는 힘껏 내리치게 한다. 표출이 원활하게 일어났다고 심상 시치료사가 판단할 때, 행위를 멈추게 하고 내담자를 편안하게 자리에 앉힌다. 혹시 내담자가 선택한 대상에게 더 할 말이 있는지 물어본다. 할 말이 있으면 충분히 하게 하고, 이 모든 행위를 끝낸 후의 현재 느낌을 말하도록 한다.

집단일 경우 한 명씩 행하게 하며, 한 명의 행위가 끝나면 그때마다 집단원들끼리 충분히 나누게 한다.

치료적 의미

빈 의자 기법은 게슈탈트 치료나 사이코드라마에서 주로 하는 기법이다. 게슈탈트 치료, 변별되는 점은 특정한 대상을 불러 놓고 그 대상에게 충분히 말을 건네게 할 뿐 아니라, 역할을 바꿔서 그 대상이 되게 하는 등 역동적인 분위기를 조성하면서 역할을 바꾸게 한다는 점이다. 사이코드라마와 다른 점은 내담자가 떠올린 대상에 따라서 부정적인 인물은 바타카를 동원해서 감정을 그대로 표출하게 하나, 긍정적인 인물은 대화를 나누게 해서 지지와 격려를 받게 한다는 점이다. 이러한 행위를 통해 숨겨진 감정을 자극해서 억압을 분출하게 함으로써 감정의 정화와 함께 통찰력을 일으키거나, 궁극적으로 내면의 힘을 강화시킬 수 있다.

(3) 탈출 심상 시치료

- 준비물: 특별히 필요 없으나 활동하기에 걸림돌이 없는 충분한 공간이 확보되어야 한다.

이 활동은 적어도 12~16명 정도의 집단원들이 있어야 할 수 있다. 집단원을 두 팀으로 나눈다. 한 팀은 작은 원을 이루며 안쪽에 들어가게 하고, 다른 팀은 그 바깥에 큰 원을 만들어서 작은 원을 둘러싼다. 작은 원을 이룬 팀원들은 웅크리고 앉게 한다. 바깥 원을 이룬 팀원들은 각자 자신의 팔짱을 낀 채 우람하고 거만한 모습으로 서 있게 한다. 그 상태에서 원 안쪽의 팀원들이 바깥 원의 팀원들을 올려다보게 한다. 그런 후 각자의 느낌을 물어본다. 그다음 바깥 원을 이룬 팀원들이 서로의 팔짱을 낀 채 원 안을 죄어들게 한다. 그런 상태에서 원 안쪽의 팀원들은 그 모습을 보고 어떤 느낌이 드는지 말하도록 한다. 그리고 원 안쪽의 팀원들에게 눈을 감게 한 후, 원 바깥쪽 팀원들은 원 안쪽 팀원들에게 비난과 욕설과 울타리를 빠져나올 수 없다는 사실을 강요하는 말을 퍼붓도록 한다. 일정하게 부정적인 말소리를 듣게 한 후, 말하는 것을 그치게 하고 원 안의 팀원들에게 느낌을 물어본다.

원 안쪽 팀원들에게 눈을 그대로 감은 채 이 울타리를 빠져나올 수 있는 마음의 빛을 온몸 가득 느껴 보라고 말한다. 그리고 울타리를 빠져나올 때 어떤 단합된 소리를 낼지에 관해 말해 보도록 한다. 서로 의견을 나누어서 한 마디 단어나 기합 소리 같은 것이 정해지면 다음 단계를 실행한다. 즉, 신호를 보내면 정해 놓은 소리를 내면서 필사적으로 일어서서 원 밖으로 빠져나오라는 과업을 준다. 이때 눈을 뜨게 하되 손을 쓰면 안 되고, 몸으로 밀면서 빠져나오도록 한다. 원 바깥쪽 팀원들은 원 안의 팀원들이 빠져나오지 못하도록 결사적으로 막는 역할을 한다. 서로가 서로의 팔짱을 낀 채 치밀하게 스크럼을 짜서 빠져나오지 못하도록 한다. 심상 시치료사는 원 안쪽의 팀원들이 이미 약속해서 정한 단결된 소리를 지르며 빠져나오도록 적극적으로 격려한다. 충분히 몸을 부딪쳐서 빠져나오기 위해 고군분투하는 모습을 보면서, 심상 시치료사는 적당한 때에 원 안의 팀원들이 빠져나올 수 있도록 하라고 원 밖의 팀원들에게 비언어적인 방법으로 신호를 준다. 마지막 한 명까지 모두 탈출에 성공하면 다 함께 박수를 친다. 한 팀이 이러한 활동을 마치면 그다음 팀도 이와 같은 활동을 반복해서 한다.

두 팀 모두 활동을 마친 후, 울타리를 탈출했을 때의 느낌이 어땠는지, 이러한 행위와 연관되는 일이 없었는지 충분히 이야기를 나누도록 한다.

치료적 의미

갇혀 있는 상태는 심리적인 격리와 폐쇄를 의미한다. 그러한 상태에 대한 계기 역할을 하는 상황은 저마다 다르지만, 결국 내면에서 일어나는 심리적 작용은 위화감과 위축, 자존감 저하와 스트레스 상태가 된다. 탈출 심상 시치료는 이러한 마음의 작용을 행위 그대로 드러나게 한다. 더군다나 심리적인 압박 상태에서 머무르는 것이 아니라 그런 부정적인 작용으로부터 탈출하도록 종용한다. 그렇게 하는 것은 심리적인 탈출에 성공한 자신을 체험하고 자각하면서 결국 내면의 힘을 느끼고 그것을 구축하는 작용을 한다.

심상 시치료의 치료 효과

심상 시치료의 치료 효과로는 다음 일곱 가지를 들 수 있다.

첫째, 심상 시치료에서는 명상을 먼저 시행함으로써 뇌파를 알파파 상태로 만들어서 집중력과 창의력, 기억력을 향상시키고, 마음의 안정과 더불어 스트레스를 해소할 수 있다.

둘째, 심상 시치료는 그림, 음악, 영화, 시, 기타 활동을 활용 매체로 해서 감성과 감수성을 자극함으로써 사고 능력과 정서 능력을 풍부하게 하여 좌우 뇌의 조화를 이룰 수 있다.

셋째, 심상 시치료는 심신을 이완함으로써 내면을 각성 상태로 이끈 다음, 무의식 깊숙이 내재되어 있는 무의식의 힘을 이용해서 내담자 스스로가 해답을 찾는 방법으로 진행한다. 이로써 내담자는 주체성을 지니고, 스스로 선택한 결정과 방식에 강한 책임의식과 자긍심을 지닐 수 있다.

넷째, 심상 시치료는 내면의 빛(생명의 빛, 마음의 빛)을 자각하여 우주의 에너지와 소통하는 것을 목표로 삼고, 실제로 에너지 순환과 소통에 초점을 맞춰서 진행함으로써 심리적 · 육체적 · 영적 건강을 가져올 수 있으며, 더불어 삶의 에너지를 지닐 수 있게 된다.

다섯째, 심상 시치료는 특정한 질병에 특정한 방법으로 접근하는 방식이 아니라 보편적이고 근원적인 원리로 접근해 가기 때문에 보다 심층적이고 원형적인 치료법이며, 일반성을 지니므로 광범위하게 통용될 수 있다.

여섯째, 심상 시치료는 내면의 빛, 생명의 힘과 마음의 에너지를 직접 체험하는 과정을 포함하고 있기 때문에 긍정적인 자아상을 회복시켜서 자아존중감, 자기효능감의 강화 효과를 지니며, 실제 생활에서 삶의 의미를 찾고 고난과 역경을 극복할 수 있는 동기를 부여하여 극복의 계기를 마련해 줄 수 있다.

일곱째, 심상 시치료는 내담자의 선호에 맞게 활용 매체를 이용하여 접근함으로써 흥미와 재미를 느낄 수 있으며, 동시에 각성과 자각이 이루어져서 삶의 통찰력을 형성할 수 있는 치료적 작용을 하고 있다. 따라서 치료에 대한 저항을 최소화하고, 삶의 근원성이 회복되어 핵심적인 치료 효과를 가져온다.

3부

심상 시치료의 임상 사례 및 활용

심상 시치료의 사례

심상 시치료의 사례로는 경남 양산시 소재 ○○병원의 ○○병동 내에서 입원 중인 환자 중 입원 기간이 3년 이상, 발병 기간이 5년 이상 된 만성 정신분열증 환자 14명을 대상으로 한 연구를 제시하고자 한다. 이들 14명은 심상 시치료 실시 집단과 비실시 집단으로 각각 7명씩 무선 배치되었다. 심상 시치료에 활용한 매체는 시이며, 표현 방법은 말하기, 그림 그리기, 글쓰기였다. 2010년 4월부터 5월까지 총 12회에 걸쳐 매주 2회, 한 회기당 85분 정도로 진행하였다. 시에 관한 감성과 감수성으로 심상을 자극하고 사고를 확산시켜 궁극적으로 내면의 힘을 일궈 내는 목적으로 진행하였기에 치료 프로그램명을 '마음의 빛을 찾아서'라고 하였다. 만성 정신분열증 환자의 증상 완화와 심리적 안정 상태를 알아보기 위해서 심상 시치료 실시 집단과 비실시 집단에 각각 사전, 사후, 추후(심상 시치료 실시 한 달 후)에 간이정신진단검사(SCL-90-R)와 문장완성검사(SCT), 집-나무-사람 그림검사(HTP)를 실시하고 통계 · 분석하였다. 연구 결과를 요약하면, 첫째 심상 시치료가 정신과 폐쇄병동에 입원 중인 만성 정신분열증 환자의 증상을 완화시키는 것에 통계적으로 유의미한 효과가 있었고, 그 효과는 추후에도 지속되었다. 둘째, 심상 시치료가 정신과 폐쇄병동 입원 중인 만성 정신분열증 환자의 심리를 안정시키는 것에 유의미한 효과가 있었고, 그 효과는 추후에도 지속되었다. 본 사례에 관해서 발표된 논문을 참고하여 심상 시치료의 방법과 결과를 위주로 제시하고자 한다.

1. 연구 대상의 특징

본 연구 대상은 현재 경남 양산 소재 ○○병원 폐쇄병동에 입원 중인 ○○병동 정신과 환자 중 입원 경력이 3년 이상, 발병 기간이 5년 이상 된 만성 정신분열증 환자들이다. 모두 14명 중 7명씩 무선 배치하였다. 한 집단은 시치료 실시 집단으로, 다른 한 집단은 비실시 집단으로 하여 연구를 진행하였다. 시치료 실시 집단과 비실시 집단의 공통점은 다음과 같다. 정신과 병원 입원 경력 5년 이상이며, 정신분열증 진단을 받고(다른 병명이 중복 진단되더라도 주 진단이 정신분열증임), 집단 구성원은 여자 환자 1명, 남자 환자 6명의 총 7명으로 구성되어 있다. 또한 장기 입원 경력과 기타의 이유로 현재 특정한 직업이 없는 상태다. 시치료 실시 집단의 특징은 다음과 같다. 시치료 실시 집단의 평균 연령은 44세이며, 학력은 고등학교 졸업이 5명, 고등학교 2학년 중퇴가 1명, 중학교 2학년 중퇴가 1명이다. 병력의 평균 기간은 약 17년이다. 결혼 여부를 살펴보면, 6명이 미혼이고, 1명이 현재 5년 전 사별한 상태다. 시치료 실시 집단의 일반적 사항은 〈표 1〉과 같다.

표 1 시치료 실시 집단의 일반적 사항

사례 구분 번호 및 표기자(아명)	성별	연령	교육 수준	결혼 여부	진단명	병력
*1. 릴리	여	38	고졸	미혼	상세 불명의 정신분열증	20년
*2. 전봇대	남	29	고졸	미혼	편집성 정신분열증	10년
*3. 호빵맨	남	45	고졸	미혼	편집성 정신분열증	23년
*4. 빵	남	42	중 2 중퇴	미혼	편집성 정신분열증	20년
*5. 나무	남	40	고 2 중퇴	미혼	편집성 정신분열증	20년
*6. 차돌바위	남	58	고졸	사별	편집성 정신분열증/ 알코올 의존 증후군	6년
*7. 창대기	남	53	고졸	미혼	편집성 정신분열증/ 경도의 정신발육 지체	18년

시치료 비실시 집단의 평균 연령은 42세이며, 학력은 고등학교 졸업이 4명, 고등학교 3학년 중퇴가 1명, 중학교 2학년 중퇴가 1명, 초등학교 졸업이 1명이다. 병력의 평균 기간은 약 13년이다. 결혼 여부를 살펴보면, 7명 모두 미혼 상태다. 시치료 비실시 집단의 일반적 사항은 〈표 2〉와 같다.

표 2 시치료 비실시 집단의 일반적 사항

사례 구분 번호 및 표기자(아명)	성별	연령	교육 수준	결혼 여부	진단명	병력
@1. *민*	여	41	고졸	미혼	편집성 정신분열증	10년
@2. *수*	남	40	고졸	미혼	편집성 정신분열증	10년
@3. *효*	남	35	중 2 중퇴	미혼	편집성 정신분열증	19년
@4. *기*	남	42	고졸	미혼	편집성 정신분열증	19년
@5. *희*	남	61	초등 졸	미혼	미분화형 정신분열증	19년
@6. *상*	남	40	고졸	미혼	편집성 정신분열증	6년
@7. *병*	남	36	고 3 중퇴	미혼	상세 불명의 정신분열증	11년

2. 검사 측정 도구

간이정신진단검사(Symptom Checklist-90-Revision: SCL-90-R)는 9개 증상 차원, 90개 문항으로 구성되어 있으며, 각 문항은 각각 1개의 심리적인 증상을 대표하고 있다. 피검사자는 오늘을 포함해서 지난 7일 동안 경험한 증상의 정도에 따라 전혀 없다(0점), 약간 있다(1점), 웬만큼 있다(2점), 꽤 심하다(3점), 아주 심하다(4점)의 5점 평정을 하게 되어 있다. 증상 차원에 대한 분류는 신체화(somatization) 12문항, 강박증(obesessive-compulsive) 10문항, 대인예민성(interpersonal sensitivity) 9문항, 우울(depression) 13문항, 불안(anxiety) 10문항, 적대감(hostility) 6문항, 공포불안(phobic anxiety) 7문항, 편집증(paranoid) 6문항, 정신질환증(psychoticism) 10문항이며, 그 외 부가적인 증상(additional items) 7문항으로 되어 있다. 간이정신진단검사와 같은 자기보고식 검사는 한 개인이 임상적으로 경험한 것을 포괄적으로 다루고, 가능한 한 신경생리학적인 조절장애에 대한 유용한 단서를 제공한다(박경, 최순영, 2010). 간이정신진단검사는 김재환과 김광일(1984)이 번안한 것으로, 미국의 '코넬(Cornell) 의학지수'에서 시작되어 데로가티스(Derogatis)에 의해 현재의 진단으로 개발되었으며, 9개의 정신과적 증상을 기술하는 자기보고식 임상진단검사로 진단 및 치료 효과를 측정할 수 있는 도구다. 전반적인 정신건강 수준과 현재의 장애 정도는 전체심도지수(Global Severity Index: GSI)로 알 수 있다. 현재의 장애 수준을 파악하기 위해서 전체심도지수(GSI)와 9개의 증상척도는 T점수로 환산하여 사용하였다. 도구 개발 당시 신뢰도는 .77~.90, 검사-재검사 신뢰도는 .78~.90이었으며, 본 검사에서의 신뢰도는 .83이다.

문장완성검사(Sentence Completion Test: SCT)는 다수의 미완성 문장을 피검사자가 자기 생각대로 완성하도록 하는 검사로, 단어연상검사의 변형으로 발전된 것이다. 커텔(Cattell)은 골턴(Galton)의 자유연상검사(Free Association Test)로부터 단어연상검사(Word Association Test)를 발전시켰는데, 이를 크레펠린(Kraepelin)과 융이 임상적 연구를 통해 토대를 구축하였고, 라파포트(Rapaport)와 동료들에 의하여 성격 진단을 위한 유용한 투사법으로 확립되었다. 이 단어연상검사로부터 문장완성검사가 발전하였다. 현재 임상 현장에서는 삭스(Sacks)의 문장완성검사(SSCT)가 가장 널리 사용되고 있다(최정윤, 2005).

3. 회기별 프로그램 목표와 내용

심상 시치료의 회기별 프로그램 목표와 내용은 〈표 3〉과 같다.

표 3 회기별 프로그램 목표 및 내용

단계	회기	목표	프로그램 내용
지지	1	프로그램 소개 및 관계 형성	• 문학치료의 목적 및 의의를 설명하고 알아야 할 사항을 말한다. • 각자 소개 및 별칭을 정한다. • 참여 시간 동안 지켜야 할 사항에 대해 설명 후 구두로 서약한다. • 마음 열기 과제 1: 이제껏 내가 살아오는 동안 나를 이루게 한 귀한 존재가 무엇인지 하나만 생각해 오기 • 마음의 빛을 향한 상상의 문 1 제시
통각	2	나와 전체의 합일 경험하기 1	• '마음 열기 과제 1'에 관해서 각자 이야기를 나눈다. • 틱낫한의 〈공존〉을 낭송하고 느낌을 나눈다. • 마음의 빛 - 심상 시치료 1 • 마음 열기 과제 2: 이제껏 내가 살아오는 동안 나를 이루게 한 귀한 존재가 나에게 들려주는 말을 한마디씩 생각해 오기 • 마음의 빛을 향한 상상의 문 2 제시

<table>
<tr><td></td><td>3</td><td>나와 전체의 합일 경험하기 2</td><td>• 마음 열기 과제 2에 관해서 각자 이야기를 나눈다.
• 장석주의 〈대추 한 알〉을 낭송하고 느낌을 나눈다.
• 마음의 빛 - 심상 시치료 2
• 참여 소감을 나눈다.
• 마음 열기 과제 3: '○○○를 위하여'라는 말이 있습니다. ○○○ 안에 누구를 넣으면 좋을까요? 말해 봅시다.
• 마음의 빛을 향한 상상의 문 3 제시</td></tr>
<tr><td rowspan="4">행동 1</td><td>4</td><td>희망 찾기</td><td>• 마음 열기 과제 3에 관해서 각자 이야기를 나눈다.
• 고정희의 〈상한 영혼을 위하여〉를 낭송하고 느낌을 나눈다.
• 마음의 빛 - 심상 시치료 3
• 마음 열기 과제 4: 내 생애 있어 '좋은 날'은 어떤 날이 있었던가요? 추억을 떠올리며 말해 봅시다. 혹시 좋은 날이 없었다면, 다가올 '좋은 날'은 어떤 날이 되면 좋을까요?
• 마음의 빛을 향한 상상의 문 4 제시</td></tr>
<tr><td>5</td><td>자기를 일깨우기</td><td>• 마음 열기 과제 4에 관해서 각자 이야기를 나눈다.
• 장석주의 〈우리에게 더 좋은 날이 올 것이다〉를 낭송하고 느낌을 나눈다.
• 마음의 빛 - 심상 시치료 4
• 마음 열기 과제 5: '눈물'이라는 단어에서 떠올려지는 일에 관해 자유롭게 상상해 봅시다.
• 마음의 빛을 향한 상상의 문 5 제시</td></tr>
<tr><td>6</td><td>내면의 힘을 위한 선택</td><td>• 마음 열기 과제 5에 관해서 각자 이야기를 나눈다.
• 한용운의 〈당신을 보았습니다〉를 낭송하고 느낌을 나눈다.
• 마음의 빛 - 심상 시치료 5
• 참여 소감을 나눈다.
• 마음 열기 과제 6: 내 마음속에 숲이 있고 어떤 집이 있습니다. 그 집에 누가 살고 있을까요? 떠올려 봅시다.
• 마음의 빛을 향한 상상의 문 6 제시</td></tr>
<tr><td>7</td><td>문제 극복 형성하기</td><td>• 마음 열기 과제 6에 관해서 각자 이야기를 나눈다.
• 송찬호의 〈이곳에 숨어 산 지 오래되었습니다〉를 낭송하고 느낌을 나눈다.
• 마음의 빛 - 심상 시치료 6
• 마음 열기 과제 7 발표: '둥글다'라는 말 속에 어떤 것이 상상될까요? '둥글다'는 것에서 떠올려지는 것이 무엇인지 생각해 봅시다.
• 마음의 빛을 향한 상상의 문 7 제시</td></tr>
</table>

	8	마음의 조화와 균형	• 마음 열기 과제 7에 관해서 각자 이야기를 나눈다. • 이진영의 〈미소〉를 낭송하고 느낌을 나눈다. • 마음의 빛 - 심상 시치료 7 • 마음 열기 과제 8: '자유' 하면 생각나는 것이 무엇인지 말해 봅시다. • 마음의 빛을 향한 상상의 문 8 제시
행동 2	9	자유로움 향유	• 마음 열기 과제 8에 관해서 각자 이야기를 나눈다. • 손옥희의 〈소유하지 않는 사랑이 아름답다〉를 낭송하고 느낌을 나눈다. • 마음의 빛 - 심상 시치료 8 • 마음 열기 과제 9 발표: '열심히 산다는 것'은 어떤 것일까요? 열심히 산다는 것에 관해 생각해 봅시다. • 마음의 빛을 향한 상상의 문 9 제시
	10	삶의 올바른 방향 설정	• 마음 열기 과제 9에 관해서 각자 이야기를 나눈다. • 안도현의 〈열심히 산다는 것〉을 낭송하고 느낌을 나눈다. • 마음의 빛 - 심상 시치료 9 • 마음 열기 과제 10 발표: '사막' 하면 생각나는 것에 관해 상상해 봅시다. • 마음의 빛을 향한 상상의 문 10 제시
	11	문제의 극복과 해결 및 타인을 돌봐 주기	• 마음 열기 과제 10에 관해서 각자 이야기를 나눈다. • 최승호의 〈우울〉을 낭송하고 느낌을 나눈다. • 마음의 빛의 심상 시치료 10 • 마음 열기 과제 11 발표: '마음의 빛을 찾아서'에 참여하는 동안 느꼈던 것을 적어 봅시다. • 마음의 빛을 향한 상상의 문 11 제시
통합	12	자기 내면의 힘 인식하기	• 마음 열기 과제 11에 관해서 각자 이야기를 나눈다. • 이면우의 〈그 저녁은 두 번 오지 않는다〉를 낭송하고 느낌을 나눈다. • 마음의 빛 - 심상 시치료 11 • 프로그램을 마치며 전체 소감을 나눈다. • 마음의 빛을 향한 상상의 문 12 제시

각 회기마다 먼저 마음 열기 과제에 대해 발표하고, 의견을 나누고, 해당되는 회기별 시를 낭송하고, 느낌을 나눈다. 그리고 시에 해당하는 심상 시치료의 핵심인 '마음의 빛 – 심상 시치료'를 11회기까지 진행하고(1회기에서는 심상 시치료를 등장시키지 않는다), 마음 열기 과제를 제시한다. 마음 열기

과제는 생각과 마음을 담아 오는 과제로, 다음 심상 시치료에 대한 핵심 의미를 지니고 있다. 마음 열기 과제를 함께 나누는 것으로 워밍업을 한다. 그리고 마지막으로 '마음의 빛을 향한 상상의 문'을 12회기까지 총 12번에 걸쳐 조형물로 제시한다. 각 회기마다 입체적인 조형물로 상상의 문을 제시하는 것은 마음의 빛을 찾으려는 목적을 보다 구체화하고 선명하게 부각시켜 나갈 수 있게 하기 위해서뿐만 아니라, 문을 열고 그다음 단계로 진입하기 위해서 참여자 스스로 선택하고 책임을 느끼게 하기 위해서다. 12단계로 형상화한 문은 곧 '마음의 문'을 상징한다. 문은 스스로가 그렇게 하려고 선택할 때 서서히, 조금씩, 꾸준하게 열릴 것이고, 결국 열린 문 안에서 '마음의 빛'을 발견할 수 있다는 의미가 담겨 있다.

시의 주제가 심상 시치료의 목적과 연결되어 각 회기별 목적에 부합할 수 있는 시를 엄선하여 사용하였다.

4. 프로그램에 사용된 시 내용과 치료적 의미

프로그램에 사용된 시 내용과 심상 시치료 및 치료적 의미는 다음과 같다.

1) 공 존

공 존

- 틱낫한

만일 당신이 시인이라면

당신은 이 한 장의 종이 안에서
구름이 흐르고 있음을 분명히 보게 될 것입니다.
구름이 없이는 비가 없으며,
비가 없이는 나무가 자랄 수 없습니다.
그리고 나무가 없이 우리는 종이를 만들 수가 없습니다.
그러므로 우리는 구름과 종이가 서로 공존하고 있다고 말할 수 있습니다.

(중략)

더욱더 깊이 들여다보면 우리들이 그 안에 있음을 봅니다.
그렇게 보는 것이 어렵지 않으니,
우리가 그 종이를 보고 있을 때 그 종이는 우리 지각의 일부인 것입니다.
당신의 마음과 내 마음이 이 안에 있습니다.
그러므로 모든 것이 이 종이와 함께 있다고 우리는 말할 수 있습니다.
이곳에 있지 않은 것 하나도 지적할 수가 없습니다.

시간, 공간, 지구, 비,
그리고 땅속의 광물질, 햇빛, 구름, 강, 열
그 모든 것이 이 종이와 공존합니다.
당신은 홀로 존재할 수 없습니다.
당신은 모든 다른 것들과 공존해야만 합니다.
모든 다른 것들이 존재하기 때문에
이 종이 한 장이 존재하는 것처럼…

심상 시치료

이 시에는 여러 존재가 나옵니다. 햇빛, 구름, 지구, 비 등의 존재 중에서 한 존재를 선택해 봅니다.

(명상에 돌입한 후 진행한다.) 눈을 감고 깊은 심호흡을 해 봅시다. 심호흡을 할수록 이완되는 느낌이 듭니다. … 그 상태에서 내가 고른 존재를 떠올려 봅니다. 그 존재에게 하고 싶은 말을 해 봅시다. … 각자가 고른 존재에게 말을 하고 있는 자신을 떠올려 봅니다. 그 존재가 뭐라고 답하고 있습니다.

눈을 뜨고, 그 존재가 하고 있는 말을 종이에 그대로 옮겨 봅시다.

치료적 의미

하나의 작은 사물을 통해 세상으로 시각을 확대하여 의미의 파장을 높여 나가고, 다시 전체의 시각은 부분의 사물로 돌아온다. 생명의 연결 고리이면서 연쇄 순환되고 있는 자연의 질서를 말하고 있다. 시를 통해 얻고자 한 점은 바로 '나'라는 존재감의 인식이다. '나'는 외따로 존재하는 것이 아니라 연결되고, 순환되는 커다란 맥을 잇고 있는 것이다. '나'는 결국 우주의 큰 힘에도 잇닿아 있다. 그것은 인식의 전환과 변화의 실마리를 가져오는 동기가 될 수 있다.

2) 대추 한 알

대추 한 알

– 장석주

저게 저절로 붉어질 리는 없다
저 안에 태풍 몇 개
저 안에 천둥 몇 개
저 안에 벼락 몇 개가 들어서서

붉게 익히는 것일 게다

저게 저 혼자 둥글어질 리는 없다
저 안에 무서리 내리는 몇 밤
저 안에 땡볕 한 달
저 안에 초승달 몇 날이 들어서서
둥글게 만드는 것일 게다

대추야 너는
세상과 통하였구나!

심상 시치료

(명상에 돌입한 후 진행한다.) 눈을 감고 깊은 심호흡을 해 봅시다. 심호흡을 할수록 편안해지는 느낌이 듭니다. … 잠시 눈을 감고 자연스럽고 긴 호흡을 들이쉬고 내쉬어 봅니다. '나'의 존재를 이루는 힘과 연관된 단어를 떠올려 봅시다.

눈을 뜨고 상상한 단어를 그림으로 나타내 봅니다.

치료적 의미

존재를 이뤄 나가는 구체적인 사물의 현상이 제시되어 있다. 시 속에서 만날 수 있는 의미와 정서는 '소중함'과 '참고 이겨 내는 힘'이다. 대추 한 알을 '나'로 대입해 보는 작업을 통해서 '나'의 자존감과 귀한 가치를 일궈 낼 수 있다.

3) 상한 영혼을 위하여

상한 영혼을 위하여

- 고정희

상한 갈대라도 하늘 아래선
한 계절 넉넉히 흔들리거니
뿌리 깊으면야
밑둥 잘리어도 새순은 돋거니

충분히 흔들리자 상한 영혼이여
충분히 흔들리며 고통에게로 가자

뿌리 없이 흔들리는 부평초 잎이라도
물 고이면 꽃은 피거니
이 세상 어디서나 개울은 흐르고
이 세상 어디서나 등불은 켜지듯
가자 고통이여 살 맞대고 가자
외롭기로 작정하면 어딘들 못 가랴
가기로 목숨 걸면 지는 해가 문제랴

고통과 설움의 땅 훨훨 지나서
뿌리 깊은 벌판에 서자
두 팔로 막아도 바람은 불 듯
영원한 눈물이란 없느니라
영원한 비탄이란 없느니라

캄캄한 밤이라도 하늘 아래선
마주 잡을 손 하나 오고 있거니

심상 시치료

(명상에 돌입한 후 진행한다.) 눈을 감아 봅니다. 깊은 심호흡을 하면서 편안하게 이완합니다. … 상한 꽃이 있습니다. 그 꽃은 시들고 꺾일 듯 고개를 숙이고 있습니다. 꽃잎이 벌써 떨어지고 간신히 꽃술만 붙어 있는 모습입니다. 이제 곧 그 꽃술도 없어지고 꽃은 자취를 감추게 될 것 같습니다. 이제 줄기를 타고 내려가서 아래쪽을 봅니다. 단단한 땅 아래 꽃의 뿌리가 뻗어 있습니다. 보이지 않는 땅의 곳곳에 뿌리가 아주 튼튼한 모습으로 내려져 있어서 어지간한 태풍에도 끄떡없을 것 같습니다. 굉장히 튼튼한 뿌리가 땅 아래 뻗어 있습니다. 그런 꽃을 떠올려 봅시다. 그 꽃에게 들려줄 말을 떠올려 봅시다. … 꽃은 적은 말을 이미 알아들었습니다. 그 말을 들은 꽃은 뭐라고 대답할까요?

눈을 뜨고, 내가 한 말과 꽃이 하는 대답을 적어 봅니다.

치료적 의미

보다 구체적인 현실을 직시하는 의미를 지니고 있다. 고통과 서러움과 흔들림, 상한 영혼이라는 직접적인 화법으로 마음과 정신의 아픈 상태를 집어내고 있다. 그렇지만 이 시 이전에 언급한 '자존감 회복'과 '내면의 힘'과 같은 의미적 지지 기반을 바탕으로 이 시를 접하면 사정은 달라진다. 시의 말미에서 말하고 있듯, '캄캄한 밤이라도 하늘 아래선 마주 잡을 손 하나 오고 있는' 것이다. 이 부분을 부각하여 자신만의 의미로 받아들일 때 '희망'을 찾을 수 있을 것이다.

4) 우리에게 더 좋은 날이 올 것이다

우리에게 더 좋은 날이 올 것이다

– 장석주

너무 멀리 와버리고 말았구나
그대와 나
돌아갈 길 가늠하지 않고
이렇게 멀리까지 와버리고 말았구나

구두는 낡고, 차는 끊겨버렸다
그대 옷자락에 빗방울이 달라붙는데
나는 무책임하게 바라본다, 그대 눈동자만을
그대 눈동자 속에 새겨진 길을
그대 눈동자 속에 새겨진 별의 궤도를
너무 멀리 와버렸다 한들
이제 와서 어쩌랴

우리 인생은 너무 무겁지 않았던가
그 무거움 때문에
우리는 얼마나 고단하게 날개를 퍼덕였던가

더 이상 묻지 말자
우리 앞에 어떤 운명이 놓여 있는가를
묻지 말고 가자
멀리 왔다면

더 멀리 한없이 가버리자

심상 시치료

(명상에 돌입한 후 진행한다.) 눈을 감고 깊이 심호흡을 하면서 편안하게 이완되는 것을 상상해 봅니다. … 내가 걸어가고 있는 인생길은 어떤 길일까요? 그 길을 떠올려 봅시다. … 그 길 위에 내가 있습니다. 길 위에 멈추지 않고 계속 걸어가는 나를 떠올려 봅니다. 길은 친절하고 현명하고 지혜로운 말을 내게 들려주고 있습니다. 길이 어떤 말을 하고 있는지 귀를 기울여 봅시다.

눈을 뜨고, 인생길을 그려 봅시다. 그 길 위에서 멈추지 않고 가고 있는 나를 그려 봅니다. 그리고 길이 내게 들려주는 말을 떠올려 적어 봅니다.

치료적 의미

'삶의 길'에 대한 자세를 말하고 있다. 자포자기가 아니라, 자신을 세우고 격려하는 시다. 그것은 얇은 희망의 단서로 어설프게 말하고 문제를 덮어두는 식의 격려가 아니다. 현실을 도피하는 관점이 아니라 오히려 현실적 문제 상황을 면밀하게 들춰 보면서도 앞으로 나아갈 것을 제시하고 있다. 그것은 병력과 정신질환의 시달림 속에 매몰될 수 있는 자신을 일깨우는 역할을 한다.

5) 당신을 보았습니다

당신을 보았습니다

– 한용운

당신이 가신 뒤로 나는 당신을 잊을 수가 없습니다.
까닭은 당신을 위하느니보다 나를 위함이 많습니다.

나는 갈고 심을 땅이 없으므로 추수(秋收)가 없습니다.
저녁거리가 없어서 조나 감자를 꾸러 이웃집에 갔더니, 주인(主人)은 "거지는 인격이 없다. 인격이 없는 사람은 생명이 없다, 너를 도와주는 것은 죄악이다"고 말하였습니다.
그 말을 듣고 돌아 나올 때에, 쏟아지는 눈물 속에서 당신을 보았습니다.

나는 집도 없고 다른 까닭을 겸하여 민적(民籍)이 없습니다.
"민적 없는 자(者)는 인권이 없다. 인권이 없는 너에게 무슨 정조냐" 하고 능욕(凌辱)하려는 장군(將軍)이 있었습니다.
그를 항거(抗拒)한 뒤에 남에게 대한 격분이 스스로의 슬픔으로 화(化)하는 찰나에 당신을 보았습니다.
아아, 온갖 윤리, 도덕, 법률은 칼과 황금을 제사 지내는 연기(烟氣)인 줄을 알았습니다.
영원의 사랑을 받을까, 인간역사(人間歷史)의 첫 페이지에 잉크 칠을 할까, 술을 마실까 망설일 때에 당신을 보았습니다.

♥ 심상 시치료

(명상에 돌입한 후 진행한다.) 눈을 감고 깊이 심호흡을 하면서 편안하게 이

완되는 것을 느낄 수 있습니다. … 마음의 고통을 받았을 때, 불안하거나 힘들 때, 이겨 낼 수 있는 힘을 주는 '당신'이라는 존재에 대해 떠올려 봅니다. 그 존재한테 하고 싶은 말을 해 보는 나를 떠올려 봅니다. … 그 존재가 불안과 고통을 이겨 낼 수 있는 어떤 말을 내게 하고 있습니다. 그 말에 세심하게 귀를 기울여 보시기 바랍니다. 힘이 있고 강력하면서도 평화로운 어떤 말을 내게 들려주고 있습니다. 어떤 말이 들리나요?

눈을 뜨고 그 존재한테 하고 싶은 말과 그 존재가 뭐라고 답변하는지에 관해 차례로 말해 봅시다.

치료적 의미

이 시를 이루는 정서는 '비참함'이다. 하지만 이 비참함을 절절하게 느낄 기회가 없다. 시종일관 처음부터 암시하고 있는 '당신'이라는 존재 때문이다. 이 시는 분명 구체적인 단어 '거지'를 이용하여 감춰 둔 무의식의 어떤 정서를 끌어올릴 빌미를 주고 있다. 자기 비하적이고 자기 파괴적인 감정은 특히 정신과 환자들에게는 낯설지 않는 감정이다. 시적 화자와 동일한 감정으로 시를 보는 것은 오히려 권장될 수 있다. 시적 화자의 선택은 '당신'을 보았던 것인데, 시의 정서가 비참함으로만 끝나는 것은 아니라는 사실을 잘 알 수 있다. 이 시의 핵심은 '선택'과 '기회' 속에서 이뤄 나가는 '내면의 힘'이다. 희망과 정신적인(자기의) 일깨움을 통해 얻은 자존감으로 긍정적인 내면의 힘을 선택해 나가는 길을 알아차릴 수 있을 것이다.

6) 이곳에 숨어 산 지 오래되었습니다

이곳에 숨어 산 지 오래되었습니다

– 송찬호

이곳에 숨어 산 지 오래되었습니다
병이 깊어 이제 짐승이 다 되었습니다
병든 세계는 참으로 아름답습니다 황홀합니다
이름 모를 꽃과 새들 나무와 숲들 병든 세계에 끌려 헤매다 보면
때로 약 먹는 일조차 잊고 지내곤 한답니다
가만, 땅에 엎드려 귀 대고 누군가의 발자국 소리를 듣습니다
종종 세상의 시험에 실패하고 이곳에 들어오는 사람이 있습니다
몇 번씩 세상에 나아가 실패하고 약을 먹는 사람도 보았습니다
가끔씩 사람들이 그리우면 당신들의 세상 가까이 내려갔다
돌아오기도 한답니다
지난번 보내 주신 약 꾸러미 신문 한 다발 잘 받아 보았습니다
앞으로 소식 주지 마십시오
병이 깊을 대로 깊어 이제 약 없이도 살 수 있을 것 같습니다
이렇게 병든 세계를 헤매다 보면
어느덧 사람들 속에 가 있게 될 것이니까요

♥ 심상 시치료

(명상에 돌입한 후 진행한다.) 눈을 감고 깊이 심호흡을 하면서 편안하게 이완되는 것을 느낄 수 있습니다. 숨고 싶을 때 충분히 숨어서 감싸 주는 무언가를 떠올려 봅시다. … 나를 충분히 감싸 주고 도와주고 보호해 주는 그 무언가가 어떤 말로 나를 다독여 줍니다. 내가 숨고 싶을 때 충분히 나를 숨겨

주는 그 존재는 내게 힘을 주는 존재입니다. 나는 충분히 쉬고, 충분히 잠을 잡니다. 깨어나서 충분히 먹고, 이제 일어나서 걸어야 할 시간이 되었습니다. 나를 보호해 주고 감싸 주는 존재는 내게 어떤 말을 들려줄 차례가 되었습니다. 그 존재는 내게 어떤 말을 하고 있나요? … 길을 떠나면서 나는 그 존재에게 뭐라고 말해 주고 있나요?

눈을 뜨고 그 존재가 내게 해 주고 있는 말과 내가 답한 말을 그대로 종이에 옮겨 봅니다.

치료적 의미

병리적 현상 혹은 증상에 대해 보다 직접적으로 접근하고 있는 시다. '병'과 '약'이라는 단어에서 처한 현실을 자각할 수 있다. 그러나 시의 아우라는 나약하지 않다. 세상을 다르게 보는 시각으로 결단하고 있다. 병과 약의 이분법적 시선이 아니라 '헤매다 보면 오히려 사람들 속에 가 있게 되는' 역설적 의미가 드러나고 있다. 이 시는 이전 회기 동안 경험했던 자존감, 자신의 일깨움, 희망 같은 목표들이 현실의 토대를 무시하고 덧붙여져서 떨어지기 쉬운 상태로 덧입혀지는 오류를 방지하기 위해 마련되었다. 즉, 이 시는 환자 스스로의 마음을 면밀하게 들여다보고 있어서 쉽게 동화할 수 있는 반면 부인하고 싶은 방어적 자세 또한 들게 할 수 있다. 그럼에도 불구하고 환자는 시적 화자와 같은 처지에서 극복할 수 있는 방법을 찾고, 알아차리게 될 것이다.

7) 미 소

미 소

-불갑사 시편 3-

- 이진영

멀리서도 우리가
종소리를 들을 수 있는 것은
그것이 직선이 아니라
곡선이기 때문이다
파문(波文)처럼 둥근 곡선의 앞소리가
허공에 먼저 소리 길을 내고 가면
곡선의 둥근 뒷소리가 금방 달려와
앞소리를 슬쩍 일어주고
그 힘을 받은 앞소리가
다시 허공에
자꾸자꾸
곡선의 둥근 소리 길을
새롭게
새롭게
열기 때문이다

그래서 곡선은
항상
넓고
새롭고

깊고
영원한 법이다
그분의
둥근 미소처럼

내 웃음의 소리 길도 그렇게 한 번
새롭고 깊어봤으면,
곡선처럼
넓고 둥글어 봤으면,

심상 시치료

(명상에 돌입한 후 진행한다.) 눈을 감고 깊이 심호흡을 하면서 편안하게 이완되는 것을 느낄 수 있습니다. 둥글고 편안한 얼굴, 인자한 미소를 띤 얼굴이 있습니다 … 둥글고 편안한 목소리가 있습니다. 맑은 공기와 깨끗하고 정갈한 물이 흐르는 산속에서 종소리가 울려 퍼지고 있습니다. … 둥글고 편안하고 너그러운 마음이 있습니다. 이 마음을 그대로 느껴 보시기 바랍니다.

눈을 뜨고 둥글고 편안한 마음을 종이 위에 그대로 그려 봅니다. 그 그림 속에서 어떤 말이 나올 것 같은지 말해 봅시다.

치료적 의미

시의 주된 정서는 부드러움이다. 그것은 관용과 포용과 화해의 의미를 지닌다. 여유로움과 넉넉한 마음을 지향하는 시다. 이미 이전 회기 동안 진행한 시를 통해서 희망과 극복의 메시지를 간직한 채 부드러움과 풍성함을 나눌 수 있다. 즉, 내면의 힘(부드러움과 넉넉함)으로 세상과 조화를 이뤄 내는 것이 이 시를 사용한 회기의 목적이다.

8) 소유하지 않는 사랑이 아름답다

소유하지 않는 사랑이 아름답다

– 손옥희

아름다운 꽃을 가지고 싶은 마음에
자기만의 공간에 꽂아 둔다면
처음의 향기를 바랄 수는 없다

날갯짓하는 새를 가슴에 품어 둔다면
배려에 고마워하지 않는다

시선에 다가오는 그 어떤 것도
취하고픈 욕망으로 안는다면
꽃은 꺾인 채 고개 숙이고
보살펴준 새도 창공을 그리워한다

한 사람을 흠모함에 품어주는 사랑도
바라보는 그리움도
소유의 충족으로는
영원한 안식을 주지 못한다

바람이 불면 부는 곳으로 마음 열고
강물이 흐르면 눈빛으로 함께할 수 있는
진정, 소유하지 않는 사랑이 아름답다

심상 시치료

(명상에 돌입한 후 진행한다.) 눈을 감고 깊이 심호흡하면서 편안하게 이완되는 것을 느낄 수 있습니다. … 아름다운 마음에 관해 떠올려 봅니다. 그 마음은 빛나고 깨끗하고 환합니다. 그 마음은 슬픔을 안아 주고 고통을 감싸 주고 어둠마저 어루만져 줍니다. 아름다운 마음에는 부드러움과 자유가 있습니다. 억지스럽고 강한 느낌 대신 편안하고 포근한 느낌이 듭니다. 아름다운 마음이 내 마음속에 들어와 있는 것을 느껴 봅니다. … 이 아름다운 마음속에서 뭔가가 자라나고 있는 것을 느껴 봅니다. 뭔가 조그만 것이 점점 크고 튼튼하게 자라납니다. 무엇이 자라고 있을까요? 어떤 것이 아름다운 마음속에 마음껏 쭉쭉 온몸을 뻗으며 자라나고 있나요?

눈을 뜨고 아름다운 마음과 마음속에서 자라나고 있는 것을 그려 봅니다.

치료적 의미

시가 주는 의미와 정서는 '자유로움'과 '이해'다. 이해는 각각의 존재에 대한 소중함을 포함하고 있다. 좌절과 분노와 질투 같은 부정적인 감정이 가져오는 정신적인 상처를 희석하는 것을 목표로 선택한 시다. 즉, 시의 목적은 '진정한 자유로움'이며, 이 말 속에 '용서'가 암시되어 있다.

9) 열심히 산다는 것

열심히 산다는 것

– 안도현

산서에서 오수까지 어른 군내 버스비는
400원입니다

운전사가 모르겠지, 하고
백 원짜리 동전 세 개하고
십 원까지 동전 일곱 개만 회수권 함에다 차르륵
슬쩍, 넣은 쭈그렁 할머니가 있습니다

그걸 알고 귀때기 새파랗게 젊은 운전사가
있는 욕 없는 욕 다 모아
할머니를 향해 쏟아붓기 시작합니다
무슨 큰일 난 것 같습니다
30원 때문에

미리 타고 있는 손님들 시선에도 아랑곳없이
운전사의 훈계 준엄합니다 그러면,
전에는 370원이었다고
할머니의 응수도 만만찮습니다
그건 육이오 때 요금이야 할망구야, 하면
육이오 때 나기나 했냐, 소리치고
오수에 도착할 때까지
훈계하면, 응수하고
훈계하면, 응수하고

됐습니다
오수까지 다 왔으니
운전사도, 할머니도, 나도, 다 왔으니
모두 열심히 살았으니!

심상 시치료

(명상에 돌입한 후 진행한다.) 눈을 감고 깊이 심호흡을 하면서 편안하게 이완되는 것을 느낄 수 있습니다. … 시 속의 두 주인공이 있습니다. 운전수와 할머니이지요. 나는 지금 운전수입니다. 어떤 할머니가 버스에 올라타서 버스비를 내는데 터무니없이 부족합니다. 그런데도 시치미를 떼고 자리에 앉아 있습니다. 나는 화가 납니다. 순간적으로 화가 난 나는 화를 표현할 수도 있고 화를 스스로 없앨 수도 있습니다. 아니면 할머니를 용서할 수도 있고 따져 묻거나 다른 말을 건넬 수도 있습니다. 그런데 내 마음속에 아름다운 마음이 있습니다. 순간 화와 짜증이 났지만 곧 아름다운 내 마음의 인도를 받습니다. 내가 어떻게 할지 잠시 떠올려 봅니다. 내가 어떻게 반응해야 할까요? … 나는 할머니입니다. 돈이 없는데 꼭 이 버스를 타야 집에 갈 수 있습니다. 일단 버스에 올라탑니다. 그리고 가지고 있는 돈 전부를 차비로 통안에 넣습니다. 그다음 어떻게 할까요? … 운전수가 화가 많이 났습니다. 나는 사정을 말했지만 듣지 않습니다. 그렇더라도 내 마음속에 아름다운 마음이 있어서 내게 화를 내지 말고 현명하게 해결하라고 가르쳐 주고 있습니다. 나는 어떻게 할까요?

이제 눈을 뜨고 운전수의 입장에서, 할머니의 입장에서 각각 내가 떠올린 말과 행동을 차례대로 종이에 옮겨 봅니다.

치료적 의미

응용편의 첫 단계다. 가치, 존재감, 일깨움, 희망과 극복, 자연스러운 이해 같은 목표 아래 선택한 시들이 형이상학적이었다면, 이 시는 구체적이고 눈에 보일 듯한 현상을 포착하여 에피소드처럼 적고 있다. 열심히 산다는 것의 반어적인 예를 들어 적나라하게 일상의 삶을 잘 드러내 보이고 있다. 시를 알고 나면 '그렇다면 열심히 사는 것이란' 어떤 것인지에 관하여 질문해 보고 스스로 응답해 볼 수 있을 것이다.

10) 우 울

우 울

– 최승호

아무래도 고비의 개들은 우울증에 걸린 것 같습니다. 낯선 사람이 와도 머리를 잠시 쳐들었다 다시 털가죽에 처박을 뿐, 잘 짖지도 않습니다. 고비의 개들은 대개 웅크리고 잠만 잡니다. 걸어갈 때에도 머리와 꼬리를 축 늘어뜨리고 풀 죽은 모습으로 느릿느릿 걸어갑니다. 사랑받고 싶은데 사랑받지 못한 개들, 어떤 유목민이 젖을 짤 수 없는 개들을 깊이 배려하겠습니까.

바람 속에 웅크린 검은 털 뭉치, 고비의 개들은 이따금 머리를 들어 뭔가를 바라볼 때도 있습니다. 늑대도 울지 않는 먼 곳을 괜히 바라보는 것이지요. 그러다가 또 털가죽에 머리를 처박고 잠을 잡니다. 잠은 지루함을 지워줍니다. 잠은 지우개 같아서 우울을 지워줄 뿐만 아니라 우울한 게 과연 누구인지, 우울의 원인이 무엇인지, 우울을 어떻게 벗어나야 하는지 등등, 모든 개의 번뇌를 지워버리는 것이지요.

고비의 개들은 잠을 자려고 태어난 것 같습니다. 만약 내가 고비에서 개로 태어났다면 아마 나도 낮달이 떠도 잠을 자고 그믐달이 떠도 잠을 자고 뼈가 모래가 될 때까지 잠을 자고 모래가 된 뒤에도 잠만 잤을 겁니다.

심상 시치료

(명상에 돌입한 후 진행한다.) 눈을 감고 깊이 심호흡을 하면서 편안하게 이완되는 것을 느낄 수 있습니다. … 사막이 있습니다. 메마르고 거친 모래가 덮인 사막입니다. 햇볕이 강하고 더운 바람이 불어옵니다. 거대한 선인장

이 네댓 개 있습니다. 그 아래, 겨우 더위를 피한 개가 한 마리 있습니다. 늙고 배고픈 개는 종일 잠을 잡니다. 그 개에게로 가까이 다가가 봅니다. 야위고 퀭한 눈을 가진 슬프고 우울한 개입니다. 그 개는 오래전 달리기도 잘하고 멋진 몸과 활발한 성격으로 주위 사람들을 기쁘게 한 적이 있었습니다. 그때, 그 활발한 때로 회복되었으면 좋겠습니다. 내가 다가가서 개에게 뭔가 도울 것이 없느냐고 물어보았습니다. 그 개가 뭐라고 이야기합니다. 뭐라고 이야기하는지 귀 기울여 들어 봅니다. … 나는 사막을 얼마든지 걸어 나갈 수 있는 충분한 힘이 있습니다. 현명하고 지혜로운 마음과 충분한 물과 식량이 있습니다. 나는 개에게 뭐라고 말해 줄 수 있을까요?

눈을 뜨고 도움을 청하는 개의 말과 내가 해 줄 수 있는 말과 행동을 적어 봅시다.

치료적 의미

우울은 충분히 경험했거나 느낄 수 있는 이미지로 이루어져 있다. 시 속의 주인공 개의 우울을 빗대어 각자 자신의 내면에 있는 우울한 정서를 쏟아낼 수도 있다. 하지만 우울로 끝마치는 것이 결코 아니다. 시 속의 우울한 개를 이끌어 내 줄 말을 생각해 내고 표현하는 작업을 통해서 환자들은 이미 '우울'을 '극복'하는 단계로 진입할 수 있다. 이 시는 응용편의 두 번째 시다.

11) 그 저녁은 두 번 오지 않는다

그 저녁은 두 번 오지 않는다

– 이면우

무언가 용서를 청해야 할 저녁이 있다

맑은 물 한 대야 그 발밑에 놓아
무릎 꿇고 누군가의 발을 씻겨 줘야 할 저녁이 있다
흰 발과 떨리는 손의 물살 울림에 실어
나지막이, 무언가 고백해야 할 어떤 저녁이 있다
그러나 그 저녁이 다 가도록
나는 첫 한마디를 시작하지 못했다
누군가의 발을 차고 맑은 물로 씻어주지 못했다

심상 시치료

(명상에 돌입한 후 진행한다.) 눈을 감고 깊이 심호흡을 하면서 편안하게 이완되는 것을 느낄 수 있습니다. 시의 초점을 '자기 자신'에게로 맞춰 봅니다. 이 시는 다음과 같이 낭송할 수 있습니다.

무언가 '소중한 일을 해야 할 날'이 있다
맑은 물 한 대야 그 발밑에 놓아
무릎 꿇고 '내 마음을 씻겨 줘야 할 날'이 있다
흰 발과 떨리는 손의 물살 울림에 실어
나지막이, '내 마음을 어루만져야 할' 어떤 '날'이 있다
'나는 지금, 내 마음 깊이 빛나는 빛을 찾았고 만났다.
나는 내 마음의 빛에게 이렇게 말을 건네고 싶다.'

눈을 뜨고 '알고, 찾고, 만나게 된 내 마음의 빛에게 건네는 나만의 말'을 써 봅시다.

치료적 의미

회기를 마무리하는 과정에서 이 시는 내면의 힘의 원천이 결국 '용서'에서

오는 평강에 있다는 사실을 깨닫게 해 준다. 용서는 스스로에게 혹은 다른 이에게 하는 것으로 나눌 수 있다. 12회기 작업은 '나'에게 초점이 맞춰져 있다. 즉, 나를 어루만지고 용서함으로써 살아 나갈 힘의 원천이 '나'에게 있음을 직시하는 것이다. 그것은 결국 '자기'를 알아차리고 빛나는 '자기'를 인정하고 내면의 힘을 인식하는 작업인 것이다.

5. 연구 결과

심상 시치료 프로그램 '마음의 빛을 찾아서'가 현재 폐쇄병동 입원 중인 만성 정신분열증 환자의 증상 완화에 미치는 효과를 알아보기 위해서 시치료 실시 집단과 비실시 집단의 사전 · 사후 · 추후 검사에 간이정신진단검사(SCL-90-R)를 실시하여 비모수 검증 방법 중 '만-휘트니 유' 검증을 통해 결과를 산출하였다. 또한 현재 폐쇄병동에 입원 중인 만성 정신분열증 환자의 심리적 안정에 미치는 효과를 알아보기 위해서 심상 시치료 실시 집단과 비실시 집단의 사전 · 사후 · 추후 검사에 문장완성검사(SCT)를 실시하여 결과를 제시하였다.

만성 정신분열증 환자의 심상 시치료 실시 여부에 따른 사전과 사후의 차이를 간이정신진단검사 결과로 분석한 결과, 만성 정신분열증 증상 중 강박증, 대인 민감성, 우울증, 불안증, 편집증, 정신질환증에서 심상 시치료 실시 집단이 심상 시치료 비실시 집단에 비해 유의한 감소를 나타냈다. 또한 심상 시치료 실시 한 달 후에 시행한 추후 검사에서도 대인 민감성, 불안증, 편집증, 정신질환증 증상의 완화가 지속되었다.

문장완성검사에서 삭스의 네 가지 대표적인 영역에 따른 분류는 다음과 같다. 먼저 가족 영역이다. 가족 영역에는 어머니에 대한 태도와 아버지에 대한 태도 그리고 가족에 대한 태도가 속한다. 두 번째는 성적 영역이다. 성적 영역에는 여성에 대한 태도와 남성에 대한 태도, 이성 관계 및 결혼생활에 대한 태도가 속한다. 세 번째는 대인 관계다. 여기에는 친구나 친지에 대한 태도와 같은 대인 지각과 권위자에 대한 태도가 포함된다. 네 번째는 자기개념이다. 두려움에 대한 태도와 죄책감에 대한 태도 그리고 자신의 능력에 대한 태도와 과거에 대한 태도, 미래에 대한 태도와 목표에 대한 태도가 이에 속한다.

시치료 실시 집단의 결과 분석 자료 중 '릴리'와 '전봇대'의 두 사람의 경우를 제시하고자 한다. 삭스가 밝힌 네 가지 대표 영역에 의거해서 각각 가족 영역 – 성적 영역(자신의 성을 중심으로) – 대인 관계 영역 – 자기개념 영역의 순서로 구성하였다. 먼저 릴리의 문장완성검사 결과 분석은 〈표 4〉와 같다.

표 4 릴리의 문장완성검사 결과 분석

시작 구문	사 전	사 후	추 후
어머니와 나는	어머니는 나의 동반자이시고 내가 병이 났을 때 치료해 주시고 내가 아플 때 울어 주시고 하지만 천국으로 간 나의 어머니의 영혼을 예수님께서 많이 위로해 주실 줄 믿음.	늘 함께 있었다. 5학년 때 무거운 큰 대야에 떡을 방앗간에서 나른 적 있다.	별로 친근하거나 관심이 없는 편이다.
내 생각에 여자들이란	여자는 함부로 돈을 벌기 위해서든 사기를 치기 위해서든 여자는 사기를 위해서든 사기를 하기 위해서든 그 길은 늪으로 빠지는 거랑 마찬가지	늘 얌전하고 깨끗하고 세심하고 건강해야 한다.	매일 농사짓는, 고기잡는 어촌이나 농촌하는 여자
내 생각에 참다운 친구는	내가 가장 위급할 때 나를 구해 주는 사람	나를 위해 저녁밥을 사 주는 친구다.	어려울 때 힘이 되어 주는 친구다.

어리석게도 내가 두려워하는 것은	테러범들이 민간인들을 죽이고 세계 국민들의 정서를 어지럽게 한다.	불이다.	바퀴벌레인데 내가 초등학교 친구의 기어 다니는 바퀴벌레를 엄지손가락으로 눌러 죽였다.

릴리는 문장완성검사를 통해 가장 뚜렷한 변화를 보여 주는 환자다. 지리멸렬하고 장황한 문구의 사용으로 검사지 여백이 남지 않을 정도로 빽빽하게 적은 사전 검사에 비해 사후와 추후 검사에서는 눈에 띄게 간략하고 구체화되었다. 문장완성검사 결과에 이어 릴리의 특징적인 심리적 변화 양상을 살펴보면, 릴리는 정서가 불안정하고 말이 많았으며 병동 환자들과 자주 큰소리로 다투었다. 프로그램 과정 중 초반에 참여자들 중에서 유독 장황하게 말했으며 발표 도중에도 갑자기 울음을 터뜨리는 돌발적인 행동을 주로 보였다. 각각 회기별 주제를 가족과 연관 지어 해석하는 특징을 보였으며, 특히 오빠 이야기를 할 때 자주 울곤 했다. 프로그램 후반부에 이르러 말수가 줄어들고 옷차림과 머리 모양이 단정해졌으며 회기별 주제에 알맞은 대화를 나누는 등의 변화된 모습을 보였다. 회기 도중 우는 모습은 더 이상 보이지 않았다. 프로그램이 끝난 직후에는 병원 내에서 증상이 호전된 환자에게만 실시하는 낮 병동 프로그램에 참여하도록 주치의의 허가를 받고 참여하게 되었다.

전봇대의 문장완성검사 결과 분석은 〈표 5〉와 같다.

표 5 전봇대의 문장완성검사 결과 분석

시작 구문	사전	사후	추후
나는 어머니를 좋아했지만	어머니도 저를 좋아해 주고 귀여워해 주고 잘해 주고 좋아하신다.	나는 어머니의 반도 못 미치게 사고를 많이 쳤다.	어머니도 같이 좋아했다.

내 생각에 남자들이란	좋게 표현하면 좋고 나쁘게 보면 얄밉다고 생각한다.	좀 싱거운 면도 있고 답답한 면도 있고 자기주장에 책임을 잘 못 진다.	멋지다.
내 생각에 참다운 친구는	인간적인 친구다.	나 자신이다.	뭐든지 해 줄 수 있는 친구다.
어리석게도 내가 두려워하는 것은	사람을 두려워한다.	하찮은 것에 두려워한다. 실제 없는 것에 계속 관심을 둔다.	

어머니에 대한 환자의 태도는 안온하면서도 의존적이다. 부정적인 이미지가 하나도 투영되지 않은 완벽한 상태의 어머니는 현실성과는 거리가 멀다. '잘해 준다'는 의미에서의 어머니의 존재는 자기중심적인 견해로도 보인다. 사전 검사와 달리 내가 '사고를 많이 쳤다'는 것으로 현실을 인식하고, 일면 자기 인식의 변화가 일어났다는 것을 알 수 있다. 전봇대의 심리적인 변화 양상을 살펴보면 다음과 같다. 전봇대는 프로그램 전에 주로 호소했던 것이 '불안'이었다. 그렇게 호소할 때마다 하루에 한 번씩 항정신제(Haloperidol 5mg)와 항불안제(Ativan 4mg)를 정맥주사로 맞곤 했다. 하루 종일 아무런 활동 없이 병실 침대에서 가만히 누워 있었으며, 눈을 뜨면 "불안해서 화장실에도 못 가겠어요. 뭔가 사악한 게, 시커먼 게 보여요. 주사를 맞고 나면 이상한 게 사라져서 괜찮아져요."라고 말하며 주사를 요구했다. 2010년 3월 4일 입원한 이후 불안 호소 때문에 항정신제와 항불안제 주사를 맞은 구체적인 일자는 다음과 같다. 3월 10일, 12일, 13일, 14일, 15일, 16일, 17일, 18일, 20일, 22일, 23일, 24일, 25일, 26일, 27일, 28일, 29일, 30일, 31일. 이후 4월 1일부터 불안 호소 시 위약(placebo)인 생리식염수(Normal-Saline)를 정맥주사하기 시작하였다. 이 위약은 4월 3일 1회, 4월 4일 2회, 4월 5일 1회, 4월 6일 2회, 4월 7일 2회 처치했으나 효과가 없어서, 4월 7일부터는 앞서 말한 항정신제와 항불안제 주사를 다시 맞기 시작했다. 4월 8일에는

각각 위약 1회, 항정신제와 항불안제 1회를 처치했으며, 4월 9일에는 항정신제와 항불안제 1회를 처치한 기록이 있다. 4월 6일부터 프로그램에 참여하기로 약속을 해 놓고 당일 직전까지 "불안해서 도중에 못하면 어쩌나?"라며 불안감을 표현하기도 하면서 참여를 거부하려고 했으나 필자가 설득하여 참여하도록 하였다. 프로그램 도중에도 주사를 맞고 온 적이 있을 만큼 주사제에 집착하던 모습에 변화가 생겼다. 프로그램에 참여하는 기간 동안 주사를 맞은 구체적인 일자는 다음과 같다. 4월 11일 위약 1회와 항정신제와 항불안제 1회, 4월 12일 위약 1회, 4월 13일 위약 1회, 4월 14일 위약 1회. 이를 마지막으로 더 이상 불안 호소가 없었다. 더구나 4월 19일에는 "소리가 들리던 것이 많이 줄어들었습니다."라고 했으며, 4월 22일에는 "이제는 잘 지내는 것 맞지요? 요즘은 불안한 것도 많이 없어졌어요."라고 스스로 호전 정도를 표현하기도 했다. 프로그램 회기가 끝난 5월 14일 이후 환자는 5월 24일에 처음으로 "사악한 게 보여요. 누군가를 때리고 싶어요."라고 해서 항정신제(Quetiapine)와 항불안제(Loravan)를 경구 투약하기도 했으나, 더 이상 주사제는 처치하지 않아도 되는 경도의 불안이었다. 더군다나 5월 15일부터는 폐쇄병동 입원 환자 중 증상이 호전된 환자들만 해당되는 '자유 산책'을 하도록 주치의의 허가가 나서 병동에서 나가 병원 정문까지 정원을 산책할 수 있게 되었다. 그러면서 모친에게 퇴원을 요구하기도 했다. 모친은 이제까지 병원에 입원해 있으면서 스스로 퇴원을 요구하는 것은 처음이었다며 기뻐하기까지 하였다. 환자는 결국 2010년 6월 11일에 퇴원하였다.

이와 같이 심상 시치료 '마음의 빛을 찾아서'를 실시하고 이를 문장완성검사(SCT)로 살펴본 결과, 심상 시치료가 정신과 폐쇄병동에 입원 중인 만성 정신분열증 환자의 심리를 안정시킬 수 있다는 것이 증명되었다(박정혜, 2011).

심상 시치료의 활용

1. 심상 시치료의 특징

심상 시치료(Simsang-Poetry Therapy)란 인간의 정신 활동과 고유한 오감(시각·청각·후각·미각·촉각)과 더불어 초감각, 지각을 아울러서 감성으로 내면의 힘을 일궈 내어 궁극적으로 온전한 마음과 영혼의 치료에 이르는 것을 말한다. 심상 시치료에서 치료란, 인간 개개인이 가지는 생명의 고귀한 에너지를 되찾고, 활성화하고, 누리고, 나누는 것을 말한다. 즉, 심상 시치료가 지향하는 건강의 개념은 영혼과 육체가 회복되어 치유되면서 몸과 마음의 편안함과 행복의 상태를 지니며, 더 나아가 일을 할 수 있는 힘이나 능력을 되찾고, 이로써 삶의 기쁨을 온전히 즐기고, 누리고, 나누는 것을 일컫는다. 삶의 의미와 에너지를 찾는 것은 내면의 근원성과 연결되어 삶의 질과 가치를 변화시키고 성장시키겠다는 의지를 지니는 것과 맥락을 같이한다. 이러한 영혼의 변화와 성장은 큰 깨달음이나 자각에 의해 이뤄진다. 의식적으로는 현실 상황이나 상태에 머물러서 생각할 수밖에 없다. 고찰과 숙고를 통해서 행하는 방편은 대개 현실에 바탕을 두고 이뤄진다. 갈등과 문제 상황이 심각한 상태일수록 슬기롭게 헤쳐 나갈 힘을 낼 수 있는 이성은 한계를 느끼게 된다. 극복과 문제 해결의 의지를 발휘할 수 있는 이성이 받아들이지 못할 만큼 극심한 상황에 이를 때, 이성의 작용은 혼돈 속으로 추락하고 만다. 그런 상황을 끝까지 타결하려고 의지를 굳게 세우면서 무의식을 억누르고 제압할 때, 내면의 스트레스는 점점 증가한다. 스트레스가 감당할 수 없는 지경까지 최고조에 이르면, 이성의 억압과 억제에도 불구하고 내면의 갈등과 혼돈이 불거져 나오게 된다. 마치 몸에 맞지 않는 옷을 억지로 껴입어 숨을 제대로 쉬지 못하고 있다가 어느 순간 옷의 단추와 솔기가 뜯어지듯 내면의 상황이 돌출되어 나오는 것이다. 처음부터 잘 다독거려 그에 알맞은 대처를 잘하지 못하고 튀어나오는 상황에서는 내면의 상처들이 이미 억압과 억제의 완강한 울타리에 갇힌 채 마음의 한 부분에서 괴사 상태까지 오게 된다. 이러한 마음의 괴사 상태는 에너지의 흐름이 끊기고, 에너지 소통이 되지 않는 상태를 말한다. 내면의 부자연스러운 상태가 오래될수록, 억압과 억제의 강도가 셀수록 여러 병리적인 상황이 일어난다. 이를 해결하기 위해서는 강압적인 억압을 줄여 나가는 것도 방법이 될 수 있겠지만, 그보다 먼저 여러 스트레스 상황에서도 견딜 수 있을 만큼 내면의 상태가 탄력성을 지니며 원활한 에너지의 흐름을 이어 갈 수 있어야 한다. 피할 수 없는 고난의 상황에 닥쳐서 해결해 나갈 수 있는 지혜와 추진력은 건강한 내면의 상태에서 일어나기 때문이다. 이성의 판단과 해결 능력만으로 모든 것이 평정되지는 않는다. 이성과 의식의 힘만 믿어서는 문제를 해결하기 힘들 때가 많다. 이성적으로 납득하기 힘든 상황이 닥쳐왔을 때, 이성은 그 문제 상황을 헤쳐 나가야겠다는 의지가 들기도 전에 망연자실하게 된다. 흔히 극심한 갈등과 문제들은 이성으로 잘 받아들일 수 없는 경우가 많다. 이러한 경우 늘어나지 않는 이성의 부피를 억지로 늘리거나 모든 것을 체념하듯이 억지로 수용하게 될 때, 스스로 부자연스러운 옷을 껴입게 되는 것이다. 용서와 이해와 관용은 사랑이 바탕이 되어서 작용하게 되는 것이며, 사랑이 태양이라면 이러한 용서, 이해, 관용은 햇살이라고 볼 수 있다. 사랑은 지극히 자연스러운 감정의 작용이며, 감성과 감수성이 작용할 때 사랑은 최고조에 이른다. 메마르고 척박한 마음 상태에서 사랑은 발휘될 수 없다. 억지로 지어내는 사랑은 사랑이 아니다. 사랑은 생명의 근원이며 영혼의 성장과 변화의 핵심이다. 그 어떠한 문제와 갈등 상황을 해결해 나가기 위해서는 스스로에 대한 사랑이 필수적이다. 바로 생명의 근원성, 생명의 빛을 사랑하는 것이다. 생명의 빛, 내면의 빛, 마음의 빛은 이 책에서 여러 부분에 언급했거니와, 이들 말은 사랑과 맥락을 함께하고 있다. 또한 생명의 빛은 우주의 에너지와 맥을 함께한다. 결국 인간의 삶은 스스로에 대한 사랑과 스스로를 둘러싸고 있는 세상과의 사랑으로 이뤄진다고 말할 수 있다. 다시 말하면 생명 사랑이다. 그 어떠한 문제와 갈등 상황에서도 생명에 대한 사랑이 있다면 그 문제를 해결해 나갈 수 있다. 반대로 그 어떠한 외면적인 성취에도 불구하고 생명을 사랑하지 않는다면 헛된 일에 불과하다. 생명의 빛에 대한 자각은 이성으로 잘 이해하거나 느낄 수 없다. 표면 의식이 주도하고 있는 상태에서는 한계가 있다. 보다 깊은 통찰력과 객관적이고 관조적인 상태에서 경험하는 지혜와 성찰은 무의식이 활성화되는 뇌파의 알파파 상태에 이를 때 발휘될 수 있다. 심상 시치료는 그림, 음악, 영화, 시, 기타 활동 등 어떠한 매체를 활용하든지 명상의 상태에 이르도록 이끈다. 이러한 활용 매체를 통해 감성과 감수성을 일깨울 수 있는 상황인 표면 접근을 시작으로 내면화에 접근하고, 심상 시치료 작업을 통해 마음의 심연으로 나아가게 된다.

2. 심상 시치료에서 개인과 집단

심상 시치료는 다양한 연령에서 적용할 수 있으며, 여러 문제와 갈등상태, 다양한 병리 상황에서도 적용 가능하다. 다만 내담자의 특징이나 환경과 상황을 파악할 수 있는 사전 면담을 필수적으로 해야 한다. 또한 충분한 치료적 라포(rapport)가 형성되고, 내담자가 심상 시치료사를 신뢰할 수 있고 성실하게 임할 수 있을 때 심상 시치료가 가능하다.

개인치료일 경우 보다 면밀한 접근이 가능하다. 즉, 개인의 감성과 감수성의 상태, 알파파 진입의 상태를 보다 더 자세하고 구체적으로 판단할 수 있으므로 좀 더 세밀한 접근과 치료적인 작용이 일어날 수 있다. 이에 반해서 집단일 경우 개개인의 상태나 상황에 따라서 알파파 진입 정도가 다르고, 집단의 분위기에 따라서 심상 시치료의 진행이 민감하게 영향을 받을 수 있다는 점에서 위험 요소가 따른다. 하지만 집단 구성원을 10명 내외로 조정하면서 집단원들과 심상 시치료사의 긴밀한 치료 관계가 수립되어 있는 경우는 원활한 진행을 할 수 있다. 특히 집단을 대상으로 했을 때 일어나는 집단 내의 역동에 따라서 긍정적이고 소통적인 상황으로 이끌 수 있으며, 에너지 소통과 흐름이 원만하게 이뤄질 때 개인의 내면이 괄목할 만하게 성장하는 계기가 될 수 있다는 점에서 집단치료의 효과를 기대할 수 있다. 하지만 집단으로 심상 시치료를 행할 때, 집단 내의 분위기가 심상 시치료에 적합할 정도로 무르익지 않을 때는 오히려 역효과를 가져올 수 있다. 집단원들 중에서 심상 시치료에 대한 부정적인 마음이나 지나친 기대감으로 인해 마음이 편치 않다면 심상 시치료를 원활하게 진행할 수 없다. 집단 구성원들이 심상 시치료에 대해 자연스럽고 평온하게 수용해야 하며, 이러한 수용성이 일치해야만 집단 심상 시치료가 가능하다. 따라서 심상 시치료를 본격적으로 진행하기 전, 치료 첫 회기에 다음의 글을 함께 읽고 행하도록 마음의 준비를 할 필요가 있다.

심상 시치료를 위한 마음의 준비를 위해 〈표 1〉을 활용해서 심상 시치료화하여 진행할 수 있다. 다음에 소개한 대로 행할 경우, 내담자의 마음을 열게 하고, 내담자의 감성과 감수성을 적절하게 자극시켜 극적인 치료 효과를 가져올 수 있다.

표 1 심상 시치료를 위한 마음의 준비

심상 시치료는 참여자가 주인공이 되는 치료 프로그램으로 구성되어 있습니다. 따라서 다음과 같은 참여자의 마음이 준비되어야 시작할 수 있습니다.

마음의 대문을 열어야 합니다.

마음의 대문을 연다는 것은 마음의 빗장을 풀고 스스로 마음의 문을 열어 놓는 것을 말합니다. 대문을 통해서 들어오는 것은 심상 시치료입니다. 즉, 심상 시치료에 관한(혹은 스스로의 마음에 관한) 의혹, 비난과 비판, 부정과 의심의 상태를 내려놓고 심상 시치료사가 유도하는 대로 열린 마음으로 받아들일 수 있다는 것을 의미합니다.

마음의 창문 두 개를 열어야 합니다.

마음을 집이라고 볼 때, 집 안의 공기를 환기시키기 위해서는 맞은편 두 개의 창문을 열어 두어야 합니다. 바람이 들어오고 나갈 수 있어야 하기 때문입니다. 마음의 창문 한 개는 심상 시치료가 내면 깊숙이 들어오는 것을 의미합니다. 또한 다른 맞은편 창문 한 개는 심상 시치료가 내면 깊숙이 충분하고 원활하게 흐르면서 표출되고 표현되는 것을 의미합니다. 에너지의 바람이 마음과 정신 속속들이 시원하고 상쾌하게 불어와서 소통되고 연결될 수 있어야 한다는 것을 뜻합니다.

마음의 주춧돌과 기둥을 견고하게 합니다.

마음의 주춧돌과 기둥은 이미 존재하고 있는 생명의 근원적인 힘을 뜻합니다. 없는 것을 새로 마련하는 작업이 아니라, 이미 있는 것을 더욱 강하고 튼튼하게 하는 작업입니다. 이 작업은 이미 존재하고 있다는 사실을 자각하는 것만으로도 충분히 견고하고 강하게 세울 수 있다는 특징을 지니고 있습니다. 다시 말하자면 생명을 사랑하는 마음을 지니는 것을 일컫습니다. 생명 존중과 사랑은 심상 시치료의 핵심 작용으로 치료의 효과를 극대화합니다. 개인인 경우, 내담자 스스로의 언행을 비롯하여 심상 시치료사와의 언행에 진실성과 성실성을 지니는 것을 의미합니다. 집단인 경우, 집단원에 대한 존중과 성실성으로 상대방의 의사를 존중하고 포용과 관용을 베푸는 것을 말합니다. (3항은 집단이나 개인 구성원이 저연령층일 경우 좀 더 구체적으로 이해와 존중과 배려를 위한 구체적인 항목을 나열하여 서약서를 작성하고 서약을 받게 할 수 있다.)

마음의 집에 지붕을 세우되 천장에는 창문을 달아 둡니다.

마음속에 집을 마련한다고 생각하면, 지붕을 세우는 것은 전체를 아우르도록 안전한 장치를 하는 것입니다. 심상 시치료를 행할 때, 치료사가 유도하는 대로 잘 따라 하지 못하거나 연상이 잘 되지 않는다고 스스로 모든 것을 포기해서는 원활한 진행이 어렵습니다. 치료사가 이끄는 대로 심상 시치료가 잘될 경우에는 그대로 행하면 되지만, 만약 유도한 대로 잘 떠오르지 않을 경우에도 일단 흐름에 맡긴 채 마음을 놓고 자연스럽게 행하면 됩니다. 잘 되지 않는 것은 심상 시치료사의 탓도, 내담자의 탓도 아닙니다. 여러 가지 이유로 뇌파의 상태가 알파파로 잘 되지 않을 때, 알파파가 되었지만 일정한 시간 동안 그 상태가 유지되지 않을 때, 이러한 상황이 일어날 수 있습니다. 하지만 제대로 잘 되지 않는다고 당혹스러워하거나 치료사의 유도 없이 혼자서 그 상황을 박차고 나오는 행동(정적 심상 시치료일 경우 갑자기 눈을 뜨거나 함부로 몸을 움직이거나 하는 행동)을 해서는 의미가 없으며, 오히려 더 이상 심상 시치료를 진행할 수 없는 상황이 발생할 수도 있습니다. 심상 시치료사가 이끄는 대로 스스로 만든 마음의 집 지붕 아래에서 안전한 상태로 머물러 있는 것이 중요합니다. 단, 천장에 하늘을 바라볼 수 있는 창문을 내는 것이 중요합니다. 누워서나 앉아서도 늘 하늘을 바라볼 수 있는 창문은 내면의 힘을 우주의 에너지와 소통하게 하는 역할을 합니다. 즉, 우리의 깊은 내면은 우주의 에너지와 통합니다. 인간은 작은 우주이기 때문입니다.

마음의 집으로 가는 길을 닦습니다.

견고한 주춧돌과 기둥, 천장에 하늘이 보이는 창문을 지닌 안전한 지붕을 가지고 마음의 문과 창문 두 개를 지닌 아름다운 집은 그저 외롭게 홀로 존재하고 있지 않습니다. 평강하고 안락한 휴식과 즐거움이 어우러진 집을 찾을 수 있고, 갈 수 있는 길을 닦는 일도 스스로 해야 합니다. 길을 닦는 것은 갑자기 처음부터 이뤄지는 것이 아닙니다. 일정 기간, 일정한 반복과 열정이 가해져야 길을 낼 수 있습니다. 즉, 정해진 치료 회기에 성실하게 참여하고, 끝까지 해야 한다는 것을 의미합니다. 이것은 심상 시치료사와 약속한 날짜와 시간에 성실히 참여하며, 정해진 프로그램 일정에 잘 참여하는 것을 의미합니다. 심상 시치료가 종결된 후로도 최소한 6개월이나 일 년에 한 번씩, 일정한 기간을 두고 심상 시치료를 행할 수 있다면 내면의 성장과 발전을 위해서 효과적일 것입니다.

(명상에 이르게 한 후 진행한다.) 편안한 몸과 마음을 한 상태에서 귀를 기울여 봅니다.

나는 지금 '마음의 빛을 찾기 위한' 여행을 시작하려고 합니다. 생명을 가진 순간부터 그 어떠한 순간에도 변함없이 빛나고 있는 빛을 찾기 위해서 나는 내 안으로 들어가려고 합니다. 먼저 마음의 빗장을 풀고 대문을 활짝 엽니다. 아주 오랫동안 닫혀 있던 대문이 이제 활짝 열리고 있습니다. … 집 안으로 들어가서 창문을 활짝 엽니다. 그 맞은편의 창문도 열어 봅니다. 따뜻하고 살랑거리는 봄바람이 기분 좋게 불어오는 것을 느낄 수 있습니다. 어디선가 향긋한 꽃향기도 풍겨 옵니다. 따뜻하고 향기로운 바람이 창문과 맞은편 창문을 통과하면서 집 안의 공기를 상쾌하게 바꾸어 놓는 것을 느낄 수 있습니다. … 이제 나는 집의 바깥쪽으로 나와 집을 떠받치고 있는 주춧돌과 기둥을 바라보고 있습니다. 추춧돌이 점점 더 튼튼하고 단단하고 넓어지는 것을 바라봅니다. 집을 받치고 있는 기둥도 튼튼하고, 단단하고, 강하게 서 있는 것을 보시기 바랍니다. 이렇게 단단하고, 강하고, 든든한 추춧돌과 기둥이 집을 잘 지탱하게 하고 있습니다. 나는 가까이 다가가서 기둥과 추춧돌을 손으로 쓸어 봅니다. 단단하고 튼튼한 느낌을 손으로 느껴 보시기 바랍니다. … 이제 다시 집 안으로 들어와 방 안으로 들어갑니다. 고개를 들고 아주 튼튼한 지붕이 집을 든든하게 감싸고 있는 것을 봅니다. 나는 이부자리 위에 누워서 지붕을 올려다봅니다. 지붕에는 크고 단단한 창이 나 있습니다. 창으로 푸른 하늘이 보입니다. 따뜻한 봄 햇살이 창으로 들어오는 것을 느낍니다. 내 온몸이 햇살로 인해 따스해지는 것을 느껴 보시기 바랍니다. … 시간이 흘러서 이제 밤이 되었습니다. 그대로 누운 채 어둠 속에서 수없이 반짝거리는 별빛을 올려다봅니다. 은빛 찬란한 보름달이 나를 환히 비추고 있습니다. 별과 달의 기운이 내 온몸과 마음으로 흘러 들어오는 것을 고스란히 느껴 보시기 바랍니다. 나는 자연의 기운을, 우주의 에너지를 느끼면서 곤히 잠듭니다. … 이제 아침이 되었습니다. 재잘거리는 참새와 종달새 소리에 잠에서 깹니다. 찬란하고 화사한 아침 햇살이 내 몸을 감싸며 나를 축복해 주고 있습니다. 나는 자리에서 일어나서 세수를 하고, 집 밖으로 나옵니다. 튼튼하고 안전하고 든든한 마음의 집 밖으로 나옵니다. 집 앞에 어질러져 있는 쓰레기들과 돌덩이들을 치우기 시작합니다. 내 손길이 갈수록 마음의 집으로 가는 길이 깨끗해지고 있습니다. 내가 가진 아름다운 마음의 집에 잘 도착할 수 있도록 나는 지금 이 길을 내 손으로 깨끗하게 하고 있습니다. 기분이 상쾌해지면서, 콧노래라도 부를 듯이 마음이 가벼워집니다. 아침 공기가 무척 상쾌하고 맑습니다.

맑고 환한 이 기운을 그대로 간직하며, 이제 세 번을 세면 눈을 뜨고, 현재 내가 있는 이 자리로 돌아오시기 바랍니다. 하나, 둘, 셋!

3. 심상 시치료의 세 가지 방식

심상 시치료의 실제에 따른 세 가지 방식이란 치료 현장에서 개인을 대상으로 하는 방식, 집단을 대상으로 하는 방식 그리고 청중을 대상으로 하는 강의에 의해 이뤄지는 방식을 말한다.

먼저 치료 집단원의 수에 따라 개인과 집단으로 나눌 수 있다. 집단 심상 시치료일 경우 집단원의 특징과 상황에 따라 고안된 심상 시치료 방식으로 치료 프로그램을 준비하여 그 횟수만큼 치료 회기를 운영하는 것이 원칙이다. 경우에 따라서 차이가 있으나, 대개 개인 단기치료일 경우는 12~22회기가 적당하며, 개인 장기치료일 경우는 23~44회기 혹은 23~55회기 정도가 적당하다. 집단 단기치료일 경우는 12회기 정도가 적당하며, 집단 장기치료일 경우는 13~22회기가 적당하다. 집단치료는 보다 구조화된 방식으로 진행하는 것을 원칙으로 하며, 치료 목적과 단기별 목표가 분명하게 정해진 상태에서 알맞은 심상 시치료 기법을 동원해야 한다. 단, 심상 시치료의 치료 효과에 따른 과정 중에서 마음 잇기, 내면 진입, 깊은 내면, 마음의 빛, 마음의 빛 확산이라는 절차를 포함하여 기획해야 한다. 개인치료일 경우 집단치료에서처럼 치료 목적에 부합한 프로그램을 기획하여 회기별로 적용하며 진행할 수 있다. 다른 방법으로는 개인의 상황과 심리 상태에 맞추어 융통성 있게 접근할 수 있으나, 치료 목적을 세우고 단계별로 접근하는 원칙은 그대로 고수하도록 한다.

집단이기는 하지만 치료적인 성격이 아니라 청중을 대상으로 심상 시치료 강의를 할 때, 심상 시치료사는 다음 사항을 염두에 두어야 한다. 청중들의 특징에 따라 일반 청중과 특수한 청중으로 나눌 수 있다. 일반 청중이란 치료에 대한 인식이나 의지가 없는 일반 대중을 말한다. 하지만 일반 청중도 건강에 대한 관심은 보편적으로 지니고 있으므로 건강에 대한 개념과 원리를 알기 쉽게 풀이해서 접근하는 것이 좋다. 심상 시치료의 중요성을 알리며, 심상 시치료를 적절하고 효과적으로 알릴 수 있다는 점을 고려해서 준비해야 한다. 일반 청중에게는 감수성과 심상을 자극할 수 있는 흥미 있는 자료와 방법을 동원하는 것이 중요하다. 특히 시와 그림, 영화에 초점을 맞추어 진행하면 효과적이다. 특수한 청중은 특정한 공통점을 지닌 청중을 말한다. 그 집단의 특수성에 맞추어 자료를 준비하되, 감수성과 심상의 자극과 더불어 치료의 극적인 효과에 대한 암시를 염두에 두고 진행하는 것이 좋다. 이들 청중을 대상으로 할 때는 청중의 수에 따라서 변별적인 강의를 할 수밖에 없다. 즉, 40명 미만의 청중이라면 간단한 심상 시치료를 실제로 행할 수도 있으며, 경험한 것을 피드백해 보는 순서를 넣어 직접 경험해 보게 하면 효과가 클 것이다. 40명 이상의 청중을 대상으로 심상 시치료를 이끄는 것은 위험하다. 그들에게 이완과 명상을 행하여 뇌파를 알파파 상태로 통합적으로 이끌기에는 역부족이기 때문이다. 이런 경우에는 그림이나 시나 영화를 이용해서 감성과 감수성을 자극하는 표면적 접근 과정을 행하는 것이 효과적이다. 그리하여 내면의 힘을 자극하는 방향으로 감동과 동감을 이끌어 낼 수 있다면 성공적인 강의라고 할 수 있을 것이다.

실제 심상 시치료를 활용할 때의 치료 절차는 다음과 같다. 먼저 개인일 경우, 내담자가 방문하면 내담자와 치료적인 신뢰 관계 형성 및 내담자의 문제점 파악, 치료 목적 설정, 치료 기간과 횟수, 치료 시간, 심상 시치료의 매개체 활용 선호도 및 치료에 대한 방향 설정, 심상 시치료의 비용 등과 같은 심상 시치료의 구체적이고 전반적인 사항을 파악하고, 이를 내담자와 함께 결정하도록 한다. 즉, 첫 회기 동안은 심상 시치료를 바로 진행하는 것이 아니라 내담자의 여러 정보와 인적 사항, 갈등과 문제를 파악하여 실제 심상 시치료를 원활하게 진행할 수 있는 기반을 마련하도록 한다.

집단을 상대할 경우는 개인을 대상으로 하는 것과는 다르다. 심상 시치료사는 집단의 성격에 관한 여러 사항을 미리 알고 준비해야 한다. 즉, 집단 구성원의 특징, 성향, 구성원들의 기대 목적과 치료 방향 및 치료 목적 등을 면밀하게 사전에 조사하여 진행한다. 심상 시치료를 본격적으로 행하기 전, 심상 시치료사는 집단원들의 성향, 성격, 핵심 정보를 파악하기 위해서 설문지를 작성하게 하여 그 자료를 분석해서 치료 회기를 기획하는 것이 필요하다. 또한 집단원들의 치료에 대한 욕구과 심상 시치료사의 치료 목적이 잘 부합될 수 있도록 치료 목적을 설정하는 것이 필요하다. 이런 작업들이 심상 시치료를 본격적으로 행하기 전에 미리 준비되어야 하며, 심상 시치료사는 집단원들의 특징에 맞는 치료 목적 및 목표, 심상 시치료 횟수, 심상 시치료의 매개체 활용, 심상 시치료의 진행 방식 등을 정해야 한다. 또한 첫 회기 때 심상 시치료의 원활한 진행을 위한 서약서를 미리 작성하여 서명을 받고 약속을 지키도록 하는 것이 중요하다. 더불어 심상 시치료사가 기획한 회기대로 참석할 것이라는 서약을 하면서 각 회기의 시간과 날짜를 정확하게 알려주고, 모든 회기에 빠지지 않고 참석해야 한다는 사실을 집단원들에게 당부하고, 참석에 대한 중요성을 부각시켜 설명해 주어야 한다. 집단일 경우는 이렇게 구조화된 방식으로 접근해야 한다.

본격적인 심상 시치료를 행하면서, 심상 시치료사는 경우에 따라 과제를 내 줄 수도 있다. 과제를 행하도록 할 때는 다음과 같은 원칙이 필요하다. 심상 시치료의 치료 목적 및 진행에 결정적인 도움이 될 수 있어야 하며, 내담자가 과제를 수행하는 데 무리가 없어야 한다. 또한 과제를 행하는 동안 심상 시치료를 피드백할 수 있고, 다음 회기를 준비할 수 있는 계기와 동기를 일으킬 수 있어야 한다. 과제의 종류와 성질은 다양할 수 있으며, 이는 심상 시치료사의 전문적인 판단에 따라 부과될 수 있다. 예컨대, 인터넷 중독 예방 및 치료를 위한 심상 시치료에서 심상 시치료사는 내담자에게 현대 문명병의 일환인 인터넷 중독을 치유하기 위한 과제로 자연을 보고 느끼게 하는 것을 제시할 수 있다(김성삼, 박정혜, 2011). 대인 관계 공포증이 있는 경우에는 치료가 무르익은 회기에 치료사가 내담자에게 사람과 접촉할 수 있도록 과제를 내 줄 수도 있다. 이런 과제를 제시할 경우 앞에서 말한 대로 내담자의 동의가 있어야 하며, 치료사는 동의를 받을 수 있도록 전반적인 치료 과정을 설명하고 내담자를 설득할 수 있어야 한다.

심상 시치료는 내담자의 선호에 따라 그림, 음악, 영화, 시, 기타 활동을 적절하게 활용할 수 있다. 심상 시치료의 표면적 · 내면적 접근에서 내담자의 표현 방식 또한 내담자의 성향에 맞게 조절하여 이용할 수 있다. 심상 시치료 접근에서는 이완 및 명상, 심상 시치료의 수순대로 진행하며, 어떤 것을 어떻게 활용할 것인가에 대해서는 이 책의 '심상 시치료 기법'에 기술되어 있는 내용을 참조하여 기획할 수 있다. 심상 시치료 기법에서 다섯 가지 매개체의 활용적 접근을 근거로 예를 든 내용은 고정불변의 것이 아니라 활용과 변용이 가능한 것으로 심상 시치료의 일례를 든 것들이다. 다시 말하자면, 심상 시치료는 하나의 유기체처럼 존재하며, 그 어떤 매체를 이용하든지 심상 시치료 방법으로 소화해 낼 수 있으며, 궁극적으로 지향하는 점은 내면의 빛과 생명의 빛, 마음의 빛을 드러내는 작업이다. 개인치료일 경우 보다 깊숙하게 숨겨져 있던 내면의 감정, 문제, 정신적 증상 및 상황이 도출될 수 있으며, 그것을 알아차리고 깨닫게 되면서 삶의 조화와 의미를 찾으며 통찰을 일으키게 된다. 개인 혹은 집단 모두 필요에 따라서 심상 시치료를 진행하기 전과 진행한 후에 심리검사를 할 수 있으며, 사전과 사후를 비교 분석하여 대조할 수 있다. 대부분은 이러한 심리검사를 시행하기 전에 심상 시치료사와 내담자 상호 간에 긍정적인 변화와 충만한 에너지를 느낄 수 있을 것이다. 한편 심상 시치료를 진행하는 동안 내담자의 치료적 저항이 있을 수 있다. 이를 슬기롭게 극복하기 위해서 심상 시치료사는 포용과 수용, 이해의 바탕하에 내담자와 함께 호흡함과 동시에 궁극적으로 내담자를 잘 이끌 수 있다는 자신감과 에너지를 충분히 지녀야 한다.

에필로그

푸른 침실로 가는 길

근 20년 전의 일입니다. 정신병원 간호사로 갓 근무하던 때, 제가 있던 병동은 한마디로 섬이었습니다. 만성 정신병을 앓고 있는 환자들 중에서 결핵 환자들을 따로 모아 놓은 병동은 다른 병동과 달리 외따로 떨어져 한적한 곳에 위치해 있었습니다. 새벽 식전에는 마이암부톨, 리팜피신, 아이나 같은 약들을 챙기기에 바빴고, 오후에는 환자들에게 줄 계란을 직접 삶곤 했습니다. 환자들은 하루 종일 텔레비전을 보거나 바둑을 두거나 했지만 적극적인 운동을 하기에는 체력이 역부족이었습니다. 멍하고 기력이 없는 얼굴로 창밖 하늘을 올려다보는 게 유일한 낙이었을까요? 저녁나절이면 결핵균과 사투를 벌이느라 온몸에 열이 나는 환자들이 많았습니다. 일일이 체온을 재고, 체온이 내려가도록 미지근한 물에 타월을 적셔 온몸을 닦기도 여러 번이었습니다. 그러던 어느 날, 무료하다 못해 텅 빈 얼굴로 서로를 물끄러미 바라보고 있던 환자들 틈에서 저는 시를 읽어 줘야겠다는 생각을 했습니다. 준비해 간 음악 테이프를 틀고, 아주 크고 느린 도트 프린트로 인쇄한 시를 나눠주었습니다. 우리는 옹기종기 모여 앉아서 음악에 따라 시를 낭송했습니다.

즉석에서 벌어진 작은 시낭송회였습니다. 그 순간, 낯빛이 창백해서 곧 쓰러질 것만 같은 위태로운 환자들의 머리 위로 이는 꽃불을 보았습니다. 그렇게 시작한 것이 처음이었습니다. 다른 정신과 병원으로 옮겨서도 시낭송회를 계속했습니다. 한번은 대대적인 행사처럼 비디오 촬영까지 하기도 했습니다. 실습 나온 학생 간호사까지 대동해서 시낭송회를 위해서 한껏 치장을 했습니다. 간이 무대도 설치하고, 누군가는 드라이아이스를 가져와서 낭송회를 하는 내내 하얀 연기를 내는 배경 효과를 담당하기도 했습니다. 색조명 장치를 구입하기 위해서 병원 측에 구입 허가를 요청하는 서류를 직접 작성하기도 했습니다. 발표하는 환자들은 그날의 빛나는 주인공이었습니다. 투약할 때와 이동할 때 외에는 이름이 불리는 일이 없던 환자들이 자신의 이름을 내세울 수 있는 유일한 시간이었습니다.

낭송회 날 2주 전부터 틈나는 대로 환자들을 모아 놓고 시를 낭송시켰습니다. 한 편의 시에 대한 해설까지 첨부해서 낭독하도록 했습니다. 낭송회 날, 발표를 맡은 환자들은 가슴에 꽃을 달고, 자신의 이름이 당당하게 적힌 시를 악보처럼 들고 순서대로 나가서 낭송을 했습니다. 낭송회를 준비하면서 신경이 쓰인 것은 과잉행동증후군이자 정신지체였던 어떤 남자 환자의 행동거지였습니다. 잠시도 가만있지 못하는 그 환자가 무대장치를 건드려서 망가뜨리거나, 낭송회 도중 소리를 질러 댈지도 모를 일이었기 때문입니다. 그런데 신기하게도 그는 시낭송회가 이뤄지는 한 시간 반 내내 너무나 조용하고 다소곳이 제일 앞에 앉아서 성실하게 참여했습니다. 자신은 앉은뱅이여서 결코 일어설 수 없다고 여기던 만성 정신분열증의 한 여자 환자는 시낭송회를 준비하면서 서서히 일어났습니다. 하루 종일 혼자 고립된 채 환청과 대화를 나누며 중얼거리는 것 외에 일체 대인 관계가 없던 그녀는 아주 의젓한 걸음걸이로 무대 앞에 서서 시를 낭송했습니다.

사람은 언제 아름다운가

– 정현종

자기를 벗어날 때처럼

사람이 아름다운 때는 없다

그녀가 혼신의 힘을 기울이듯 시를 낭송하고 내려왔을 때, 시원한 폭포수 같은 박수 소리가 쏟아졌습니다. 지켜보던 한 직원이 사람이 달리 보인다며 제게 말을 건네 왔습니다. 정신병원 환자는 늘 환자로만 대해졌습니다. 환자가 사람으로 보일 때, 그것도 온전한 사람으로 보일 유일한 때가 바로 그 순간이었습니다. 그것은 정현종의 시처럼 스스로의 한계를 마치 옷을 벗듯 훌쩍 벗어 버리는 환한 시간이었습니다. 만약 문학에도 치료라는 말을 붙일 수 있다면, 이 시간은 진정 치유의 시간이라고 생각했습니다. 그렇게 오래전부터 나름대로 행해 왔던 정신병원에서의 시간들에 '문학치료'라는 이름을 붙일 수 있다는 사실을 나중에 문학치료학을 공부하면서 알게 되었습니다.

정신병원에서 근무한 지도 이제 20년이 다 되어 갑니다. 줄곧 한곳에서만 근무한 것이 아닌 터라 알코올중독 전문 병원에서 문학치료를 전담한 적도 있었습니다. 줄곧 해 오던 시뿐만 아니라 그림을 활용해서 접근해 보는 시간을 가졌습니다. 새의 그림을 제시하고, 나의 과거와 현재를 속속들이 알고 있는 나만의 새이므로 새에게 특별한 이름을 붙여 주고, 이 새를 과거의 어느 순간으로 날아가게 했습니다. 조울증과 알코올중독 증상을 함께 보이는 한 환자의 표정이 이상해졌습니다. 그는 소망하는 모든 일이 성취되기를 바라는 의미에서 그 새의 이름을 '소망새'라고 지었습니다. 그리고 과거의 결정적인 한순간으로 새를 날아가게 했습니다. 20대 초반, 몇 명의 친구와 차를 타고 가다가 사고가 났으며, 현장에서 즉사한 친구와 일생 병상에 누워 지내야만 하는 친구 사이에서 자신은 멀쩡하게 살아났다고 했습니다. 그렇게 평생 사고의 후유증을 앓거나 치명적인 죽음을 당한 친구와 달리 살아난 자신은 오히려 더 큰 고통에 시달리고 있었습니다. 다 잊었다고 생각했지만, 당시의 아픔과 회한이 그대로 남아 있다는 사실을 알아차리며 울먹였습니다. 아주 오랫동안 병원을 다니면서도 한 번도 의사에게 이런 일을 말한 적이 없었다고도 했습니다. 그의 아픔의 순간에 소망새는 "괜찮아, 끝까지 곁에 있을게. 우리 함께하자."라고 말해 주었다고 했습니다.

단지 시를 낭송하고 감상을 나누는 것만으로도 정서적인 환기와 안정이 이뤄지는 것은 어쩌면 당연한 것 같습니다. 좋은 시에는 좋은 기운이 솟아나기 마련입니다. 하지만 좀 더 깊이 파고 들어가서 각자의 내면 깊숙이 존재하고 있는 에너지를, 빛을 일깨울 수는 없을까 하고 오래도록 고민했습니다. 그런 고민을 하게 된 이유는 좋은 시와 교훈적인 글이 주는 한계를 느꼈기 때문입니다. 머리로 이해되고 가슴으로 느끼는 것의 효과가 오래도록 지속되기에는 역부족인 것이 보였기 때문입니다. 다만 글을 쓰는 것도 마찬가지였습니다. 쓸 때는 뭔가 깨달음을 얻고, 삶의 태도를 바꾸게 되는 것도 같은데, 시간이 지나면 문제적인 증상은 여전히 그대로인 채 환자들을 놓아주지 않았습니다. 그런 고민 속에서 '심상 시치료'가 태어났습니다. 심상 시치료는 각자의 내면에 이미 태어나는 순간 존재하고 있는 생명의 빛, 내면의 빛, 마음의 빛이 있음을 자각하고, 그 빛이 우주의 에너지와 연결되어 있다는 사실을 알게 되는 것을 목적으로 하고 있습니다. 앞에서 예를 든 그림, 음악, 영화, 시, 기타 활동 같은 매체 활용적 기법은 생명의 빛을 자극하는 숱한 방법 중의 하나입니다. 이 책에서 구체적으로 기술하지는 않았지만, 만성 정신분열증 환자들 외에 인터넷 중독 청소년, 자살 우려가 있는 중증의 우울증 청소년, 알코올중독증, 강박증 환자를 대상으로도 심상 시치료를 행했으며, 자존감 향상과 자기효능감 증진과 더불어 스트레스를 낮출 수 있었습니다.

문학치료, 특히 시치료에 천착하게 된 이유는 이처럼 너무나 자연스러운 계기 때문이었습니다. 무료하고 따분한 환자의 빈 얼굴 위에 꽃불이 어렸던 경험이 이렇게 20년 가까운 세월 동안 문학치료를 하게 했습니다. 독서와 쓰기에 국한하지 않는 자유로운 넘나듦이 새로운 발견을 가능하게 했습니다. 심상의 뜻을 이미지(image)만으로 한계 짓지 않고, 생명의 빛을 포함하여 감성과 감수성과 닿은 뜻, 마음과 정신의 핵심, 건강의 새로운 21세기식의 뜻을 포함한 개념으로 쓰이기를 희망했기에 심상의 영문자 표기를 '심상(Simsang)'이라고 했습니다. 그것은 아리스토텔레스가 『시학』에서 말했던 시공간을 초월한 보편적 개연성인 미토스(mythos)적 개념과 맥이 통합니다. 미토스는 일상적인 경험과 자아의 한계를 넘어서는 초월적인 어떤 것을 말합니다. 심상이라는 단어와 같이 등장하는 '시'는 일반적인 시에만 한정되어 있지 않습니다. 시는 문학, 문화, 더 나아가 삶을 말합니다. 개개인의 삶이야말로 필연과 우연이 어우러진 장대한 시라고 할 수 있기 때문입니다. 김종삼 시인은 시가 뭐냐는 물음에 대해 자신은 시인이 되지 못하였기에 시가 뭔지 잘 모른다고 대답하였다고 합니다. 그러다가 문득 남대문 시장 안에서 빈대떡을 먹을 때 주위 사람들을 보면서 생각했다고 합니다. 엄청난 고생을 하면서도 순하고 명랑하고 마음 좋고 인정 있고 슬기롭게 사는 사람들이 알파이고 인류이고 다름 아닌 시인이라고. 고생과 고난으로 점철된 많은 사람들을 봅니다. 고통스러운 삶 속에서 어쩌지 못하고 지내는 동안 그들에게 여러 병명이 붙고, 오랫동안 병원 신세를 져야 하는 경우도 있습니다. 또 누군가는 아무렇지도 않다며 스스로를 위안하면서 살아가다가 이미 곪을 대로 곪아서 터져 치솟는 내면의 고름을 망연자실하게 바라보게 되는 경우도 있습니다. 겁에 질린 채 차마 벗어서 직접 보지도 못하고, 신발 속에서 터져 나오는 핏물을 물이라고 끝까지 우기는 사람도 있습니다.

삶은 고난이지만 고난을 그대로 받아들이면서도 아무도 보지 않을 때조차 내면의 미소가 머금어질 때가 있습니다. 그래서 고난을 피해 가는 것이 아니라 어려움에 직면해서도 당당하게 다시 매무새를 추스르고 살아 나갈 힘을 갖게 되기를 희망합니다. 그리하여 삶이 지극한 옷을 벗게 되는 날, 내면 깊숙이에서 울리는 환한 축복의 종소리가 사방으로 울려 퍼져 나갈 수 있기를 희망합니다. 그 어떠한 상황에서도 주어진 삶을 살아 나가고 있는 세상의 모든 사람들은 그대로 한 편의 위대한 시입니다. 동시에 모든 사람의 내면에는 빛나는 생명의 힘과 마음의 빛이 삶을 환히 비추고 있습니다. 어쩔 수 없이 스스로도 잘 모른 채 두터운 여러 겹의 천을 휘두르면서 생명의 빛을 가린 채 살아가고 있는 사람들이 가린 천을 걷어 내는 긴한 일을 해낼 수 있기를 희망합니다. 스스로에게 청하는 화해와 포용의 푸른 침실로 가는 길을 묵묵히, 꿋꿋하게 걸어 나가고 있습니다. 곧 이 푸른 길의 어디쯤에서 화사한 웃음으로 당신을 만날 수 있을 것 같습니다.

참고문헌

곽광수(2008). 시란 무엇인가? 시인세계, 23. 서울: 문학세계사.

권성훈(2010). 시치료의 이론과 실제. 서울: 시그마프레스.

권오룡 역(2004). 소설의 기술. 서울: 책 세상.

김병택(2004). 현대 시론의 새로운 이해. 서울: 새미출판사.

김성민(1998). 융의 심리학과 종교. 서울: 동명사.

김성삼, 박정혜(2011). 인터넷 중독 예방 및 치료를 위한 온치료와 심상 시치료. 예술심리치료 연구, 17(7), 149-173.

김우종 역(2010). 감응력. 서울: 정신세계사.

김재환, 김광일(1984). 간이정신진단 검사의 한국판 표준화 연구 Ⅲ. 정신건강연구, 2.

김정훈(2002). 희망의 축제. 서울: 새미출판사.

김종주, 이경수(1986). 시치료 과정에서 관찰되는 정신역동에 관한 고찰. 원광대학교 의과대학, 2(2).

김춘경(2007). 아동상담: 이론과 실제. 서울: 학지사.

김화중(2005). 성공적인 삶을 위한 건강관리. 서울: 서울대학교출판부.

김현희, 강은주, 박상희 외 공역(2005). 시치료. 서울: 학지사.

대한성서공회(2001). 성경전서. 서울: 예장출판사.

동국대학교출판부(2009). 불교와 제과학. 서울: 동국대학교출판부.

박경, 최순영(2010). 심리검사의 이론과 활용(2판). 서울: 학지사.

박정혜(2011). 심상 시치료가 만성 정신분열증 환자의 증상 완화에 미치는 효과. 경북대학교 대학원 석사학위논문.
박종규 역(1999). 라즈니쉬 명상 다이제스트. 서울: 기원전출판사.
반광식 역(1996). 뇌내 혁명. 서울: 사람과 책.
변학수(2007). 문학치료. 서울: 학지사.
서석연 역(2001). 선의 연구. 서울: 범우사.
손민규 역(1996). 명상, 처음이자 마지막 자유: 오쇼 라즈니쉬 강의. 서울: 계몽사.
윤대선(2009). 레비나스의 타자철학. 서울: 문예출판사.
윤명구, 이건청, 김재홍, 감태준(2007). 문학개론. 서울: 현대문학.
윤성원(2002). 근력 트레이닝과 컨디셔닝. 서울: 대한미디어.
윤충의(2001). 한국문학의 직관과 상황 그리고 표현기술. 서울: 국학자료원.
이부영(1999). 분석심리학의 탐구 1-그림자. 파주: 한길사.
이부영(2001). 분석심리학의 탐구 2-아니마와 아니무스. 파주: 한길사.
이부영(2002). 분석심리학의 탐구 3-자기와 자기실현. 파주: 한길사.
이상섭(1996). 영미비평사, 2. 서울: 민음사.
이연구, 이판영, 조동후, 이희륭, 최병항, 이환규 공역(1998). 지능과 창조의 직감력 개발법. 서울: 한국기업컨설팅.
이용주, 이성룡 편(1991). 과녁: 배꼽 2. 미래문화사.
이장우 역(1994). 중국시학. 서울: 명문당.
이재실 역(1998). 이미지와 상징. 서울: 까치.
임용호 역(2003). 사랑할 수 있는 사람은 행복하다. 서울: 종문화사.
장도준(2003). 한국 현대시 교육론. 서울: 국학자료원.
장현갑, 김교헌, 장주영 공역(2005). 마음 챙김 명상과 자기 치유 2. 서울: 학지사.
정명환 역(1998). 세계문학전집 9: 문학이란 무엇인가. 서울: 민음사.
정필모, 오동근(1991). 도서관문화사. 서울: 구미무역출판부.
조현춘, 조현재, 문지혜, 이근배, 홍영근 공역(2010). 심리상담과 치료의 이론과 실제. 서울: 시그마프레스.
채희철(2005). 눈 밖에 난 철학 귀 속에 듣는 철학. 서울: 랜덤하우스 코리아.
천병희 역(1991). 시학. 서울: 문예출판사.
최정윤(2005). 심리검사의 이해. 서울: 시그마프레스.
최헌진(2010). 사이코드라마 이론과 실제. 서울: 학지사.
최현 역(1998). 융 심리학 입문. 서울: 범우사.
태권도학과 교수(2004). 태권도. 서울: 홍경출판사.

하남길(2002). 움직임 예술과학의 이해. 서울: 대한미디어.

한국도교사상연구회(1998). 도교와 생명사상. 국학자료원.

현승혜 역(2011). 용기를 주는 말, 상처를 주는 말. 서울: 청조사.

현윤진 역(2005). A.I.M 골프. 서울: 넥서스 주니어.

홍준희(2007). 골프 멘탈이 반이다. 서울: 대한미디어.

황송문(1993). 현대시 작법. 서울: 국학자료원.

Barber, T. X., & Hahn, K. W. (1964). Experimental studies in hypnotic behavior: Psychologic and subjective effects of imagined pain. *Journal of Nervous and Mental Disease, 139*, 416-425.

Brown, S. L., & Schwartz, G. E. (1980). Relationship between facial electro my graphy and subjective experience during affective imagery. *Biological Psychology, 11*, 49-62.

Fuman, R. (2003). Poetry therapy and existential practice. *The Arts in psychotherapy, 30*(4), 195-200.

Grant, R. W. (1988). *The effects of imagery control training on imagery abilities and anxiety*. A Dissertation of Doctor of Philosophy in the Graduate Faculty of Texas Tech University.

Heninger, O. E. (1981). Poetry Therapy. In S. Arieti (Eds), *American Handbook of psychiatry 2*(7), 553-563.

Hiroshi, T. (2001). Poetry therapy for schizophrenia: A linguistic psychotherapeutic model of renku (linked poetry). *The Arts in Psychotherapy, 28*(5), 319-328.

Marks, D. F. (1983) Mental Imagery and Consciousness: A Theoretical Review, In Anees A. Sheikh (Ed.), *Imagery*. New York: John Wiley & Sons.

Preminger, A. (1974). *Princeton encyclopedia of poetry and poetics*. Princeton University Press.

Ruth M. T. (1970). Progress in bibliotherapy. *Advances in Librarianship, 1*, 173.

Schloss, G. A. (1976). *Psychopoetry: A new approach to self-awareness through poetry therapy*. New York: Grosset and Dunlap.

Schwartz, G. E., Brown, S. L., & Ahren, G. L. (1980). Facial muscle patterning and subjective experience during affective imagery: Sex differences. *Psycho-*

physiology, 17(1), 75-82.

Smith, M. A. (2000). The use of poetry therapy in the treatment of an adolescent with borderline personality disorder. *Journal of Poetry Therapy, 14*(1), 3-14.

저자 소개

박정혜

마산대학교 간호학과를 졸업하고, 한국방송통신대학교 국문과와 경희사이버대학교 미디어문예창작학과를 졸업했다. 2004년 〈푸른 웃음 그리기〉로 간협문학상 소설 부문 당선, 2006년 시 〈불안한 휴식〉으로 '시와 창작' 신인상을 받았다. 이십 년 전부터 정신과 환자들과 일반인을 대상으로 시낭송과 문학치료를 해 왔다. 삶은 시이고, 시는 삶을 치유하는 힘이 있음을 발견하고 '심상 시치료(Simsang-Poetry-Therapy)'라는 21세기식 새로운 문학치료를 개발했으며, 이를 더욱 발전시키고 발휘하려는 우주적 책임을 지니며 살고 있다. 현재 경남 양산병원 정신건강의학과에서 근무 중이며, 경북대학교 문학치료학과 박사과정 중에 있다. 좋아하는 단어는 달빛과 별빛이다. 달빛은 그리움을 낳고, 별빛은 꿈을 불러일으킨다.

마음의 빛을 찾아서

-심상 시치료의 이론과 실제-

2013년 8월 20일 1판 1쇄 인쇄
2013년 8월 30일 1판 1쇄 발행

지은이 • 박정혜
펴낸이 • 김진환
펴낸곳 • ㈜ 학지사
121-837 서울시 마포구 서교동 352-29 마인드월드빌딩 5층
대표전화 • 02)330-5114 팩스 • 02)324-2345
등록번호 • 제313-2006-000265호

홈페이지 • http://www.hakjisa.co.kr
커뮤니티 • http://cafe.naver.com/hakjisa

ISBN 978-89-997-0169-6 93180

정가 18,000원

저자와의 협약으로 인지는 생략합니다.
파본은 구입처에서 교환해 드립니다.

이 도서의 국립중앙도서관 출판시도서목록(CIP)은 서지정보유통지원시스템 홈페이지(http://seoji.nl.go.kr)와 국가자료공동목록시스템(http://www.nl.go.kr/kolisnet)에서 이용하실 수 있습니다.
(CIP제어번호: CIP2013013605)